本の雑誌おじさん三人組が行く!

本の雑誌編集部 編

別冊本の雑誌⑱

本の雑誌社

本の雑誌おじさん三人組が行く！　目次

第1章 家内安全

第2章 無病息災

第3章 商売繁盛

第4章 心願成就

まえがき

本の雑誌おじさん三人組は二〇一〇年十月に結成された本の雑誌社が誇る取材ユニットである。メンバーは神保町のランチマイスター・宮里潤、本の雑誌炎の浦和レッズサポ・杉江由次、本の雑誌編集発行人・浜本茂だ（若い順）。

というと、いかにも選ばれた精鋭三人組のようだが、実は本の雑誌社にはおじさんというか男性社員は三人しかいないので選びようがなく、精鋭も前衛も東映もない。当時流行り始めていたおしゃれなブックカフェの取材を決めたはいいものの、おじさん一号（浜本）もおじさん二号（杉江）も注文の仕方がわからなくてスタバには入れない！　という典型的なおじさん気質だから、二人で取材に行ったところで、入口の前で逡巡しては回れ右して帰ってくるに違いない。おお、そうだ、もう一人、スタバだってサブウェイだって一人で入れますよ、と豪語する坊主頭がいるではないか。こいつも連れて行こう、と入社半年でいまいち素性がつかめなかった宮里潤を急遽、おじさん三号に仕立て、三人でブックカフェ巡りをしたのがそもそもの始まり。

本書は、その精鋭三人が中学生の社会科見学のように出版業界に関連するあちらこちらを訪問し、驚嘆したり感心したり舌打ちしたり毒づいたりした記録である。ある時は東京タワーを階段で昇って息を切らし、ある時は三百五十グラムのハンバーグに舌鼓をうち、またある時は手抜き国会丼に怒髪天を衝く。新潮社から国書刊行会、早川書房に東京創元社、晶文社につり人社、舵社に愛石社まで大小個性派の出版社に潜入し、冷蔵庫まで開けて内実に迫ったり、古本屋から図書館、花布屋に製函屋、国土地理院、文壇バーに文学フリマなどなど、本や活字に関係しそうなところを目指しては、知られざる実態をつかんだりする。平均年齢四十五歳のおじさんならではのフットワークを駆使したフィールドワークだ。突っ込みどころも満載のはずなので、「おいおい」と手を振りながらお読みいただければ幸いである。

なお、本書前半でおじさん三人組が「笹塚」から出発しているのは、当時、本の雑誌社の最寄り駅が京王線笹塚駅だったからで、途中から神保町からに変わっているのは事務所が本の街に引っ越したからである。また、本文中に頻出する「本誌」とは月刊の本の情報誌「本の雑誌」のことであり、本の雑誌おじさん三人組は諸般の事情により形を変えることになったが（どういう事情かは本文を読んでください）、現在も本の雑誌誌上で、毎月出版業界のあちらこちらに土足で踏み込んでは、驚嘆したり感心したり舌打ちしたり毒づいたりしている。本の雑誌は書評やブックガイドのほか、本や書店や活字に関する話題を詰め込んだ本のエンターテインメントマガジンで、毎月十日前後に書店の店頭に並びます。本書を読んで興味を持たれた方はぜひ、お買い求めいただけるとうれしい。

おじさん一号　浜本　茂

登場人物紹介

大森望／東日本大震災で壊れた本棚の撤去と新しい棚の設置をおじさん三人組に依頼して焼肉をおごらされた西葛西のSF者。早川書房も案内させられる。

池澤春菜／おじさん三人組を舞い上がらせたメイドカフェ通の声優兼SF者。オムライスにハートは描きません。

大塚くん（古本弁護士）／土浦の巨大古書モール開店の旅に浜本の代打で参戦。将来が嘱望される若手弁護士なのに学生時代からなぜか古本者。

久田かおり／京都路線バスの旅のマドンナ。恵文社一乗寺店まで太川陽介ゾーンでルイルイする。

宮田珠己（タマキング）／地図好きというだけでつくばの国土地理院に同行させられた好奇心旺盛なおじさん。

浜本茂／おじさん一号。本の雑誌編集発行人。五十歳を越え尿酸値は高いが痛風は発症していないのが自慢。スタバとサブウェイにひとりで入れる大人になるのが夢。

宮里潤／おじさん三号。通称キャンドル潤。三人組の最年少でもっぱら入口を開けるのと飲み食いが担当。脂が大好き。

北原尚彦／東京創元社ツアーに同行した古本者。同社から著作を何冊も刊行している作家でもあるが、『緑衣の女』のプルーフをもらって大喜びする。

柴田信／岩波ブックセンター信山社代表取締役会長。

児玉憲宗／本を読むのが大好き。でも本を売るのはもっと好き。生涯書店員。

杉江由次／おじさん二号。本の雑誌炎のレッズサポ。毎週フルマラソン分のランニングで脂肪を燃焼し、四十代に見えない若さを誇るがコレステロール、高脂血症、高尿酸値症の三重苦を抱える文字通りのおじさん。日曜日の午後はシフォンケーキ作りに勤しむ。

坪内祐三（ツボちゃん）／夜な夜な新宿をローリングサンダーレビューする文壇バーの帝王にしておじさん三人組に文壇バー指南をしてくれる夜の引率者。昼は評論活動をしている。

渡辺富士雄／おじさん三人組に古本屋開業のノウハウを伝授するせどりの達人。東京江東区白河の古本屋「しまぶっく」店主。

新保博久（シンポ教授）／ミステリーならおまかせの博識おじさん。東日本大震災で傾いた本棚の復旧を依頼したばかりに自宅兼仕事場の魔窟状態を全国一千万本の雑誌読者に明かされる。

かなざわいっせい／おじさん三人組が理想とするおじさん像の体現者。おじさん度百パーセントのうどんの食べっぷりがかっこいい。

小山力也／古本屋ツアー・イン・ジャパンとして日本全国の古本屋を巡り続ける孤高の古強者。決して声優ではありません。

永江朗／地方・小出版流通センターに三つ揃いで現れ、五十過ぎたらスーツだよ、とおじさん三人組に教えてくれたお洒落なフリーライター。

牧眞司／第46回星雲賞ノンフィクション部門受賞者。米魂に向かう飛行機がおじさん二人組と一緒だったために道中質問責めにあう。

矢部潤子／リブロ池袋本店を看取った敏腕マネージャー。お昼ごはんをご馳走になったまま。

第1章
家内安全

お洒落カフェに挑戦

――若者のすなるブックカフェなるものをおじさんもしてみんとてするなり。

というわけで、本の雑誌のおじさん部隊が立ちあがった。浜本茂五十歳、杉江由次三十九歳、宮里潤三十六歳の精鋭三人衆である。いずれも家庭はあるが、家ではトイレと風呂しか本を読む場所はなく、通勤電車が動く書斎。本が読めさえすればいいじゃないの、と強がってはみるものの、本音をいえば、もっと快適な読書空間があったらうれしい。おお、そういえば最近、ブックカフェという単語をよく聞くではないか。噂によると本が並んでいてコーヒーを飲みながら優雅に読書ができるらしい。しかし、浜本も杉江もスターバックスにすら一人で入るのをためらう生粋のおじさん体質。連れだった人と「同じの」としか注文できないのである。そんなおじさんがブックカフェに入れるのか！ そこで、一人でスタバのカウンターに行きカフェモカを注文できると豪語する宮里をお供に、都内の有名ブックカフェに行ってみることにした。はたしてチャレンジの結果は?

杉 ブックカフェって自分の本を持っていって読むわけ?

宮 違います。本が並んでるんですよ。本が買えるところもある。

杉 つまりコーヒー代で本も読めるっていうのがウリなのか。

浜 漫画喫茶みたいなもんかな。

とかなんとか言いながら、まず到着したのは原宿駅近くの静かな住宅地にたたずむ「ビブリオテック」。ものすごくオシャレで、浜本も杉江もビビりまくってウィンドウ越しに中の様子をうかがうばかり。見かねた宮里が二人の背中を押しながら入店。意を決して入ってみると、これが意外にもすっかり馴染んでなかなか出られない。

浜 いや、居心地いい店だねえ。まず頼むものが三つしかないのがすばらしい（笑）。

杉 コーヒー、紅茶、抹茶。あとホットかアイスかの選択肢だけ。コーヒーが一種類しかないのがわかりやすいですよね。

ビブリオテックのソファにおっかなびっくり座る浜本。デザイン事務所が収集した蔵書約六千冊を開放したもので、洋書の写真集などが重厚な本棚に並ぶ

浜　まったく。スタバに教えてやりたいよ。
杉　しかも普段読まないような本ばかりなのがいい。
浜　うん。非日常感っていうのかな。それが日々の疲れを癒してくれるんですよ。
杉　日ごろ見かける本があると、現実に戻っちゃいますもんね。
宮　写真集とか活字が少ない本が多くて、コーヒーを飲みながら見るのにちょうどいいですよね。
浜　大きくて重い本が多いから、でかいテーブルに広げて読むのがぴったりだし、椅子も座り心地が最高。
宮　ソファもいいですよ。
杉　居場所発見しちゃった（笑）。こんな部屋が家にあったらいいですよね。
宮　帰るのが楽しくなるなあ。
浜　じゃあ、会社に作っちゃおう（笑）。
杉　そうか。会社を改造すればいいんだ。それで誰でも入れるようにして、お金をとればいい。
宮　本の雑誌の本、買えますとか（笑）。そういえば、次に行く「レイニーデイ・ブックストア・アンド・カフェ」はスイッチの本を販売してますよ。

　宮里が言うように「レイニーデイ」はスイッチ・パブリッシングが経営するブックカフェ。西麻布にある会社の地下がカフェになっているのである。レンガの壁がオシャレな外観にやはりビビりながら入店すると、店内には先客が二人。どちらも若い女性で店のものだろう、本を開いている。メニューを覗くと、片岡ブレンドというコーヒーがある。片岡義男がブレンドしているらしい。おお！と言いつつそれを注文。

杉　ここはカフェなの？　普通に喫茶店で通るんじゃないかな。おじさん感覚でいうと、本を読むにはちょっと照明が暗いし。
浜　でも読むといっても、さほど読みたい本はない。売ってるといってもどこでも買える本だし。
宮　本屋と謳うんだったら、もう少し本を置いてほしいですよね。スイッチのショップみたいな感じが強い。
浜　片岡義男ブレンドは話のネタになるけど（笑）。

オシャレな階段を下る

杉　片岡義男のポストカードを見ていたら、裏にエッセイが載っていて、店の女の人が限定で販売しているという話をわざわざしてくれた。これはポイント高い（笑）。
浜　なるほど。こいつは買いそうだと思われたんだな。
杉　シティボーイだと思われたのかな（笑）。あるいは角川の赤背に憧れたおじさんが上京して、片岡ブレンドを飲みに来たと思われた（笑）。
宮　片岡さん、いるんですか、くらい聞かれるかと思ってたかも（笑）。
杉　喫茶店みたいで入りやすいけど、客が若い女性二人で本を読んでるってとこは、やっぱりアウェー感がありますね（笑）。

　三軒目は開店一周年を迎えた新宿の「ブ

ルックリンパーラー」。マルイアネックスの地下一階にどおーんと百席はあるだろうという広ーいカフェだ。レンガの壁にさまざまな小物が配置された空間はものすごくオシャレで、おじさん三人はどこに座っていいかわからない！　壁の一画にはでっかい本棚が設けられ、おなじみ幅允孝氏が選書した本が並んでいて、自由に読むことができ、なおかつ買うこともできるらしいが、どんな本が並んでいたものか、まったく目に入らない。なにせおじさんたちは宮里が頼んだルートビアに驚くばかりなのだ！

杉　いや、衝撃の飲み物だったね。薬臭いどころじゃない。

宮　ノンアルコールビールみたいなものだと思って頼んだのに。飲み物をアメリカ仕様にしようとしたんでしょうけど。

いざブルックリンパーラーへ

浜　ものすごくまずい(笑)。

宮　罰ゲームかと思った。喫茶店に置いたら大不評ですよ。

衝撃のルートビア

杉　なんでビアなんだろ。本も想像してたより、しょぼいですね。客が棚を見てないでしょ。

宮　本を読む目的の人がいなかった。お茶を飲みに来てる感じ。

杉　本は壁紙と同じってことですよね。スクリーンっていうか。

浜　うん。ようするに本が飾ってあるデカい喫茶店。壁にあんなに金かけなくても。

杉　クロス貼るより安いんですよって言われたらショックですよねえ(笑)。あれがブックカフェのスタンダードなのかな。

浜　もっと、入った瞬間に怖いってひるむ感じが欲しいよね。

杉　そう。外国の店に入っちゃったみたいな、ドキドキ感が欲しいですよね。こんな本、見たことないよって。そういうブックカフェを探しに行きましょう！

（本の雑誌二〇一〇年十一月号）

またまたカフェに行く

　ブックカフェめぐりに果敢に挑戦し、各界からその勇気を讃えられた本の雑誌のおじさん三人組が再び立ち上がった！　今回向かったのは文京区千駄木。ただいま千駄木では「結構人ミルクホール」と「ブーザンゴ」という二軒の古本カフェが徒歩五分のところでしのぎを削っていると聞いたのである。しかも、どちらもおじさんに挑戦状を叩きつけんかという勢いのオシャレな空間らしい。おお、ならばチャレンジしないわけにはいくまい！

　というわけで、二〇一〇年十二月某日。おじさん三人組は千駄木の新刊書店「往来堂」の前で待ち合わせた。地図によると、ミルクホールは往来堂から徒歩一分なのである。不忍通りから路地に入り、角を曲がって突き当たると、古い木造モルタルのアパートがあり、左手の引き戸になにやら、いろんな但書が書いてある。いわく「お一人様に特化した空間」「入店中ずっとのおしゃべりご遠慮願っています」。うーむ。思ったより、この入口は開けづらいような……杉江と浜本が躊躇して顔を見合わせた途端、宮里が引き戸をがらがらっと開けて、三人ですが、とか言ってる。相変わらず怖いもの知らずの男だ。

杉　潤はよく開けられたねえ。

浜　勇気あるよな。

宮　たしかにあそこは入口の時点で足がすくむ人がいるかもしれない。但書の写真撮るなっていうのが怖かったし。ブックカフェにしては本が少なすぎるし。

杉　ガロのバックナンバーにペップ出版系の古い芸能人本とスポーツ本が中心。野球とプロレスの暴露本みたいなやつね。

浜　ホームページ見ると、いま本が少ないから、往来堂で何か買ってきてくれって書いてある（笑）。ただ、本を読むには暗すぎる。俺はあの光量だと目が疲れて読めない。少なくともおじさん向けじゃないな。

宮　僕はちょうど『背いて故郷』を読み終わりました。

杉　静かなのは間違いないけどね。俺たちしゃべらなかったし（笑）。

浜　小さい音で昭和歌謡みたいな音楽が流れてたけど。

杉　BGMより洗い物の水の音が耳についた（笑）。空間としては面白いんですよ。異空間。だから、ああいう但書がなきゃ、そんなに文句はない。よしずとかで個人の空間になってるわけでしょ。

宮　うるさいことを言われなければ居心地いいと思う人もいそうですよね。

杉　ただ、本を読むっていうのは、みんなが静かにしなきゃならないほど立派なことなのかってことは、言っておきたい。あそこまでしなくてもね。

　いやあ、ブックカフェは奥が深いねえ、と言いながら「ブーザンゴ」目指して不忍通りを北上するおじさん三人組。ところが行けども行けども見つからない。意外に遠いね、おお、おにぎりカフェだ、とか言ってるうちに交番に行き当たったので、尋ねてみたら、お巡りさんが指差す先は、なんとまったくの逆方向。いま来た道を信号四つ分戻った向かい側らしい。ちゃんとホームページで場所を確認してきたはずなのに、おまえはいつから地図を読めないおじさんになったんだ！　ようやくたどり着いた「ブーザンゴ」は先ほどから何度か通り過ぎていたところで、気がつかなかったのは開店前でシャッターが閉まっていたから。なんとこの日は夕方の六時開店なのである。

浜　お、明かりがついてる。意外に入りやすいんじゃない？　古本屋だと思って入ればいいんじゃないの。

勇気を振り絞って「ミルクホール」へ

メニューを見て浜本はカフェ・クレーム、宮里はホット・ショコラ、杉江はザクロ風味の炭酸ドリンク、ディアボロ・グレナディンを注文。飲み物がくるまで、さっそく席を離れ、各自念入りに本棚をチェック。

杉　いや、やばかった。あと五分いたら、泣いていたかもしれない(笑)。いままで蓋をしていた思い出ボックスがばたばたばたと開いて、我慢できなくなりそうだった。

宮　いい店ですよね。

杉　うん。本屋としてもすばらしい。外文と人文系、音楽とか食べ物の本とかも少しあって。

浜　うちよりぜんぜん本は少ないんだけど、すごく豊かな印象を受ける。

宮　人がやってる感じがしますよね。

浜　ようするに古本のセレクトショップなんでしょ。店主も好感度大だった。

杉　そう。気配が邪魔じゃなくて。いいバーテンダーみたい。

宮　本も飲み物も良心的な値段でしたね。

杉　問題は椅子だけかな。

浜　そうそう。長時間座るにはちょっと厳しい、あの椅子は。

杉　あそこで読書会とかやったら、相当かっこいいよね(笑)。

浜　あれで商売になるんだったら、俺もやりたいなあ。

杉　俺もやりたいやりたい。

浜　本屋としてもすごいのに、俺の頼んだカフェ・クレーム見た？

杉　泡で絵が描いてある。生まれて初めて見たんでしょ？

宮　僕のはハートの絵が描いてあった！

浜　俺のは葉っぱ。俺のほうが手が込んでいたように見えたな。

杉　自慢しない！

(二〇一一年二月号)

※結構人ミルクホールは南阿佐ヶ谷に移転。

「ブーザンゴ」の葉っぱ模様に感動！

東京タワーを階段で昇る

今号は三百三十三号の記念特大号だあ！　とぶち上げているわけだが、だがしかし。賢明な読者の中には三百三十三号だからって、どうして記念号になるの？　と冷静な疑問を呈する人もいるだろう。さあ、なぜか。

ジャーン。実は本誌は二〇一〇年四月が創刊三十五周年。つまり昨年五月号は創刊三十五周年記念号だったのである。ところが、なんと、三十五周年であることを発行人・浜本がすっかり忘れていたのだ。しかも「あ、いけねっ」と気づいたのが六月号を校了した四月の末のこと。いまさら「いけね」と騒いだところで後の祭り。

しかし、このまま三十五周年を幻にしてしまっては、前編集長に前発行人、歴代社員各位に大吉のおやじ、そして読者のみなさまに申し訳が立つまい。おお、そうだ、数えてみると、来年の三月号は三百三十三号ではないか。めでたい「三」が三つ並ぶうえに「三」月号なのである。よくわからないけど、すんごくめでたいに違いない。よおし、この号を「三十五周年忘れてごめんよ三百三十三号特大号」にしよう！　そうだ、そうしよう。というのが事の次第なのであった。

では、めでたい三百三十三号にはどんな企画がふさわしいか。ベスト三百三十三だの、全国三百三十三カ所書店巡りだの、さまざまな企画が続出し、いっそのこと三百三十三ページにしちゃえ、という案まで出たが、定期購読用の封筒に入りません！という営業事務浜田のひと声で却下。うーむ、三三三ねえ。そこでピカーッと思い出したのが東京タワー。日本で三三三といえば、なんといっても東京タワーではないか！

というわけで、本の雑誌三百三十三号記念特別企画として宮里、杉江、浜本（若い順）のおじさん三人組が東京タワーに昇って『東京タワー』を読むことになったのである。といっても、ただエレベーターでびゅーんと昇るのではない。大展望台まで階段で昇るという過酷なチャレンジなのである。何を隠そう土日祝日の日中だけ東京タワーは大展望台までの昇り階段を開放

余裕の笑みでスタート！

しているのだ。フットタウン（脚元の四階建ての建物）屋上から地上百五十メートルの大展望台まで続く外階段は、実に六百段！

東京タワーのホームページには『６００段』と聞くとちょっとびっくりしてしまうかもしれませんが、幼稚園くらいのお子様でも15分ほどで昇りきってしまいます」と一見、お気楽なことが書かれているが、騙されてはいけない。下のほうに「階段は外階段のため、雨天時・荒天時は中止となります」と小さく書いてあるのである。注意深いおじさんの目はごまかせないのだ。雨天時・荒天時中止ということは、風が吹いたら揺れるからに違いないのである。外階段だから、転落の危険性もゼロではないだろう。一瞬の風でもきた日には……命をかけた登攀になるのかもしれない。

かくして、決行の日はやってきた。二〇一一年一月九日（日）午後二時。三連休の中日である。幸いにもよく晴れて、ほぼ無風。しかし百五十メートル上空では風が激しく舞っている可能性もあるから、油断は禁物だ。それにしてもびっくりしたのは人の多さで、いまやタワーといえば、六三四の東京スカイツリーかと思っていたのに、東京中の人が東京タワーにやってきたのではないかというほどの人人人。フットタウンから大展望台に向かうエレベーターは長蛇の列で、ただいま四十分待ちらしい。チケット売場に並ぶ人たちを横目におじさん三人組は階段で屋上へ。オレンジ色の橋脚を見上げると、大展望台は遥か上空。俺たちは今からあそこまで階段で昇るのか！　よおし、待っておれよ、大展望台。おっと、その前にチケットを買えだって。驚いたことに階段を昇るにはエレベーターと同じ八百二十円の料金がかかるのであった。へえ、そうなんだ。武者震いをひとつくれ、いざ、出陣！

とんとんとん。エレベーター待ちを嫌ったのか、思ったよりも階段を昇ろうという人たちが多く、おまけに待つのが嫌いな性格の人たちだから（?･）、速いこと速いこと。おじさんたちも遅れないように急ぎ足に。とんとんとん。最初の踊り場まで十四段。

杉　「ただいま地上二十四メートル」だって。四階の屋上からスタートだから、あっという間ですね。

浜　けっこう頑丈に囲われてるね。これじゃ、落っこちようがない（笑）。

体調の悪い方は階段の
ご利用をご遠慮ください
階段途中での飲食・喫煙は
ご遠慮ください
People with physical problems should not use the stairway.
Eating,drinking and smoking are prohibited on the stairway.

杉 踊り場に「ウルトラマン」「ピサの斜塔」「お台場の観覧車」「クフ王のピラミッド」どれがいちばん高いでしょうって問題がありますよ。

浜 観覧車！

杉江を先頭に軽快に昇り始めたおじさん三人組だが、五十段を過ぎたあたりで宮里がずるずると遅れ始めた。どうやら前日飲みすぎて二日酔い気味らしい。階段を昇るにつれ、気温も上昇してきたのか、汗がにじみ出てくる。子どもサッカーチームのコーチを務めている杉江はさすがに軽快。「ウルトラマン」（四十メートル）、「ピサの斜塔」（五十五メートル）の表示を過ぎ、早くも百九十一段に到達！　浜本の息も上がってきている。

五十段ころから宮里に異変が……

浜 やっと七十メートルか。ここまでの消費カロリー三十五キロカロリーだって。

杉 二百七十五段！

浜 スタートから五分も経ってないけど、暑いなあ。

杉 さっきからひと言もない奴が一人いる（笑）。三人で昇ってるはずなんだけど。

宮 お酒がちょっと残ってるみたいで……。

杉 手すりをつかんでるよ、潤ちゃん。

浜 大丈夫なのか。ほら、三百七段だって。あと半分だぞ。情けないなあ（笑）。

宮 ああ、きつい……。

浜 だいぶ高くなってきたね。景色を楽しみながらゆっくり昇ろうよ、杉江くん。

杉 三百二十三段。

浜 九十メートル！

杉 すごいなあ。これで四十八キロカロリーも消費したんだ。

浜 たった四十八キロカロリーしか消費しないの？

杉 三百三十三段目、発見！

浜 ほんとだ、ちゃんと表示がある。しかもノッポンが本を読んでるよ（笑）。

杉 もう半分越えたでしょ？

浜 越えた越えた。楽勝じゃん。はあはあ。

杉 はあはあ言ってる（笑）。

浜 おお、海が見えるぞ。高いねえ。

杉 四百段！　百十五メートル。

浜 お台場の観覧車と一緒だって。

杉 ってことは、何がいちばん高かったの？

浜 ピラミッドかな、まだ出てきてないのは。

宮 めまいがしてきた……。

杉 潤ちゃん、四百四十段でめまい（笑）。

浜 そんなに疲れたのか。

宮 高所恐怖症の気もあるんですけど……。

浜 マジで手すりにつかまってる（笑）。

宮 くらくらする。

杉 おお、クフ王のピラミッド！

浜 へえ、百四十メートルだって。昔の人はすごいねえ。もうそろそろ展望台だ。

杉 これだったら、いちばん上まで歩いて昇れるなあ。

浜 うんうん。楽勝、楽勝。

杉 楽勝だよな、な、潤？

浜 あ、上着脱いでる（笑）。

杉　後ろが渋滞してる（笑）。酒はよくないですねえ。

浜　よくないね。酒のせいで人間、ああなっちゃうんだなあ。あれ、建物の中に入ったよ。もう終わり？

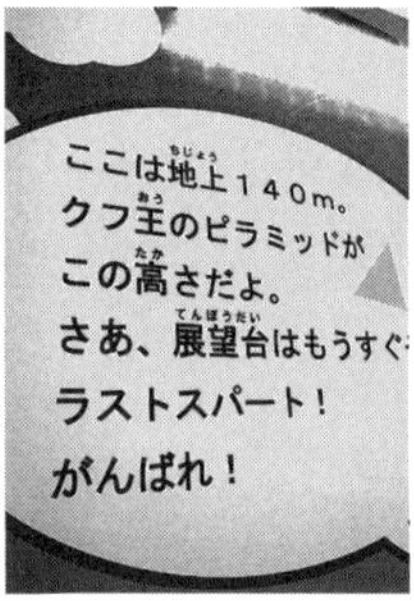

杉　あそこで何かもらえるみたいですよ。

浜　「昇り階段認定証」。

杉　大展望台に到着！

浜　うわ、すごい人だかり。

杉　暑いですねえ。

浜　うん。人が多いせいか、すごく暑い。ところで宮里潤くんはどこに行きましたかあ？

杉　いたいた。あそこで泣きそうになってます（笑）。

浜　潤、そこにいたら、邪魔になるよ、あとから上がってくる人が続々いるから。

なんだかんだで十分ちょっとで無事登頂に成功。全員揃ったところで、大展望台から笹塚方向を全員で探すことに。

浜　あっちが新宿だね。

宮　ほんとだ。都庁が見える。

杉　あのむこうが笹塚か。潤ちゃん、うつろだね（笑）。

宮　東京タワーはいつできたんですか。

浜　一九五八年。昭和三十三年で三百三十三メートルなの。

杉　本の雑誌の創刊は七六年だからね。東京タワーは間もなく使命を終えるけど、僕たちはまだ続けていこうと。

浜　うんうん。東京タワーが紙媒体で、スカイツリーが電子媒体みたいなもてはやされようじゃない？（笑）

杉　あいつらデジタルだし。

浜　そう、こっちはアナログだしな。

杉　出版業界は東京タワーを応援していかなきゃならない。

浜　その点、今日のこの隆盛ぶりを見ると、元気づけられるね。

杉　しかしすごいなあ。前はこんなにビルなかったよ。

浜　何年ぶりくらい？

杉　いや、もう何十年ぶりですよ。二十年とか。

宮　俺、十七年ぶりです。十九歳のときに初デートで来たから（笑）。

浜　十七年後の潤くんは五十段くらいで限界がきてたね、足腰に（笑）。

杉　潤ちゃんの後ろに百キロくらいのおばさんがいて、はあはあって言ってたね。おんなじ感じだった（笑）。

宮　途中で立ちくらみがし

祝333メートル登頂！　笹塚のほうに向かって『東京タワー』を読む

ましたから。

杉　三百三十三号の偉業をかみしめながら昇らなきゃいけないってのに。三百段の前で危なくなっていた。

宮　一人なら帰ってましたね（笑）。

杉　ブックカフェには一人で入っていくくせに（笑）。まあ、ビールでも飲もうよ。

宮　あ、思い出してきた……。

浜　遠い目をしてる（笑）。

宮　ここ来たあと、彼女と浅草に行ったんですよ。

杉　はい、ビール。

浜　ああ、うまい！　これからどうするの？

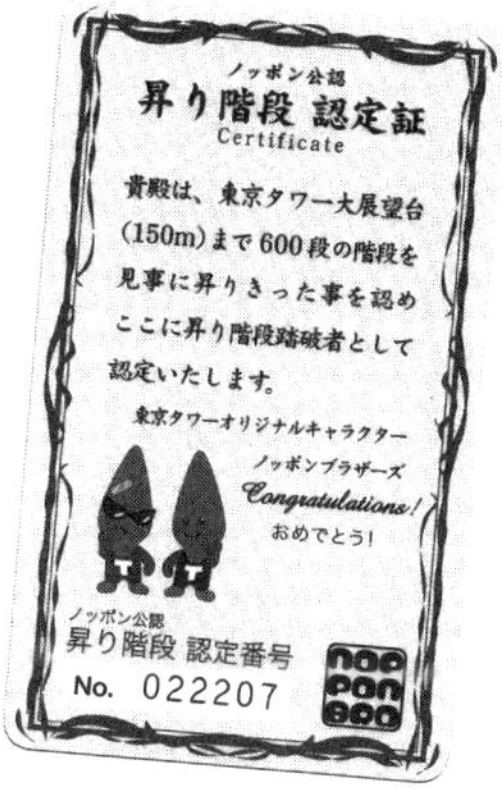

堂々の認定証だ！

杉　降りるんでしょ？

浜　エレベーター、ものすごく並んでるよ。

杉　だから、階段で。

宮　えええええ！　勘弁してくださいよお。

浜　アルコールが入れば大丈夫だろう？　ほら、潤、ビール飲もう（笑）。

（二〇一一年三月号）

ここまで昇ったのだ！

国会丼に挑む

二〇一一年二月十四日バレンタインデイの月曜日、おなじみ本誌のおじさん三人組は国会図書館に向かった。国会図書館の食堂に「国会丼」なるメニューがあって、なかなかに美味しいらしい、という評判をここのところ毎週のように国会図書館に調べ物に行ってる宮里が仕入れてきたのだ。

　検索してみると、国会丼というのは真ん中に温泉卵が載った、半分が牛丼でもう半分がカレーライスの丼。なんでも牛丼が自民党を、カレーが民主党を、温泉卵が国民を表わしており、「ねじれ国会」の様子を丼の中で再現したものとして二〇〇八年の四月に誕生したメニューらしい。食べログなどでもけっこう書いてる人がいて、なるほど評判は悪くない。しかも二〇〇九年九月の政権交代時には「新国会丼」も登場。こちらは親子丼とカツ丼のミックスで、上に散らしてあるグリーンピースが鳩山政権の売りであるエコ（グリーン）と平和（ピース）を象徴しているとのこと。ねじれ国会も鳩山政権も姿は変わったが、どちらの丼も現役の人気メニューだという。

　なるほど。それじゃ、行ってみっか。カロリー高そうで、おじさんにはぴったりだ！

　杉江のひと言で、三人は笹塚を午前十時に出発。永田町で下車して、社民党本部の角を曲がり、駐車場に止まっている国会参観バスを冷やかしているうちに国会図書館に到着。浜本と杉江が正面入口に向かうと、宮里が「そっちは登録者用、ビジターはこっちから入るんですよ」と手を引っ張って誘導。新館入口から入るんだって。

浜　あっちは馴染み用か。

杉　一見さんはこっちと。

　入口を抜けると駅の改札ゲートのようなものが並んでいる。手前の機械で氏名、住所、電話番号など個人情報を入力し、入館カードを作らないと入れないらしい。郵便番号がわからないよお、と騒ぎながら、カードを作成。カバンはロッカーへ。備え付けのとの指示に従い、ロッカーに入れるように透明ビニール袋に貴重品と文房具、携帯電話を入れて、いざ、入館！

　国会図書館の蔵書数は三千六百六十二万点！　そのうち図書（いわゆる本）が九百五十万冊あるという。おお、本棚何棹分なんだ？　とわくわくして入ったものの、見えるのは端末が並んだ机とがら〜んとした本棚、手持ち無沙汰な係員くらい。ええい、本はどこにあるのだ？

書庫に隠してあるのである。国会図書館の蔵書は基本的に閉架式で、資料は端末で検索して係員に出してもらう仕組み。コピーしたくても自分ではできないそうで、宮里によると、申請してから資料が出てくるまでに二十分、コピーを頼めば、さらに二十分くらい待たされるのが普通らしい。せっかくなので端末をかたかたやってみたが、目的の資料もないので、三人ともあっという間に飽きる。本がないので、時間がつぶせないのだ。まだ早いけど食堂に行ってみようぜ、と六階へ。十一時二十七分なのに、食券売場には、なんともう並んでる人たちが！

浜　ほら、やっぱりうまいんだよ。

宮　そうなんですよ。この間、つけ麺食べようと思ったら、一時なのに売り切れてて。

国会丼と新国会丼。民意を反映し大盛りも同じ値段

杉　メニューが豊富だね。ピリ辛タンメンっていうのもある。

浜　俺はせっかくだから、五百円の国会丼にしよう。

杉　じゃあ、俺は六百円の新国会丼！

宮　僕はつけ麺。

自動販売機で食券を購入。受け渡し口で「はい、国会入ります！」という威勢のいいおばちゃんの声に、期待は高まるばかり。五分かかる宮里のつけ麺を待って、三人揃っていただきま～す。

宮　ラーメンのところだけ作ってる人が職人っぽいんですよ。

浜　……このカレー、ボンカレー辛口の味がする。

杉　カツもレンジでチンだ。

浜　牛丼も業務用パックの味だし……味はまあまあってブログに書いてる奴の顔が見たい。まあまあじゃないぞー。

宮　ずずずず～っ。

杉　美味いのか、つけ麺？

宮　まあ、五百円ですから。

杉　いやいや、社食とすれば高いよ。これじゃ、職員がかわいそうだね。

浜　ささ家*の弁当のほうがコストパフォーマンス高いな。

杉　ささ家と大吉*を入れればいいんじゃないかな。競争がないからダメなんですよ。けっこう昼飯期待してきたのに……。

浜　実は俺も。おじさんをバカにするなと言いたい。

杉　サラリーマンの昼飯は大事ですからね。

宮　ここしか食べるとこ、ないですしね。

浜　だからダメなんだよ。みんな弁当持ってしばらくボイコットするくらいしないと。国会丼が人気とか言われていい気になってるんじゃないぞ！（ドン）

宮　怒ってる（笑）。

杉　食べ物にはうるさい（笑）。

浜　図書館としてもつまらないしな。

杉　本がないから、全然わくわくしない。

杉　全部本が見えてたら、すごく楽しい場所なんだろうけど。

（二〇一一年四月号）

ささ家／笹塚十号坂商店街にある弁当屋。魚メインのヘルシーな弁当を五百円（税別）という良心的な価格で提供。笹塚時代の本の雑誌社社員の昼の定番だった。
大吉／同じく笹塚時代、もっとも近くにあったそば屋。カレー焼肉定食、おでん定食など、革新的メニューも揃う。おすすめは冷やしおばけそば。

シモキタの古本酒場に敗れる

今月のおじさん三人組は古本酒場で一杯やることになった。
　本の雑誌社へ遊びに来た書評家金子のぶお氏が帰り際に「昔の同僚が下北沢で古本酒場を始めたから、遊びに行ってやってよ」と言い残していったのである。酒場と聞いて飛びついたのは宮里で、行きましょうすぐ行きましょうビール飲みましょう！とうるさいのなんの。シモキタのような若者の街はなあ、と渋る杉江と浜本を説き伏せて、日も暮れる前の午後五時から、さっそく下北沢へと繰り出すことに。
　南口を出て、商店街をずんずんと歩き、餃子の王将の先を右に曲がる。ここから向こうは完全な住宅地という商店街のはずれに古本酒場「赤いドリル」を発見。外の均一棚を冷やかしながら内部の観察を開始する。

浜　ここは新左翼系の本が多いんだよね。連合赤軍の本とか。

宮　ですね、だから「赤いドリル」。

杉　えっ、大丈夫？　怖いなあ。俺、いつもそういう人にからまれるんだよ（笑）。

浜　大丈夫。見た目的には潤ちゃんのほうが危ない（笑）。

杉　客の姿が見えないけど、どこで飲むわけ？

浜　奥にカウンターみたいなのが見える。

　入口の向こうに本が積んであってカニさん歩きじゃないと入れないので、一人ずつ横に並んで入店。ＢＧＭで原田芳雄がブルースを唸っている。「彷書月刊」「散歩の達人」「終末から」などのバックナンバーが並ぶ向こうに「ワンダーランド」の揃いが！　六冊で一万円か。安いじゃん。それにしても狭い。内装も什器もなかなかオシャレなのに、未整理の本がいたるところに積み上げられているので、カニさん歩きですら移動も困難なくらい。
　入店から十分、そろそろビールでも飲もうかと目配せしているところに、中年の女性が「こんにちは」と元気よく入ってきた。おじさん三人の脇を体を接しながらすり抜け、カウンターの手前までたどり着いたところで、「ビール飲んでも大丈夫？」「あ、座るところないけど、いいですか」「当たり前じゃない。この店で座り飲みなんて百年早いよ」と言ってハートランドを瓶からラッパ飲みしはじめたのである。うーむ。気勢をそがれたおじさん三人組はそれぞれに黙々と本を抜いたり開いたりするばかり。何を隠そうおじさんたちは三人

が三人とも気が小さいのである。

入店してから三十分以上、ひと言も話をしていない。いたたまれなくなった杉江が先に店を出たところで、宮里が「彷書月刊」のバックナンバーを一冊抜き、カニさん歩きでカウンターへ。三百円。「ありがとうございます」の声を背に三人揃って店を出る。ふう……。

浜　ビールはあきらめよう……カウンターまでに見えない壁があったな。

杉　あのおばちゃんが来て、一段と壁が高くなった（笑）。

宮　飲みたかった……。

杉　店の中の電柱みたいな木もわざわざつくってましたよね。金かけてますよ。

宮　いろいろこだわりがありそうですよね。

杉　でも、ちゃんと片づけないと、そのこだわりが伝わらない（笑）。完成すればいい店なんでしょうけど。

宮　本はきれいでしたね。値段はそこそこかな。

杉　うん。でも座って飲むのは百年早いって（笑）。

浜　俺たちが甘かった（笑）。椅子は一応あったよね。

杉　あるある。しかもおしゃれな椅子だよ。並んでいた焼酎はキンミヤだし。

宮　あと二時間くらいしたら、もう少し片づいてたのかな……。

浜　無理だよ。十一時から営業してるんだぞ（笑）。

宮　飲みたかったなあ。せっかくだから「コクテイル」に行きませんか。古本酒場ツアー。

浜　コクテイルは酒場に本が置いてある店だよね。

宮　ですね。初めからコンセプトが違う。いまのところは九割五分古本屋じゃないですか。

杉　ちゃんと片づけば七対三くらいだよ。

宮里のわがままを聞き入れて、三人組は電車を乗り継ぎ、高円寺へ。古本酒場の元祖「コクテイル」で飲むのである！

浜　あれ、やってない！　六時開店じゃなかったっけ。

宮　アバウトなんですよ（笑）。

浜　もう二十分も過ぎてるのに！　トイレ行きたいよお。

杉　開店時間はきちんとしてほしいね。何時ごろじゃなくてさ（笑）。

とかなんとか言ってるうちに買い出しから店主が戻ってきて、無事開店。ビートルズをBGMにジンジャーサワーとビールで乾杯する。

宮　ああ、やっと落ち着いた。

杉　潤ちゃん、やっぱり馴染んでるねえ。

宮　僕、啄木コロッケ。

浜　いいねえ。大正コロッケは『檀流クッキング』の料理だって。

杉　浜本さんが好きなナスのニンニク炒めは、武田百合子『富士日記』。

杉　一日長かったな。

浜　はい。お疲れさま。（二〇一一年五月号）

新潮社に行く

――虎穴に入らずんば虎子を得ず。いや、虎の威を借る狐?

どこが虎の穴で、誰が狐なのかわからないが、新潮社の特集をするというのに、新潮社に潜入しないでいるわけにはいくまい! 敵を知り、己を知れば、百戦危うからず。って、だから、戦うわけじゃないんだけど……まあ、前置きはいい。とにかく新潮社特集の冒頭を飾るべく、本誌の精鋭部隊(おじさん三人組)が新潮社に突撃取材を敢行することにしたのである。題して「ブラ新潮社」。ようするに新潮社社内の気になるところを、ブラブラ見てこよう、というゆるいルポだ。

というわけで、二〇一一年三月二十四日(木)の午前十一時、おじさん三人組は神楽坂に集合。地下鉄の出口(矢来口)を上がって、徒歩二分が新潮社だ。牛込中央通りを挟んで向かい合ったシックな色のタイル貼りのビルが二棟、駅を背にして左が本館、右が別館。どちらも四階建てである。

本館の受付で広報宣伝部の橋本恭さんと合流。おじさん三人組は本日一日、橋本さんに付き添いをしてもらうのだ。事前に出したこちらの適当な要望をくんで橋本さんが作ってくれた分刻みの行動表にのっとって見学するのである。こらこら、キャンドル潤くん、勝手にYonda?パンダと記念撮影をしないように!

とかなんとか言ってるうちに、すでに橋本スケジュールから三分押し。急いで作家が喜んでかんづめになると噂の「新潮社クラブ」へ向かう。本館を出て、橋本さんの先導で牛込中央通りを市ヶ谷方向へ。ちなみに本館は書籍系と販売関係の部署、別館は雑誌系の部署が入っている。杉江が「本館と別館で喧嘩したりしないんですか」と軽くジャブを繰り出すと、橋本さんは「喧嘩というか、別会社みたいですね。間の通りはルビコンより深い川とよく言われます」と笑って受け返す。さすが新潮社の広報担当、駆け引きには長けているのである。橋本さんは八七年入社で、週刊新潮、フォーサイト、文庫編集部、宣伝部と異動してきたそうだから、ルビコンより深い川を渡河してきたことになるんだが、まあ、それはさておき。

本館の隣にはテニスコートがあり、先日の地震の際には避難所として社員が避難もしたとのこと。以前はテニス部が盛んに活動していたらしいが、現在は土曜日に使われる程度。余談だが、新潮社のクラブとしては将棋部、パチンコ部、スナック部などの活動が有名(本当)。文科系が主流なのは出版社ならではだろう(本当か?・)。など

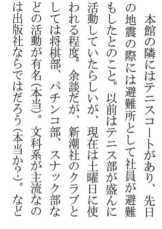

と言ってるうちに目的地に到着！

「新潮社クラブ」と表札のかかった塀の向こうにたたずむのは一見、普通の二階建ての民家だが、お邪魔しまーす、と引き戸を開けると、天然石貼りの立派な三和土が。玄関ホールは吹き抜けになっていて、民家にしては格調高い。ちょっとした小旅館みたい。

橋　かんづめ施設ですからね。一階と二階に部屋があって、お二人泊まって仕事ができるようになっています。

格調高い「新潮社クラブ」和室

基本的に宿泊（かんづめ）は二階優先。一階は座談会、対談などに使われることも多く、芥川賞、直木賞の発表待ちの場としても提供されるとのこと。ここで待つのはいい、というジンクスがあるそうだが、かつて橋本さんが担当した作家は受賞を逃したらしい。残念ですね。関係ないが、重松清が直木賞を受賞した際は、女子の担当者一同が社食で豚汁とおにぎりを作って待っていたという。アットホームな新潮社っぽいエピソードだ。

まずは階段を上って二階へ。おお！　立派な机がある。作家が執筆するための部屋なのだから、当然といえば当然なのだが、なんといっても村上春樹もよくここで仕事をしているのである。どうぞお座りになってみてください、と橋本さんにうながされ、おじさん三人組はわれ先にと椅子の奪い合い。醜い争いだ。それに引き換えクラブ内は落ち着いた雰囲気でまったくもって静か。

昭和三十六年（一九六一年）落成で、先代社長が川端康成を案内している当時の写真が社史に載っているという。築五十年だから、相当古いが、それがいい味を出している。かんづめ部屋なので、逃げられないように内側からではなく、外側からだけ鍵をかけられるようになっていたそうだ。

浜　鍵を壊して脱出した人はいないんですか。

橋　窓から飛び降りて、逃げて遊びに行った人がいます（笑）。

なんと開高健だ！　二階だが、下が庭になっているので、なんとなく飛び降りても平気そう。開高健は半年くらいかんづめになっていて、一行も書けなかったという伝説が残っているのだ。ほかにも野坂昭如が途中でいやになって、神楽坂の物書き御用達旅館「和可菜」に逃亡したとか、村上春樹は自分で料理をしたとか、檀一雄が七輪を持ち込んで庭でサンマを焼いたとか、伝説は枚挙にいとまがない。幽霊伝説もてんこ盛りで、島田雅彦や川上未映子などがここは霊が出ると書いているし、中原昌也も強く感じると言っていたらしい。二階のほ

沢木耕太郎が『深夜特急』を執筆した伝説の座卓

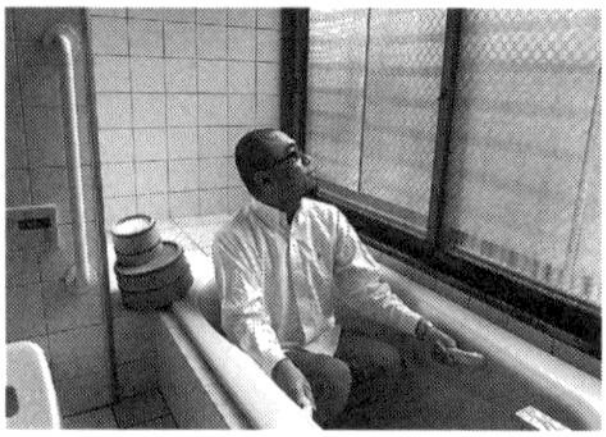
湯ぶねでくつろぐキャンドル潤

うが出没率が高いそうで、景山民夫が夜中トイレに行って戻ってきたら、デスクに川端康成が座っていたとか（恐）。
　それでも、ここで書きたいと希望する作家は後を絶たないそうで、先着順だが、競争率は高く、希望しても埋まっている場合も少なくない。利用期間などは作家におまかせだが、二週間くらい泊まる人が多いとのこと。現在もフル稼働状態で、今日もこれから二階に入る作家がいるらしい。二階は執筆ルームのほか、十畳の和室（床の間付き）とトイレ、一階はロビーと和室のほか洗面所、風呂、トイレ、キッチンがあり、宿そのもの。ロビーには小型の冷蔵庫が置いてあり、ビールも自由に飲んでいいが、野坂昭如の滞在中は冷蔵庫にアルコールを入れないでくださいという指示が編集からあったそうだ。

浜　一階の和室は二階よりさらに広いね。
橋　掘りごたつなんですよ。
宮　庭がきれいですねえ。
杉　和風旅館だよね。
浜　夜は十時が門限なんだ。十時に施錠しますって、利用案内に書いてある。
杉　玄関ドアキーをお持ちください。
浜　鍵持っていけと（笑）。
杉　店屋物のお取り寄せ、または社員食堂もご利用できます。
宮　朝食はパンかご飯が選べます。
橋　八五年の利用予定帳を持ってきました。
宮　梅原猛、野田秀樹、尾辻克彦……。お、村上春樹。
杉　安部公房に中上健次も！
浜　沢木耕太郎も。一階から途中で二階に移動している。
杉　ほんとだ。沢木耕太郎、長いねぇ。

　一階の和室には執筆机はないが、沢木耕太郎はこたつではなく、床の間の小さな座卓で『深夜特急』を書いたと言われているらしい。これもひとつの伝説だろう。かんづめ以外に、たとえば週刊新潮が、ある人をここに匿ったり、いろんな使い方があるそうだが、庭をバックに写真を撮るといい感じになるので、対談の後などによく撮ります、と言われ、おじさん三人組も記念撮影。そろそろ次に行く時間ですという橋本さんの声に導かれるように「新潮社クラブ」を後にしたのであった。

●社員食堂の鮭フライがおいしい！

　本館に戻り、次の目的地である地下の社員食堂に向かう。十二時五分前なので、まだ席はがらがら。一週間分のメニューが貼り出されていて本日は鮭のフライ。メニューは金曜日以外一種類なのである。金曜日はポークカレーとわかめそば。

透明の筒に食券を入れてカウンターに並ぶ。順番がくると、おばちゃんに普通?・中盛り?・大盛り?・と聞かれ、あわてた宮里は中盛りを注文。え?　これが中盛り!?　ものすごく多いのである！　これが中盛りなら大盛りはどんな量なのか。取り放題のゴマ昆布をご飯に載せてテーブルへ。

浜　杉江、普通?

杉　普通ですよ。だって、びっくりしたもん、潤の見て。

浜　中盛りがこれだもん。こうなると、大盛りも見たかったね。参考までに。

橋　肉体労働系の部署もありまして、設備係の人とか、けっこうすごい盛りで食べてますよ。

杉　鮭フライ、美味しい。これで二百円?

宮　ささ家、負けましたね（笑）。

浜　メニューが一種類なのがいいな。

杉　選ばなくてもいいから。おじさんは選ぶの苦手だからね（笑）。

宮　ずいぶん混んできたなあ。

新潮社で働く人はアルバイトを入れると五百人以上。十二時を過ぎると続々と食事に現れ、カウンターは長蛇の列だ。

杉　週に一回はカレーかハヤシライスなんですよね。

橋　そうです。先代の社長が好きだったらしくて。その日だけは麺類もあって、どちらかを選ぶんですが、実は両方を半分ずつ頼むこともできる（笑）。

宮　両方食えるんですか！

浜　大盛りもできます?　両方大盛りとか（笑）。

橋　たぶん（笑）。商売でやってるわけじゃないんで、適当ですよ。

昼休みはフレキシブルなので、食堂は三時半くらいまで営業。業者じゃなく自前で、チーフは契約社員。ご飯を盛ってくれるおばちゃんはパートだ。

浜　社長もここで食べるんですか。

橋　食べることが多いですね。

杉　人気メニューって、ありますか。

橋　海鮮系が人気ですね。近所にいい魚屋さんがあって、そこから仕入れてるんですが、海鮮丼でも値段は同じですから。あとソース焼きそばとか（笑）。

宮　すごい。お祭りみたいだ。

橋　時々グラタンが出るんですけど、それはおかずで、ご飯も出てくるんですよ（笑）。で、グラタンとご飯だけじゃ、どうなのか

と思うのか、梅干しがつく。グラタン、ご飯、梅干しという三点セットは新潮社食堂ならではなんですが、これにみんな慣れちゃって、家で奥さんがグラタンを出したときに梅干しがないだろう、梅干しはどうした、と怒った人がいる（笑）。

食べたあとは出す。というわけで、トイレに入ると、すっごくきれい！　なんでも『バカの壁』がミリオンセラーになったときに本館のトイレが一新されたらしい。和式だった個室はすべて洋式のウォシュレットになり、男子小用便器も手洗いも最新式のピッカピカに全面改装。橋本さんによると「僕はバカトイレと呼んでいます」とのこと。ちなみに本館の竣工は一九五七年（昭和三十二年）。七四年に建てられた別館は最初から洋式トイレだったそうだが、七二年に刊行された有吉佐和子『恍惚の人』が百九十四万部売れたあとに建設されたため「恍惚ビル」と呼ばれているらしい。

●屋台骨・装幀部と校閲部

というわけで、午後の部は本館二階の第二会議室からスタート。目当ては特装本だ。本誌の二〇一〇年一月号でもレポートしたが、新潮社では単行本、新書の発行部数が十万部を超える超ベストセラーになると、お祝いとして革装本を四部作製しているのである。で、二部を著者に一部を資料室に、そして残る一部を社長室扱いとして、ここ第二会議室のガラス戸付き本棚に保管している。通常は施錠されているが、本日は取材なので、見放題のうえ触り放題（笑）。宮里は『百年の孤独』とか『朗読者』まである。すごいなあ、十万部超えたんですね。有吉佐和子とか五木寛之とか半端な数じゃないですね」と大興奮だが、杉江と浜本は以前にもここで触った経験があり、かつ製本所で制作工程の見学もしているので、いたって冷静。「僕たちは詳しいんだよ、単行本と新書はね、革が違うの」と講釈たれはじめるほど。二人がうるさいので、早めに切り上げ、予定外の社長室見学を織り込むことに。といっても、前を通って横目でちらちら見るだけ。

杉　秘書かな、女性の声がしますね。

浜　うん。しかし、どう見ても社長室だけでうちの会社より広い（笑）。

本館の三階は単行本・文庫など書籍関係の編集部。出版部の奥にある文庫編集部にずいずいと入っていくと、本の雑誌でもたびたび原稿を書いてもらっている編集者、偏愛と妄想の青木大輔氏に遭遇。ものすごく雑然とした、というか、本だの書類だのが堆く積み上げられた机の前で呆然と立っている（ように見える）。

浜　こんにちは。この机は誰のですか。

青　もちろん僕のですよ。ほら。

杉　受話器に「青木大車輪5の4」って書いてある（笑）。これは何ですか。

青　本が売れるおまじない（笑）。WBCのときにいい言葉だなと思って。

杉　しかしきったない机ですね。浜本さんの机より汚い。
青　いや、これは断捨離後なんですよ。積んであったゲラとか地震で崩れちゃって、全部捨てたので。きれいになったなあ、と自分で感心してる。（前の席の若者に）ね、ずいぶんきれいになったよね？
若者　奇跡的なくらいきれいです。
青　毎日来るたびさわやかな気分になる。何年かぶりに机の表面が見えるようになったから（笑）。

断捨離を決行した
青木氏の机

ゲラを交互に積むのが倒れないコツ、と強調されたが、いやいや、そんなに積みませんって。衝撃の机を後に、一行は階段を昇って四階へ。四階には新潮社の屋台骨とも噂される装幀部と校閲部があるのだ。

装幀部はいわずもがな新潮社装幀室の社内での正式名称。各編集部付きだった社内デザイナーが一カ所に集まり装幀室として独立したのが九一年。九三年から新潮社装幀室とクレジットが入るようになり、一躍その名を知らしめたが、現在は装幀室から装幀部に昇格。新潮社装幀室の名はブランドとして残しているが、社内的には装幀部なのである。「こんにちは」とお邪魔すると、大掃除なのか机を移動中。四月からアルバイトが一人入り、総勢十二人になるため、席替えをしなければならないらしい。

ぐるっと一周すると、マックで高層ビルの写真を加工している人が。四月新刊のカバーのデザイン中らしい。壁面のキャビネットにはイラスト、写真、画集など、膨大な資料が五十音順に整理されている。装幀部の大森賀津也部長によると、昔は画廊に行って、資料を集めたりもしたそうだが、だんだんそういう絵を使う頻度は少なくなって、イラストレーションや写真が増えてきたという。先ほどの高層ビルの写真はネットのフォトライブラリーから落としたもので、写真の資料も昔は山ほどストックしていたが、最近はだいたいフォトライブラリーで足りるとのこと。もちろん特別のアングルが必要な際などは、社内写真部に依頼して撮影してもらうこともある。たとえばトマス・ピンチョンの『V.』。

上巻は何やら崩した文字、下巻は人間のような模様がカバーを飾っているが、これはいずれも紙のオブジェ。紙を切り抜いて彫刻刀で彫った作品を陰影をつけて撮影しているのである。ずいぶんと手間と金がかかりそうではないか。

外部のデザイナーに頼むと、同じ体裁でも、ちょっとした紙の選択などで原価はたぶん上がるでしょう、と大森部長は言うのである。新潮社装幀部は資材の決定から原価計算まで、装幀、造本のすべてに関わる。外部のデザイナーが自分の作品という意識

ピンチョン『V.』カバーに使用されたオブジェ。文字をVの形に崩している

で仕事をしているのに対し「新潮社の本を作っていると強く意識している」から、許される範囲でぎりぎりの選択をするし、もっと安いものを提案したりもするという。個人の表現ではなく、新潮社の本としての表現を念頭に置いているのだ。だから新潮社の本はどれも新潮社らしいのだろう。大森部長は言う。

「編集者から我々まで、新潮社の社員の目という基準があるんですね。それに合致しないとなかなか進まない。社員全員が新潮社のレベルを意識しているんだと思う」

　悪くいえば、どんどん叩かれて角がなくなっちゃう嫌いもないわけではないが、質の高い作品の装幀をするチャンスがたくさんあるのは新潮社装幀部ならでは——大森部長の言葉の端々から社内デザイナーとしての誇りが感じられるのである。

　続いて校閲部へ。初代社長・佐藤義亮が秀英舎（現・大日本印刷）の校正係を務めていたからなのか、新潮社といえば校閲と言われるほど、新潮社校閲部のチェックの厳しさは有名。なんと六十五人という大所帯！　しかもほとんどが入社から校閲一本だそうで、一般の入社試験とは別の、校閲者としての技能と資質を問う試験を受けるとのこと。井上孝夫部長によると、その資質とは、①慎重に比較、合わせることができる。②言葉を丁寧に扱うことができる。③常識がある。の三点だ。

宮　人によって得意不得意があるんですか。

井　基本的にはどのパートもこなしてもらいますが、おのずから得意分野は出てきますね。やっぱり日本史に強い人、古典に強い人はいますし、翻訳ものだったら原典が確認できる人のところにいきがちです。

　そういう井上部長は百以上の言語を学び、新潮新書から『世界中の言語を楽しく学ぶ』を出しているすごい人。ある編集者がスリランカ出張でもらってきた解読不能の領収書を読んだり、その能力をムダに使わせられることも時としてあるらしい。

井　外国語を話せるんじゃなくて、調べられることが能力として必要なんです。

　調べてチェックするのが仕事だから、部内は資料がいっぱい。大漢和辞典から値段の風俗史、古い道路地図まで、めぼしい辞典・事典類はだいたい揃っている。おまけに今はWEBもあるから、調べなくちゃいけないことがますます増えたという。

井　昔は原稿と逐一照合するのに時間がか

かりましたけど、調べ物に関しては、本で確認するしかなかったので、本で探せないことは、先生のおっしゃるとおりって感じだったんですが、今はデータ入稿で突き合わせがなくなった代わりに、WEBで調べる比重が増えてきました。だから読むペースはそんなに変わりません。一日四、五十ページ、ものによっては二十ページしかいかないこともあります。ただ、初校のときにある程度、調べてますから、再校は、その落穂ひろいというか、調べることが減る分、一日八十ページくらいは読めます。

浜　チェックが厳しすぎて、著者がオレはこう書いてるんだから！と怒った、なんてことはありませんか。

井　校閲というのは、事実だったら、一般的にはこう言われていますが大丈夫でしょうか、表現だったら、これだとちょっと問題が起きる可能性がありますがよろしいでしょうか、とお伺いをたてるということで、違うと指摘するわけじゃないんです。編集者と筆者の判断を仰いで、戻ってきたのが、やっぱりこれはまずいという形でしたら、もう一度お伺いをたてますし、これは意思でこうしたんだとわかれば、わかりました、ということもあります。仕事であって、自分の主張を通す場ではありませんから。もちろん気がつかないでスルーしてしまうのは問題ですが。

浜　校閲の人の疑問を編集者がそのまま見せちゃうケースも多そうですけど。

井　本来は編集者が我々のチェックを見て、この先生には違う表現のほうがいいと思ったら直して伝えるんですけど、けっこう性格的にゆるい人とか、そのまま伝えちゃうこともあって（笑）。こちらとしてはこれは間違いないという場合は赤字を入れますが、確信を持てない場合は鉛筆で書き込みます。これでよろしいですかと「?」マークをつけて。こんなふうな資料に出ていましたと、必要があればその資料のコピーをつける。細かいことで心証を害することもありますから、筆者を尊敬する心構えが大事ですね。

　何か問題が起きたときに、どういうプロセスで間違いが起きたか、今後どうしたらいいかを把握するため、ゲラは三か月から一年、保管している。

杉　何もないのが当たり前の仕事って大変ですよね。

井　でも大概あるんですよ。しかも刊行から何十年も経った文庫本に意外と単純な誤植があったり。自分の担当で誤植を見つけちゃうと、自分は向いてないなと。校正をやってる人間なら、誰もが何十回もそう思ってると思いますよ。

　それにしても、ものすごく静かだ。私語厳禁というわけではないのだろうが、喋ってる人は皆無なのである。

橋　校閲だけじゃなく、この会社はだいたい静かなんですよ。

井　私も入社したときそう思いました。

橋　「週刊新潮」編集部にしても、怒鳴り声が飛び交ってるんじゃないかと思われてるみたいですけど、実はシーンとしてますか

らね（笑）。

●お宝ざくざくの資料室へ

さあ、お待ちかねの資料室を訪問！　資料庫の手前には前室があって、創業から九五年まで、およそ百年の全刊行物がカードで検索できるようになっている（それ以降はパソコン）。書名、著者名はもちろん、短篇のタイトルからでも引けるのである。対談集は人名で検索可能だし、新聞、雑誌の記事を作家、書評、訴訟関係などで検索可能。新聞ごとにも探せるし、作家ごと、作品ごとなど、いろんな切り口で記事を探せるというから、すごく便利なのだが、見ていると切りがないので、資料室の早野有紀子さんの案内で資料庫に移動。

入って右側は他社本のコーナー。他社の本で、校閲の人など使いそうな参考図書類が置いてある。ほかに書評が載っている雑誌、週刊誌などを保存していて、もちろん本の雑誌も！　月刊誌はだいたい十年分、週刊誌は五年間保存しているとのこと。どんどんと奥に向かい、自社本のコーナーに達すると、一同、おお！と驚嘆。

一九六五年（昭和四十年）以降、現在までの新潮社の本がぜーんぶ並んでいるのである！　それより古いものは別のところにあるそうで、後でのお楽しみなのだが、資料だから、改版したものがそれぞれ保存されている。映画化などで装幀が変わったものもすべて揃っているのだ。

杉　すごいなあ。ここに入れちゃいけない人を三十人くらい知ってますよ（笑）。

宮　マイブックだけでこんなにある。

浜　これは学校図書館用の文庫セットですね。ハードカバーだ。

宮　すごい。こんなのあるんだ。

浜　これ、蔵書印とか押してないんですね。

早　あ、ちょっと未整理なんですよ。

浜　そうですか。じゃあ、一、二冊なくなっても（笑）。

早　わかります！（笑）

杉　危ないですよ。

本だけではない。壁際に並んだキャビネットには内容見本のほか、出版目録、パンフレット、営業報告書、作家の顔写真（紙焼きばかりかネガも）、その他もろもろの資料がいっぱい。新潮文庫刊行会なる組織の定款が出てきたかと思えば、古い新聞広告の実物も。

では、いよいよ閉架式書庫へ！　戦後から昭和三十九年以前の自立できる資料は棚に並んでいるが、自立できないものと戦前の書籍と雑誌は中性紙箱に入れて保存。一見、ブーツが入っているように見える箱だが、中は靴じゃないのである。資料には閲覧用と保存用があるそうだが、閉架資料庫は常時鍵がかかっていて社員も勝手に入ることはできない。幻の宝の山なのである。限定版、超大型本（定価百八十万、限定六十二部の本も！）などのコーナーを抜け、作業台で、昔の新潮文庫を拝見。

　新潮文庫は戦後の一九四七年（昭和二十二年）に現在の体裁が創刊されたが、実はこれは四期。第一期の創刊は一九一四年（大正三年）で、ついで一九二八年（昭和三年）に第二期、一九三三年（昭和八年）に第三期と、形と大きさを変え、創刊され直しているのである。

早　これが最初の新潮文庫です。

浜　小さくて、かわいい。

橋　基本的に翻訳ものばかりですね。

杉　『アナトオル情話集』？

宮　『白痴』全五冊。

早　当時としては相当きれいな本だったんだろうと思います。

浜　布張りがオシャレですよね。

杉　字がちっちゃいなあ。

浜　うん。でも行間がわりとあるから、俺でも読める（笑）。

宮　背にはタイトルがあるけど、表一には入ってないから、正面から見ても書名がわからないですね。

浜　平積みがなかったんじゃない？　棚だけで売られてた時代なんだよ。

　二期はいわゆる円本で四六判、三期は菊判半裁で、今の文庫より一回り大きい。

浜　これはたまに古本屋で見るね。

橋　ちょっと縦に長いのかな。

早　そうですね。ああ、割れやすいので注意してください！　こちらが四期の創刊当時のものですね。

浜　ぶどうのマークが今のと違う。

早　川端龍子装幀本と呼ばれるもので、川端康成の『雪国』が入稿番号「一」になります。ここから、今の新潮文庫がスタートしている。

浜　へえ。坂口安吾の『白痴』だ。昭和二十三年十二月刊か。

杉　川端龍子装幀本を持ってない人は新潮社マニアとはいえないですよね（笑）。

浜　うん。新潮社を語るには一冊は持ってないと。

中性紙箱が並ぶ資料庫

戦前の書籍などを保存

杉　ほら、ポケットの中のもの出しなさい（笑）。

浜　どうしてわかったんだ（笑）。

まだまだ名残惜しいが、ここにいては時間がいくらあっても足りなくなっちゃうので、えいやっと退散。ルビコンよりも深い川を渡って、一行は別館の地下二階へ。

宮　待避室？

浜　ヘルメットがずらりと。

橋　中核とか書いて……ない（笑）。

浜　防災用品が置いてある。

宮　おかゆ。乾パン。牛大和煮。

橋　新潮社には防災隊というのがありまして、防災非常用品とか寝袋などの防災グッズを管理してるんです。

年に一度個数を点検しているのである。なんでも先代の社長が防災意識の高い人で、地震の際にガラスが割れて落ちて、通行人に怪我をさせないように、と本館、別館の前に植え込みを設けたという。別館の裏側には一切窓がないが、それも火事が起きたとき、延焼をここで止めるための設計。窓をつけると火が抜けちゃうから、というわけだが、おかげで風通しがすごく悪いらしい。先代社長の遺志にしたがい、現在も食堂や機械室、総務の人間が入れ替わりで防災隊を組み、防災訓練をしている。その甲斐あってか、昨年十月に行われた牛込消防署管区の防災隊コンテストで、新潮社防災隊は三位になったという。

最初に刊行された新潮文庫

浜　三位って、何チーム出たんですか。

橋　十八チーム！

杉　消火活動を競い合うんですか。

橋　あと、敬礼がピシッとできるかとか、動きが機敏かとか。この地下二階はホースを出して走ることができるので、ここで訓練していたんですよ。八月から週に二回くらい。すごく大きな声を出すから、一階の受付まで聞こえていたらしい（笑）。

へぇー。意外なエピソードだが、防災意識も高いとは、さすが新潮社。深く感心しつつ一行はエレベーターで四階に到着。階段を上って、仮眠室を覗く。二段ベッドが八つ並んでいるのが見えるが、寝ている人がいるのか暗くて中の様子はよくわからない。階段をさらに上がって、いざ、屋上へ。新宿から池袋まで東京の街が眼前に広がる。四階建てだが、周囲が低層住宅街なので三百六十度、見晴らしがきくのである。春のちょっぴり強い風が気持ちいい。

杉　なんだ、本の雑誌社は小さくてぜんぜん見えないなあ。

橋　ここでこっそり逢いびきしたり（笑）。

うながされて見ると、柵の向こうにくぼみのような空間があり、降りられるようになっている。上からは見えないので、社内恋愛のマル秘スポットになっているらしい（笑）。

浜　じゃあ、ここで今日の見学を踏まえて、新潮社に入るなら、どこの部署がいいか、

あげてみよう。

杉　僕は新潮社クラブの賄いさん。坪内祐三さんのスパイとしていろんな作家情報を入手する（笑）。

浜　風呂掃除とかしなきゃいけないんだよ。

杉　いいよ、家と一緒だもん（笑）。

宮　僕は食堂のご飯を盛る人！

杉　大変だよ、みんなの顔見て、橋本さん、昨日飲みすぎたみたいだから、今日はちょっと盛りを減らしておこうとか（笑）。

浜　俺はなんといっても資料室だなあ。

杉　司書の資格がいるんですよ。

浜　そうなの？　じゃあ、無理か……。

杉　そうだ。いっそ防災隊三人組として、来年の防災隊コンテスト優勝を目指しましょう。僕らにぴったり！（笑）

（二〇一一年六月号）

イラスト＝福田星良

一箱古本市に挑戦

今月のおじさん三人組は一箱古本市に出店することにした。

一箱古本市というのは二〇〇五年の春にスタートした素人参加型の青空古本市で、東京の谷中・根津・千駄木、通称「谷根千」と呼ばれるエリアに点在する店（大家さん）の軒先を借りて、出店者それぞれがダンボール箱ひと箱分の古本を販売するイベントである。二〇〇六年からは春秋の二回開催となり、今回が数えて十二回め。谷根千の風物詩ともいえるが、あっという間にあちこちに波及し、いまでは全国各地で開催されている。より詳しく知りたい人は、発案者であるミスター一箱古本市こと南陀楼綾繁氏の『一箱古本市の歩きかた』（光文社新書）を読んでみてください。

というわけで、二〇一一年四月三十日土曜日午前十時。宮里潤、杉江由次、浜本茂（若い順）の本誌おじさん三人組は文京区千駄木の根津教会前に集結した。

と言いたいところなのだが、実は十時に着いたのは杉江一人。売りものの本を積んで車で向かった宮里と浜本は、駐車場を探して同じところをぐるぐるしていたのである。ゴールデンウィーク二日めのこの日は根津神社のつつじ祭りが佳境で、谷根千のメインストリートである不忍通りも付近の通りも人と車がいっぱい。観光バスが停車していて、路駐はままならないし、駐車場があったかと思ったら満車ばかり。やっと路地裏のコインパーキングに空きを見つけたときは十時二十分。箱と本を抱えて根津教会の前に行くと、杉江がシブイ顔で手招きしている。なんでも、うながされるままにじゃんけんをして勝ったので、端っこを取ったんだが、よかったのかどうかわからない、と言うのである。本日の一箱古本市は谷根千地区の十一か所の大家さんの軒先に五十箱のお店が出店。おじさん三人組の「本屋本の雑誌」（店名）は、事前の抽選で根津教会の軒先を借りることは決まっていたのだが、根津教会前には七箱（つまり七店）も出店するそうで、その七箱内の陣地取りをじゃんけんで決めたらしい。いや、いいんじゃないの、端っこで。トイレに行くにも飯を食いに行くにも、さっと出られてラクだし。

とかなんとか言ってるうちにも、他の六店の箱はさくさくと開店準備を進めている。おお、我々も負けてはいけない。この日のために（ウソ）購入した緑色のコンテナ（プラスチックのケース）をテーブルの

厳選ラインナップを詰めた「本屋本の雑誌」の箱。果たして売れるのか？

上に載せ、本を並べなくては！

本日「本屋本の雑誌」が販売するのは、会社の奥から出てきた別冊本の雑誌『ブックカタログ１０００ＰＡＲＴ１』『ＰＡＲＴ２』『読み物作家１００人集』の三点（各数冊）と杉江の机の下から出てきた古いバックナンバー二十四冊（十二号から三十四号までと四十号）をメインに「本の雑誌創刊一〇周年記念文集」（当時の助っ人が寄稿した文字通りの文集）三冊に「本の雑誌が15年間に選んだ本　ベスト３００」という小冊子が十冊、そして本の雑誌のオリジナル原稿用紙大（四百字）小（二百字）と沢野ひとし絵ハガキ四種など、自社本と自社グッズ、ほかに各自が家から持ってきた不要本というラインアップ。冊数で勝負の宮里は中央線サブカル系、浜本は洋書の絵本など大判本が中心、厳選に厳選を重ねたという杉江の隠し球は昨年六月号の古本特集で古書現世の二代目も値が付けられなかった『はじめ人間ギャートルズ』二冊セットと杉江由次のインタビューが一面に掲載された出版業界紙「新文化」の二〇〇六年十月五日号。ギャートルズは二冊で千二百円、本屋大賞の仕掛け人インタビュー掲載紙には、なんと五百円という値が付けられている。

さっそく品出し。ところが、コンテナが深すぎて、並べてみると、上から覗きこまないと何の本を売ってるのかわからない！　うーむ。仕方がないので原稿用紙と別冊をあんこにして、その上にバックナンバーを並べて調整。悪戦苦闘しているところに、根津教会前のほか六箱を偵察してきた杉江が戻ってきて、「ほかの箱はすごいよ。棚つきとか。飾りつけてあったり、すごく見やすい。これじゃ、負けちゃうよ」とダメ出しをするのである。

なるほど、二階建ての箱があったり、きれいにディスプレイされていたり、どこも箱そのものから工夫を凝らしている。しかも三軒隣の「とみきち屋」さんの箱には講談社文芸文庫だのちくま学芸文庫だの古い中公文庫だの、見るからによさげな本ばかり並んでいるのだ。クレインの作品集と河出の単行本版『きみの鳥はうたえる』がセットで千四百円の佐藤泰志セットなんて、思わず欲しくなっちゃうよねえ。しかし十一時の一斉開店までは買えないのである。がまんがまん。

さあ、いよいよ開店！

「いらっしゃいませぇ！」

声を上げるなり、中年の女性が「一〇周年記念文集」（千円）を手にとり、宮里の「激レアです」という声に押されるように、「ベスト３００」（二百円）「原稿用紙小」（三百円）の三点を買ってくれる。いきなり千五百円もの売上だ！

浜　おお。潤、原稿用紙と文集を追加だ。

宮　はい！（と山ほど原稿用紙を出す）

杉　いや、原稿用紙は二冊くらいでいいんじゃないかな、レア感がなくなるから。

原稿用紙を補充しているうちにも次のお

客さんが来店。
浜　本の雑誌のバックナンバーです。
杉　八〇年代のやつとか。会社の奥から発掘してきました。
浜　十二号っていくらなの？　千円!?
宮　在庫がないので、思わず付けちゃったんですけど。
浜　ちょっと高くない？
宮　古本屋さんに出てるよりは安いはずなんですけど。
客　最初は強気でいいんじゃないですか。
浜　そうですか。午後四時の終了間際になったら、ただ同然になってるかもしれませんけど。
客　（『ブックカタログ』を手にして）これはおいくらですか。
浜　いくらなの？
宮　八百円です。
浜　すみません、高くて……絶版ですから。
客　（「ベスト３００」の小冊子を指して）これは売りものですか。
浜　売りものなんです。すみません。
客　じゃあ、これも。
浜　いいんですか。高いですよ。ええと、ブックカタログのＰＡＲＴ１とＰＡＲＴ２にベスト３００。千八百円になってしまいますが……。
客　いえいえ。
杉　ありがとうございます。
浜　大変だ。このままでは大金持ちになってしまう（笑）。補充補充。

　この後も宮里の私物「星新一展図録」『柳原良平ポストカードブック』「ガロ　滝田ゆう特集」などが売れて、開店から十分足らずで五千円以上を販売。本の雑誌のファンなんですというお客さんがちょこちょこ来てくれて、二十分後には「記念文集」が完売。そして、その直後、十二号と十四号と『ブックカタログ１０００ＰＡＲＴ２』を手にした女性が「新文化」と杉江の顔を見比べ、不思議そうな顔をしたのである。
杉　それはネタです（笑）。シャレですから、安くしておきます。
客　売りものなんですか!?
浜　売ってるんですよ。びっくりしますよね（笑）。
杉　五百円もしますが、交渉次第で下げます（笑）。
客　せっかくだから買っていきます。安くしてくれるんなら。
杉　えええええ。じゃあ、十分の一で！
宮　五十円玉のおつりがないので百円にしてください（笑）。
客　じゃあ、百円で。
三人　ありがとうございます。
客　頑張ってください。
宮　売れますなあ。

　午前中でバックナンバーはほぼ完売。このあと苦戦するんじゃないかな、という浜本の読みもなんのその、「本屋本の雑誌」は午後からも快調。編集部・松村が友達と割れせんべいを持って陣中見舞いに来てくれたり、林カケ子さんが娘さんと大福を、ＴＲＣの松村さんがたい焼きを差し入れてくれたりでお腹もいっぱい。順調に売上を伸ばし、閉店まで残り三十分となった午後三時三十分には、なんと三万九千八百円を突破！　千駄木の古書ほうろう前に出店していた「野宿野郎」の四人組がほろ酔い加減（たぶん）で閉店間際に襲来したので、残りものをばんばん値引きして押し売り（笑）。「あと百円払うから、もう一冊何かください」という加藤編集長に、ここまで残った隠し球の『ギャートルズ』を二冊百円！で売りつけ、終了の合図を聞いたのであった。

最終的な売上は八十七冊で四万四千五百円。なんとこの数字は四月三十日の五十箱の中で、金額は第二位！　冊数は第三位なのであった。いや、初めてにしてはすごいではないの。ちなみに金額冊数ともに一位になったのは三軒先の「とみきち屋」さんで、なんと百四十三冊、六万四千二百五十円を販売。上には上がいるのである。

杉　思ったより面白かったね。十一時から四時までだから、負担も少ないし。

浜　意外だったけど、潤が接客上手いんだよな。けっこう人を騙して売ってた（笑）。

宮　騙しちゃいないですよ。人聞きの悪いことを。

杉　ひと言いうんだよね。なかなか手に入らないですよ、とか（笑）。

宮　普通の古本屋で買うよりは絶対安いですよ（笑）。

杉　逆に、浜本さんこそ、問題だと思うよ。値段言うたびに「高い高い」って。

宮　そうそう。

浜　だって、高いんだもん。

宮　あんなこと言われたら、売りづらくなるじゃないですか！

杉　そうだよね。あれ、営業妨害だよ。店員なのにクレーマー（笑）。

すごいにぎわいの「古書ほうろう」前

浜　あんな値段が付いてるとは思わなかったんだよお。その高いものをみなさん、よく買ってくれました。

杉　でも高くないんですよ。ネットで調べた値段より安いし、あまり安い値段を付けるとせどられるんじゃないかと。

宮　業者の人がまとめ買いとかしちゃうとつまらないじゃないですか。

浜　原稿用紙もけっこう売れたけど、三百円と五百円という値段は、ちょっと問題があったんじゃないでしょうか。

杉　なんで？　またそうやって。

宮　買った人、けっこう喜んでたけどなあ。

杉　な、喜んでたよね。

宮　バックナンバーも本誌の読者の人が買ってくれた。

杉　そうそう。

浜　まあ、あの値段じゃ転売はできないからね。

杉　また、それを（笑）。ちょっと問題だなあ。浜本さんとは一緒にお店やれない。

浜　ええっ、また出店しようよ。

杉　でも、秋は売るものがないんだよなあ。

宮　バックナンバー売っちゃいましたから。

浜　新文化もね（笑）。

（二〇一一年七月号）

川崎図書館に行く

社史といえば神奈川県立川崎図書館だろう。なんといっても独立した社史室があり、所蔵する社史（経済団体史、労働組合史を含む）は約一万五千冊！　なんでも一九五九年に工業図書館を標榜して開館したとのことで、産業都市・川崎に役立つように「商工資料室」を設置。科学技術および産業関係資料を補完するものとして企業の社史などの収集を開始したらしい。八四年には社史が特殊コレクションとして独立、九八年からは社史室として一般の利用者に公開されている。しかも開架式で閲覧自由のうえ、一人十冊まで三週間借りられるのである。

　それにしても一万五千冊とは！　いったいどんな社史が並んでいるのか。というわけで、おじさん三人組がびゅーんと川崎へ。「冷しグルメやってます。」という涼しげな地下街のポスターを尻目に駅を出て、川崎大師に向かう大通りを直進。「天下一まずい」を上下ひっくり返したロゴの中華料理店やアホー麺の看板を冷やかしながら、のんびり歩くこと十五分、二日酔い気味で……と宮里キャンドル潤が遅れ始めたところで、おお、バンクに到着？

宮　ふう。着いた着いた。

杉　すごいね、隣がバンクだって（笑）。川崎競輪場。

浜　手前は教育文化会館で、周りは検察庁や区役所が並ぶ官庁街なのにね。

杉　企業キャラクター展の案内が出てますよ。ほら、崎陽軒の「ひょうちゃん」。

浜　しょうゆ差しね。

　エレベーターもエスカレーターもない古い建物の四階にある社史室に向かい、とぼとぼと階段を上ると、二階のホールでくだんの企業キャラクター展が開催中。ペコちゃん人形が迎えてくれるので、休憩かたがた見学することに。ビクターの犬や興和のケロちゃんが展示されていたり、森永（エンゼルマーク）やグリコ（ゴールインマーク）のキャラクターの変遷が載っている社史のページが開かれていたり、見ているだけで楽しい。

　ちなみに「江崎グリコ70年史」によると、グリコの創業は一九二二年。森永は一八九九年で、森永の勝ちぃー。しかし上には上があるもので、足袋の福助は一八八二年（福助人形のキャラは一九〇〇年から）、養命酒は会社の創業こそ一九二三年だが、養命酒そのものはできて四百年以上になるらしい。

　ひとわたり見たところで、再び階段を上

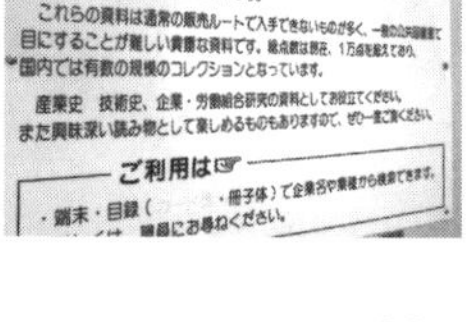

り、いよいよ四階の社史室に入室！　どやどやと三人で入っていくと、先客は業界人っぽいおじさんが一人。司書の女性に「外にロッカーがありますので」と言われ、すごすごUターン。ロッカーにカバンを入れて改めて入室。

　開架式の社史室は二十坪弱くらいだろうか。天井までの棚がびっしりと並び、金融、保険、不動産、鉄道、広告、芸能スポーツ等、業種別に社史が分類されている。社史のほかに企業小説や伝記などの棚が二本あり、『ブックオフの真実』『女子の古本屋』といった見慣れたタイトルも並んでいる。自動車のコーナーにはトヨタ関連だけで棚二段五十冊以上の社史があるからびっくり。さすが世界のトヨタだ。先ほどから宮里が熱心に見ているのは朝日放送の五周年史！　シャレた装丁で、江戸川乱歩、広沢虎造、浅沼稲次郎など各界の著名人が寄稿している。もっともわずか五年だし社史というより記念文集みたいなものか。反対に歳月を重ねているのが食品関係。

「社史にみる企業キャラクター」展は
ペコちゃんがお出迎え

浜　佐々木本店って、何の会社だろう。百年史だよ。初代はお侍さん！

杉　月桂冠の隣だから酒造会社かな。しかし月桂冠はさらにすごいよ。三百六十年史！　三代将軍家光の時代に創業している。

浜　饅頭の塩瀬はその上をいって創業六百五十年。社史が『まんじゅう屋繁盛記』っていうタイトルで岩波書店から市販されてる。徳川家康に饅頭を献上したんだよ。

宮　すごいな、それ。

浜　しかも、それが初代じゃないんだから。

杉　でも思ったより楽しいね。

宮　そうですね。読めそうな社史がけっこうある。厳密には社史じゃないけど、竹尾のはかっこいいですよね。

浜　アイデアがすごい。

宮　各デザイナーがお気に入りの紙を一枚あげて、それを使った本を語るという。

浜　そうそう。それが歴史になってる。杉浦康平から始まり、みたいな。

宮　ただ、むちゃくちゃ金がかかってますよ。箱入りだし、原研哉デザインだし。

杉　僕が気に入ったのはケミカルポンプのイワキ。四十年史が「ポンプに賭けた男たち」っていうタイトルで、目次を見るとすごい読み物のような見出しが並んでる。「まさにショックなオイルショック」とか(笑)。

浜　くだらねえ。ダジャレじゃん。

杉　ちゃんと読み物になってるっぽい。但し書きによると、コンペに出したらしいんですよ。読み物として面白いものを作ってくれそうな企画書を出してきたから、そこに頼んだらいいものができた、みたいなことを書いてあった。

浜　ほお。俺たちもコンペに参加してみようか。

杉　うん。俺たち、社史作るの上手いと思うよ。取材力あるし座談会もけっこう上手にまとめるし(笑)。本音引き出すよね。

（二〇一一年九月号）

国土地理院に行く

地図といえば国土地理院！　なんといっても、日本の基本地図である地形図を作成している総元締めである。地図の本山、地図好きの聖地といってもいいだろう。この聖地に足を運ばずに何が地図特集か。全国三千万の地図マニアたちはそう叫ぶに違いない。

というわけで、本誌のおじさん三人組(宮里キャンドル潤、杉江由次、浜本茂)が国土地理院に行ってみることにした。ところが、出発直前になって宮里も杉江も地図に興味がないことが判明。なんと普段からぜんぜん見ないというのだ。おお、このままでは二対一で負けてしまう(?)、なんとか五分五分に持ち込まないと。そこで本誌連載陣の中でも随一の地図好き、タマキングこと宮田珠己氏に帯同を依頼したところ、二つ返事で即オーケー。ゲストを加え、おじさん三人組ならぬ四人組で、二〇一一年六月三日金曜日の午前十時に、いざ出発したのである。

目指す国土地理院は茨城県つくば市の筑波研究学園都市にある。常磐道を谷田部インターチェンジで下り、サイエンス大通り(すごいネーミングだ)を一路北上。右に曲がってラーメン街道と名づけたくなるくらいラーメン屋が多い通りを十五分ほど走ると、ラーメンの看板の向こうに火の見やぐらのようなものとでっかいパラボラアンテナが見えてきた。

国土地理院といっても、本日おじさん四人組が訪問するのは職員の人たちが働いている本館ではなく、一般に開放されている「地図と測量の科学館」。入館無料で年末年始と月曜以外九時半から十六時半まで開館している「地図と測量に関する総合施設」だ。そういう施設だから、金曜日の午前十一時半でも、中学生だろう、制服姿の団体がいて、ざわめきながら係の人の説明を聞いている。

宮　あの子たちと一緒にいればいいんじゃないですかね。

地図に興味のないキャンドル潤は中学生と同化してごまかそうという魂胆らしいが、そうは問屋が卸さない。本日の訪問は事前に取材の依頼済み。広報担当の総務部建設専門官・平井英明さんが同行してくれることになっているのである。受付でその旨告げると、平井専門官が飛ぶようにやってきて、「では、ご案内しましょう」と、さっそく一階ラウンジの床に広がる大きな日本地図についての説明を開始。赤青のメガ

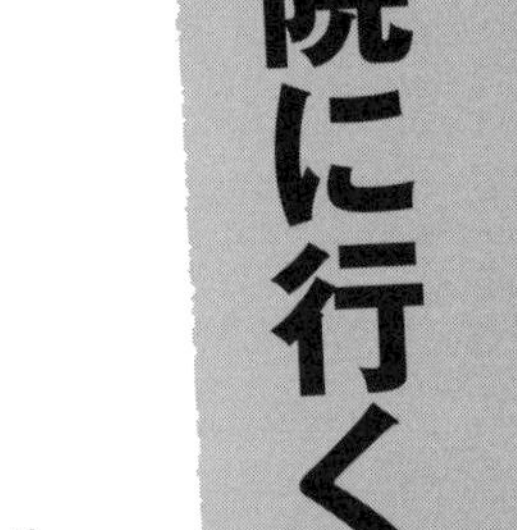

3Dメガネで見る立体地図にびっくり

ネを全員に渡したのである。

平井　これは余色立体図といって、色違いで印刷してありまして、メガネをかけて見ると立体に見えるんですよ。

全員　おお！

なんと3D地図なのである。しかも高さを強調してあるそうで、山は切り立ちエッジもくっきり。フォッサマグナも手に取るようにわかる。

平井　諏訪湖から阿蘇までの中央構造線が鮮明にわかると思うんですけど。

浜　ほんとだ！　すごいや。

縮尺十万分の一のこの地図は国土地理院の二万五千分の一や五万分の一の地図の数値データを地形部分だけ十万分の一に抜き出して作っているとのこと。ちなみに元の地図は基本的に測量で作成。一九六一年からは航空写真を撮って地図上に落とす手法もとられているが、それ以前はすべて目視での測量。日本全国の五万分の一を仕上げるのに、明治から始まって大正の終わりまでかかったというから、壮大な人海戦術なのである。

浜　何人くらいで測量したんですか。

平井　百人以上が測量してたみたいです。当時は年間三百日くらい出張していたようですね。

タマ　空から撮影するようになって、それまでわからなかった湖が発見されたとか、そういうことはないんですか。

平井　湖はないですが、山はあったみたいですね。いまでも地理院の地図に載ってない滝があるよ、と一般の方からご指摘を受けることがあります。マニアの方がいますので、幻の滝を発見する人もいるんですよ。

タマ　航空写真では滝かどうかわからないですもんね。

平井　滝の定義も難しいんですが、たとえば五メートル程度の落差で、木が覆い尽くしてるような感じだと、川だとスルーしちゃうケースはあります。ですから、ここは怪しいな、という場合は現地に行きますね。

職員は現在約七百人。事務系が二百人くらいというから、測量する人たちのほうが圧倒的に多い。今回の大震災で男鹿半島が五・三メートル南東方向に動いたこともあり、青森県から茨城県までは全部測り直す予定だという。大変なのだ。

タマ　しかし面白いね、これ。ずっと見ちゃう。

浜　飽きないですよねえ。

タマ　（宮里に）あれ、ぜんぜん興味なさそうですね。

宮　いえいえ。面白いですよ。四国って山しかないんだなあってわかったし（笑）。

とかなんとか言いながら、二階の常設展示室へ。宇宙から地球に向かって行き、測量をするというコンセプトだそうで、ワープトンネルを抜けると奥の画面に映像が流れ、植物から恐竜の誕生、大陸移動に日本列島誕生、フォッサマグナ、山脈、平地の誕生など、地球の歴史が一目瞭然。「国土地理院はいまも続く地球の変動を見守っています」というナレーションで映像は終了。続いて川のせせらぎや風のささやきなど、大地からのコールをパイプに耳を当てて聞き、測量の基準になる水平石と高さ、三角点、水準点などの展示の説明を受けたあと、紀元前からの測量の歴史を紹介するエリアへ。日本の江戸時代の測量術は西洋と遜色がなかったとか、伊能忠敬は地球の大きさを知ろうとして、そのために江戸から北海道まで歩いたとか、幕府から金を引き出すために海岸線を測量したとか、偉大な先人の業績に一同合掌。

ベハイムの地球儀や地球ひろば（工事中）を満喫

　さらにでたらめな地図や地球儀を冷やかすが、初めて日本海の名称が使われた地図とか、北海道と佐渡島が一緒になった地図とか、日本の東海上に金島とか銀島とかがある地図とか、まさに宮田珠己の世界！　メガラニカそのものを発見しては大喜びし、世界最古といわれるベハイムの地球儀にアメリカ大陸がないことを見つけては感嘆。地図記号コーナーで郵便局や温泉のマークが明治時代から何度か変わってきていることを知ったり、明治十年代と平成十年代の都心の地図を見比べたりしては、ほぉーっとうなずいて、いやあ、ここは面白いねえ。

杉　潤、やっぱり興味なさそう（笑）。

宮　そんなことないですよ。今日、いろいろ見た中では古地図が面白いなとは思いました。でも、地図ばっかりの部屋とかあるのかと思ったのに。

浜　本館に行けば、もっとマニアックなところがあるのかもしれないけど……子どもが見学するのと同じものを見てたわけでしょ、俺たち。

宮　そうか。でも、あれを見て、すげえって興奮する中学生……なんか、いやだな。

浜　（笑）なんでだよ。測量の機械とか、楽しいじゃん、男の子には。

杉　そういえば売店で中学生くらいの男子が中禅寺湖の地図くださいって買ってたね。ああいう子を地図男と呼ぼう（笑）。

浜　残念ながら、売店はイマイチだったなあ。意外と面白グッズがなかった。

宮　そうですね。地図Tシャツがあったら買うつもりだったのに。

杉　興味ないくせに（笑）。

（二〇一一年八月号）

シンポ教授邸＆石田衣良邸に行く

今回のおじさん三人組は、シンポ教授ことミステリー評論家・新保博久氏のお宅と作家の石田衣良氏のお宅を訪問して、おお!と驚くこととなった。きっかけはシンポ教授から届いたメールである。

〈可能であれば、拙宅の書庫復旧にちょっと手を貸していただければありがたいです。傾いてしまった本棚を戻すだけなのですが、下手をすると二次災害に遭う惧れがあるので、いざというとき救出してもらえるよう見張っていてくれる人がいないと着手できないのです。奥のほうの本が取れなくなっているので、お暇な折に心がけてくださると大変助かります〉

という丁寧な文面で、なんでも三月の大地震で、書庫の本棚が傾いてしまったそうで、元に戻したいんだが、作業中に倒れたらどうもこうもない、ついては見張り番をしてくれないか、という要望である。当社刊『ミステリ編集道』のインタビューぶりも教授の膨大な資料があればこそ。奥のほうの本が取れなくなっていてはほかの仕事にも支障をきたすことだろう。教授とは長い付き合いだし、見張り番などとみずくさいことを言わず、いっそ本棚を戻しましょう。なあに、当社には肉体派おじさんが揃っているのだ。教授によると、作業自体は最長で一時間半くらい、十五分で片づくかもしれません、とのこと。よおし、おじさん三人組でさくさくと片づけてしんぜようではないの。

というわけで、浜本、杉江、宮里（年齢順）の本誌おじさん三人組が都内某駅に集結したのは二〇一一年六月の終わりの水曜日。梅雨というのに太陽がさんさんと降りそそぐ暑い午後三時であった。

シンポ教授の自宅兼仕事場は駅から徒歩一分のオシャレなコンクリート打ちっぱなしマンションの四階にある。ピンポーンと鳴らすと、半ズボン姿の教授が飛び出るように出現。その途端、半分ほど開いた玄関ドアの向こうを覗いた杉江が驚愕の表情を浮かべ、教授にこう質したのである。

杉　ここで生活してるってことですか!?

失礼といえば失礼きわまりない質問だ

奥にはカウンターキッチンが！

が、実は杉江は魔窟に免疫がない。宮里は世界の魔窟からスペシャル特集で杉作J太郎氏のスペシャル魔窟を訪問しているし、浜本もJ太郎魔窟やら〇×魔窟、なによりシンポ教授がここに引っ越した際は手伝いに来ているうえ、その後何度か訪問しているので見慣れたものだが、正しく浦和レッズひと筋人生を歩んできた杉江が知っている魔窟は笹塚日記を書いていた当時の目黒考二の部屋くらい。眼前に広がる光景が信じられなかったのだろう。だから重ねてこう訊いたとしても許されたい。

杉　ここに住まわれてるんですか。

新　えっ？　ええ、まあ（笑）。

浜　生活空間には見えないということですね（笑）。

杉　いやあ、目黒さんのトトロの森よりひどいですね、間違いなく。

新　えええっ、それは最大の侮蔑です！

さらに覗き込もうとする杉江を笑いながら制し、それでは行きましょう、と教授は玄関の扉を閉め、廊下を歩きだすのである。

向かった先はエレベーター脇の鉄の扉の前。「問題の個所はここなんですよね」と言いながら、ガチャリと鍵を開けた向こうは、おお、トランクルーム。それもなんと四部屋！　向かい合う形で二部屋ずつトランクルームが並ぶその空間を独り占めしているのだ。

「四つ占領したら、真ん中も自由に使えるじゃないですか」と言うとおり、中央の通路にもスチールの本棚を横に二棹並べている。このマンションに越してから十五年、トランクルームが空くたびにひとつまたひとつと確保してきたらしい。ちなみに同じ階にもう二部屋、違う階にさらにひと部屋借りているそうだ。

おじさん三人組が「腹へこませないと入れない」などと尻ごみしている間に、教授はよいしょっと隙間から入り込み、ヘルメットを被って早くもスタンバイ。

浜　すごい、ヘルメット！

新　危険な状態になっているので。

宮　ああ、ほんとだ。倒れてる！

杉　ゆがんでる。

浜　スチールの本棚がこんなふうになっちゃうんだ。

トランクルーム内の本棚が完全に傾いでいるのである。扉と平行に置かれた二棹の上部が向かって左側に倒れてきている。地震の揺れの方向と合致して、ゆがんでしまったらしい。なるほど、これは元に戻さないと危険ですね。

浜　おお、重くて押せないよ。本棚の上に載っているカラーボック

頭上の本におびえる宮里潤

小説新潮で埋まる廊下　レアなお宝本がすぐ出てくる！

スを下ろさないと動かすのは無理じゃないかな。

新　それひとつがすごい重さなんですよ。だから雑誌を全部抜いてしまって、空にしてしまえば。

浜　中は雑誌なんですか。しかし中身を空にしたとしても、このカラーボックスは出せそうもないよね。

杉　出せないでしょうね。上の隙間が三十センチくらいしかないもん。

浜　どうやって入れたんだろ？　新保さん、これ、どうやって入れたんですか。

新　思えばどうやって入れたのか、なにぶん古いことなので……。あ、思い出した！　半分組んで載せて、最後に上で組み立てたんですよ。天板をつけてから載せるのは無理だったので。

浜　なるほど。分解しなきゃ、出せないわけですね。

とりあえず軽くしようと、背伸びしてカラーボックスに手を突っ込み、中の小説誌を出していくことからスタート。浜本から宮里、杉江へとバケツリレー方式で撤去作業に取り組む。思った以上に収納能力があるもので、廊下はあっという間に小説新潮の山！

浜　ふぅ、あぢぃー。潤ちゃん、代わって。

宮　了解です！　あ、なんか落ちた（笑）。もう手前のボックスはほとんど空ですよ。

浜　ほんと？　どれどれ。あ、動く！　動くよ、押してみよう。

作業開始から十五分。手前の棚がぐいっと押し戻せるくらいの軽さになっている！

杉　じゃあ、二人入って……。

浜　上を押せればいいんだから。

浜・杉　せーのっ！

浜　あ、危ない！　なんで倒れてくるの？

杉　手を離すと倒れちゃう。いったん出ましょう。避難避難。

力まかせにぐいぐい押すと、いったん元に戻るものの、手を離した途端にまたぐら〜っと倒れてくるのである。

浜　押しても戻らないとは……こんなにゆがむんだね。

杉　地震の力はすごいですね。

新　上の重量で支えてたところもあるのかもしれませんね。結果的に。

杉　つっぱり棒すればいいんじゃないかな。

宮　あとは棚を買い替えるか。

浜　買い替えるっていうのは、この中身を全部外に出さなきゃいけないってことだよ。棚作るのは簡単だけど（笑）。

新　思ったよりも重症でした（笑）。

ちなみに向かい側の二部屋の被害は多少

本が落ちてきたくらい。地震の揺れと直角になる形で本棚を置いているため、ゆがまなかったらしい。ちょっとしたことで大変な被害をもたらすのである。とりあえず地震対策用のつっぱり棒を横にかませて当座をしのぐことに決定。教授が居室に適当な棒を探しに行ってる間、棚を眺めていた杉江が感嘆。

杉　すごいですよ！　ちゃんとあいうえお順で並んでるんだ。赤川次郎から。

浜　うん。何段も「あ」だけど（笑）。

宮　こっちの翻訳ミステリーの棚もすごくきちんと整理されてますよ。

杉　あっちの部屋よりぜんぜんきれい（笑）。

　教授の持ってきたつっぱり棒をかましてみるが、どれも長さが合わない！　ああだ、こうだとチャレンジしたあげく、一時しのぎに若干短い棒をかましておき、正確な長さを測り直し、適当なつっぱり棒を買って出直すことにして、本日の作業は終了！

浜　終了って、この出してしまった小説誌はどこに置くんですか（笑）。

新　箱にでも詰めて、このへんの隙間に。

浜　ああ、だからウーロン茶の箱がいっぱいあるんだ。持って動かせるし通れるし。便利ですよね。

新　しかもクイーンズ伊勢丹のじゃないとポケミスが入らないんですよ。

杉　ポケミスがぴったり入る？

浜　クイーンズ伊勢丹に客が殺到するかもしれない（笑）。

杉　ポケミス・ファンが箱買い（笑）。

　床に山積みされた小説新潮を梱包して、あらためて作業終了。「ビールでも飲みましょう」と教授が居室へ案内してくれる。といっても、四人が座るどころか、立っているスペースすらないので、部屋の中はスルーしてベランダへ直行。すごく立派なデッキチェアを含め、椅子が四脚、テーブルもある応接スペースだ。時刻はまだ午後四時半。太陽のもとで飲むビールは格別うまい！

宮　中は広いんですねえ。

浜　２ＬＤＫですよ。引っ越し当初は畳だって見えたんだから（笑）。

杉　駅から一分の一等地ですからね。その部屋をこんなにしちゃって（笑）。すごいなあ。蔵書量に応じて原稿料を変えたほうがいいんじゃないかな。その一行が出てくるまでにこれだけの労力がかかってるわけですから（笑）。

宮　ミステリーはこういう人に支えられてるんですね。

浜　評論家っていうのは大変な仕事だね。

杉　ある日突然、僕らがやってきて、整理しはじめたら、怒られますかね？

浜　それは怒られないまでも決して喜ばれないよ。だって、わかってるんだもん、どこに何があるか。だいたいだけど、順番になってるわけ。地層で

ベランダのデッキチェアで一休み

わかるんですよ。

杉　じゃあ、あのモルツの箱の中には何が入ってるってわかってるんですか。

浜　それはもちろんですよ……たぶん。

宮　ああ、ビールがうまい（笑）。

浜　うまいねえ。おいしく飲むためにはこれくらい汗をかかないと（笑）。

宮　なんの役にも立ってないのに。

杉　しかしすごい。初めてリアルに見ましたよ、こういう部屋（笑）。

石田衣良邸訪問でリベンジだ！

リベンジマッチを誓ったおじさん三人組だが、たんに本棚をつっぱり棒で垂直に戻すだけではビールのお返しにもなるまい。どうせなら、教授の居室を見違えるほどきれいに変身させたい！　いや、きれいにするのが無理でも、こうすればきれいになりますよ、というアドバイスくらいはしたいではないか。しかし、おじさんたちは残念ながら、そんなアドバイスができる知識も経験も持ち合わせていないのである。そこで、ピカーッと思い出したのが石田衣良氏の書斎だ。テレビや雑誌でおなじみの、あの広々真っ白な書斎を拝見すれば、なんらかのヒントが浮かぶのではないか。そうだそうだそうに違いない！

ドッジボールができるほど広大なスペースと壁面の本棚。美しい！

かくして、ご本人の迷惑はまったく顧みず、おじさん三人組は石田衣良邸を訪問したのである。

石田衣良氏の仕事場は目黒区の都内有数住宅地の坂の途中にたたずむ自宅の地下にあった。はっきり言ってシンポ教授のマンションの百倍くらいオシャレな一軒家である。もうインターホンを鳴らすのも勇気が百倍必要なくらい。最年少の宮里に押しつけて、浜本、杉江が遠巻きにしていると、ピンポーンの音が鳴るや、石田衣良氏本人が「こんにちは」とさわやかに登場。どうぞどうぞ、と案内してくれる。いい人なのである。

アールを描く透明アクリルの階段を下り、半透明の扉を開けると、既視感のある真っ白な書斎が目の前に広がる。机もソファも壁面のつくりつけの棚も真っ白。それも五十三畳という広大なスペースの二つの壁が棚になっているから、その収納力は尋常ではない。しかも最上段は半分近く空いている！　なんとも、もったいない。シンポ教授の居室から本を持ってきて埋めてしまいたいくらいだが、これぞ、石田衣良氏ならではのこだわりなのである。

石　全部埋まると、うっとうしいんですよね。だから、何カ月かに一度処分して、なるべく空きが残るようにしてます。

杉　CDが多いんですね。

石　多いですね。本はあまりとっておかない質なんですけど、CDは一応、歴史順に並べてあります。ルネッサンス、バッハ、ベートーベン、モダンみたいな感じで。だいたい、いつでも主要な物には手が届くようにしておきたいという感じで揃えてあり

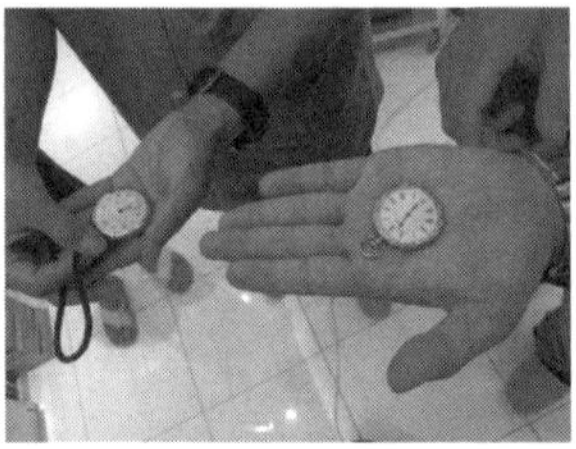

直木賞とオール讀物新人賞の副賞の懐中時計を持たせてもらう

ます。

浜　クラシックなんですか。

石　そうですね、ここからここまではクラシックで、あっち側がジャズ、ロック、いろいろって感じです。

宮　LPレコードのジャケットがいいですねえ。

浜　昔から持っているLPですか。

石　いや、買い直したものが多いですね。昔聴いてたLPは実家に置いてきちゃったので。昔の本とかレコードはほとんど実家にあります。

　壁面のつくりつけの棚は一マスがLPレコード大のサイズ（三十センチ強）で、上から三段めにはLPが面陳で飾られている。LPの後ろには文庫本が上下に積まれているが、隠れて見えない。正方形の箱状なので、奥行も三十センチ強、つまり、本を並べるには中途半端なサイズのような気がするが、これが実は使いやすい、という。

石　意外といいんですよ。大きい本も押し込めるし、文庫も上下二段に積める。LPを置いて文庫のボロ隠しもできますから（笑）。CDもひと箱で三百枚くらい入りますし。

浜　文庫は前後にも？

石　いや前後には積んでないです。上下に積んであるだけで。やっぱり背が見えないとダメですね。

　LPサイズなのには、もうひとつ理由がある。この部屋は書斎・仕事場であると同時に取材のためのスタジオとしても作られたため、そもそも写真を撮りやすいように壁も床も天井も白くしたとのこと。そこに細かく仕切った本棚があると煩わしい印象を与える。つまりせっかくの白い部屋を殺さないようにという配慮なのである。ちなみに長じて作家になったくらいだから、石田衣良氏はもちろん本好き。それも学生時代から本誌を読んでいるという大変エライ人なのだ。今でも大森望のSFのページは必ず読んでいるくらいで、中学生のころは自室の本棚にはハヤカワ、創元推理、その他という感じで文庫をびっしり並べていたという。ところが、そんな収集癖も本への執着心も引っ越しを繰り返すうちにどんどん失せていったらしい。

石　この十五、六年で七回引っ越ししてますから、そのたび、引っ越し先に持っていく本と持っていかない本の選別をしてきたわけですが、だんだんそのときのフィーリング重視になってきますよね。もうこれはいらないよな、みたいな。だから、今ここにある本も別に自分の大事な本という感じでもないんですよ。

すごいスピーカーの音にうずくまる浜本茂

　何度かの引っ越しを乗り

越えてきた本だからといって、とくにこだわりはないという。資料なども、執筆が終わると処分してしまい、必要ならまた買えばいいという感じらしい。明日にも引っ越せるようなスリムな本棚になっているのが理想だというのである。

石　僕、ほんとに本に対するこだわりがないんですよ。読み返すこともないし、仕事なので、あのへんに突っ込んであるなあというのは覚えてますけど。

宮　CDも処分されたりするんですか。

石　しますね。溜まっていっぱいだなと思ったら。このスペースで収まるようにしたいんですよね。モノをあんまり持つのは厳しい。とにかく次の人に渡すことですよ。断捨離です。

石田衣良氏の確信に満ちた力強い言葉を携えて、おじさん三人組がシンポ教授の書庫を再訪したのは八月の中旬。教授が用意してくれたつっぱり棒をトランクルームに潜り込んだ宮里がセットに挑戦。つっぱり棒リベンジマッチのスタートだ。

宮　お、はまった！　どうですか。

浜　かなりいいんじゃないかな。がっしりした感じで。問題は奥だな。

宮　まず手前のをかましてから、散らばってる本を片しましょう。だいぶ固定されたんじゃないですか。

杉　あと奥さえ止めれば、俺たちけっこう役立ったことになるんじゃない？

浜　奥はちょっとつっぱり棒が短いか。

杉　ゴムの板とかをかましたほうが。

新　かまぼこ板では？

宮　あ、ぴったりです！

浜　もう終わっちゃった（笑）。

杉　物足りないな。もうちょっと直したい。なんだったら、おうちの中とか。せっかく石田邸に行って秘訣を聞いてきたんだし。

浜　（笑）。ほお。うかがいましょう。

杉　定期的に放出してるかどうかですよ、やっぱり。

新　そういう癖をつけておけと。それはわかりますけど、逆にどんどん溜め込む癖をつけると、断捨離できないんですよね。もうキャラクターになってるから、それは自分自身を捨てることになる。同じ作家のものを遡って検証したりしなきゃならない場合、いちいち読まなくてもその本の背を見るだけで意味があるんです。しかも志水辰夫のように、版が変わるごとに書き直す作家がいるでしょう（笑）。雑誌と単行本と文庫で変わってたりするので、どれも手放せない（笑）。

宮　なるほど。説得力ありますねえ。

浜　よおし、ビール飲みに行こうぜ！

（二〇一一年十月号）

占いコーナーに行く

今月は本の雑誌初!の人生相談特集だぜ、と息巻いていたら、本誌おじさん三人組の最若手・宮里キャンドル潤三十七歳が「俺も相談したいなぁ」と、遠い目で溜息をつき始めたから、あららら。

なんでも引っ越すかどうかで悩んでいるんだという。宮里は笹塚から三十分の杉並区西荻窪に住んでいるのだが、妻の実家がある神奈川県藤沢市に引っ越そうかという話が夫婦間で具体化しているらしいのだ。西荻は便利で住みやすいけど家賃は高いし今の住まいは手狭だし妻は長女のうえ毎週藤沢に帰ってサーフィンに興じてる。この際、藤沢の実家でマスオさん化するのはどうか、という話が持ち上がっているというのである。

「マスオさんはいいんですけど、藤沢だと通勤が大変だし、まだ夫婦二人でいたい気持ちがあって……」

おお、悩んでいたのか、潤。よおし、わかった。しかし、そういうマジな相談をされてもな……そうだ、プロの占い師に占ってもらうというのはどうか。ひとりで行く勇気が出ないというなら、おじさん三人組で行けばいい。なあに、杉江だって浜本だって、悩みの一つや二つあるのである。

杉江によると渋谷パルコパート1の地下一階に占いコーナーがあるという。リブロと同じ階なので、営業に行くたびに女の子が占ってもらっているのを見るというのだ。さっそく調べてみると、クローバーリーフといい、三十年以上にわたり渋谷パルコで営業している老舗店らしい。店舗紹介には「10分からの鑑定になっており、その後はお客様と相談しながらの料金になっています」とあり、いくらかかるのか、はっきりしないところが不安だが、若い女性客がメインなのだ。おじさんに払えない金額じゃないだろう。

かくして、宮里潤、杉江由次、浜本茂(若い順)の悩める本誌おじさん三人組は渋谷へと向かったのである。

宮 ああ、ドキドキしてきた。

浜 これまでのところも、どこもアウェイ感はあったけど。

杉 でも、今回が最高じゃない? 場所柄完全アウェイ(笑)。

浜 潤がまず行く。そこまではいいよな。

宮 え、俺がひとりで?

浜 そう。で「三人ですけど」って聞く。潤なら聞けるよ。

宮 ひとりだと勇気が出ないんで三人で来ました(笑)。

杉　同じ占い師に順々にみてもらう？　問題はどの人にするかだな。たしか三人並んでるはずだから。

パルコの地下に降りると、なるほど、化粧室の脇の通路のようなところに仕切りがあって、ブースが三つ並んでいる。それぞれのブースに椅子が二脚ずつあるのはカップル客が多いからだろうか。ブースの壁には料金表が貼られている。

浜　適職十分二千百円より、受験、転職二十分三千百五十円よりだって。潤はどれだろ？

宮　不動産ですかね。

遠巻きにうかがうと、左端のブースで三十歳前後のお兄ちゃんがおばちゃんに占ってもらってる最中。何を言ってるのかは聞こえないが、真剣な表情でおばさん占い師の言葉に何度もうなずいている様子。真ん中のおばさんは暇なのか居眠り中なので、右端の黒い衣装に身を包んだ夏木マリ似の占い師のところに行くことに決定。鑑定士名「真梨蒼」とある。「まりあ」と読むらしい。勇気を振り絞った宮里が真梨蒼さんの前の椅子に腰を下ろしながら「いいですか」と声をかける。問診表のような紙に名前と生年月日を記入し、いよいよ占いスタートだ！

真梨蒼（以下真）　奥さんの生年月日は？

引っ越し相談のつもりが、いきなり妻の生年月日を訊かれ、奥さんはここ何年か心配ごとがあったようだけど、と振られて心配気な宮里。さらにご夫婦はもめてないんでしょ？とたたみかけられ、表情が曇る。

宮　まあ、もめてはいないと思うんですが……。

真　方位から先に出させていただきますと、今年の後半から来年の二月三日までの間なら南になりますね。二月四日以降は完全に逆になっちゃう。北。

真剣な顔で相談する二人

首都圏の地図を広げ、分度器で角度を測りながら説明してくれる。東西南北は三十度の範囲限定で、藤沢のある南西は十二月中はすごくいい方角らしい。ただし潤ひとりなら、の話で、二人合わせていい方角は南西ではなく真南だという。

真　奥さんの実家に戻るかどうか具体的に話をしてるわけじゃないんですよね？

宮　具体的にいつからとかはしてません。妻は早く戻りたいと思ってるふしがありますけど。

宮里の話を聞きながら、真梨蒼さんはタロットカードをスタスタと輪を描くように広げていく。まるでぶたのしっぽを始めるようだ、と思ったら、左手でサイコロの入った棒のようなものをじゃがじゃがと

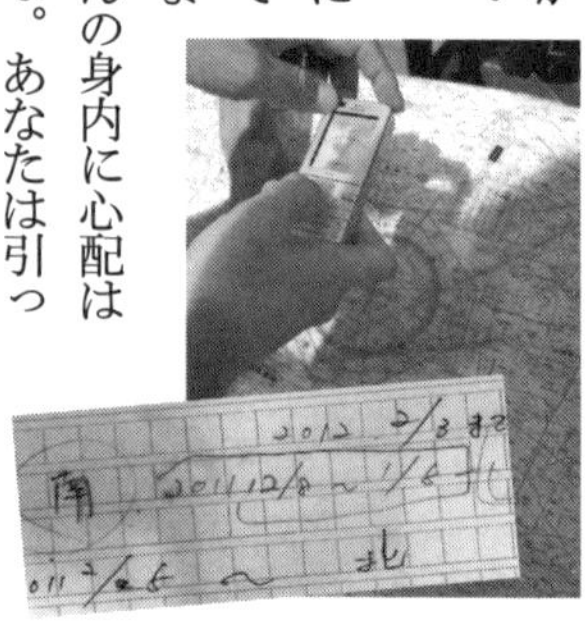
宮里の引っ越し先の方角を探る

音を立てながら何度も振る。
真　基本的にはもっと先でいいと思いますね。奥さんの身内に心配はないんでしょ。あなたは引っ越しすると家庭を放って家を空けそうなの。仕事であちこち行ったり来たり、使い走りっぽい感じがする。子どもをつくることを考えたら、行ってもいいんじゃないかなと思うけど、それも後々のことですね。

　十五分ほど占ってもらって鑑定料は三千百五十円。高いのか安いのかわからないが、ついでなので、三人まとめて真梨蒼さんにみてもらうことに。ところが杉江が「では僕もお願いします」と着席するや、真梨蒼さんは「悩みなさそうですけど」と笑うのである。
真　もうちょっと太っててもおかしくないんですけどね。
杉　は？　太ってても？
浜　本当はデブになってたってこと？（笑）どうしてわかるんだろ……。
杉　ランニングして痩せたんですよ！　いや、そうじゃなくて転職したほうがいいかどうかを聞きたいんですけど。
真　職種は？
杉　営業です。
真　営業!?　ほんとに営業？
杉　そう。営業。十五年やってるんですけど……向いてないんですか。
真　ううん。でも、どっちかというと制作とかの仕事をやってるような感じがしますね。ほんとに転職したいんですか。スランプは抜けたでしょう。
浜　スランプだったんだ。
杉　かもしれません。でも、それを抜けたとして、この先二十年とか働いていけるのかと。

　じゃがじゃがじゃが。音を鳴らしてサイコロを振ったあと、筆ペンで何やらわからない文字をノートに書きつけ、またぶたのしっぽにカードを並べていく。なんでもイーチンタロットという東洋のカードらしい。
真　いまの職場で環境を変えるみたいな話はないの？
杉　ないですない。小さい会社だから、異動するほど部署がないし。
真　自分が転職するか会社の環境が変わるかの違いなのね。たぶん来年か再来年に環境のほうが変わってくる。
浜　それはいま勤めてる会社がなくなるとかではなく？（笑）
真　それはない。条件のいい会社に変わるか条件のいい環境になるか。早ければ来年の春先から秋口にかけて。遅ければ再来年かもしれないけど。
杉　おお。うれしいな。生きる楽しみができました。
真　どうぞ頑張ってください。三千百五十円になります。
浜　うーん。俺はどうしたらいいんだろう（笑）。聞いていいのかなあ。やばいんじゃない？

真　三人はどういう関係？　職場の同僚ですか。

杉　そうそう。異様な関係に見えます？

真　普通のサラリーマンの気配がしないですよね。

浜　ええと、実は彼ら二人が勤めてる会社の経営者なんですが、この先、会社は大丈夫なのかどうなのかを。

真　奥さん、気が強い？

浜　え？　妻ですか。どちらかといえば……でも、会社と何の関係が？

真　会社は何年めですか。

浜　会社自体は創業三十六年。僕は先代から継いだんですが、十一年めになります。で、まあ、谷あり谷ありで（笑）。

真　面白い話のほうを向きそうですもんね。私の話も興味のあるところしか聞いてないでしょ？　ほかに興味を持ってることってありますか。

浜　え？　そうですね、あと何年生きられるかとか（笑）。

真　長生きしますよ、大丈夫！　心臓から上を気をつければ。

浜　そうですか。それだけ聞ければいいかなあ。

真　会社のことは？

浜　聞きたくないような（笑）。

じゃがじゃがとサイコロを振り、ぶたのしっぽをつくり、暗号を書きつける真梨蒼さん。はたして本の雑誌社は？　ドキドキドキドキ……ジャーン。

真　会社は、ここ四、五年でがたついたんなら大丈夫ですよ。

浜　は？

真　がたついたのを乗り越えて保ってるんなら大丈夫。いま、いい話が二つくらいない？

浜　いい話ねえ。うーん。

真　ありそうですけどね。来年の春から秋口にかけて、運気と動きがあるんですよ。来年中に大きな変化があるような気がします。忙しくなりそう。

というわけで、浜本も三千百五十円を支払い、鑑定は終了。

浜　ああ、疲れた。占いというか、まさしく人生相談だよね。

杉　話し相手だよね。でも面白かった。潤は途中からマジになってたし（笑）。

宮　最後に女の話はいいのかって、先生に聞かれました。

浜　先生だって（笑）。

杉　女の悩みがありそうに見えたんだな。俺なんて、いきなり営業に向いてないって言われたんだよ（笑）。

宮　俺は使い走りって。

杉　まあ、でも会社は大丈夫だってことだし。

浜　そうだね、読者のみなさん、ご安心くださいと（笑）。

（二〇一一年十一月号）

※クローバーリーフは渋谷駅新南口に移転。

ツボちゃんと文壇バーに行く

今月は作家特集だ。作家といえば文壇、文壇といえば、ええと……と頭をひねっていたら、おなじみ宮里キャンドル潤が「バーですよ、文壇バー!」と大声を出すではないか。「三人で飲みに行きましょうよぉ」とうるさいのなんの。まったく酒好きなんだから。

もっとも。そういえば、朝日新聞で「文壇に愛されバー半世紀」という記事をちょうど見たばかりでもある（二〇一一年九月二十八日夕刊）。新宿の文壇バー「風紋」が五十周年を迎え、祝う会が開かれるという記事で、ママは太宰治の短編「メリイクリスマス」のモデルとして知られ、「檀一雄をはじめ、多くの作家や編集者、詩人らが集い、『文壇バー』として一世を風靡した」とのこと。

「中上健次も常連だったらしいですよ。飲みに行ってみましょうよ!」とキャンドル潤はしつこいが、風紋は敷居が高くないかなあ。なんといっても檀一雄に中上健次だよ、だいたい一見さんお断りって追い返されちゃうんじゃないの? とかなんとか騒いでいたら、「じゃあ、坪内さんに連れてってもらいましょうよ」と、おじさん番号二番の杉江由次が言うではないか。

おお、そうか。坪内祐三氏といえば、連日連夜新宿で飲んでいる（らしい）新宿文壇バーの主（のような人）。風紋に顔を出す日に同伴させてもらうくらいなら迷惑もかけまい。そうだ、ついでに気になる飲み代も聞いておこう。

さっそくお伺いを立ててみたところ、「どうせなら、はしごしようよ」と返されたから、あははは。さすがツボちゃんだ。

坪内さんによると、新宿には風紋のほかに「風花」「猫目」「ふらて」「ナジャ」「ぶら」など、いわゆる文壇バーのような店が五、六軒あるそうで、時間作るから、なんだったら全部行ってレポートすれば、と言うのである。いやいや、そんなに行くだけ予算がありませんって。

「ボトル入ってれば、一人二、三千円だよ。俺のボトル飲んでもいいから」

ツボちゃんはやさしいが、三人で甘えるわけにもいくまい。よおし、思い切って予算五万円。それで行けるところまで行ってみよう!

というわけで、二〇一一年十月十三日木曜日、谷崎潤一郎賞の贈呈式当日とはつゆ知らず（坪内さん、欠席させちゃってごめんなさい）、宮里潤、杉江由次、浜本茂（若い順）の本誌おじさん三人組は、かつて本の雑誌社の三代目事務所があった靖国通り沿いの第二スカイビルから歩いて一分

「風紋」の前でツボちゃんを待つ

の新宿五丁目医大通りの片隅でたたずんでいた。「たぶん文壇バーには腹にたまるものとかないからさ、タンメン食ってから行きましょうよ」という杉江のひと言で、これまたツボちゃんに教えてもらった新宿御苑前の中華料理店・中本に寄り、タンメンと餃子、レバニラ炒めの三点セットを頼み、ビールで流しこんで、勢いをつけてきたのはいいものの、「風紋」の看板を前にさきほどから足が止まったままなのだ。約束の十九時を回ったが、引率者の坪内先生の姿は見えない。

杉　入って待ってましょうよ。

浜　うん。坪内さんと待ち合わせですって言えば、追い出されることはないだろうし。ほら、潤から。

宮　え？　また俺から……。

　宮里を先頭に風紋の入口に向かう階段を下りる。一段また一段と足を進めるたびに緊張が高まる。入口のドアが開いたままなので、もう引き返せない。大丈夫か、三人組！

「いらっしゃいませ！」

　まったく何の問題もなく三人組はあたたかく店内に迎え入れてもらったのである。宮里の「三人ですが」という声をかき消すかのように「坪内さんと待ち合わせです！」と杉江がたたみかけたので、店の女性はにっこり笑って奥のソファに三人を案内してくれる。お、アラジンの呪文みたい

お通しを前に緊張のキャンドル潤

(笑)。ほの暗い店内にはクラシックギターの音が静かに流れ、壁の本棚には野原一夫の『回想太宰治』や、『風紋25年』『風紋30年ALBUM』といった本が並んでいる。おっと、あの馴染み深い装丁の本は坪内祐三『酒日誌』『酒中日記』ではないか。まだ開店したばかりの早い時間だからか、客はほかに年配の男性が一人、カウンターの端で飲んでいるだけだ。

杉　歴史の重みを感じますね。

浜　うん。なにせ檀一雄が来てたんだから。

宮　それは頭にのしかかる重さですよ(笑)。

　焼酎を一杯ずつ頼み、歴史の重みを感じながらちびちび飲むこと十五分。

浜　あ、こんばんは！

　待ち焦がれた引率の先生が颯爽と登場！　と思ったら、坪内先生は「誰ですか、この方たちは？」と、店の人に声をかけたきり、そっぽ向いてカウンターに腰かけよ

これが風紋ママ林聖子さんの名刺だ

うとするのである。

宮　坪内さ〜ん（涙）。

杉　どうしたらいいかわからなくなっちゃいます（涙）。

はたして一見のおじさん三人組は無事に風紋を出ることができるのか!?

心臓をバクバクさせていたら、先生はそっぽを向いたままカウンター席に腰かける……と見せかけて、三人組の座るボックス席に、手を挙げながら移動してきたのであった。「変な三人組が来て、待ち合わせと言ったら、『坪内さんって誰ですか』と答えてもらうように打ち合わせしといたんだけど」と笑うのである。三人が心配になるように、わざと十五分遅れて来たらしい。

杉　追い出されるかと思ってドキドキでした（笑）。

浜　でも、ぜんぜんそんな様子もなくて、ようやく落ち着き始めたところだったのに（笑）。

坪　なに飲んでるの？

杉　焼酎です。

坪　（お店の人に）いちばん安いボトルって何ですか。

風紋　焼酎は二階堂もキンミヤも一緒で四千円です。

坪　安いね。バーボンはいくらからでしたっけ？

風紋　バーボン？　フォアローゼズだったら、坪内さんのが入ってるけど。

坪　いや、今日は違うの。仕事だから（笑）。

風紋　七千五百円！

坪　じゃあ、やっぱり焼酎だね。これはなにを飲んでるの？

宮　焼酎です。

風紋　二階堂です（笑）。

坪　じゃあ、二階堂のボトルを入れてください。

ボトルが入ったところで一同かんぱーい。ちなみに坪内先生はかれこれ二十五年くらい風紋には通っているとのこと。かつてのボス、「東京人」の粕谷一希氏が開店当初からの客で、ボスに連れてきてもらったのが、文壇バーデビューだったらしい。もっとも、そこはツボちゃん、学生のころから伝説はいろいろ仕入れていたそうで、竹内好がこの階段で転んだとか、店の前の通り（医大通り）が檀街道と呼ばれていた（檀一雄が連日のように通り沿いの店をはしごしていたから）とか、次から次に伝説を教えてくれるのである。色川武大や吉行淳之介のエッセイにも、風紋は登場するという。

杉　いまも作家や出版社の人間が多いんですか。

坪　う〜ん。みんな亡くなっちゃったんだよね。先々週、ここの五十周年記念パーティがあったんですよ。高田宏さんが締めの挨拶をしたんだけど、あと作家といえば、（声をひそめて）ここはゴチックで書いて……**猪瀬直樹**が来たくらいかな。太宰治の本を書いたでしょう、それで聖子さんに取材して、この店には来たことないんだけどって（笑）、スピーチしていった。

じゃ、そろそろと坪内先生にうながされ、四人揃ってカウンターに移動。林聖子ママを紹介してもらう。「風紋でございます。よろしくお願いします」と丁寧な挨拶をいただくが、緊張して三人とも上手く返せない。なにせ「聖子さんはあなたたちの先輩になるの。十九歳くらいで新潮社に入って、二十一、二歳で筑摩に引き抜かれたんだから」という人なのである。しかも太宰の小説のモデルだよ！

坪　新宿で五十年やってる店ってないですよ。しかも初代のママがそのまま。

林　まだ生きてる（笑）。

坪　力道山が現役でやってるようなものですよ（笑）。

『風紋30年ALBUM』を読む浜本茂

笑いながら、焼酎に入れるとまろやかになって美味しいですよと、山形県鶴岡の名産、柿酢を出してくれる。なるほど、後味すっきり。それにしてもママは若々しい。四年前に二カ月ほど入院、その後、圧迫骨折になり、以来二年くらい仰向けで寝たことがないというが、とてもそうは見えない。柔和な笑顔もとってもチャーミングだ。

林　いま文壇バーというと、新宿では「風花」と「猫目」くらい？　寂しくなりましたね。

坪　いまは物書きで飲み歩く人はほとんどいないですからね。銀座なんかはもっと寂しいですよ。文壇バーって作家よりも編集者が支えていた面が大きいけど、団塊の世代の編集者は若い人を連れて歩かなかった。だから彼らがリタイアした途端、客が来なくなっちゃって閉店した店も少なくないんですね。

おお、おじさん三人組のような若輩者（？）でも、遠慮なく入らないと文壇バーの火が消えてしまうかもしれないのだ。

林　一見さん、大歓迎ですし。

杉　このカウンターで一人で飲んでたら、かっこいいですよね。

坪　かっこいいよ。亡くなったけど、長谷川四郎とか、ああいう人がふらっと来て隣で飲んだりする可能性もあるしね。

すっかり馴染んでしまい、気がついたら、時計は間もなく二十一時。おっと、予想外に居心地がよくて長居してしまった。「今日はローリングサンダーレビューだからね」と、坪内先生がさっと立ち上がり、おじさん一号浜本がお勘定をお願い。

一軒目「風紋」一万三千五百円にて、新宿文壇バーはしごツアーは残金三万六千五百円で次の店に続くのである。

風紋を出た四人は檀街道（医大通りのこと）を市ケ谷方面に。三十メートルほど西進したところで、またまた階段を下りて、ツアー二軒目に突撃。目的の店は一週間後

に五周年パーティを開催予定の「猫目」だ。沢野画伯の「歩く旅」にも何度か登場したことがあるほどで、おじさん三人とも一見ではない。馴染みとまではいかないが、画伯やツボちゃんに同行して何度か足を運んだことがあるので、風紋に比べたらアウェー感は十分の一くらい。追い出されることはないと自信満々で、とはいえ、あくまでも引率の先生を先頭にして「こんばんは〜」と入店するのであった。

猫目　いらっしゃいませ。

浜　おお、福田さんだ!

　なんとカウンターの奥まった席で福田和也氏がひとり飲んでいるではないか。まあ、坪内先生と同じように、新宿の文壇バーでしょっちゅう飲んでるらしいから、不思議はないのだが、突然、目の前にナマ福田がいたもんで、三人ともびっくり。「仕込みじゃないよ」と、三人にひと声かけた坪内先生は、福田氏に向かって「仕事なんだよ。本の雑誌で、新宿文壇バーを巡るっていう企画をやっていて、いままで風紋にいたの。つまり、ローリングサンダーレビューみたいなものだね」と説明。「ローリングサンダーレビューはいきなりアドリブだからね」と返す福田氏を尻目に、これ聴かせてと、瀬尾佳菜子ママにボブ・ディランのCD「Playlist: The Very Best of Bob Dylan '80s」を差し出すのである。

瀬尾　なんだか、このディラン、トム・クルーズみたいな顔をしてますね(笑)。

坪　このベストがまた不思議に面白いんだよ。

瀬尾　みなさん、バーボンのソーダ割りでよろしいですか。

三人　はいはいはい!

トム・クルーズ似のディラン?

　おじさん三人は福田和也氏とは初対面だが、引率の先生は「ツボちゃん」「福ちゃん」の仲。「この三人は本の雑誌の良心なんですよ」と身に余る紹介をしていただくものの、「へえ、漁師?」と返される(笑)。魚河岸に友人も多い福田氏によると、おじさん一号・浜本は魚河岸感が満載らしい。

坪　そういえば、浜本さんは編集長というより、漁師っぽいよね。日本酒のコマーシャルで大漁旗の前にいる、あれが似合う。

瀬尾　まる!って(笑)。

杉　魚河岸、築地、長靴(笑)。

坪　そうそう。似合うよ。

宮　連想ゲームですか。

　あげくのはてに「日本の水産業を支えてください、頼みますよ」と、福田氏にお願いされる始末。いや、出版業なんですが(笑)。それにしても、坪内福田の暴論コンビはさすがに博識で、ブライアン・ウィルソンから、文壇パーティのスピーチの仕方、バイアグラの購入方法まで、話題もあっちにいったりこっちにきたり。聞いていて、面白いのなんの。ちなみにバイアグラの話題になったのは、見本誌として持参した本誌二〇一一年十二月号の壹岐真也氏の人生相談の回答を見たからである。ちょうど一週間後に「猫目」の五周年記念パーティがあり、その司会を某社の編集者と壹岐さんがやることになっているのだ。先日も司会者二人はカウンターで、どんなコスプレをするか、四時間にわたり検討していたとか。福田氏は壹岐つぶしのキラー野次を五つくらい用意しているらしい。屍を乗り越えて、進んでいかなければ！というのである（笑）。大丈夫か、壹岐さん！　とかなんとか言ってるところで、坪内先生のボトルが空に。

「猫目」で福田和也氏と遭遇

坪　これ、新しいの入れて！

浜　うちで入れますよ。

坪　いいよ、ここは俺ので飲もう。

浜　I・W・ハーパー、いくらなんですか。

坪　値段を聞いてるのは仕事なんですよ。

瀬尾　ハーパーは七千円です。

坪　いちばん安いのはいくらから？

瀬尾　五千円の角か焼酎。うちはボトルを入れていただけば、あとはソーダも氷も全部合わせて、何時間いても三千円です。

坪　ボトルは俺が払うけど、今日は仕事だから、三千円は本の雑誌社でね。

瀬尾　なんのお仕事だったんですか。

浜　いや、これが仕事なんです（笑）。

杉　いまが仕事中（笑）。

　この後も、校了日に若手の物書きを校正室に集めて、その場で直させたり、半年くらい書いては直し書いては直しをさせたりした、という「新潮」元編集長・坂本忠雄氏の逸話を聞かされ、三人組は感服。坂本さんは「風紋」の記念文集にも原稿を寄せているが、「千本ノック」と言われるほど厳しい編集者で、中上健次が「岬」を十二回直させられて頭にきて冷蔵庫を投げたとか、立原正秋が刺し殺そうとしたとか、幾多の伝説の持ち主らしい。

　ところで、坪内先生は週に二、三回のペースで「猫目」に顔を出しているそうだが、最近の悩みは酔って記憶をなくすとニコニコツボちゃんになってることだという。気がついたら、翌日嫌いな人の名刺を持っていることがあって、納得できないと自身を叱るのである。

坪　昔、文壇バーが機能していたころっていうのは、その人と文学的に相容れなくても、そこで顔を合わせることで、互いにわかる面があったわけ。なあなあっていうのとは違うんだよね。書いてるものは

本が並ぶ一角。本誌もあるぞ！

よくなくてもナマのその人はいいってケースがある。誰にでもニコニコするわけじゃないんだよ。死ね死ねダンスを踊るやつもいるわけ。殺人光線を送るのね。それが文壇バーですよ。

　と締めたところで、時間も二十二時。先生のハーパーをちょうだいしたので、四人で一万二千円なりの支払いを済ませ、再び階段を上り、「いってらっしゃいませ」の声に送られ、おじさん三人組＋引率の先生は檀街道に立ったのである。なんと、文壇バーは店を出るとき「いってらっしゃいませ」と送ってくれるのだ。

　檀街道を右に折れ、三軒め「風花」へ。カウンターに座るや、隣の席から「え、坪内祐三?」というヒソヒソ声が聞こえてきた。と思ったら、「うそお」という女性の叫び声が。「びっくり。こんな顔してたんだ、坪内祐三は」と本人に向かって言っているのである。

　男性二人と女性一人の三人組。そのうち、いちばん年長と目される女性が、呂律の回らない口調で「大好き大好き大好きなの、坪内さん大好きなのっ」と繰り返している。神保町から流れてきたグループらしい。大好きなわりに顔をまるきり知らないのもどうかと思うが、こういう状況に慣れていないおじさん三人組は、どう対応していいのかわからず、出された坪内先生のボトルをソーダ割りにしてもらって、さっそくグビリ。先生は金子光晴がどうのと、女性の相手をしているが、そのうち「ゆうぞうちゃあん」と大声で呼ばれ始めたから、さすがに苦笑。おじさん三人は思わず爆笑して、酒を吹いてしまった……おお、もったいない。

滝沢紀久子ママ　長いこと、お店やってるけど、祐三ちゃんって言った人は初めて見ましたね（笑）。

坪　超人気だね、オレ（笑）。

杉　ボトルがすごいですね。

　カウンターの向こうに並ぶボトルには角川●△とか白水社■◇とか、文春なんたらとかマガジンハウス誰それとか、出版社の名前がずらり。重松とあるのは重松清か。ここ「風花」は島田雅彦や山田詠美なども常連で、昨年の三十周年記念パーティには千人もの業界関係者が参集したという。議論と喧嘩と歌が名物とも言われる文壇バーの伝統を守る正しい店なのだ。

　そうこうしてる間も「この人大好きだったの」と呂律の回らない女性は、同じセリフを繰り返した挙句、「まぼろし祐三」とまで言い出している。うーむ。いい加減にしようね。と思ったら、グループのひとりが、すみません、と詫びながら、花田清輝の映画評論のどこがいいのかわからない、と坪内先生に論戦を挑み出したのである。いや、絡んでいるといえばいいのか……まあ、この感じが文壇バーっぽいということなのか。

坪　今日は

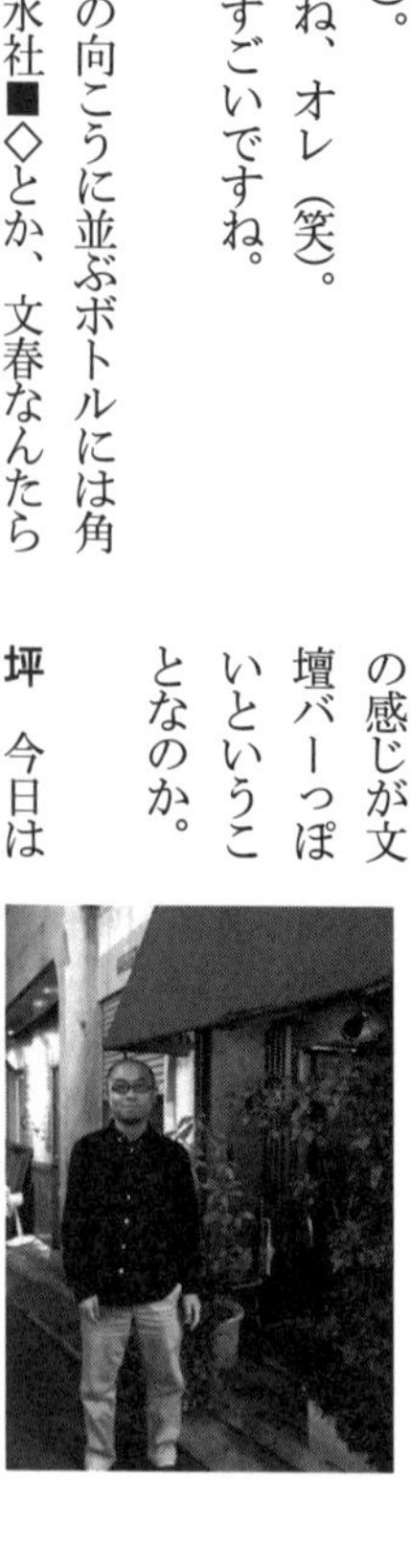
「風花」の前でパチリ

単に飲みに来たんじゃなくて、新宿の文壇バーを巡ってるんですよ。
宮 本の雑誌です。
滝沢 取材ですか。どちらの雑誌？
滝沢 ああ。壹岐さんの小説はいかがでしたか。
杉 すごく評判がよくて。
浜 最新号では人生相談に答えてるんですよ。
滝沢 へえ。あの壹岐さんが。それは面白そうですねえ。
坪 いちばん安いボトルはいくらですか。
滝沢 七千円。
浜 それはなんですか。
滝沢 ローゼズです。
坪 昔は焼酎もありましたよね。
滝沢 いまも焼酎はあるんですけど、一杯売りなんです。
坪 ひとりいくらですか。
滝沢 三千五百円です。
杉 若い人が多いですよね。
滝沢 多いですよ、うち。
杉 現役感がある。
滝沢 開店して三十一年です。一九八〇年ですから。
坪 今日の三軒って、風紋が五十年でしょ、猫目が五年で、ここが三十一年。俺は八五年くらいからは来てるから、もう古老だね。
浜 ちゃん付けで呼ばれるヤングボーイじゃない（笑）。
坪 うん。ヤングボーイだと思っていたら、古老（笑）。

「風花」でも先生のボトルをごちになったので、お勘定は一万四千円。三軒合わせて三万九千五百円で時間切れ！（予算もだけど）「風花」を出てたたずむおじさん三人組をよそに「今日はローリングサンダーレビューだから」と、夜の引率者・坪内先生は颯爽と去っていくのであった。

（二〇一一年十二月号〜二〇一二年二月号）

松風園に行く

高齢者はどんな本を読んでいるのか。

というわけで、高齢化時代の読書スタイルに切り込む浜本、杉江、宮里（年齢順）の社会派本誌おじさん三人組が老後の参考に、と向かった先は杉並区高井戸西にある浴風会・松風園だ。

浴風会は、一九二三年の関東大震災で被災し自活ができなくなった高齢者のために設立されたという歴史ある老人施設で、現在は井の頭線高井戸駅南側から中央高速道までの二万七千五百坪という広大な敷地に、病院から、高齢者認知症介護研究・研修センター、特別養護老人ホームにケアハウスまで、さまざまな施設を併設している。元気なおじいちゃんおばあちゃんから、介護が必要な老人まで、千三百人もの高齢者が暮らしているという。杉並区の百歳以上の一割が住んでいるそうで、高井戸地区の高齢化率を浴風会が高めているらしい（笑）。

本日、おじさん三人組が訪ねる松風園は軽費老人ホームA型と呼ばれる施設で、住んでいるのは自立していて生活の資力もある高齢者。つまり元気なおじいちゃんおばあちゃんたちだから、本だってばりばり読めるのだ。ちなみに松風園は定員二百人だが、ただいま三百人待ち！　待機児童の数が社会問題になっているが、実は待機高齢者のほうが多いのかもしれない。政治はいったいなにをしているのか。おじいちゃんまで、あと数十年のおじさん三人は、松風園の前でしばし憤るのであった。

深呼吸して気を落ちつけたところで、いよいよ入園。おじさん三人組の取材を受けてくれるのは、二百人の中でも特に読書好きと自他ともに認める男女三名で、すでに食堂横の集会室でスタンバイしているとのこと。

さっそく集会室にお邪魔すると、おお、カラオケの機械が！　なんでも、松風園はクラブ活動が盛んで、囲碁、詩吟に大正琴、カメラに墨絵、麻雀、コーラス、謡曲、カラオケなどの文化系、社交ダンスにゲートボール、卓球、気功などの体育会系と、多種多様の余暇クラブが用意されているのである。四月には花見カラオケ大会、十一月には文化祭などの発表の場も用意されている。集会室には幅百八十センチ（目測）のスライド式書棚もどぉーんと据えられているから、きっと読書クラブもあるに違いない！

「ほかの施設には朗読する読書会があるみたいですけど、ここでは特別読書クラブのようなことはしていませんね」

興奮するおじさん三人組をよそに、冷静に答えてくれたのは、本好きのおじいさん、川口凡人さん八十二歳だ。凡人と書いて「つねと」と読むんです、と笑いをとる川口さんの隣で「凡人じゃないんですよ、麻

左から、長谷川節子さん、川口凡人さん、石原芳子さん

雀から切り絵まで、何でもできる達人です」と突っ込むのが長谷川節子さん七十七歳。「長谷川一夫の妻で節子です（笑）」って、むちゃくちゃ明るいが、そのネタは我々にはわかりません（笑）。そしてもうひとり、その二人を横目に優しく微笑んでいるのが石原芳子さん八十二歳だ。いちばん若い長谷川さんが最古参で入居して四年三カ月、川口さんが三年半、石原さんは丸三年になる。

杉　昔から本はお好きだったんですか。

川　私はそうですね。うんと昔、二十歳代はＴＶがない時代でしたし、貸本屋をずいぶん利用しました。ちょうど住んでいた隣が貸本屋だったもので。

宮　どちらにお住まいだったんですか。

川　笹塚です。

なんと、笹塚である。当社とは線路を挟んで反対側の商店街だったらしいが、隣が貸本屋だったので、借りる本がなくなるくらい読みまくったという。

浜　そのころの貸本屋さんはエンターテインメント、中間小説が主流だったと思うんですが。

川　そうですね。スリラーから推理物、時代物でも現代物でも全部読みました。今でもその癖はなおりません。誰、どれ、何と決めては読まない。読みたい本を読むというだけです。

笹塚に住み始めたのは、二十代半ばというから、一九五五年くらい。はっきり覚えていないそうだが、一冊借りて十円か十五円だったという。邦画の封切が五、六十円、コッペパン一個が十円の時代だ。

川　よく覚えてないですけど、いちばん安い娯楽でした。だからもう、乱読ですよ。大体一晩で一冊読んじゃうから、とてもじゃないけど買えないんですよ。ですから、手近な隣で（笑）。

杉　石原さんも貸本屋さんとかは利用されてたんですか。

石　私はここに来る前は「文藝春秋」くらいしか読んでませんでした。

杉　こちらに入居してから本を読むようになったんですか。

石　そうですね。ミステリーの文庫本とか、眠り薬のような感じで（笑）。

宮　寝る前に読むんですか。

石　そう。夜の十時、十一時くらいまで。でもすぐ忘れちゃってるの。今日はここまでって栞を挟むでしょう。翌晩、読みだすときは二、三ページ戻っちゃう。太郎さんがどういう人だったか忘れちゃうんですよ。

杉　（笑）。一冊読むのに何日くらいかかるんですか。

石　面白かったら二晩で読んだり。私は日本のミステリーがほとんどですから。

石原さんはもっぱら集会室の書棚に並んでいる本を読んでいるという。長谷川さんも集会室の本ばかりとのことだが、川口さんは集会室の本はあらかた読みつくしたそうで、近くの区立図書館で借りてくるらしい。十日から二週間おきに出かけて、一度に五冊借りてくるというから、月に十冊以上は読んでいることになる。ハイペースの読書家なのだ。松風園は外出届さえ出せば、図書館どころか外泊も自由。「三食昼寝つきですから、こんないいところないですよ」とは石原さんの弁である。

図書室の書棚。著者別に整理されている

杉　長谷川さんはどんなジャンルの本を読まれるんですか。

長　私は東京生まれの東京育ちで、嫁いだ先が九段下の内科医なんですけど、そんなところへ嫁に行っちゃったもんだから、遊びに出られないんですよ。せいぜい神保町の古本屋に通うくらい（笑）。だから通いましたよ。ただ私はものすごく偏った人間ですからね、まず外国人の書いたものは読まない。あと、女だから女流作家の本しか読まない（笑）。

宮　女流作家というと？

長　吉屋信子、林芙美子、岡本かの子、平林たい子あたり。でも、幸か不幸か子どもが立て続けに三人も生まれちゃったんでね、本を読んでる暇なんかなくなっちゃったんですよ。しかもね、私のうちは父も姉も謡曲をやっていて、私もこれでも謡曲の先生なの。そんなことしてますから、ここへ入っても本を読む暇なんてちょこっとしかない。読み始めたら一気に読んじゃうんですけどね。

　読み始めたら一晩で一冊読んでしまうという長谷川さんが、最近面白かった本は、ある研修医の過労死を描いた諏学院道子『冬の季節』（文芸社）、異常な性の世界にはまる男女を描いた馳星周『M』（文藝春秋）、子どもの事故で人生が一変する女性の生涯を描いた小川栞『俎橋』（文芸社）の三冊。いずれも集会室の書棚にあった本だが、読んだきっかけは、「みんな活字が大きい」（笑）。長谷川さんは両眼の視力が一・二、白内障もなく丈夫な目なのだが、七十七歳だから、老眼鏡をかけても「手元があんまりよくなくて」大きい字の本を優先して読んでいるとのこと。「最近の本は比較的文字が大きくなってますよね。そういう本を探して読む」とのことである。

集会室にはスライド式書棚も

　もちろん川口さんも石原さんも老眼鏡をかけての読書だが、こちらの二人は文字の大きさにはあまり頓着していない。川口さんは、鳴海章や佐々木譲の警察小説から内田康夫まで、推理物なら何でも読み続けているとのことだが、年をとって時代小説を読むようになったそうで、最近は佐伯泰英、鳥羽亮などがお気に入り。石原さんは「本があるから読むだけ（笑）」と、ひたすらミステリーを読む日々らしい。

　娯楽室と食堂入口の脇に「文春」「新潮」「朝日」「サンデー毎日」などの週刊誌が置いてあるが、三人ともあまり雑誌は読まないそうで、「文藝春秋」の愛読者だった石原さんが「新潮」と「文春」をぱらぱらやるくらい。ちなみに石原さんも書評ページは読んだこともないとのこと。最近これが面白かったとか、そういう情報交換もほとんどないらしい。それぞれが図書館で面白そうな本を抜いてきたり、字の大きい本を選んだり、ミステリーを順繰りに読んだりしているのである。

　ここに来る際に、みなさん、断捨離を決行したそうで、本を所有したいという欲望は、さらさらないという。それでも川口さんは旅行に出かける際に、駅や空港で必ず本を買ってしまうし、長谷川さんは、たまに書店でふらふらと買っちゃうことがあるらしい。最近買ったのは姜尚中の本で、「男だけど、かっこいいでしょ、あの人」と笑うのである。川口さんは趣味の切り絵や立体折り紙の本は多少高くても買ってしまい、自室に並べているそうだし、長谷川さんは謡曲の本を百五十冊くらい棚の中に収めているという。

　ちなみに集会室の書棚も定期的に入れ替えられているそうだが、別施設の浴風園クラブ室には図書室もあり、六メートル×五メートルくらいの部屋に本棚がびっしり並んでいるのである。一回一冊一週間の貸出しだが、阿川弘之から伊集院静、笹沢左保、司馬遼太郎、津本陽、南條範夫と著者別五十音で並び、小説が中心。大活字シリーズもあるから、老後にはばっちりだろう。年をとって心配なのは目が悪くなって本が読めなくなることだが、お三方とも、その心配はしていないという。

娯楽室と食堂入口の脇にある新聞・雑誌コーナー

杉　何か気をつけていることがあるんですか、目を悪くしないように。
長　全然気をつけてないの。食べ物でしょうかね。
石　ここの食事はいいですよ。一日三十品目。
宮　おいしいんですか。
長　おいしいですよ！　栄養価も計算されてますしね。
宮　いいですよねえ。食堂は日当たりよくて暖かいし、庭は東京とは思えないくらい緑がいっぱいだし。
杉　潤の食生活だと、先々心配だね、目が。
浜　肉ばかりだもん（笑）。
長　一日三十品目よ！
宮　わかりました。努力します（笑）。

（二〇一二年二月号）

新解さんに会いに行く

三浦しをん『舟を編む』は辞書編集部を舞台に、辞書作りに携わる人々の熱い仕事ぶりを描いた長編小説だが、なんといっても三章から四章の間でいきなり十三年飛んでも、いまだ新しい国語辞書は未完成!という時間の流れにはびっくり。月刊誌を作っている人間からすると、いやはや、気の長い話だなあ、と思わざるをえない。

しかし、本当に辞書編集者は気が長いのか!? そういえば、あの新解さんこと、『新明解国語辞典』の第七版が昨年十二月に刊行されたばかり。こちらは七年ぶりの全面改訂だから、新規に辞書を立ち上げる『舟を編む』とは事情は異なるだろうが、辞書といったら新解さんだ。「日本一売れている国語辞典」を作っているのはどういう人なのか。「愛」を引いて突っ込む岸辺みどり女史のような編集部員はいるのか! というわけで、突然ながら、事の真相を探るべく、三省堂に行ってみることにしたのである。

辞書の三省堂はJR水道橋駅から歩いて一分。東京ドームを望む外堀沿いにビルを構えていた。やってきたのは宮里キャンドル潤、杉江由次、浜本茂(若い順)の、おなじみ本誌おじさん三人組。受付で担当者につないでもらい、案内された七階の会議室で待つことしばし。真下の神田川を眺めながら「意外に水が流れてるもんなんだねえ」などと話していると、「けっこう土左衛門が流れてくるんですよ」という声が。えっ?と振りむくと、長身でロマンスグレーのおじさんが立っている。

このおじさんこそ、新解さん、いや、三省堂取締役出版局長の瀧本多加志氏であった。三省堂に入社以来、『言語学大辞典』を皮切りに、日本語に外国語、幼児向けから専門家向けまで、それはもう、いろんな辞書を作ってきた、辞書一筋二十五年のベテラン編集者である。その二十五年の間に「土左衛門が流れているのを何度か目撃した」らしい。ちなみに「土左衛門」を『新明解』第七版で引いてみると、〈「溺死するなどした人の水面に浮かんだ(ふくれた)死体」の俗称〉とある。ふくれた死体……思わず、宮里に目をやる杉江と浜本。おいおい。潤も腹を隠すなって(笑)。

一気に場が和んだところで取材がスタート。ところが、瀧本局長は『新明解』の編集担当ではないんだという。実は編集部は五十歳くらいの女性が一人きり。といっても一人で辞書を作るのは不可能だから、第四コーナーを回って鞭が入ったあたりで、辞書部の部長をはじめ、外部の編集協力者、著者、校正校閲の人たちがどぉーっと参入。チームとして一気に走り出すシステムになっているとのこと。

瀧　初校、再校、三校、四校と校正を取るんですが、校正の際に何人もの人間が点検するんです。同時多発的に違う視点から見たものを本ゲラにまとめて確認する。丁寧に正確にきれいにまとめて点検できる人がいなければならない。そういう人たちを含めて、けっこう大きなチームが必要になりますね。

浜　つまり、一人きりの社内編集者は全体のディレクションをするわけですか。

瀧　そうですね。今回は改訂版ですから、基本的には第六版をベースにして、では、第七版はどういう特徴を出そうかと。

杉　特徴というと?

瀧　まず大きくなっています。

宮　ホントだ！　判型が変わってる。

瀧　ひと回り大きくなってる。やっぱり読みやすい紙面を作りたいと思ったからなんですよ。文字の大きさはほとんど変わってませんが、行間の微妙な違いなどで、開いた印象は読みやすくなっているはずです。

辞書一筋25年の瀧本多加志氏

浜　たしかにおじさんの目には第七版のほうが読みやすいな。

瀧　肝心の中身ですが、第七版では文法欄という新しい欄を作りました。第六版では運用欄という欄を設けたんですが、そういうふうに少しずつ進化して、より詳しく踏み込んだ解説を加えていっている。語釈も今回は形容詞を中心に見直しをしようという方針で、もちろん、ほかの項目もあちこち直していますが、特に力を入れて、大がかりに形容詞は見直しています。

　なんでも第六版では副詞を中心に見直されたそうで、版ごとに重点をおく項目を変えているらしい。編集委員の意見をまとめ、編集方針を決め、執筆者に振っていくというのが編集部の主要な役割なのである。今回の第七版では、第六版から三名の編集委員が加わっているが、それぞれ方言とアクセントの専門家、漢字の専門家、文法の専門家。つまりアクセントを全面的に見直し、漢字表記を充実させ、文法欄を設ける、というのが形容詞と並ぶ、第七版の改訂ポイントということになる。ぱらぱらめくったり必要にかられて引いたりするくらいでは気がつかないが、第六版と第七版の間には、「新語を含め、約1、000項目を新たに追加」した以上の大きな違いがあるのだ。

宮　新語は七年の間に編集部で採集しているんですか。

瀧　新語はほかの国語辞典やカタカナ語辞典などでも、共通して使える大事な作業ですので、編集者だけじゃなく、社内外の研究者も含め、チームというかっこうで日々収集しています。

杉　瀧本さんも街を歩いていたり、家族と会話していたり、引っかかる言葉があったりしたら、メモっておくんですか。

瀧　メモはしますね。私の場合は知らない言葉は、まず『大辞林』を引いて、載ってるかどうかを確認します。載っていれば私が知らないだけだからいいんですが、載ってなかったら、載せなきゃいけない。そうやって調べるのはしょっちゅうです。

杉　辞書編集者のサガですね。

瀧　だから、担当者の第七版にはもう付箋がいっぱいついてる(笑)。出来上がった瞬間だけが一瞬の解放であって、すぐに改訂したくなるんですよ。

浜　七年もかけて作ったのに、達成感が一瞬だけとは割が合わないような(笑)。

新解さんと呼ばれ、辞書ながらキャラ立ちまでしている『新明解国語辞典』だが、瀧本局長によると、編集方針はものすごく単純だという。ひと言でいうと「語釈のしっかりした辞典」。ダメな辞典の特徴は、ひとつは言い換えるだけ。たとえば幸せと引くと幸福と書いてあり、幸福を引くと幸せと書いてあったりする。そしてもうひとつは言葉の文字をそのまま解説するだけ。言葉の解説になっていない辞典はダメだという。『新明解』は、そこを一生懸命説明しようとするから、ほかの辞典より語釈が長くなる。

瀧　たとえば「凡人」を特徴のない人とか平凡な人とするのはほとんど字の解説ですよね。『新明解』第七版では〈自らを高める努力を怠ったり功名心を持ち合わせなかったりして、他に対する影響力が皆無のまま一生を終える人〉です(笑)。

こういう勢い余った語釈が『新明解』の特徴で、隅々まで読んで楽しんでもらえる、辞書編集者冥利に尽きる辞書だと、瀧本局長は胸を張るのである。

ところで、三浦しをん『舟を編む』だが、なんと禁書に指定されているとのこと(笑)。それも社内的に禁書というわけではなく、瀧本局長個人禁書として、後輩たちから絶対読まないように!と釘を刺されているという。局長的には辞書編集部を舞台にした稀有な小説だし話題作でもあるし、何度も読もうと思ったそうだが、読むよ、と周囲に振ると、「ダメダメ!」と返されるという。なんでも「必ず怒るから」とのことで(笑)、「飲み屋に連れていかれて、一時間以上、これは違う、こうじゃないだろうと説教されるのは目に見えている」、それじゃ、たまらないから読んではいけないと禁書指定されているらしい。あはは。そうだったんですか。

瀧　まあ、そのうち破ろうと思ってますけど(笑)。

おお、ぜひ禁を破って、読んでもらいたい。その代わり、ここは違う、と言いたくなったら、部下や後輩にあたり散らしたりしないで、本誌にご一報を。キャンドル潤が飲み屋に連れていかれるのを待っているぞ!

(二〇一二年三月号)

早川書房に行く

イラスト／coco

　今月は早川書房特集である！　となれば、新潮社特集の際、大河巻頭ルポを敢行し、全世界を震撼させた本の雑誌おじさん三人組が再び潜入しないわけにはいくまい！　だいいち新潮社には行ったのに早川書房に行かなかったら、新潮社社食の鮭フライランチだけが目的だったみたいではないか。いや、そうではない。おじさん三人の目指すところは、日本の出版社の現状と問題点を、するどく全国一千万本誌読者に提示することなのである！　本当だってば。

　というわけで、小雨模様の二〇一二年二月六日（月）午前十一時五十分、宮里潤、杉江由次、浜本茂（若い順）の本誌おじさん三人組が千代田区神田多町二丁目の早川書房本社ビル前に集結した。どうしてこんな中途半端な時間に訪問したのかというと、早川書房本社ビルには、一階に喫茶店「クリスティ」、地下一階にフランス料理店「ラ・リヴィエール」と二軒の飲食店が入っていて、共に関連会社の経営なのだが、ウィンドウ越しに内部が見えるクリスティは、昼時はいつも満席！　その噂を聞きつけた笹塚の昼飯マイスター・宮里キャンドル潤が、「どうしてもクリスティでランチが食べたい！」と主張したからである。

　傘をたたみながら、クリスティの前で本日のランチは何かな、などと黒板のメニューを眺めていると、杉江が驚愕の表情でショーウィンドウを指差すではないか。うん？と指の先をたどると……おっと、ずらりと展示された早川書房の新刊の上のほうに、「Welcome to HAYAKAWA OJISAN SAN-NINGUMI ようこそ、本の雑誌さん」と書かれた横看板がばぁーんと飾ってある！　ようこそ、ハヤカワへだよ。おじさん三人組がこんなに歓迎される日がこようとは……来てよかった。

　しかし、いつまでもうれし涙にくれているわけにはいかない。あらためてメニューを確認し、いよいよ店内へ。迎えてくれたのは広報課の依光孝之課長と営業部販売促進課の田川千恵さん、編集部の山口晶本部長の三氏だ。忙しいところ、なんと三人も！　しかも本日つきっきりで社内を案内してくれることになっている依光課長

早川書房一階の
喫茶クリスティです
ここでお茶していると
有名作家に会えるかも？

は「キープしておきましたから」と窓際のテーブルに三人組をいざなってくれるのである。どうやらシャレではなく、本当に歓待されているみたい。

本日の日替りランチは「ハンバーグステーキ　トマト風味のデミグラスソース」。サラダとライス、ドリンクがついて八百五十円だ。ほかにビーフカレーやエビピラフなどがランチのメニューで、どれもサラダとドリンクつきで八百円～八百五十円。「日替りランチのお知らせ」というカードを見ると、月、水、金はハンバーグ（それぞれソースが違う）とのこと。どうやらクリスティはハンバーグが自慢らしい。しかも「日替り限定＝約20食」と但し書きがあるから、おっと、大変だ、早く頼まないと。

「日替り！」キャンドル潤が食欲に誘われるままに注文。続いて全員が日替りを注文するが、ごめんなさい、ハンバーグ五つで終わりなんですと言われ、山口本部長がビーフカレーに変更。注文を終え、ひと息ついていたところへ、「よっ！」と片手をあげて、ご存じ大森望氏が登場。いや、偶然ではなく、おじさん三人組だけでは心もとないと、編集部が同行を依頼したのである。なにせハヤカワといえば、ジャンルものの聖地だ。まっとうな読書人生を歩んできた三人組だと貴重なネタを見逃しかねない。日本を代表するSF者にオブザーバーとして同行してもらえれば、こんなに心強いことはないだろう。

そうこうしているうちに、日替りと山口本部長のカレーが到着。なんでも山口本部長はクリスティのカレーを食べるのは初めてらしい。打ち合わせで使うことは多いそうだが、昼は混んでいるので、邪魔にならないように遠慮しているというのだ。そういえば、お昼を回ってから、客が立て続けに入ってきて、お店の人が「相席でよろしいですか」と案内しているのである。

依光　ここはこの界隈では珍しく煙草が吸えるので、愛煙家の方がけっこういらっしゃるんですよ。

杉　外で待ってる人がいますね。

浜　仕込みの人じゃない？（笑）

山口　サクラじゃありませんよ！　我々のほかは全員社外の人です。

大森　社員はここでは食べないの？

山口　つけがきくので、金がなくなったら、食べたりするくらいですね。でも、夜はけっこう飲んでますよ。僕はたまにだけど、営業部はしょっちゅう。

田川　そうですね。社員価格で飲めるので、個人でボトルを入れてる人も多いですし、早い人は六時くらいから下りてます。

杉　下りてるっていうんだ（笑）。

早川書房の営業部は意外にも体育会系。九人の実動部隊の誰かが出張に行くとなると出張激励会が、帰ってきたらお帰りなさい会が、といった按配で、ことあるごとにクリスティで飲んで団結をかためているらしい。週に三回は集まって飲むのである。また地下のレストランでは文庫版元の情報交換会である「文庫の会」が毎年開かれ、四十社から五十社の担当者が集うという。活用されているのだ。

一同、完食し、満腹になったところで、エレベーターホールへ。途中、受付前の応接スペースを覗くと、原尞をはじめ、ホーキング博士、マイケル・サンデルなどの写真が額装されて、びっしりと飾られている。ほとんどが早川浩社長の撮影した写真で、クリスティのウィンドウ前が定番の撮影スポット。作家が来日すると、著作をセットして、ウェルカムボードを出すのである。マイクル・クライトンもカズオ・イシグロも撮ったらしい。ちなみにクライトンは身長二メートル六センチ！　踏み台に乗って隣に立っても、まだクライトンが頭一つ高いほどだという。なんとジャイアント馬場よりも高いのだ。いやはや。

と驚きの逸話を聞いているうちに七階に到着。エレベーターを降りると、目の前に早川書房の刊行物が平積みになっていて、「一月新刊」とプレートが出ている。ほお、こんなに出ていたんだ、と手に取ろうとすると、投票箱と書かれた箱が置いてあって、その前に何やら紙が。なんと投票用紙なのである。

依光　毎月一回、前の月に出た本を社員間でどれがいちばんよかったか、どれがダメだったかを投票するんです。

杉　えっ、そんな……。

浜　装丁の評価をするということですね。

依光　そうです。中身は関係なく、装丁の良し悪しを投票する。悪いのも選ぶんです。

宮　ワーストも選ぶんだ。こわっ。

早川書房は群馬県板倉の五千坪という広大な敷地に千坪×二階建てと五百坪×三階建ての二棟の倉庫を有しているが、そこで働いているパートの人も投票しているんだという。全員からまんべんなく意見を募っているのだ。いや、それにしてもワーストはねえ。とかなんとか言っていたら、オフィス入口の横にタイムカードを発見！　出版社といえばルーズな印象が強いが、早川書房は規律正しい会社として有名。編集者といえど朝は九時十五分の定時出社だし、男子はスーツにネクタイが当たり前。hマークの社章も付け忘れると、ものすごく叱られるらしい。

杉　社章、かっこいいよね。クリスティで売ってないんですか。

浜　お土産として売ってほしい。浜本のhです(笑)。

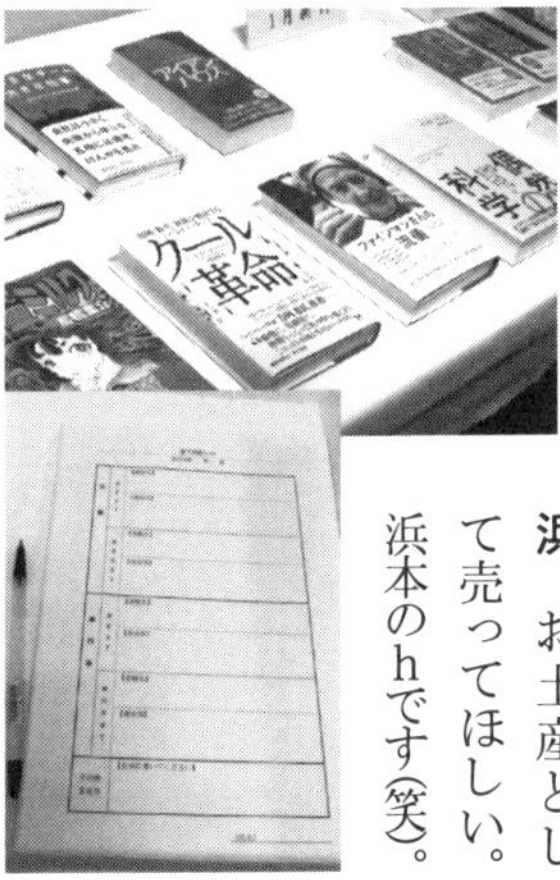
一月新刊の隣に装丁の投票用紙が

杉　本の雑誌のhでしょ（笑）。

依光課長に先導されて、おじさん四人組（三人＋大森オブザーバー）は、七階のオフィスに入室。おっと、いきなりキャッシュディスペンサーがある！　コンビニみたいだ（笑）。そんなに緊急に金が必要になる人が多いのか。さんざめくおじさんたちを尻目にオフィス内はシーンとしている。十人以上の人がいるが、みなさん一心に黙々と仕事中。七階は経理と財務の部署だそうで、なるほどと納得。それにしても経理と財務だけで、こんなに人がいるんですね。社員八十数人というから、けっこうな占有率になる。出版社というと編集、営業ばかりがクローズアップされる傾向にあるが、こういう仕事を地道にしている人たちもいるのである。

仕事の邪魔にならないように、こそこそと突き当たりの会議室へ。二十坪はありそうな広くて明るい会議室だ。ふと見ると、右手の壁に額が飾ってある。なんと社是だという。「h」マークの下に「ONE AND ONLY」と書いてあって、「企業使命」「企業倫理規範」「行動指針」の三大方針が並んでいる。企業使命には「文化創造」「良質志向」「人財育成」「活字貢献」の四項目が列挙され、たとえば「文化創造」は「出版を通じ、選りすぐりの海外文学・海外文化を日本に、そして優れた日本文学・日本文化を世界に紹介します。また、ハイカラで読みごたえある雑誌を世に送り続けます」といった次第。「行動指針」は「談論風発　至誠礼節　積極果敢　迅速果断」の四文字熟語四連発だ。なんだか勇ましいのである。

ご存じのとおり、本の雑誌社の社是は「無理をしない　頭を下げない　いばらない」の三ない。いや、だからどうしたというわけじゃないんだけど……。

「シケイってご覧になったことあります？」

依光課長の声に我に返って振り向くと、テーブルの上のダンボールから、田川さんが紙の束を取り出している。おお、ポケミスの紙型ではないか。紙型とは活版印刷時代に使われた紙製の鋳型のことで、鉛板のままだと重いうえ、厚くて場所をとるので、紙に鉛を押しつけて保管していたのである。懐かしいねえ。

大森　古い出版社だと紙型室という紙型を保管する部屋がありましたね。

依光　そうそう。僕も入社したてのころ「シケイ室にあるから」って言われて。どんなとこだと思いますよね（笑）。

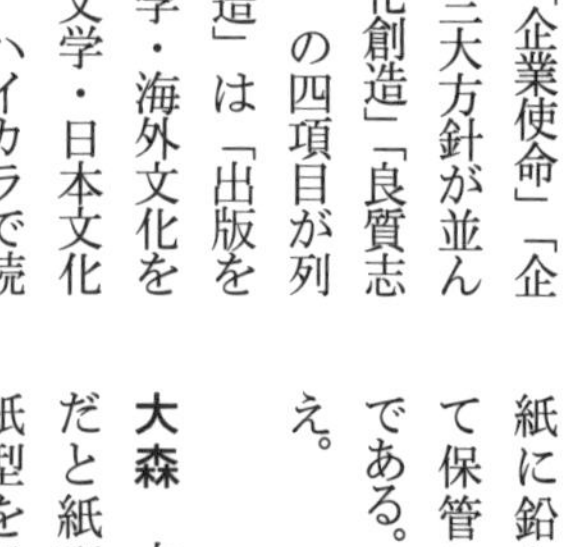

社是「ONE AND ONLY」

全員で爆笑しているところにデザイン室の大滝謙一郎室長が登場。本日はおじさん三人組が事前に会いたいと依頼した人たちが順繰りに会議室に現れる仕組みになっているのである。デザイン室というのは早川書房の社内装丁部。現在は室長も含めて三人で、月に二十五点ほど出る新刊の半分程度の装丁を手がけている（残りは外注）。ハヤカワ・デザインとクレジットが入っているのがデザイン室の仕事だ。装丁となると、気になるのはひとつ！

浜　エレベーターの前で装丁コンテストのようなものをやっていますが。

大滝　そうですね。始めて一年くらいかな。

杉　ワーストも投票するんですよね。

大滝　ええ。やっぱり、ちょっと堪えますね（笑）。どれがというだけじゃなくて、どこがどうだということも意見として書いてあるので。

浜　結果は集計されて、デザイン室のほうに来るんですか。

大滝　結果は社員全員が回覧するんです。一人二人じゃなくて、五人十人が同じことを言ってるとなると、それは意見だなと。考えなきゃいけないなとは感じますね。

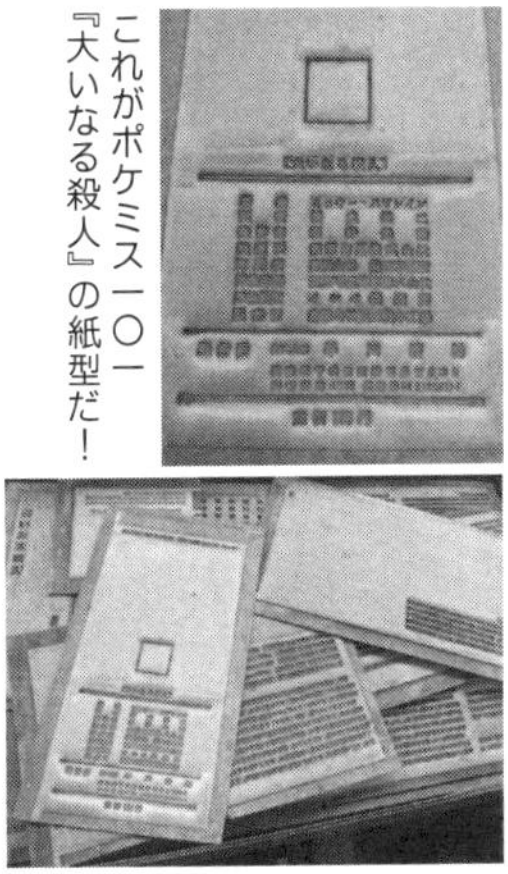

これがポケミス一〇一『大いなる殺人』の紙型だ！

浜　一年たって、そのシステムは有効に活用されつつある？

大滝　どういうものを求められてるかは、少しずつ見えてきます。それでもやっぱり社内ですからね、いくら人数が多いとはいえ、もっと広い意見も知りたくなってきますね。ただ、それを全部聞いたら、どうなっちゃうんだろうって（笑）。

　社内デザイナーとして、常に早川らしさを意識しているが、早川らしくなくていいね、と言われることもあって、ジャンル読者にストレートに響く装丁がいいのか、幅広い層に向けた装丁がいいのかが悩みどころ。よその本と並んだときに自社の本がどう見えるかがすごく気になるそうで、書店に行くと授業参観に出ている気分になるとのこと。

　続いて、会議室の扉を開けたのは校閲部の関佳彦副部長。入社以来、校閲ひと筋。人と話すより活字を追っているほうが好きという職人気質の校閲の鬼である。校閲部は現在六人だが、社外の校正者も使っているとのこと。書籍、雑誌から、広告にチラシ、名刺にクリスティのメニューまで、ウェブ以外、紙ものはすべて校閲部のチェックが入るそうで、なるほど、クリスティでもらったパンフレットが「店名は、ミステリの女王アガサ・クリスティーにちなんだもの」と、ちゃんと早川表記になっていたのは、そういうわけだったんですね。

　編集部ごとのローカルルールはあるわ、原書との突き合わせが必要な翻訳ものは多いわ、ミステリーとして成立しているかチェックしなければならないわなど、早川書房ならではの苦労は少なくない。もちろん内容を読み込んでは仕事にならないので、普通の読書とは違い、ひと文字ずつ追って読んでいくわけだが、さすがの副部長も、あまりの面白さについ引き込まれてしまった本が、かつてあったという。

関　この本は売れると思ったら、やはり売れましたね。

　その本とはマーティン・クルーズ・スミ

スの『ゴーリキー・パーク』。どうです、読んでみたくなったでしょ。

と、談笑してるところに、胡蝶蘭を抱えたおじさんがどかどかと入ってきて、誰だと思ったら、早川浩社長（笑）。

実は本日は社長にも取材を申し込んでいたのである。しかも事前にいくつか質問事項を送っておいたところ、メモまでとってきてくれたようで、入社してからもっとも印象に残ってるのはハヤカワ国際フォーラムを立ち上げたこと、『ジョーズ』と『ホーキング、宇宙を語る』の版権を取ったこと、アメリカ探偵作家クラブのエラリイ・クイーン特別賞を受賞したことなど、それこそ立て板に水のごとく話してくれるのだが、しかし。社長といえばなんといっても、写真！　一階の応接スペースに飾られた写真もそうだが、早川書房の本の著者近影はほとんどが社長撮影によるものなのである。いま現在カメラは十一台持っているという、そのきっかけは何だったのか。

東京オリンピックなのであった。社長は短距離走者で、小学校中学校とそこそこの記録を出し、オリンピックに出る！という夢を抱いていたそうだが、慶応大学の競走部に入ってみると、全国からすごい選手が集まってくるわ関節症になるわで、あっさり断念。裏方として参加しようと公式通訳の試験に挑戦し、見事合格して、ジャマイカ選手団の団長付通訳を務めたのである。そのときのバイト代でニコンFを購入。以来、写真にはまったらしい。

「風景はあまり撮りません。やっぱり人物は動きと表情があるから、面白いですね」

せっかくだから、おじさんたちもその場で撮ってもらうことに。はい、これが早川浩社長撮影のおじさん四人組だ！

カメラが趣味の早川浩社長に、おじさん四人組も撮ってもらったぞ（下 ©HIROSHI HAYAKAWA）

続いて現れたのは制作部制作課の板倉光男課長と朝比奈雅規氏の二人。制作部というのは資材管理と進行管理に加え、ＤＴＰでの本文組版も請け負う部署だ。内の編集、校閲部と外の印刷、製本会社との板挟みになってスケジュールを調整する、胃が痛くなるようなポジションといえるだろう。社員七人のほか、組版を担当する派遣社員が四人の十一人がスタッフとのことだが、本文進行を担当するのは朝比奈氏と山田悟課長の二人。五階の制作部から六階の編集部に原稿を集めに行くのも大事な任務だが、朝比奈ならまだ大丈夫、山田が来たらマジやばい、と全員が思うらしい（笑）。山田課長は制作の最終兵器と呼ばれているそうだ。

ところで、朝比奈氏は室町時代の武将の血筋で、大学の先生が家系図を見に来たりする家柄。室町時代は今川家に仕え、江戸時代は山形の庄内藩の家臣だったという。そういえば、信長の野望に今川家の家臣として朝比奈泰朝という武将が出てきたような……。

朝比奈　出てきますね、弱いですけど(笑)。

杉　ええっ、あの朝比奈なんですか！　信長の野望に自分の祖先が出てくるなんて、すごいなあ。うらやましい。

余談だが、早川書房三大イケメンというのがいて、一人はこのノーブルな顔立ちの朝比奈氏、残る二人は、サンデルの本でヒットを飛ばしているノンフィクション編集部の富川直泰氏、そして経理の小林雅幸氏とのこと。朝比奈氏は武将の血が騒いだのか、某SF誌の編集部に在籍していた五年ほど前は池袋界隈でブイブイいわせていたらしく当時のナンパ成功率はなんと九十八パーセント！　こちらも、うらやましいぞ。

早川三大イケメンの一角、朝比奈氏

ちょっと興奮したので、ここで頭を冷やしに、いったんビルの外へ。雨の中、JRの線路をくぐって東松下町へ。本社ビルが建て替え中だった二年ほどの間、仮社屋として使われていたビルに向かう。ここの三階に早川清文学振興財団があるのだ。同財団は視覚障害者向けの録音図書の制作・寄贈、アガサ・クリスティー賞の授賞、野田昌宏文庫の運営などをしており、昨年公益財団法人に認定された。本日は野田昌宏文庫の蔵書の一部をこっそり見せてくれるという。

和久章伸専務自らが出迎え説明してくれるところによると、文庫といっても、蔵書がここに置いてあるわけでなく、群馬県板倉の倉庫からリクエストに応じて取り寄せてくれる仕組み。一回三百円で五冊まで閲覧可。現在は月、水、金、土の一時から五時までが閲覧時間で、コピーはできないが、デジカメで撮影するのは自由だという。

用意してくれたのは、古いSFのパルプマガジンが数十冊。もっとも英語なので、三人にはチンプンカンプン。大森オブザーバーはこの手のパルプは守備範囲外らしい。

野田昌宏文庫に寄贈された雑誌は四千冊程度、書籍はまだ全貌不明というが、NASA関係の資料だけで千点、ペーパーバックだけで二千三百点。まだまったく登録作業に手がつけられていない本が六千点以上あるとのこと。全部で一万二千冊くらいらしい。ほとんどがアメリカの出版物で日本語の本はない！

野田昌宏文庫を見学。マニア垂涎のコレクションだが、おねだりしてももらえません！

ノンフィクション担当伊藤氏の机

杉　生前どんな家に住んでたんですかね。
大森　ぜんぜん整理してなくて、ぐちゃぐちゃだった（笑）。マンションですけど。
浜　大森さんは行ったことあるの？
大森　僕は行ってないです。恐ろしいから、近寄らないようにしていた（笑）。

　というわけで、再び本社へ。七階の会議室に戻る前に五階、六階を訪問。五階は制作、営業、校閲、広告にデザイン室、六階が編集部と広報課のフロアである。五階から六階へ上る階段の踊り場にダンボールの山が積んであるのを発見。しかもダンボールには丸囲みで伊のサインが！　なんでもポピュラーサイエンスの本などを担当している伊藤浩氏の私物らしい。伊藤氏は机の上ばかりか床の上にもどんどん本とかゲラを積み上げるもんで、しまいにはパソコンのモニターが見えなくなり、上から覗き込んで仕事をしているという傑物。自宅では積み上げた本の上に布団を敷いて寝ているだの、実は会社に住んでるだの、見た目がトトロだの、数々の逸話の持ち主。現在は通路側に机があるが、壁際の席にいたときは椅子の下にゲラがたまり、椅子を動かすたびにゲラが切れてまるでハムスターの家状態。いくらなんでも衛生上まずいだろうという配慮で席替えしたとのこと。編集部で時々席替えするのは伊藤氏の荷物を整理するためだというが、気がついたときには、また同じ状態になっているそうである。うーむ。

　うなったところで、最後は早川書房の三大雑誌の編集長＋イケメン編集者が揃い踏み。いずれも長い歴史を誇る雑誌だけあって、「ミステリマガジン」の小塚麻衣子編集長は十三代目、「S-Fマガジン」の清水直樹編集長は九代目、六十五年の歴史を誇る早川書房最古の雑誌「悲劇喜劇」の今村麻子編集長は、ええと、何代目？　「悲劇喜劇」を創刊したいがために先代社長が出版社を興したといういわくつきの雑誌のため、歴代編集長はずっと社長、と聞いていたのだが、現在は奥付に社長と今村さん二人の名前が並記されている。

杉　「S-Fマガジン」は何人で作ってるんですか。
清水　三人です。
小塚　「ミステリマガジン」も三人です。
清水　最初の配属は希望とかは聞かれないですね。その後は、もちろん希望によって変わったり変わらなかったり（笑）。

　たとえばイケメン編集者・富川直泰氏は入社試験の際から、ノンフィクションの編集をやりたいと言い続け、その甲斐あって、二年間の営業部勤務を経て異動になったとのこと。

富川　ミステリーもSFもわかりませんと言い続けましたから（笑）。

小塚　でも、この人は隠れベイカーストリートクラブの会員なんですよ。

富川　実は小中学校くらいまでシャーロッキアンだったんですよ。

小塚　この前、突然カミングアウトして、びっくりした（笑）。それまでずっと秘密にして、サンデルとか作ってたんですけど、ホームズの文鎮を放出しようとしたら、欲しいって（笑）。

宮　ノンフィクションの編集部は何人なんですか。

富川　四人です。ノンフィクション専任の編集部ではなくて、会社の中にはあくまで、第一編集部と第二編集部という二つのセクションしかないんですよ。第一編集部が海外作家、翻訳もの、第二編集部は日本人作家というくくりしかなくて、その中にノンフィクションばっかりやってる人がいて、SFやってる人がいて、ミステリーやってる人がいて、みたいな感じなんです。

大森　昔はミステリー課とSF課みたいに、ジャンルで分かれてたんだけど。

杉　じゃあ、第一編集部の人は日本人作家は担当しちゃいけない？

山口　いや、担当している人もいますよ。ポピュラーサイエンスをやりながら日本の科学や数学の人の本を作ったり。

清水　企画本位ですね。いちおうその部署にいて、その仕事をメインにやってると。

山口　企画会議に企画書出して、通って、社長の了承をもらえば何でも出せます。

大森　演劇文庫はどこがやってるの？

今村　私がやっています。

大森　翻訳ものもやるわけですね。

今村　はい。演劇部門は私が一手に引き受けています。先代の社長、現社長の思いである「真の現代劇の樹立」を形にするべく引き受けています。「悲劇喜劇」でトム・ストッパードを特集すると同時にハヤカワ演劇文庫にストッパード作品を収録したり、雑誌を起点に演劇文庫とともに、戯曲の面白さを知ってもらったり、ひとりでも多くの人が劇場へ行きたくなるような刊行物を目指しています。

左から、ミステリマガジン編集長小塚氏、S-Fマガジン編集長清水氏、悲劇喜劇編集長今村氏、ノンフィクション編集部富川氏

編集部の年齢層は若く、二十代と三十代がほとんど。総勢二十五人くらいで男女半々だという。関係ないけど、編集部によく遊びに来る人は大森望氏と高橋良平氏とのこと。

以上で長かった取材は終了。このあと早川書房第二の社食とも呼ばれる三州屋で打ち上げ。お世話になった依光課長に山口本部長、そして早川淳副社長も交え、ビールでお疲れさまの乾杯。いや、神田の居酒屋は安くてうまいねえ、と言いつつ夜は更けていくのであった。

（二〇一二年四月号）

NEO編集部に行く

学習図鑑ブームの立役者といえば、なんといっても小学館の「NEO」。創刊十年で累計発行部数五百万部を突破したメインシリーズはもとより、「NEO＋」の『くらべる図鑑』が続編の『もっとくらべる図鑑』と合わせて百万部突破！ 原寸大シリーズにハンディ版のネオぽけっと、クラフトぶっくにプチにプレなど、派生シリーズも続々。さらにベストセラー街道まっしぐらの『おじさん図鑑』もNEO編集部の仕業だという。

「NEO」ポップが下がる編集部はただいま総勢6名

おお、おじさん！ 図鑑特集でおじさん三人組が訪問するのに、これほどふさわしいところはない！ 呼ばれて飛び出てジャジャジャジャジャーンと神田神保町の小学館本社、通称オバQビルへと向かった。

ところが、当日になっておじさん二号の杉江は仕事が重なって参観不能に。ありゃりゃ、いちばん楽しみにしていたのに……残念だけど仕方がない。急遽、おじさん二人組に変更。初めてコンビで「NEO」編集部を訪れることにしたのである。

というわけで、二〇一二年三月某日のお昼過ぎ、浜本と宮里のおじさん二人組は北川吉隆編集長の案内でオバQビルの八階へ。エレベーターを降りて、ロッカーだの本棚だの作業机だのをかき分けて進むと、どぉーんと広大な空間が出現。端から端までざっと百メートルはあろうか。さすが「NEO」はすごいのお。

と、感心していたら、すべてが「NEO」編集部なのではなく、広大なフロアのほんの一角。「地球」だの「昆虫」だの、「NEO」ポップが天井からぶら下がった真下の六席だけ。編集部は編集長を含め六人なのだという。しかも「NEO」編集部ではなく、正しくは出版局図鑑編集部。子ども向けの図鑑ばかり作っているわけではなく、フィールド・ガイドシリーズなどの大人向け図鑑も作っているのである。さらにいうと図鑑ばかり作っているわけではなく、一般書もいろいろと作っていて、たとえば「NEO」で「飼育と観察」「乗りもの」などを担当し、『くらべる図鑑』を作った廣野篤副編集長は、最近では『あなたとわたし わたしとあなた』という知的障害者からのメッセージを集めた写真絵本や、クマさんこと篠原勝之の『A アンペア』という少年小説集も出しているし、「NEO」で「植物」を担当している小林由佳さんは『あたらしいみかんのむきかた』シリーズも作っている。『おじさん図鑑』を作ったのもこの小林さんで、「売れる!と自信が持てるものはどんどん出していきたい」と会議にあげたものの、おじさんを揶揄するんだろうとか、女子高生ならともかくおじさんなんてとか言われ、二年以上企画が通らず、会議の場で涙を流したこともあったそうだ。粘り腰が生んだベストセラーなのである。

　ほかの図鑑も増刷に次ぐ増刷の嵐。編集部のシマの脇に並ぶ本棚には表紙も裏表紙もない本体のみの本がずらりと並んでいて、背に「きのこ9刷」「海の魚6刷」「日本の樹木10刷」といった文字が手書きで記されている。増刷する際に赤入れをして印刷所に渡す訂正原本とのこと。おお、それがこんなにいっぱい!

宮　動物が20刷、昆虫は19刷だって。これは「NEO」ですね? うらやましいな。

浜　潤もそれくらい増刷が重ねられる本を作ろうね。

宮　それにしても静かですね。

浜　ごまかすな(笑)。

　しかし、言われてみると本当に異様なくらい静かで、遠くのほうで電話をしている人の会話の内容がわかるくらい(笑)。広いフロアには八十から百程度机がありそうだが、よくよく見ても、二十人弱しか人がいないのである。図鑑編集部も、本日は午前中に会議があったため勢揃いしているが、この時間に揃っていることはまずないらしい。もうひとつ異様(といっては失礼か)なのはどの机もきれいに片付いていること! 廣野副編集長の机こそ、本が相当数横積みになっているが、それだって、早川書房で伊藤浩さんの魔窟机を目撃したおじさん二人組の目には、なんとも整理整頓が行き届いたきれいな机にしか映らない。几帳面な人の集まりなのだろうか。

宮　廣野さんの机に地球儀が置いてあるのが図鑑編集部っぽいですね。

浜　扇風機も二つある(笑)。

北　あ、僕の机にもありますよ(笑)。

浜　支給されるんですか。

北　いや、個人で買ってきています。全員持ってますよ。暑いんです、ここ。

宮　冬ですけど(笑)。

　編集部の脇の資料棚には昔の学習図鑑がずらりと並んでいて、なんとも懐かしい。昭和三十一年創刊の小学館の学習図鑑こそ、おじさん世代の原点なのだ。

北　いま見ても、しっかり編集されているし、イラストもいいんですよ。

浜　この絵がいいんですよね。

宮　サブカルですよね。

　一時を知らせるチャイムがピンポンパンポンと、小学校と同じ音で流れるものだから、気分はますます小学校の図書室。いや、楽しいねえ、と言いながら、おじさん二人組は学習図鑑のページを夢中で繰るのであった!

（二〇一二年五月号）

6次元に行く

原点回帰！　そもそも、おじさん三人組が本誌に登場したのはなにゆえか。そう、このごろ都に流行るもの、本の雑誌にブックカフェ。おお、ならば本の雑誌社がブックカフェをやれば天下無敵ではないか。というわけで、新事業部「カフェ本の雑誌」立ち上げのため、都内のブックカフェを視察するためだったのである。

いつの間にやら、新宿の文壇バーをはしごしたり、新潮社の社食で鮭フライに舌鼓を打ったり、早川書房で社長に写真を撮ってもらったり。所期の目的を忘れてしまったかのようだが、どっこい。三人組のブックカフェ開店への情熱は消えることなく、ふつふつと燃え続けていたのだ。いまこそ原点に戻ろう！

かくして、おじさん三人組は中央線・荻窪駅に降り立った。荻窪の隣駅、西荻窪を根城とする中央線サブカル野郎・宮里キャンドル潤が「ブックカフェの本場は中央線ですよ！　本場にチャレンジしましょうよ」と声高に誘ったのである。本場と聞いて、捨て置くわけにはいくまい。「いやあ、今日はホームだなあ」と足取りも軽い宮里を先頭に三人組は線路沿いを西荻窪方面へ。宮里がここが本場！と豪語するブックカフェ「6次元」は白山神社向かいのラーメン屋の横の階段をとんとんと上がったところにあった。

ホーム宮里が躊躇なくドアを開けると、店内は木目調のシックなイメージ。女子ちっくなナチュラルテイストというのか、いや、ロハス？　強烈なアウェー感に襲われて固まった杉江と浜本を尻目にいちばん大きなテーブルにさっさと腰を落ち着けた宮里はメニューを確認。何にしようかなとか言ってるのである。意を決して、杉江と浜本も着席。杉江が泡コーヒー（カフェオレ）、宮里と浜本がハートランドを注文して待つことしばし。なんとビールと一緒にそば猪口が運ばれてきた。えっ、これで飲むの？　しかも泡コーヒーは抹茶を飲むような茶碗に入ってきたからびっくり！　おお、これが本場の飲み方なのか。

客はほかに坊主頭のちょいとオシャレ系のおじさんが一人、さらにクウネル系の女性客が入ってきて、おじさん三人組の隣のテーブルに。席につくなり本を読み始めたが、時折、顔を上げては三人組のほうに冷たい視線を浴びせる（ような気がする）ので、そそくさと帰ることに。いや、明らかに場違いだってば、潤ちゃん。

浜　ふう。

階段を上がると6次元

ビールはそば猪口、泡コーヒーは抹茶茶碗で飲む！

杉　ちょっと疲れた（笑）。
宮　思った以上に静かで、女子っぽい店でしたね。
浜　あれ、ホームって言ってたのに、初めて入ったの？
宮　前は海月書林っていう店だったんですよ。そのときに何度か来たんだけど、内装は変わってないみたいでしたね。
杉　谷川俊太郎コーナーがあったね。
浜　どんな本が並んでるのか、棚をチェックする気にもならなかった（笑）。壊れた柱時計にエンデの『モモ』が入っていたのには感心したけど。
杉　あっ、俺、帽子忘れてきちゃった。
浜　え？　取りに戻れよ。
杉　いい。もう行けない……。
宮　じゃあ、俺が取ってきますよ。

　杉江の忘れものを取りに戻った宮里を駅のホームで待っている間に、杉江がそういえば、と言いだした。中央線にだって、おじさんのホームがあるというのだ。阿佐ヶ谷の「よるのひるね」というブックカフェだという。「せっかくだから寄っていきましょう。ちょうど電車も来たし。潤にはメール送っておけばいいから」宮里をおいて中央線に乗り込んだのである。

　よるのひるねは阿佐ヶ谷駅から二分ほど。北口ロータリーを左に入ってすぐの一等地にある。レンガ造りのレトロな外観でいかにも中央線っぽいが、杉江はなじみらしく、ちわあ、とドアを開けて入っていく。しかも見知った顔がいたらしく「あれ、何してるんですか、飲み会？」と挨拶しているのである。

　店内にはカリプソ風のBGMが静かに流れ、奥の大画面テレビでは小津安二郎の映画が放映中。笠智衆と原節子が向かい合っているが、音声は切ってあるので、何を語り合っているのかはわからない。入口の横、カウンターの上と下の棚に本がぎっしり。6次元に比べて落ち着くのは、文庫やコミックなど、普通の本が多いからだろうか。

杉　なじむでしょ？
浜　うん。たしかにホーム感がある（笑）。
杉　カレーも美味いんですよ。あ、ビールがグラスで出てきた。初めてだ。いままではプラスチックのコップだったんですよ。花見みたいな（笑）。
浜　お、潤が来た。
宮　（帽子を差し出して）ひどいですよ。おいていくなんて。

　宮里のレモンサワーがきたところで、あらためてお疲れさまの乾杯。グリーンカレーで腹ごしらえのあとは、近くの古本屋コンコ堂で古本を探索。ここがいちばん落ち着くねえ、などとおじさん三人組はなごむのであった。はたして三人が「カフェ本の雑誌」をオープンする日はくるのか。今後もおじさん三人組から目が離せないぞ！
（本当か）

（二〇一二年六月号）

第2章 無病息災

ハンバーグを食べる

笹塚から神保町に引っ越してきて、びっくりしたのは食い物の量だ。とにかく何を食べても大盛りなのである。味噌ラーメンを頼めば野菜がてんこ盛りでいつになっても麺にたどりつけないし、カツカレーはカツだらけでご飯がまったく見えない！　おいおい、神保町の住民はどんな胃袋を持っているんだ！

とはいえ、郷に入っては郷に従え、いつまでも大盛りを前にため息ばかりついていても仕方あるまい。早いうちに神保町の食い物の量になれて明るい食生活を送らねば。

とかなんとか言っていたら、本誌おじさん二号の杉江が「だったら、ハンバーグにチャレンジしましょうよ」と言い出すではないか。

なんでも、当社から徒歩三分、駿河台下交差点の際に五十グラム単位で肉の量を選べるハンバーグ専門店があるそうで、おじさん二号は御茶ノ水の出版社に勤めていたころ、何度か食べに行ったことがあるらしい。

「けっこううまいんですよ。しかも三百五十グラムが選べる」

おお、そういえば今月は三百五十号なのであった！　ぴったりではないの。

というわけで、今月のおじさん三人組は三百五十号記念に三百五十グラムのハンバーグに挑戦することになったのである。

それにしても三百五十グラムのハンバーグとは、どれくらいの大きさなのか。笹塚改め、神保町のランチマイスターを目指すキャンドル潤ことおじさん三号宮里は「三百五十なんて小さい小さい。アリさんみたいなものですよ」と豪語するが、おじさん一号の浜本も二号の杉江も、肉より魚が恋しいお年頃、神保町味噌やのラーメンだって半麺で腹いっぱいなのだ。はたして三百五十グラムを完食できるのか⁉

いざ、白雲なびく駿河台を見上げつつ、おじさん三人組はハンバーグ専門店、その名も「ザ・ハンバーグ」前に集合。すれ違うのもやっとの、狭くて急な階段をよいしょっと三階まで上ると、目の前に自動販売機が。どれどれと覗くと、おお、千五百グラムと記されたボタンがある！　百五十グラムのハンバーグランチから三百五十まで五十グラム刻みで肉の量が増えていったその先に、四百、五百、六百、七百、千、千五百と目も疑うようなボタンが並んでいるのだ。ちなみに千五百グラムのハンバーグ(ライス・スープつき)は五千百二十円！

ふーん。しかし逆に考えると、千五百があるってことは、三百五十グラムなんてた

350ｇボタンをポチッ

いしたことないのでは？　俄然、気が大きくなった三人組は、ふふふと笑いながら三百五十グラムのボタンを押し、さらに杉江がベーコン、浜本が温野菜の大盛り、宮里が目玉焼をトッピング。

案内されたカウンターで待つことしばし。温野菜、ベーコン、目玉焼の順で三百五十グラムのハンバーグが到着！　想像していたほど大きくないが、ハンバーグというより形状はステーキ。つまり丸くないのである。デミグラスソースもかかっていなくて、添えられた大根おろしにポン酢かしよう油をかけて食べるらしい。

浜　あ、うまいね。肉だけなんだ。

杉　ソースなしでも、十分味があるんだよね。

宮　ハンバーグがある時代に生まれて幸せです（笑）。

しかし余裕で食べていられたのも半分まで。宮里はハンバーグにのせた目玉焼を箸で均等に切り分けてうれしそうに口に運んでいるが、浜本のペースは明らかに急減。苦戦しているのを見かねた杉江が浜本の皿から付け合わせのにんじんをとって加勢。まあ、肉じゃなければ反則にはならないだろう。そもそも温野菜はけっこう多いので、大盛りにするのは間違いなのであった。それでも十五分で三人とも完食！　ふう。立ち上がると胃が重い。

浜　ああ、しんどかった……。

杉　俺たちがいちばん食ってたよね。隣の人、三百五十と聞いて、おっ、という感じだった。

浜　そうそう。こっちを二度見してた（笑）。

宮　僕は大丈夫かな、食えるかなと心配だったんですけど、食べだすと無心になってしまいました（笑）。

杉　潤は四百号記念のときにラーメン屋で四百グラムの麺食えば。

宮　食えるかなあ（笑）。

浜　潤なら、楽勝だよ！

（二〇一二年八月号）

上から宮里は目玉焼、杉江はベーコンをトッピング。浜本は温野菜大盛！

シャッツキステに行く

今月のおじさん三人組は、いよいよ秋葉原に足を踏み入れることになった。それもメイドカフェに殴り込みだ！　何を隠そう、オタクの聖地秋葉原は神保町から目と鼻の先。言いたくないが、おじさん三人組だって、本オタクだ。神保町に越してひと月半、そろそろ聖地巡礼してもいいころだろう。

秋葉原駅を電気街口で降り、ほらほら、あれがＡＫＢ48劇場だよ、とかなんとか騒ぎながら、中央通りを上野方面に北上すると、おお、ミニスカのメイドさんがそこかしこで「こんにちわ〜♡」とチラシのようなものを配っている！　フリフリの白い髪飾りとエプロンがまぶしくて、おじさん三号のキャンドル潤は早くも萌え萌え(笑)。

しかし、こんなところで鼻の下を伸ばしているわけにはいかない。本日はこの先の「シャッツキステ」というメイドカフェに行くことになっているのだ。当社刊『乙女の読書道』でおなじみの池澤春菜さんのニューアルバム「ファンタムジカ」発売記念イベントが開催中なのである。

なんでもシャッツキステは「メイドさんはいますが、オムライスにハートは書いてくれません」という「私設図書館をモチーフにした、素敵なカフェ」で、その私設図書館の一画に池澤春菜さんの本棚の一部が再現されているのである。いったいどんな本が並んでいるのか、こっそり見に行って報告しちゃおう、というのが本日の趣旨。といえば聞こえはいいが、なにせ三人が三人とも、メイドカフェは未体験。この機会に敷居が低そうなメイドカフェに三人で乗り込んでみて、近々のハートオムライスデビューに備えよう、というのが本音なのであった。ね、潤ちゃん。

というわけで、浜本、杉江、宮里の本誌おじさん三人組は七月の暑い昼下がり、シャッツキステの前に集合！　勇気を振り絞り、宮里を先頭に浜本、杉江と続いて入店。ドキドキで「ご主人さまぁ〜」という声を待っていると、本棚の陰から「こんにちは！」と顔を出したのは、池澤春菜さん本人ではないか。おじさん三人組のためにわざわざ待機してくれていたらしい。池澤さんのテーブルにおじさん三人組がお邪魔すると、奥のほうからメイドさんが「いらっしゃいませ」と登場！　あれ、白黒モノトーンでシックな装いだこと。スカートも長いし中央通りで見かけたメイドさんの衣装とはずいぶん違うような……。

メイドのレイラさんに撮ってもらった池澤さんとおじさん三人組。3人の緊張の面持ちを見よ

池　メイドさんのスカートが長いかどうかがひとつのポイントなんです。長いのはクラシックな雰囲気の本格派。フリフリのお洋服着て、オムライスにハートを描いて魔法かけてくれるところと、こういうお店と二極化している感じですね。

浜　魔法をかけてくれるんですか（笑）。

池　くれますよ。萌え萌えキュンキュンみたいな（笑）。秋葉原からここまでメイドカフェはいっぱいあったと思うんですが、ちょっと飽和状態ですよね。だから、けっこう模索していて、ヴァンパイアメイドカフェとか……。

宮　噛んでくれる？（笑）

池　戦国メイドカフェとか、和服のメイド服着てたり、意味がわからない（笑）。あと「男の娘」って知ってます？　性別は男性なんだけど、女の子の格好をしている。見た目は完全に可愛い女の子。それもニッチな需要があって、男の娘カフェがある。いろんなベクトルのメイドカフェがあるんですけど、ここは独自の世界ですね。メイドカフェというより、カルチャーカフェ。

浜　だからか。この空間は我々がいても違和感がないよね。

杉　あるよ（笑）。

池　でも年齢の高い方が一人でいらっしゃって……。

浜　おじさんってことですか。

池　そうです。本を読んでいらっしゃったりするのは、よく見かけます。

杉　そういう意味で違和感はないかもしれない（笑）。

宮　町の普通の喫茶店として使うっていうのもありですよね。

杉　三十分五百円で紅茶が飲み放題だもんね。普通の、っていったらおかしいか……いわゆるメイドカフェもこういうシステムなんですか。

池　違います。レンジでチンしたオムライスにハート描いて千五百円とか。メイドさんのポラロイドが欲しければもう三千円とか。お布施みたいな感じですね。

浜　お布施というより、ぼったくり（笑）。

池　あざといお店もありますね（笑）。その点、ここは基本的に放っておいてくださる。だから好きに来て、本を読んでてもいいし、

ハヤカワ文庫SFや『ふたりのロッテ』『中井英夫全集』等々が並ぶ「池澤春菜様の本棚」

iPadとかを見てもいい。真ん中に大きなテーブルがあって、お客さま同士が交流することもできるんです。メイドさんの得意なジャンルのお話で盛り上がったり。メイドさんとお客さんというだけじゃない、横のつながりもできる、居心地のいい空間なんですよね。

店内にはバイオリンの音がじゃまにならない音量で静かに流れている。夕方になると常連の人たちが集まってきて、賑やかになるそうだが、ただいまは、ほかに中年サラリーマンっぽいおじさん客が一人いるのみ。池澤棚が再現された本棚以外にも店内のあちこちに本棚が設置されていて、「ふしぎ」「表現」「くらし」「機械・建築」「いきもの」「絵本」「いろいろ」と七つに分類されている。テーブルに置かれたパンフレットによると、シャッツキステはカフェではなく、図書館とのこと。

レイラさんも載っている
「メイド紹介ブックvol.5」

池　私設図書館ということなんですね。もともと絵を描くのが好きなご主人さまがおひとりいらして、その方を待つ間にメイドたちがこの場を守っている。背景をきっちり作っているんですね。物語がしっかりあるんですよ。そういう世界観も含めてお客さまが楽しむ感じ。

浜　ここの本はそれぞれのメイドさんの個人の蔵書を持ち寄ってるんですか。

池　それぞれがお好きな本を持ち寄ったんだと思います。個人所有のものか家にあるのと同じものを用意して持ってこられたのかはわからないんですけど、ある意味、バラバラなのに、個人個人が好きなものを貫いている統一感みたいなものがありますよね。ちょっと家の本のセレクションに近いなっていう。

杉　いままで行ったブックカフェに比べて、いやらしさがないよね。

池　いわゆるブックカフェしてるところって、斜に構えてるっていうか、シャレおつすぎて、また英語かっていうのと、食べ物が高くてあんまり美味しくないのと。ここはもう少しサブカル寄りだから、何回か来ると、この前はあれを読んだけど、今度はこれを読みたい、みたいなのがどんどん出てくるんですよ。

杉　セレクトに意思があるんですよ。たとえば花の図鑑とかは絵を描くときに必要じゃないですか。

池　そうそう。その人が選んだラインが見

「ファンタムジカ」に合わせたオリジナルメニューも提供

える。しかもメイドさんひとりひとりにもちゃんとバックグラウンドを作っているんですね。

ちなみにさきほどから紅茶のお代わりを運んでくれるのは冬組メイド長。キッチンをたばねるレイラさんは三百五十歳の魔女なのだ！

杉　ディズニーランドみたい。

池　ディズニーもそうなんですけど、夢を貫いてあげるじゃないですか。裏側を見せないようにしている。そのクオリティみたいなものが。

シャッツキステでは七月二十九日までの池澤春菜イベントのほかにも、鉄道イベント、男装イベント、和風イベントなど、さまざまなイベントを開催しているという。しかも陶芸家メイド、農業メイド、栄養士メイドなど、一芸メイドがわんさか。各人が好きなものを熱く語る会というのもあって、メタルについて語ったり、カレーについて語ったり、車載動画について熱く語ったりするらしい。

宮　いろんな趣味を持った人に対応してるっていうのがすごいですよね。

杉　うん。それでいて、あんたに飲ませるコーヒーはないよ、みたいな感じがぜんぜんないのがいい。いままでいちばんの居心地。俺、初めて居場所を見つけた気がする（笑）。

（二〇一二年九月号）

国書刊行会に行く

新潮社、早川書房と続いた出版社の実像に迫る渾身特集の第三弾は国書刊行会！　というわけで、二〇一二年八月のものすごく暑い日、宮里キャンドル潤、杉江由次、浜本茂（若い順）の本誌おじさん三人組は地下鉄都営三田線志村坂上駅に到着した。国書刊行会は板橋区志村という、いささか出版社らしからぬ地に所在するのである。まあ、逆に言うと、オリジナリティの高さを誇る国書刊行会にふさわしいと言えないこともないし、実のところ志村坂上は神保町から乗り換えなしの直通で二十一分。なんだ意外に近いじゃん、と改札を出ると、おお、駅構内の近隣案内地図に「株式会社国書刊行会」という文字が！　なんと地図に社名が載っているのだ。志村坂上のランドマークなのである！

　しかし、おじさん三人組はランドマークには直行せず、志村坂上の交差点から中山道を南下するのであった。実は今回の訪問の窓口である編集部の樽本周馬氏に「国書刊行会社員のいきつけの昼飯屋さんを教えて！」と事前に問い合わせ、会社の真向かいにある中華の共栄軒か志村一里塚の先のチュニジア料理店ブラッスリージェルバと回答をもらっていたのである。社員のみなさんが馴染みの店でランチをして、国書刊行会社員の気分を味わってから訪問しようという算段なのだ。

「安いなあ。ラーメン四百五十円、チャーハン六百円ですよ！」

　嬉しそうな叫び声のほうに目をやると、本の雑誌のランチマイスター、キャンドル潤が早くも共栄軒の前に達し、ウィンドウのメニューをチェックしている。よし、入ろうか、という浜本を制し、中が見えないんですよ、と慎重な宮里。ランチマイスターは昼飯選びには時間をかけるらしい。じゃあ、チュニジアに行ってみる？という杉江の呼びかけに満面の笑みでうなずき、さくさくと移動し始めたもので、三人組は酷暑（ふふふ、シャレですよ）の昼下がり、中山道を汗をかきかき歩くことになったのである。

　巨大な木が歩道をふさぎ、迂回しなければ進めない志村一里塚を過ぎると、チュニジアに到着！　街道沿いのマンション一階に店を構えるブラッスリージェルバは、しかし共栄軒よりはるかに入りづらいような……サッシの扉から店内の様子をうかがうと、十二時二十分だというのに客が一人もいない。尻込みするおじさん一号浜本。

浜　看板のメニュー見たか。クスクスしかないみたいだけど……どうする？

杉　ここまで来たんだし、チャレンジしましょう。
浜　じゃあ、潤いけ！
宮　また、俺ですかあ。

クスクスを食べて出陣

宮里を先頭に恐る恐る入店。とはいえランチメニューはクスクス四種類しかないので注文は楽勝だ(笑)。杉江と浜本が鶏のクスクス、宮里がラムのクスクスを頼んで、飾ってある水パイプだの壷だのに手を伸ばしていると、クスクスが登場。辛いペーストを混ぜ合わせて食べるらしい。ふーん。いや、美味いとは思うんだけど、量が多すぎでは。食っても食ってもクスクスなんだもん。ちょっと飽きちゃうかな……。

「美味かった！」

量の多さはまったく気にならない宮里のごちそうさまを合図に冷房の効いたチュニジアから再び灼熱の日本へ。酷暑の中、中山道を戻って、いよいよ志村坂上のランドマーク国書刊行会に到着だ！

歩道に張り出した「国書刊行会」の看板も凜々しく、四階建てのビルは白亜の殿堂……というにはいささか古いか。見上げると縦長の屋上看板のようなものが設置されているが、白く塗りつぶされているらしく、文字が見えない。入口横に積まれた取次のダンボール箱を横目に入館すると、階段に向かう通路（ホール？）の左右にガラス扉のついた棚が置いてあり、本だのパンフレットだのが並んでいる。自社刊行物のようだが、来客向けに展示してあるというより、乱雑にどさっと積んでみましたといった風情で、おいおい、これじゃ、持っていかれてもわからないんでは？　と心配になるくらい。棚の上にはダンボール箱が積んであるし、木彫りの熊までいるのだ。それにしても高価な本ばかりだろうに、こんなに不用心でいいんでしょうか。

などと余計な心配をしつつ階段で樽本さんの待つ四階へ。なんと、このビルにはエレベーターがない！　まあ、四階くらい平気だけど、と思ったら、おじさん三号宮里は「はあはあ」と息を荒らげているのである(笑)。まったくいちばん若いのに。だから、少し酒を控えろって。

ふう、という宮里の深いため息とともに四階に到着。案内された会議室には本棚がびっしり並んでいて、おお、まさに国書ワールド！　って、あれ、正面の棚に並んでいる函入りのでかい本は写真集？　大館大田原岡山小樽小矢部小浜大野大分……と地名の五十音順（？）でずらーっと並んだ茶色の箱をよおく見ると、「明治・大正・昭和ふるさとの想い出写真集」と書いてある。へえ、国書刊行会ってこんな写真集を出していたんだ、と右に目をやると『仏像図鑑』に『中華五福吉祥図典』、左に目をやると『河童曼陀羅』だの『金峯山寺史料集成』だのといった分厚い本が並んでいるから、ありゃりゃりゃりゃや。おお、国書刊行会って、こんな本を出していたのか！

何を隠そう、国書刊行会は学術資料書籍の復刻出版を目的として設立され、一九七一年に藤原定家『明月記』、九条兼実『玉葉』を復刻刊行したのが創業出版。明治期の出版団体「国書刊行会」の出版物であり、どうせなら、と社名も同じにしたという。そもそもは「国書」刊行会なのである。我々一般読書人の同社に対するイメージを決定づけたのは「世界幻想文学大系」だが、この叢書がスタートした七五年には、全九十巻の「新纂大日本続蔵経」も刊行が開始されているのだ。さらに初期の大ベストセラー『法名戒名大字典』も、同じく七五年に刊行されている。

『法名戒名大字典』は、なんと、あの「たけなかろう」も「これが国書刊行会の基礎を築いた」と断言するほど。

ちなみに、あの「たけなかろう」とは国書刊行会編集部課長の「竹中朗（あきら）」氏である（笑）。細面にあごひげをたくわえた竹中課長は新卒で国書刊行会に入社して二十八年め。国書の生き字引だ。その竹中課長が「国文・歴史学の復刻と寺院向けの高額書が二本柱で会社を支えていた」と言うのである。そして、もう一点、国書刊行会のベストセラーで外せないのはアレイスター・クロウリーの『法の書』だろうという。

本棚がびっしりの会議室

これぞ「国書」！

樽　作家の朝松健さんが編集部に在籍していたころはこういうオカルト路線がけっこうあったんですよね。

竹　極端なんですよ。ものすごくハードな国文学の学術書を復刻する一方で、オカルトを出すという。会社としての統一性が何もない（笑）。各人が好き勝手にやってるような感じというか。

樽　その時々に在籍している編集者の趣味嗜好によってジャンルが変わっていく傾向がある。オカルトは朝松さんだし、ミステリのラインは藤原編集室さん。あの人がいたから「世界探偵小説全集」などが出たけど、辞めちゃったらもう出ない（笑）。

竹　ただ、そういうカオスみたいなものがまとまると、会社の個性のようなものができる。逆説的かもしれませんが、そう感じますね。

そういう竹中課長も入社する際は「世界幻想文学大系」の国書刊行会のイメージしかなかったという。

竹　前衛的な会社がいいと思って（笑）。冬樹社とか、小さいところを受けようといろいろあたったんですけど、どこへ行っても「なに、新卒？　とんでもない」って感じで。で、国書に電話したら、普通に「いいですよ、受験してください」と（笑）。たまたま景気がよかった時代で、新卒を採り始めて三年目か四年目だったんですよ。いまの編集長がきちんと新卒を採り始めた二期生じゃないかな。

杉　いまも定期的に新卒を募集してるんですか。

竹　やってますけど、なかなか入ってこないですね。入ってこないというか、変な奴が来ない（笑）。

樽　一人とか二人とか採っても……。

竹　辞めちゃったり消えていっちゃったり。樽本の年は何人採った？

樽　私のときは四人ですね。二〇〇〇年入社ですけど。

宮　すごいなあ。

竹　僕のときは十人くらいでしたよ。

三人組　えええええ！

竹　毎年十人採って十人採って十人採ってみたいな。

三人組　えええええ？

竹　それでまた大量に入れ替わる。カオス時代でした（笑）。

杉　そんなに仕事があったんですか（笑）。

竹　当時は「ふるさとの想い出写真集」のような本をたくさん出していたんですよ。流れ作業ですから、入社するとほとんど自動的に写真集を作ってたんじゃないかな。僕はやらせてもらえなくて、倉庫に行けと。それで倉庫に行って最初の仕事が「セリーヌの作品」の黒い箱の、剝げて白くなったところをサインペンで黒く塗る（笑）。なんなんだ、この会社は、と思った記憶があります。かっこいい杉浦康平の装丁とサインペンの落差たるや（笑）。

伝説の死のロードは竹中朗が始めた！

樽　竹中さんが死のロードを始めたんですよね。

宮　死のロード？

樽　昔から男子の新入社員は必ず営業部に配属されて、図書館や美術館を巡回する出張旅行に出されるんですよ。

竹　僕が営業部の責任者になったとき、ガラガラポンで営業部が全部変わって、上の人たちが全員外れたんですよ。それで、やることがなくなっちゃって（笑）。

杉　はは（笑）。

竹　どさまわりもいいんじゃないかとふと思ったんですね（笑）。それでみんなで「図書館行こうか」「やろうぜ」って。以前もやってはいたんですよ。でも、ちょっと行って帰ってくるんじゃもったいないでしょ。「じゃあ、一カ月くらい行ってみる？」と（笑）。僕が外れてからも、それが恒例行事のようになって。しかもだんだん過激化していった。

杉　ハード化ですね。修行のような。

竹　そういうニュアンスも入り始めましたね。僕らのころは、まだ関東周辺とか、名古屋くらいまでだったんだけど、樽本なんかは東北まで。

樽　いやいや、北海道、沖縄まで行きましたよ。

樽本さんが入社した当時は社用車のハイエースに現物、つまり本を積めるだけ積んで、北海道から東北のコースや、九州から沖縄のコースなど地方を約二カ月にわたって巡回していたという。ちなみにハイエースはマニュアル車で、樽本氏はいまだにマニュアル車しか運転できないそう。

浜　車の免許がないと国書刊行会には入れない？

樽　まあ、男はそうですね。私も入社するときに必要って言われて、あわてて取りに行ったんですけど、免許取るなんて思いもよらなかったので、なかなか取れなくて。で、試験に落ちまくって入社が遅れました（笑）。

宮　入社試験を受けるときは免許なくてもいいんですか。

樽　そうですね。入るまでに取ればいい。

杉　潤は免許持ってないんだろ？

宮　ないです。実は僕、十数年前に国書刊行会の入社試験を受けてるんですよ。

浜　えっ、そうだったのか。

宮　落ちましたけど（笑）。

杉　二カ月間行ったきりだと、出張旅費も大変じゃないですか。

樽　基本的には車で移動するわけですから。ホテルといってもビジネスホテルだし。

浜　図書館や美術館の人を接待したり。

樽　たまに書店の人と飲んだりはしました。で、その日その日の売上げを営業部長に報告しなければならないんですが……。

浜　ゼロ？

樽　いや、ゼロの日もありますが（笑）、そこで何百万とか上がったら飲めと。

宮　おお。

樽　で、最初はホテルで冷蔵庫を開けて一人でワインとか飲んだりしてたんですけど、青森に行くと、やっぱり日本酒が美味しいとか、だんだん要領がわかってきて、後半は結構爆発しました（笑）。九州に行ったときには、福岡のジュンク堂の人たちと飲みに行ったんですけど、九州はすごいですよね、まずはビールじゃなくて、いきなり焼酎（笑）。沖縄に行った最初の日は泡盛で沖縄料理をひととおり食べたんですよ。そうしたら、次の日足腰が立たなくなった（笑）。

浜　それは入社して二、三年目くらい？

樽　そうですね。沖縄は最後のほうでかなり売上げが上がって。準備館があったんですよ。そういうところは車に積んでいくと、ばーっと買ってくれるんですね。外文もミステリもかなり入れてくれて、だから、棚はほぼ国書の本になってるはず。

浜　一日何百万も売るんでしょ。すごいですよね。ひと旅何千万！

竹　そういえば、ハイエースでいつの間にか石垣島を走ってるやつもいたね（笑）。沖縄本島に行ったんだけど、売上げが上がらなくて、地図を見てたら石垣島にも図書館があると。それで行ったら、びっくりされて買ってくれたという伝説が（笑）。

樽　いまはみすず書房にいる人ですね。

竹　いろんなところに国書出身者がいるんです。

杉　各社に修行を積んだ人たちを送り込んでる（笑）。

浜　国書で荒行を積んだのはウリになる。

樽　でもその修行、言い出しっぺの竹中さんは行ったことないんでしたっけ。

竹　ほとんど行ったことがない（笑）。基本的に新人なんですよ。右も左もわからない新人をごまかして送り出しちゃう。

杉　「営業というのはこういうもんだ」と（笑）。

竹　そうそう。一人で行かせるし。

樽　一人っていうのがいいんですよ。上司

伝説のハイエース

と一緒だと気をつかうじゃないですか。

浜　いざとなったらハイエースで寝ればいい！（笑）

竹　それがさすがに、後ろにトロ箱みたいなのを二十箱くらい積んでいるので、寝るスペースはないんです。うちの場合、やっぱり現物に迫力があるから、という発想がありますので。

樽　でも、積んでいっても図書館の人に見向きもされない本というのもあるわけですよ。それが続くと、もう車から出さなくなる。ああ、ＰＯＳシステムって、こういうことかと。

宮　は？

樽　いや、コンビニとかって、売れ行きを管理して、ぜんぜん売れないものは店頭から消えていくじゃないですか。

杉　巡業後半には、売れ行き良好箱とダメ箱ができてる（笑）。

樽　売り方も変わってくる。最初に十二万円くらいの本を薦めるんです。「十二万なんてとんでもない！」って話になるじゃないですか。で、そこから少しずつ安い本を紹介していって、最後のほうに「一万二千円！」とか言うと「あ、安い！」と（笑）。

宮　悪質不動産業者みたいな……。

樽　そういう販売方法、テクニックが身につくんですよ（笑）。

　現物に迫力があると編集課長も自負する国書刊行会の本は、なんといっても絢爛豪華な造本と装丁が持ち味。金に糸目をつけない本作りは他社の編集者はもとより著者にとっても羨望の的と言っていいだろう。

杉　よその出版社で断られたけど、「どうしても死ぬまでに作ってみたかったんだよ」みたいな企画を著者の人が言ってきたりってことはないんですか。

竹　「世界幻想文学大系」が、そのパターンでしたからね。紀田順一郎さんと荒俣宏さんが二十社くらいに断られて、途方にくれてるところに、たまたまうちを知って、「まあ、ダメだろうけど」と。

樽　まだ巣鴨にあった時代ですね。

竹　そう。小汚い倉庫みたいな感じで、社長がゴム草履かなんか履いて、だるまストーブにあたってる。映画みたいですけど。

宮　ほお。

竹　くるっと振り向いて「どうも」と。で、「こういう本を出したいんですけど」と、紀田さんが出したペラ一枚の企画書をじーっと見て、「いつからできますか」。

浜　社長、かっこいいですねえ。高倉健みたい（笑）。

竹　「え？　ど、どういう意味ですか⁉」って、紀田さんたちが驚く（笑）。紀田さんがご自身の本にそのエピソードを若干ふくらませて書いてらっしゃいますけど。

樽　そもそもは百巻のラインアップだったんですよね。

竹　結果的には四十五巻で完結しましたけど。

樽　社長は百巻に惹かれたんでしょうね。

竹　そうだろうね。「でかいほうがいい！」って人だから。「バベルの図書館」のときも編集長が「これは世界で一番です」って、企画を通したとか。誇大妄想系が好きなんですよね。

セットで本体価格三十一万円!

杉 竹中さんが作った本でいちばん多いのは全何巻ですか。

竹 「NIPPON」かな。戦前のビジュアル雑誌を復刻したものなんですけど、三期に分かれてて、三十六冊＋増刊五冊、別冊一冊ですね。セット価格でいうと、本体が三十一万円。

樽 結構売れましたよね。一期は売り切れ近いから。

宮 国書刊行会でいちばん高い本って何なんですか。

竹 セットだと、「大日本続蔵経」じゃないかな。ようするにお経なんですけど、全九十巻ですから。

樽 本体が一冊一万一千五百円。

浜 揃いになると百万超えだ!

樽 天金ですよ。

竹 いまではめったに見られないですよ。

樽 そうですよ。これで一万円ちょっとだったら……。

杉 安い気もしてきた（笑）。

竹 魔法にかかりつつある。「安いんじゃないの!?」みたいな（笑）。

樽 でも実はこれが九十巻ある。

杉 もう転職できないですねえ。

竹 ははは。一時期、「もうお前、五万円以下の本作るな」みたいなことを言われましたからね（笑）。「安い本作るなよ、君の趣味はそこじゃないだろう」って。

樽 一冊あたりだと「古画総覧」がいちばん高いですかね。本体九万八千円。

竹 重すぎて持てない。凸版さんが「うちが作った中でいちばん重いんじゃないか」と言ってるくらい。製本できなくて、ボルト留めになってるんですよ（笑）。

モノクロではわからないが天金なのだ

一階の倉庫にあるらしく、取ってきますね、と出ていった樽本さんを待つことしばし。お茶を飲みながら後半に続く!

●後半戦

というわけで、「営業時代を思い出すなあ、こうやって美術館に行ったんですよ」と言いながら「古画総覧」を両手で抱えるようにして戻ってきた樽本さんの顔は、血管がぶち切れそうに赤くなっている!

杉 うわ、運ぶのがやっとみたい。

樽 ふう。はい。持ってみてください。

浜 重た。なに、これ!

杉 え、そんなに重いの?

浜 うん。想像とぜんぜん違うんだよ。

杉 ほんとだ。危ない、危ない!（笑）

浜 おい、潤、そんな軽く持たないほうがいいぞ。腰にくるから。

宮 ああああああ。ちょっと待って! やばいですよ。本ですか、これ!

竹 これも誇大妄想系の企画で、古画を全部アーカイブしちゃおうと。すべてアート紙なので重いんですよ。十三キロだったかな。

宮　千ページは余裕でありますよね。

樽　各巻平均千三百ページ。全三十巻の予定。先代の営業部長の企画なんですよ。営業部企画だからすごく高い。

杉　九万八千円が全三十巻か……俺、営業として間違ってたね。「どっかであれが売れてたぞ」とか言ってちゃいけないんだ。こういう企画を上げないと！

浜　ほんとにボルトで留めてある！

樽　これ以前にボルト留めの本ってあったんですか。

竹　いや、見たことない。これしかないんじゃないかな、世の中に。

重量十三キロ！　十キロの米袋よりも重い本を想像してみよう

樽　これを抱えて美術館に、「うぉあああ！」って突入してたんですよ（笑）。私の営業部時代には売れなかったですけど。

竹　美術大学とか、ハードな研究者のいるところですね、売れたのは。

樽　書店には置いてないし。

杉　棚が折れちゃう（笑）。

浜　一冊でダンボール箱ひとつ分ぐらいの重さがあるもん。

樽　万引きもされないですけど。

浜　立ち読みもできない。

竹　最重量企画でしょうね。

杉　発想がまるきり違うよねえ。すごい会社ですよね。前代未聞（笑）。

竹　でも、こういうのをやってると、たとえば一冊五キロ十万円の企画が出てきても、何となく普通な感じで。

杉　ぜんぜん普通じゃないんだけど（笑）。

樽　「これ九万五千」「これ一万六千」「あ、まあそんなもんか」って。だんだんそうなってくる（笑）。

浜　そうやって麻痺していくんだ、人間は。

杉　（笑）。だって、「五万円以下の本作るな」って言われるんですよ。

宮　俺、「五万円以上の本を作れ」と言われても、何を作っていいかわからないです。

竹　いや、そうなってくると脳味噌がそうなっていく。だんだん資料や情報が集まってくるようになるんですね。「あれ珍しいんだよ」とか「あれがまとまるといいんだけどねえ」みたいな。

樽　私はいま「手塚治虫トレジャー・ボックス」という豪華愛蔵版を作っているんですが、雑誌オリジナル版の完全復刻だから定価が高くなっても、やれるんじゃないかなというのは何となくわかるんですよ。

竹　ごく普通の千円、二千円の本を出してるところでは「うーん」となっちゃう企画でも「やれるんじゃないの？」っていうムードはありますからね。そういう意味では有利かもしれない。

浜　それにしてもすごいねえ。この部屋の本を見ていると、我々の知ってる国書刊行会は氷山の一角だったんだということがよくわかる。

杉　しかも下に隠れている部分のほうが面

『復刻版 風俗画報』と竹中朗氏

白いですよね。

宮 バラバラですよね。

竹 ジャンルはみんなバラバラなんですけど、他人のジャンルをわりと把握できる感じなんですよね、うちの会社は。それぞれが「あ、それいいよね」って言える、そういう企画をみんなが出してきてくれるというか、そんな感じはあるんですね。

杉 それが国書っぽい感じなのかな。

竹 そう。国書っぽければいいんじゃない、みたいな。じゃあ、何が国書っぽいんだって聞かれたら、それはわからないとしか言えないんですけど。

浜 本の作りなんですかね。装丁とか造本とか。

竹 うん、ぺろーんと安っぽくてダサイのは勘弁、みたいな共通認識はありますね。もっと立派に高そうに、という（笑）。

では、国書らしさとは何なのか。竹中・樽本コンビの話があまりにも面白くて、なかなか立ち上がることができずにいたおじさん三人組も所期の目的を思い出し、いよいよ社内見学をスタートすることに。まずは三階の編集部に突入。ノブの上に「ドアを開けたら閉めてください。（手動）」と言わずもがなの注意書きが貼られたドアを開けると、おお、目に飛び込んできたのはものすごく汚い机だ！

宮 これは相当ですね。

浜 うん。ここまでが樽本さんの陣地？

杉 ひどいねえ（笑）。

樽 そうですか。編集部ってこんな感じでしょ？ あ、編集長です。

浜 初めまして。今朝の朝日新聞に出てましたね。

礒崎純一編集長 「定本久生十蘭全集」完結の記事ですね。

宮 編集長の机はきれいですね。

礒 僕も含め、だいたいきれいですよ。若干一名だけ、とても汚い人がいる（笑）。

杉 この辞書、すごいですね。

浜 三省堂の『大辞林』？

礒 そうです。使い込んだら表紙がなくなっちゃった。こっちは『新明解』です。見えないでしょ（笑）。

杉 誰にもわからない。

仏教関係の本も多いので、数種類の漢和辞典も必携らしい。「バベルの図書館」の新版のダミーを冷やかしたり、秘密の復刊本の色校正を冷やかしたりしながら移動。座席表によると編集部は九人か。それにしてもさっきから何かおかしい。不思議な違和感があるのだ。

入社以来初めて整理された樽本氏の机と、使い込まれた礒崎編集長の辞書

杉　そうか。机にパソコンがないんだ！
竹　いちおう隅に四台、共有のパソコンがありますけど。
浜　パソコンなしでどうやって仕事するんですか。
竹　それはもうゲラをにらみつけて。
杉　え？　ほんとにそうなんですか。
浜　すごいね。辞書はこんなにいっぱいあるのに、パソコンがないなんて。会社でインターネット見たりしないんだ。
杉　すごい会社だなあ。
樽　置く場所もないですから。
浜　それは樽本さんの机だけでしょ(笑)。

　窓際には作業台があって、作製中の版下が載っている。二十世紀で時間が止まっているようだ(笑)。リフレッシュボックスと書かれたお菓子の詰まった三段の引き出しも載っているが、百円入れないと食べられないみたい。脇の壁には書評の切り抜きがびっしり。書評の壁と名付けられているとのこと。手前の床には束《つか》見本が山のように積まれている。

杉　すごいな。こんなに特殊な形の束見本がいっぱい（笑）。
浜　函の見本もいっぱいあるよ（笑）。

　二階の営業、経理部に移動。窓際の席で新聞広告の校正刷をチェックしている佐藤今朝夫社長に来訪の挨拶をする。

社長　まあ、冷たいビールでも飲んでいきなさい。
浜　いえいえ、おかまいなく。うろうろさせてもらいますので。

佐藤社長にご挨拶

　本棚の横には「最善を期待すれども最悪に備えよ」の文字が。社訓か？　その隣には出版予定がびっしりのホワイトボード。

浜　すごいね、こんなに出るんだ。
樽　通常は八月にこんなに出ることはないんですけど、今回四十周年ということで。
浜　なるほど、九月に備えようと。それにしてもきれいですね。編集部とは雰囲気がぜんぜん違う。
樽　奥は経理です。
浜　だからか。我々が近づけないような緊張感がぴりぴりと漂ってますね。

　予定表に営業部長・永島成郎という名前を発見！　おお、あれは「ナガシマシゲオ」？　ぜひともお会いしなければ。本日は外出中とのことなので、別の日に話を聞かせてもらうことに。その前にここで営業部一の優男・中澤真野さんに部長についてひと言語ってもらおう。

中　私も永島も会社の近くに一人暮らしをしてたんですけど、ある晩、家の鍵を忘れたから泊めてくれって、飲み屋から電話をかけてきたんですよ。最初断ったんですけど、かわいそうなので、三十分くらいしてから電話をして、泊めてあげますって言ったら、靴下も履いてないで、裸足で人の部屋にペタペタ上がってくるんですよ。あれはイヤだったなあ。

というわけで、最後は一階へ。ここは何なのか。作業台があれば本棚もずらっと並んでいる。倉庫？

樽　雑多なもの置き場ですよ。

浜　「カレンダーのつまみ四束」。つまみってなんだろう。すごくアバウトな感じが……ラジカセとかあるし（笑）。

宮　鞄もある。謎の一画ですね（笑）。

樽　このへんは昔のフィルムですね。

浜　ああ、紙型倉庫みたいなものだ。本文のフィルムですよね。

樽　あとは四階に入りきらない本とか。

浜　あれ、靴がいっぱいある。靴屋みたい。

樽　そう。靴を売ってたなごりで。

三人組　え？

樽　会社で売ってたんですよ。

杉　おそろしい会社だ（笑）。わけがわからなくなってきた。

樽　ここには「ゴジラ・コレクション」とか「妖怪叢書」とか。

宮　なんか独特の匂いがしますね。

浜　線香じゃない？　お寺の匂いだよ。それでいながら、ここにあるのはバドミントンのシャトルでは？

杉　ラケットもある。

浜　異常だな、ここ（笑）。全部自社刊行物なんですか。『鳥栖市史』とか。

樽　地方史はいろいろ出してます！

浜　『豊前人物志』とか。「し」が「志」だよ（笑）。

杉　このへんの本はすごいですね。戦前の本かと見まがうくらい（笑）。

樽　このあたりは最初期の本になります。あ、これが『明月記』です。

浜　おお、これが最初の復刻本！

樽　奥付が昭和四十五年七月五日。

浜　四十五年？　創業は七一年でしょ。

樽　そもそもは七一年で、本来は去年が四十周年なんですよ。震災があったので一年ずらして祝うことにしたんです。

浜　だから七一年だったら昭和四十六年ですよね。この奥付は誤植？

杉　まあ、いいじゃないですか。十二刷ですよ（笑）。ばんばん増刷がかかってるんだから。

浜　いい加減で、いい会社だなあ。

宮　居心地よさそうですよね。

浜　この会社は社長がえらいんだよ。

宮　器がでかい感じがしますね。

浜　俺、出版を志す若者に国書刊行会を薦めたい！

樽　中途採用もありますから。

浜　でも、潤は無理だよ。晶文社系のバラエティブックとか作ろうとしてるから。

杉　うん、潤が採用されなかった理由がよくわかった。国書刊行会は「出版界のコム・デ・ギャルソン」なんだよ。潤にはもっとも遠い（笑）。

浜　なるほど、いいオチだね（笑）。

（二〇一二年十月号）

ひとりで入れない古本屋に挑む

　何を隠そう、正直言って、神保町の古本屋は素人には敷居が高い！　それも、洋古書の神様・森英俊氏をして「なかなか中に入れない」と引いている「いにしえ文庫」と、その周辺に並ぶひらがな名前の店ときたら、入りにくいことこの上なく、本の雑誌社一同はいまだ誰も入っていないくらいなのだ。

　しかしその一角に並ぶ「古書たなごころ」は古本猛者たちによるとミステリー系の掘り出しものがあるらしい。いつまでも通りがかっているだけでは、ものごっつう損をすることにならんとも限らない！　そろそろ勇気を振り絞って入ってみようじゃないか、杉江くん。おお、そうだ、ひとりじゃ怖いから三人で行こう！

　というわけで、おじさん三人組が今月も集合。神保町のひとりでは入れない古本屋に三人がかりでチャレンジしてみることにしたのである。

浜　すずらん通りの古本屋は、靖国通りの北側の古本屋に比べて、まだ開かれてる感があるよね。ただ、二階とか三階にある店は入りづらい。「キントト文庫」の上の「石田書房」とか「ロックオンキング」とかさ。

杉　じゃあ、あそこに入ってみない？「軍学堂」。気になってたんだ。

浜　二階だね。ミリタリー関連だって。軍隊の「軍」なんだ。上がってみよう。

　三省堂本店の隣のビルだ。階段を上って二階に着くと、入口が開いていて、ジャズが静かに流れている。レジにいるのは意外にも若いお兄ちゃん。「いらっしゃいませ」と優しく迎えてくれる。平日のお昼時だからか、客は三人組だけ。

「軍学堂」からスタート！

浜　「写真で見る連合艦隊」シリーズだって。へえ、秋田書店ってこんなシリーズを出してたんだ。

杉　光人社の文庫、うちにいっぱいあったなあ。

　砲弾だのマシンガンの弾だのマスクだのゴーグルだのが飾ってある。売り物だろうか。自衛隊コーナーもあるのだ。店内をうろうろとひやかして、ばらばらに退店。

杉 面白かった！『陸曹必携』ってハンドブックが九千円だよ。マニアが買うのかな。
浜 自衛隊マニア（笑）。
宮 旧日本軍の兵隊が携帯する豆本みたいなものもありましたね。撤退の仕方とか馬の乗り方とかが書いてある。
杉 あんなの売っちゃダメだよ（笑）。
浜 自費出版みたいな本も多かったね。
杉 店主が軍服着てたら、どうしようかと思ったんだけど（笑）
宮 ＢＧＭがジャズ。軍歌とかじゃないんだって（笑）。
杉 さすがに困るんじゃない？ 勝ってくるぞと勇ましく〜とかかかってたら（笑）。
浜 そうかな。盛り上がってばんばん買っちゃうんじゃない。
杉 ないない（笑）。
宮 せっかくだから、「虔十書林」にも寄ってみますか。ひとりでも入れるんだけど（笑）。
杉 いい古本屋だよね。外に出てるのがいつも気になって見てるんだ。
浜 今日は雨模様だから店頭本が少ないね。

よりどり三冊五百円の店頭本をひやかす。

浜 お、『「本の雑誌」傑作選・風雲篇』がある。
宮 三百円ですね。
杉 頑張った（笑）。
浜 初版カバー帯って但し書きがある。これね、初版のみなんですよ（笑）。
杉 そういえば、昔、長島書店に『カムイ伝』全巻揃いを買いに来たことがあったなあ。

喇嘛舎、長島書店を横目にうどんの丸香の前を通って、ついに敷居が高くて入れない！と噂のひらがな古本屋地帯へ。最初の挑戦地は「書肆ひぐらし」だ。

浜 ほら、ここだよ、ひぐらしさん。
宮 え？？
杉 ははは、嘘だあ。
浜 嘘じゃないんだな（笑）。
杉 へえええ。すご！

書肆ひぐらしには入口があるのだが、その向こう、店内（？）は本の山がひたすら積まれていてまったく入っていけない！ おお、これは店なのか。初めて来店した杉江と宮里は立ちすくむばかりだ。

「書肆ひぐらし」の前で驚愕する宮里

浜 今日は天気が悪いから空だけど、いつもは外のスチールの本棚に本がびっしり並んでる。
杉 ってことは、毎朝並べてるんだ。売りたいんだね。
宮 そりゃあ、売りたいでしょ、古本屋なんだから（笑）。
浜 でも、素人はそこに並んでる本しか見ることができない。猛者たちは、店主にひと声かけて、あれはないかなあとか。
杉 言うわけ？
浜 言うわけ。

杉　何をないかなあとか聞けるんだろ（笑）。

浜　俺たちには何も聞けませんし（笑）。ミステリー系の人にはけっこう名高い店なんだよ。で、このわき道を曲がったところが「古書たなごころ」。

宮　閉まってますね（笑）。

浜　一時からって書いてあるのに（笑）。

宮　もう一時ですよー。

杉　開いてても、俺たちには入れないでしょう。

宮　これは……。

杉　無理無理。

浜　ここは普段は入口の扉が開いてるんだけど、カーテンみたいに長い暖簾がかかってて、中が見えないんだよね。でも、扉にカラーコピーが貼ってあるだろ。サンリオＳＦ文庫とか。ああ、こういうのが売ってるんだ、とわかるわけ（笑）。ひぐらしさんは何があるのか、まったくわからない。

杉　閉まっててよかった（笑）。

浜　杉江くん、もう一軒あるんですよ、ひらがなのお店が。ほら、向かい側の。

宮　「いにしえ文庫」。やってるけど……。

杉　無理（笑）。

浜　だろ。ひとりじゃ、絶対入れない。

杉　っていうか、物理的に入れないよ（笑）。

いにしえ文庫は扉こそ開かれていて、中が見えるのだが、入口の向こうに店主が座ってパソコンに向かっているので、大変入りづらいのである。しかも店主一人で店内スペースは満杯。入口の上に古い「明星」と「平凡」の表紙が飾ってあり、なるほど「いにしえ」ねと思っていたら、突然店主が立ち上がって、本の整理を始めた。

宮　自分の家の本を整理してるみたいですね。

杉　入っちゃ悪いよ（笑）。行きましょう。

路地を数メートル歩くと、右手に骨太フレンチビストロがあり、仕込みの真っ最中。

宮　ここは活気がありますね。店って感じがする。

杉　まったくだ。俺さ、フレンチレストランって一回も入ったことないの。でも、今のひらがな三軒より、ここのほうがはるかに入りやすいよ（笑）。

浜　ひらがな三軒はすごいでしょ。しょっちゅう通るんだけど、入れたためしがないんだ。

杉　俺ね、約二十年前に初めて勤めたのが御茶ノ水の駅前で、神保町の古本屋街が近いって喜んでたんだけど、そのころは靖国通りに面した古本屋が怖かったわけ。神田古書センターなんて、古書展をやってるところだと思ってたもん。素人の入るところじゃない、と。

浜　古書センターは古本屋が各階に入ってる雑居ビルです。安心して入ってください（笑）。

杉　同じような勘違いをしてる人は多いと思うよ。ところがどっこい。靖国通りの北側に来てみると、不思議なことに靖国通

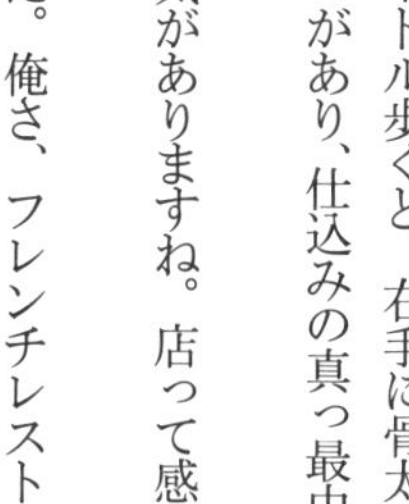

「古書たなごころ」はまだ開店前

り沿いの店の敷居がすごく低くなるよね。明るいし。
浜　そう。靖国通り沿いの店は扉が開かれてるわけ。オープンなんだよ。
杉　普通、店って開いてるんじゃないの(笑)。客に入ってもらいたいわけでしょ。もうちょっと明るくしてもいいよね。
宮　シャイなんですよ、きっと(笑)。あわよくば売りたいくらいに思ってる。
杉　あれが商売になるってことは、本さえ置いておけば、古本者の人たちは勝手に入っていくってことだね。
浜　結論めいたこと言ってるけど、まだ終わったわけじゃないぞ。これからさらに入れない店に行くから(笑)。
杉　え、もういいよ、俺(笑)。

　と、尻込みする杉江をよそにずんがずんがと浜本は歩き出すのであった。

浜　次はサブカルビルに行ってみよう。
杉　サブカルビル?
浜　小さくて古いビルなんだけど、二階と三階にサブカル系の古本屋が三軒入ってるんだよ。
宮　行ったことがあるんですか?
浜　三階の二軒に、十秒ずつくらい入った(笑)。挑戦してるんだよ、オレは。
杉　ここ?　入りづらいねえ。暗くてがらんとしてる。
宮　ほんとだ。でも、面白そう。入ってみましょうよ。
杉　階段が在庫置き場になってる(笑)。

　山と積まれた雑誌と本が崩れないようにそおーっと慎重に階段を上ると、二階の手前のドアに「占いスペース明日香/神田占術学院」なるプレートが!　おお、これはもしかして占いの館?　そういえば一年ちょっと前に渋谷パルコの地下で三人占ってもらったっけ。宮里キャンドル潤の夫婦仲をずばり当てた真梨蒼さんは元気だろうか。
杉　また占ってもらう?(笑)
宮　そうですね。そろそろ占ってもらいたい……。
浜　マジだよ(笑)。ほら、奥が「がらんどう」。あれ?

　奥の古本屋は営業中のようだが、ドアに「片付け中のため、ごちゃごちゃしていますが、それでもよければどうぞ」といった趣旨の貼り紙がしてある。覗いてみると床に本が散らばったりしているものの、「書肆ひぐらし」よりはずっと片付いているみたい(笑)。店主の女性が入口横にいたので、先頭の浜本が恐る恐る声をかけてみる。
浜　開いてないんですか。
店主　いちおう。このぐちゃぐちゃな状態でもよかったらどうぞ、という形で営業中です。
浜　そういうことですか。じゃあ、あらためます。
店主　はい。

　なんと、店内に一歩も足を踏み入れることなく退散。恐れをなしたのか。いやいや、だって、片付け中のところを邪魔しちゃ悪いじゃないですか（笑）。というわけで、一同Uターンし、再び浜本を先頭に階段を上……ろうとすると。

杉 三階も行くの？

浜 もちろん。手前が少女漫画の専門店なの。「くだん書房」。

宮 階段まで少女漫画誌でいっぱいですね。

小声で会話する二人をよそに杉江はおじけづいたのか、首を振りながら階段を下りていく。音もなく入店した宮里と浜本は崩れてきそうな少女漫画誌の山を前にしばし呆然。と思うと、浜本が古い別冊マーガレットを一冊手に取り、表紙を見ては目を輝かせている。

階段まで少女漫画誌がいっぱいの「くだん書房」

浜 くらもちふさこ「おしゃべり階段」の最終回が載ってる別マだ！ リアルタイムで買ってたのに、ぜんぜん覚えてないもんだな……いくらだろ。

雑誌もコミックスも棚の本も積んである本も、どういうわけか値段が表示されていないのである。うーむ。カウンターに永島慎二の少女漫画傑作選のような本が何冊も積んであるのを見つけた浜本が宮里に「復刊かな」と囁きかけると、ものすごく体格のいい店主が「どうぞどうぞ、ご覧になってください」と上に載ったパンフレットのようなものをどかしてくれるではないか。おお、なんだか優しいぞ。

浜 これは復刊ですか。

店主 そうです。単行本にはならなかったもののはずです。

宮 まんだらけで出したものですか。

店主 まんだらけというよりは、まんだらけの店員の人が二人で出したみたいですね。

宮 奥付に知り合いの名前が出てたから（笑）。

話好きだったらしい。親切で気さくな感じなのである。これならまたひとりでも来られそう。ありがとうございましたと店を出て、隣の「カスミ書房」に入ろうとすると、あらら、やってない！（笑）休みだったか……ここはアニメ、特撮からプロレス、映画、音楽、ミステリーにSFまで、サブカル全般に強い店と聞いていたので、ちょっと残念。階段をゆっくり下りるとビルの前で杉江が黄昏れている。

浜 杉江、何やってるんだよ。

杉 だって、入れないもん。

宮 意外にいい人でしたよ。

杉 俺、わかってきた。入れない古本屋の条件。その一、ビルの上の階にある。

浜 その二は？

杉 サブカル（笑）。

浜 そうそう。サブカルはけっこう厳しいんですよ。でも、すごいだろ。俺、あのビルにひとりで入ったんだから！

杉　すごいすごい。よっぽど昔の少女漫画が見たかったんでしょ（笑）。

浜　あそこ、値段が一切書いてないんだよなあ。怖いんだ。その点、向かいにあるこのお店は普通の感じで入りやすいね。

宮　古書「りぶる・りべろ」。

浜　いつもは店頭にワゴンが出てて、ポケミスとか銀背が三百円くらいで売ってるの。

杉　中もきちんと整理されてるっぽい。これは入れるよ。

宮　そこを曲がると「富士鷹屋」さんです。

浜　そうそう。カレーのまんてんの先。

杉　どこが古本屋なの？　え、ここ!?

　掘り出しものが拾えると評判の富士鷹屋だが、京町家のような狭い間口（一間弱か）の古い民家にしか見えない。しかも引き戸が曇りガラスなので、まったく中がうかがえない。ここに古本屋があると知らなければ、古本者も見逃してしまいそうだ。

浜　天気のいい日は引き戸の前に小さいワゴンが出てて、文庫が並んでるんだけど、今日は雨模様だから。

宮　引き戸の横に原稿のコピーが貼ってありますね。なんでだろう。

浜　俺はいつも前を通っては入れないで帰るんだ……。

杉　「スピークラーク?」って合言葉が必要なんじゃない？

浜　じゃあ、潤行け、ほら。

宮　また俺ですか。

浜　あれ、杉江は？

　引き戸をがらがらと開けて宮里が入店。浜本が続くが杉江は続いてこない。店内は左手が文庫本の棚で版元別、著者別にきれいに整理されて並んでいる。黒い背の講談社文庫が一段分、中公文庫は肌色の背のみ。最上段にはルパン、ホームズなどのジュブナイルにハヤカワの銀背。右手はミステリー系とSF系の単行本がきちんと並んでいて、最上段には佐々木丸美の復刊本などが並んでいる。店内に客は二人だけだ。

浜　いい感じじゃん。あ、俺、これ揃えたんだ。現代教養文庫の牧逸馬。サンリオSF文庫の『枯草熱』が三千円か。ふふふ、持ってるもんね（笑）。

　左手奥のカウンターは本棚が載っていて、店主の顔が見えないようになっている。覗こうとすると、ぐるっと脇から見ないといけないのだ。向うからこっちは見えるのか気になる。恥ずかしがり屋なのだろうか。

浜　杉江、ここはいいよ。一旦、勇気を出して入ってみれば、すごくいい古本屋だ。

杉　ほんとに？

浜　ほんとにほんと。ひとりで入っても怖くないよ。文庫が版元別、著者別に並んでて。

宮　きちっとしてますよね。

浜　たぶん毎日棚が替わってるんだよ。

宮　本が古いなりにきれいですもんね。

浜　しかし、これでいいのか。杉江は入ってもこないし。

杉　だって、入れないもん。外から中が見

勇気を出して「富士鷹屋」へ

えるところは平気なんですよ。白山通り沿いの路面店なら、だいたい入れる。

浜　うん。やっぱり中が見えるっていうのが商店の基本だな。

杉　古本屋、中を見せろと。

浜　富士鷹屋さんも、引き戸をガラス張りにすればいいのに。

宮　「ブック・ダイバー」は寄りますか。

杉　「古本」って看板のところ?

宮　カフェって書いてありますね。

浜　土間みたいなスペースから段差があって奥に上がるんだけど、なかなか奥までは入りづらいんだよ。

宮　お香の匂いがする。この土間のあたりは無茶苦茶に並んでますね。

浜　辞書とか(笑)。

杉　俺はここなら入れる。ぜんぜん平気。置いてあるのは普通の本だし。雑本系というか。

　思い切って入ってみると、店内は静かにクラシックが流れ、お店の人が二人、パソコンに向かっている。客は三人だけ。そういえば、どの店もまったく客がいないが、平日の早い午後だからなのか。棚はジャンルごとになっているようだが、「科学とオカルトは線引きできない」とか、いちいち変なコメントがついている。

浜　定年退職したおじさんが始めたらしい。

杉　「山はとても高いところにある」。何かと思ったら棚の上のほうに山の本があった(笑)。かっこして「当然」って書いてあるんだ。そりゃそうだけどさ。

宮　「日本文学の巡り合う時間たち」って書いてありましたよ。幅允孝さんみたいなジャンル分けのわりには店がおしゃれじゃない(笑)。

浜　落書き帳みたいなのが置いてあったよ。なんでも書いてくださいって。

宮　ああ。中野とか高円寺にありそう(笑)。

浜　サブカルは整理ができてないんだよ。だから入りにくい。

宮　そういうまとめなんですか(笑)。

杉　でも、富士鷹屋さんにしても、どうしてあんなに入りにくくするのかね。敷居が高すぎ。すきやばし次郎並みだよ(笑)。たまたま誰かが入った瞬間に中を覗くことができて、ああ、大丈夫だと思った人じゃない限り入れない。「ふるがき」さんの家かと思うでしょ(笑)。

浜　入ってみるといいんだけどねえ。ミステリーとSFが中心だから。

杉　本の雑誌の読者は楽しめる?

浜　ばっちりですよ。もうざくざく(笑)。奥の上のほうに在庫があるんだけど、全部背が見えないように小口を向けて積んであるの。書名がわからないようになってる。棚に並ぶまでは売れませんよ、と。

杉　そうでもしないと、すぐにあれちょうだいって奴がいっぱい来るから(笑)。

(二〇一二年十二月号・二〇一三年一月号)

専門出版社に行く

『ワンピース』の初版部数が四百万部超！の一方、文芸書の初版部数は三、四千部が当たり前。つまり出版はほんの一部を除いてマス志向では続けていけないのではないか！　二十一世紀の出版業界を牽引するのは、小部数ながら丁寧な造りでその道のプロをも唸らせる専門出版なのではないか！

　では、いったい専門出版社とはどんなところなのか、一般の出版社と何が違うのか。おお、となると、日本の出版社の酸いも甘いも嚙み分けた本誌おじさん三人組が行ってみるしかあるまい！

　というわけで、忘年会の合間をぬって、宮里、杉江、浜本の本誌おじさん三人組が専門出版社を訪ね歩くことになった。

　まず向かったのは舵社。その名のとおり「船」関連の専門出版社である。港区浜松町の、海に近いマンションのようなビルに本社を構えるが、一階と三階のほとんどが舵社。十一階にある舟艇協会というのも関連団体か。想像よりもでかい……。それもそのはず、舵社が発行している雑誌は月刊誌こそ「Kazi」と「ボート倶楽部」の二誌だが、ほかに「カヌーワールド」「ライフセービング」など、ムック扱いの定期刊行物を九誌も発行。さらにボート免許の教科書からボート釣りのガイドまで、とにかく海関係のことならおまかせ！の出版社なのである。しかも月刊「舵」(当時は漢字だった)の創刊は一九三二年。なんと二〇一二年で八十周年！という由緒正しい雑誌なのだ。

　中島淳「Kazi」編集長によると、そもそも「舵」は日本モーターボート協会（十一階の舟艇協会の前身）の機関誌としてスタートしたそうで、七六年まで舵社は「舟艇協会出版部」だったという。現在は総勢三十人強で、編集部が約十人。ほかに広告部、販売部があり、社内カメラマンとデザイナーも在籍。編集者は全員海が好きで、ヨットないしはボートをやっていたり、ダイビングをやっていたりするらしい。

「専門用語が多いので、わかる人間じゃないと。取材も実際、ヨットに乗ったりしなきゃいけないわけですから」

　ちなみに中島編集長は大学のヨット部出身。ヨットに関わる仕事をしたいと就活で舵社を受けたところ、「すぐ来てくれ」と言われ（笑）、アルバイトを経て入社。今日まで「Kazi」一筋二十年のベテランだ。また「Kazi」編集部の安藤健氏も中村剛司氏も、同様にヨット部の出身。中島安藤両氏は大学のヨット部の現役監督、中村氏はヨットを持っていて、レースにも出ているという。

中村　個人で持ってるのは小さいヨットです。大きいヨットは一口オーナーみたいな形で。

中島　係留にお金がかかるので、一隻を何人かで所有するケースは多いんです。私と安藤も八メートルくらいのヨットを四人で持っていました。

「Kazi」編集部の三人組。
身長百175センチ以上！

3階が舵社編集部だ！

棚の資料が全然違うのだ。
セーリング辞典とか

80年の歴史が詰まったバックナンバー合本

マイライフジャケットを各自が所有していて取材に行くときは着用するのだ

社用車舵丸（ハイエース）。車なのに丸なのが舵社らしい。ヨットやボートを積める仕様になっていて、両サイドに「Kaziボートクラブ」と書いてある。「走ってると恥ずかしいですけど（笑）」

安藤　でも実はそんなに高くないんですよ。ピンキリで、新艇だと何千万円というのもありますけど、中古なら三十万円くらいから手に入ります。

杉　ヨット持ってるぜっていうとモテるんじゃないですか。

中村　いや、三十万円クラスの船だと、「こんなに小さいの?」とか言われて、一度乗ったらそれっきり（笑）。

　読者の平均年齢は五十代。新規読者も若い人より還暦くらいの人が多いらしい。加山雄三に憧れた世代が定年後の趣味として始めるのではないかという。

中島　珍しいくらい気軽に読者から電話がかかってきます。購読四十年五十年の読者がいっぱいいるんですね。だから若造扱いされちゃって。俺はお前が生まれる前から読んでるんだって、半ば説教みたいな電話も毎週のようにかかってくる（笑）。

　取材の際は黒いゴムだとデッキが汚れてしまうので底が白い靴が必須。野外取材の場合、普通は雨を気にするが、ヨットは風がないとアウトなので、雨と風の両方のチェックが肝要。天気予報を細かく確認するそうだが、台風シーズンは進行がぐちゃぐちゃになるらしい。海外取材もあるが、空港からマリーナに直行。観光気分を味わったことはないそうだ。ヨットマン編集者も船酔いはするが、二日酔いのほうが全然多いと笑う。

安藤　ヨットの人は本当に飲みますね。土日とか、遊んでる日に取材するので、まあ、飲めよ、飲まないと話も弾まないだろって。

中村　レースには前夜祭というのがあって、みなさん、とんでもなく飲むんですよ。で、翌日船酔いなんだか二日酔いなんだかわからない状態でレースに臨んで、レース中は吐くわけにはいかないから、岸についた途端にがあっと吐いたり（笑）。

宮　体力がないとできない。

杉　そういえばみなさんも大きいですよね。

なんと三人ともが身長百七十五センチ以上だという！

浜　そうか。俺たち誰も「Kazi」編集部に入れないね。

杉　身長制限ではねられる。

宮　体重なら競えるかもしれないんですけどね（笑）。

愛石

おじさん三人組が続いて向かったのは、本の雑誌社から徒歩十分ほどの千代田区内神田。大手町にほど近い古い雑居ビルの四階が目指す「愛石」編集部だ。二階始発のエレベーターに乗って四階へ。扉を開けると、おお、石！（笑）　黒だの緑だの茶色だの、色も形も大きさもさまざまな石があちらこちらに飾ってあるのである。まさに「愛石」ならではの光景なのだ。

「いいものはあまりないんですけどね。ここはお客さんが来ますから、少し飾っておこうと」

いきなり石の説明をしはじめたのは「愛石」編集長の立畑健児さん。なんと飾ってある石はすべて編集長の私物だという。

浜　すごいなあ。自宅にもいっぱい飾ってるんですか。

立畑　いや　庭にはごろごろしてますけど、あまりよくない石、駄石っていうんですけど、そういう石が山積みになってます。どんな愛好家もそうですよ。

宮　お気に入りの石はどれになりますか。

立畑　いろいろありますが、たとえばこれはアメリカの砂漠から持ち帰った石です。つるつるしてるでしょ。砂に洗われるんですよ。

アメリカに愛石協会のような団体があり、そこの招待で石を拾いに行ったという。ちなみに日本には「全日本愛石協会」という一般社団法人があって、事務局はもちろんここ（笑）。事務局長は立畑編集長だ。

と書くと、生粋の愛石家かと思うかもしれないが、実は編集長の石キャリアはまだ浅い。石にはまったのは、たまたま縁があって「愛石」編集部に入社して以来だそうで、ここ八、九年のこと。それ以前は熱帯魚を趣味にしていて、水槽に入れる、形のいい石を河原へ拾いに行っていたとのこと。なんだい、以前からじゃんと思ったら、「観賞用の石というのは興味がなかった」というのである。観賞石と鉱物、庭石、水槽の石は全然違うジャンルらしい。石の世界は深いのだ。

月刊「愛石」は一九八三年八月創刊の「愛石の友」が前身だが、立畑さんが編集長に就任したのを契機に、二〇〇六年八月号から二十三年続いた誌名を改題。判型もB5判からA4判に改め、誌面もオールカラーに刷新した。

ところが立畑編集長はもともとカメラマンで写真はプロだが、編集の経験はちょっぴり、デザインに関してはまったくの素人だったという。それがいきなり編集長に就いたのは、創刊から編集発行人を務めてきた、現発行人の森晶氏が病気のため療養中となったからで、つまり立畑さんが引き継がなければ、現在「愛石」は存在していなかったかもしれないのである。

立畑　たぶん「愛石の友」で休刊だったでしょうね。

入るなり石がお出迎え

全国から石が送られてくる

ただいま校了直前で作業中

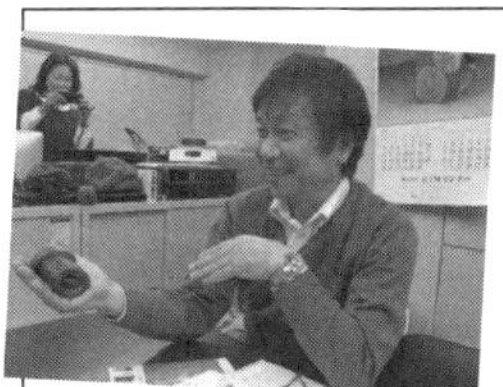
陰陽石について熱く語る立畑さん

社内のいたるところに石が

杉　ということは、日本唯一の石雑誌を救った男?

立畑　ははは。森さんは編集はやってましたけど、写真や加工は外注に出してましたから、コストもかかってたんです。それを全部一人でできるのは恐らく僕しかいないと思って。

冗談まじりで言うが、熱い思いがあったに違いない。「愛石」編集部には立畑編集長のほかに事務の女性が一人いるきり、編集、取材、撮影、デザインと、誌面作りはすべて編集長の仕事だ。定期購読が八割で、残りの二割を取次経由で書店販売しているそうだが、営業活動がまったくできないので、どこの書店で売られているのかもわからないと苦笑する。展示会に行っても石ファンが増えている実感はないし、世代交代の様子もうかがえない。それでも続けているのは「石を観たり触ったりすると癒されるし、川を歩くから、健康にもいい。心身ともに最高の趣味なんですよ」という信念があるからだろう。

石を拾ったら、河原で一杯なんてことはなく、すぐにでも帰って石を洗って磨いてきれいにするのが楽しみだという。マニアの世界は深いのである!

柴田書店

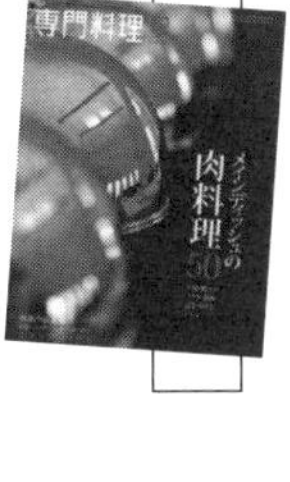

三社目は柴田書店。ご存じ料理書の老舗である。一九五〇年に創業、家政学図書からプロ向けの料理書へと出版の幅を広げ、六一年に「月刊食堂」を創刊。現在は外食産業、製菓・製パン業と宿泊産業向けに「月刊食堂」「専門料理」「カフェ - スイーツ」「ホテル旅館」の月刊四誌を発行。ほかに年に七、八冊のムックと書籍を刊行している。

湯島天神からほど近い、文京区湯島の瀟洒なビルの三階と四階。そこが柴田書店のオフィスだ。本日、おじさん三人組を案内してくれるのは総務部の中宮公平さん。旅行会社からの転職組だが、学生時代はフランス料理店でアルバイトをし「専門料理」を愛読していたというマニアックな料理好きである。

浜　雑誌も書籍も柴田書店の出版物はプロユースですよね。

中宮　書籍では一般の方向けに読んでもらいたいなというものもご用意していますが、ほとんどはプロ向けですね。

杉　「専門料理」を見ても、料理名が全然わからない（笑）。

宮　「山シギのサルミクリスチャン・ブリオ風」とか。鳩とかうずらを食べる、ということはわかったけど（笑）。

　現在の社員数は五十人弱だが、入社すると、否応なしに食べなきゃいけないので、誰もが料理好きになるらしい。編集部は下見と称して取材する前段階に店へ行き、ここは今回のテーマに合うか合わないかを自らの舌で判断してくるという。

杉　レストランで食べて、そこのシェフに料理を作ってもらって原稿にすると？

中宮　そうです。事前に食べて、その号の取材のテーマに合うかどうかを調べるわけです。

浜　すごいですね。事前にお金払って食べてみるんだ。

中宮　ほかの料理雑誌さんですと、ぶっつけで取材だけ行くケースもあると聞いたことはありますが、うちは百パーセント近く事前に行きます。それは伝統的にやってることですので。

浜　でも、こんな料理を毎日食べてたら（笑）。ワインも飲むんですよね。

杉　健康診断は再検査率が異常に高そう（笑）。

中宮　再検査率は意外に高くないですね。体重がどんどん増えてる人間はいますけど。

宮　男性と女性はどちらが多いんですか。

中宮　女性のほうが多いです。デブばかりと想像されるかもしれないんですけど（笑）、そんなことありませんよ！

　三階は書籍編集部と営業部、製作部、広告部、総務部。四階が雑誌編集部と企画開発部といった布陣。三階も四階もすごく静かだ。キッチンスタジオはどこにあるのかと探していると、意外にもないのだという。

中宮　「専門料理」の場合、完成した料理だけじゃなく過程も撮っていきますので、お

六十周年記念で復刻された「月刊食堂」創刊号。シブイ！

入口に60周年のポスターが

撮影用食器も

実は『英雄伝説アントニオ猪木』も刊行しています

野球大会のトロフィーがずらり

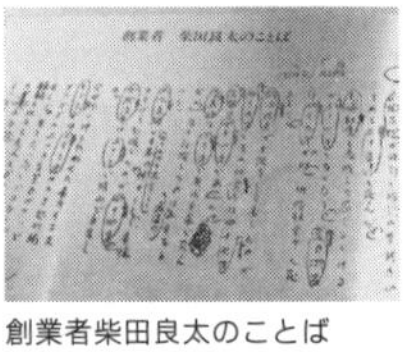
創業者柴田良太のことば

店でしか撮れないんですよ。「カフェ - スイーツ」だとお菓子を買ってきて、スタジオで撮ることはありますが、基本はお店に行っての撮影ですね。

杉　専門用語で苦労することが多そうですね。

中宮　どの業界でも同じだと思いますが、慣れるしかないですね。うちは現場に放り込まれる感じですが、相手はシェフで、職人さんですから、こっちのペースに合わせてくれることはあまりないらしくて、最初はかなり戸惑うようです。

　三階の入口横にトロフィーが並んでいるので、何かと見ると野球大会のものばかり。

杉　強いんですねえ。出版健保のCクラスで三位だって。

中宮　（胸を張って）次からBクラスに上がるんです。

浜　あれ？　中宮さんもやってるんですか。

中宮　ええ。自称ピッチャーで、前は投げていたんですけど、剛腕ピッチャーがおりまして……。

女性　エースがすごいんですよ！

　奥の書籍編集部から声がしたので、え？と覗き込むとスリムな女性がカメラを向けている。本誌の愛読者とのことで、「全然おじさんじゃないですね！」。おお、いい人だ。

女性　でも、中宮は毎年ドラフトで指名されるのを待ってるみたいです（笑）。

杉　僕と一緒だ。日本代表にいつ選ばれるか、ドキドキしてるから（笑）。男はいつまでも夢をみてるもんですよね。

農文協

　続いておじさん三人組が訪ねたのは港区赤坂に佇む四階建てレンガ張りのシックなビル。社団法人農山漁村文化協会、略して農文協の総本山である。「農家に学んで70年」を謳う農文協は一九四〇年の設立。基幹雑誌の「現代農業」は前身の「農政研究」から数えると、創刊なんと九十年！　元祖専門出版社といっていいだろう。

　現在は農家向けの「現代農業」（月刊）、農村のリーダー向けの「季刊地域」、若い主婦向けの「うかたま」（季刊）、子どもと主婦を対象にした家族で楽しむ農業雑誌「のらのら」（季刊）をメインに発行。ほかに全集、事典から絵本まで、書籍も毎年刊行している。職員数は百八十人。全国に七つの支部があり、百人程度が地方に、赤坂には残りの八十人ほどが勤務しているという。

豊島　うちの特徴はなんといってもこれですね。

　本部三階の応接室で膨大な資料を前に説明してくれたのは編集局長の豊島至さんと編集局次長の遠藤隆士さんだ。農文協では新入職員は支部に配属され、普及活動を担当するとのこと。

豊島　オートバイのスーパーカブに乗って、農家を一軒一軒訪ねていく。「現代農業」の年間契約をとってくるんです。彼ら

蔦の這う建物の屋上には菜園が!

定期点検中

開放厳禁

これが現代農業法被だ!

編集局長の豊島至さんと編集局次長の遠藤隆士さん

みなさん姿勢がいい編集部

が「現代農業」の人気連載「あっちの話こっちの話」の原稿も送ってくる。農家に話を聞いて、こういう工夫をしてますって話を集めてくるわけ。それに支えられて「現代農業」は成立してる。そういう意味では農家が作る雑誌なんですよ。

遠藤　この規模の出版社で営業が百人いるって珍しいでしょう。

杉　農家の人に婿にこないかと誘われたりはしないんですか。

遠藤　婿よりも、最近は女子職員も増えてるので、嫁にっていうのが多いみたいですね(笑)。

浜　女子の比率は?

遠藤　五十四人ですから、ちょうど三割ですね。昔は男ばかりでしたので、増えています。

杉　俺、カブやりたい(笑)。

豊島　一日で音を上げるんじゃないかな(笑)。一日二十軒くらい回るんですよ。

遠藤　私もやりましたけど、東北支部に配属されて、一年で山形以外の五県に足を踏み入れました。津軽の日本海側の冬の地吹雪の中をカブで移動して、大型トラックにあおられて死にそうになったりしたなあ。

赤坂の本部の在籍者は、普及局が二十五人、編集局が四十七人、経営局が十人ほど。編集部は雑誌書籍兼業で、「季刊地域」編集部は全集、「うかたま」編集部は生活書と書籍の担当ジャンルが分かれている。「現代農業」は取材での出張も多いが、地区別ではなく、稲担当、果樹担当、野菜担当、畜産担当など、作物別に担当が決まっているという。作物ごとのほうがプロパーとして育つからという理由だ。

杉　みなさん、勤めてるうちに農業好きになるものですか。

豊島　なりますね。農家と農業が好きじゃないと続きません。激務だから。

杉　職員の家庭菜園率がすごく高いとか?

遠藤　どうでしょう。園芸部という自主組織があって、ここの屋上で菜園をやってますけど。

というわけで、おじさん三人組はさっそく屋上へ。もみがらの袋や肥料の袋の脇を抜け、屋上に出ると、本当に菜園が!

杉　すごいな。ホームセンターの苗木売り場みたい（笑）。
遠藤　以前はビニールシートを張って田んぼを作ってました。合鴨がいたんですよ。
浜　あ、大根だ。
宮　こっちはみかん。
遠藤　これはカリフラワーですね。時々聞いたことのないようなものも植えてるんですよ。

屋上からは東京タワーから青山御所までが一望できる。東京の真ん中だ。いいなあ。名残惜しいが、社内見学をするために、いざ四階の編集部へ。
「学校の職員室みたいだと言われたことがあります」と遠藤さんが笑うとおり、みなさん背筋がピンと伸びている。着席率の高さも出版社としては異常かも（笑）。二階は営業、一階は総務のフロアで、サーバー室も設置されている。ちなみに暑気払いは屋上でやるらしい。おお、ビヤガーデンみたい。来年の夏は呼んでください！

ニコリ

おじさん三人組のラスト訪問先は台東区蔵前。この地に「数独」で世界をリードするパズル専門出版社ニコリが事務所を構えているのである。しかも四階建ての一軒家。元は住居として建てられたとのことで、ゆったりしたバリアフリー仕様だ。
ちなみにパズル雑誌「ニコリ」は一九八〇年の創刊。月刊になったり判型が大きくなったり変遷を繰り返したが、現在は創刊時と同様の縦長変型判に戻り、季刊で刊行されている。ほかに新書判の「ペンシルパズル本シリーズ」、別冊など、合わせて年に二十冊以上の書籍を出している。現在、社員は二十三人だが、編集室室長の安福良直さんによると、五年ほど前までは十数人だったという。
安福　七、八年前ですけど、数独が日本より先にヨーロッパで流行って、海外から問い合わせが増えて、そこから社員が飛躍的に増えたんです。
編集部は主に本を作る担当、新聞や雑誌に提供するパズルの担当、組版担当を合わせて十人くらい。ニコリ本誌をはじめ、全出版物の編集責任者となっている安福さんは入社二十三年目だ。もともと読者でパズルの投稿などをしていたという。
宮　社員はパズル好きが多いんですか。
安福　編集部は全員好きですね。
浜　投稿が正しいかどうか、解いてみなきゃならないわけでしょう。大変ですよね。
ただいま世界を席巻している数独だが、ニコリ読者の人気でいうと、五番目くらいで、カックロやスリザーリンクのほうが人気があるらしい。
安福　カックロは数字パズルで、合計が合うように数字を入れていく。コツがあって、実はあまり計算しなくても解ける。
杉　コツがわかっても、まだやりたいものなんですか。

安福　わかってくると余計面白くなるんです（笑）。

ニコリといえば、頻繁な読者の交流会が有名だが、そこで知り合ってゴールインするカップルも少なくないという。

杉　読者と結婚する社員もいるんですか。

安福　読者と結婚……私なんですけど（笑）。

杉　おお、室長みずからが、パズラー同士で結婚！

世界のニコリにやってきた

安福さんと立ち話

読者から差し入れのミカンが

安福さんのパズルノート。手書きでびっしり

忘年会の景品用グッズが着々と

宮　結婚式の引き出物に数独が出てきたりして。

杉　オリジナルパズルを作ってあげるとか。「君のために、君だけのパズルを」って。

安福　やりました（笑）。

浜　クロスワードを解くと「愛してるよ」と並ぶとか（笑）。

安福　そこまでベタじゃないですよ（笑）。

パズル好きが昂じてパズル専門出版社に入り、パズル好きの女性と知り合ってゴールイン。趣味と実益を兼ねるというか、まさに専門出版社社員の鑑、安福編集室室長の菩薩のような笑みに見送られて、おじさん三人組の専門出版社めぐりは終了。

宮　みなさん幸せそうでしたねえ。

杉　うん。ほかの会社の人もまったく不景気そうな顔をしていなかった。オンリーワンなんですよ。やっぱり。

宮　「現代農業」は半分くらい農家の人が記事を書いてるし、「ニコリ」も読者がパズル作ってる。読者との交流が盛んな感じがしますね。

浜　俺が買わなきゃ、この雑誌はなくなるみたいな読者が多いんだよ。そういう共同体意識が雑誌を支えてる。

杉　ＳＮＳなんですよ。雑誌を媒介にしたコミュニケーションツールなの。出版社を目指す若者は減ってるかもしれないけど、講談社、小学館受けて、落ちたら終わりじゃない。まだまだあると思ってほしい。

浜　うん、専門出版社はいいですよ。

杉　スーパーカブで田んぼのあぜ道を疾走したい。気持ちよさそうだよねえ（笑）。

（二〇一三年二月号）

大森氏の本棚を直す

西葛西のＳＦ者大森望氏からＳＯＳコールが届いた。二〇一一年三月の東日本大震災で書庫の本棚が倒れたそうだが、なんと震災から一年十カ月経っても倒れたまま。このまま放置していたら、大惨事をまねかないとも限らない！　本人も危機感を覚えているそうだが、一人ではいかんともしがたく、書庫に入ることすらままならないという。おお、本が飯の種の書評家が書庫に入れないのではさぞやお困りだろう。

　というわけで、杉江、浜本の本誌おじさん二人組（宮里キャンドル潤は急用で休養）が出動！　同様に震災で半壊状態だったシンポ教授の本棚を見事に立て直した匠の技をもって、大森書庫の本棚も直してしんぜようとはせ参じたのである。

　さっそく江戸川区西葛西の大森氏の仕事場で齊藤カメラ氏と合流。ピンポーンと呼び鈴を鳴らすと、主が現れ、「三人も座るスペースはないですよ」と言いながら、カニさん歩きで廊下を突き当たりの部屋まで先導してくれる。なんと、そこも本の山！　寝椅子というか、ごろんと横になれる座椅子が置けるスペースがある以外は足の踏み場もない。図面上はリビングルームにあたるらしいが、居間というよりは物置。それにしても驚いたことに、大森氏の仕事場は八十平米四ＬＤＫのマンションだったのである！

杉　八十平米で座れるのはこの一畳くらいのスペースだけ!?

大　ここを仕事場にして十六年ですけど、僕以外に三人も人が入るのは十年ぶりくらいです。消防点検の人以外の人が入るのも三年ぶりくらい（笑）。

杉　点検の人は入ってきてびっくりしてませんか。

大　いや、何にも言わないですけど。

浜　言葉を失ってるんだよ。齊藤さんが、いまその状態（笑）。

齊藤　まさに（笑）。

　当初はリビング脇の部屋で机に向かって仕

震災倒壊した書庫。本を踏まずに入れない!?

事をしていたそうだが、現在はリビングの座椅子が定位置。座椅子とパソコンがあれば、何もいらないとのこと。

大　ここに座ればすべて済むようにセッティングされてるんです。寝たまま全部済ませられるので、まったく肩が凝らない。逆にいうと座椅子がないと仕事ができなくなってる（笑）。

　写真のとおり、四ＬＤＫのどこもかしこも本の山。よく見ると、ミステリー評論が並んでいたり、自著のコーナーがあったり、

お宝発見！

本棚はきちんと整理されているみたいだが、なにせ棚の手前はおろか床という床に本が積んであるので、棚を見るのもひと苦労なのだ。

杉　ここに引っ越してきたときはこんなに本はなかったわけですよね。

大　いや、本棚はそんなに増えてないから、最初からいっぱいいっぱいですよ。

杉　じゃあ、床に積み重なっただけ増えてる？

大　まあ、そうですね。でも古い本を処分したり、新刊も増やさないようにめちゃくちゃ処分してるんですよ。

杉　整理しようという気はあるんですか。

大　今日、二人でやってくれるんでしょ？

　おお、そうだった（笑）。施主に促され、おじさんコンビは軍手をはめて震災で倒れた書庫の本棚の撤去作業に着手。スチールの本棚二棹は完全に折れ曲がった状態で、本が入ってるからバランスが取れているが、本を抜くとかなり危険だ。

浜　この本棚を出して、新しい本棚を設置するわけ？　一回本を出さなきゃダメじゃん。

大　だからそのままになってるんですよ。上に載ってた本が全部おっこちちゃって、積み重なってる。さらに向う側もほとんど本の山。

浜　この部屋は何の本が置いてあるんですか。

大　文庫とペーパーバックが主ですね。そもそもはここが書庫だったんですよ。

浜　奥の棚は海外ＳＦノヴェルズとか、単行本が作家ごとにきれいに並んでますね。

大　一九九〇年くらいまでの本はだいたい整理されてます。

浜　上から抜いてったほうがいいかな。

杉　危ない！　倒れますよ。

浜　新しい棚ってどこで組み立てるの？

杉　ここじゃない？

浜　どうやったら、そんなスペースが。

大　だから、まず床を空けなきゃ。ああ、それじゃ、出せないでしょ。段取りが悪い

なあ。

　汗をかきかき大量の本と格闘している二人をよそに施主は涼しい顔でダメ出し。しかも浜本が床の本に誤って足を乗せた途端、大声を張り上げるのだ。

大　あああ、本を踏んでいいと思ってるのか！　本の雑誌社の社長がためらいもなく本を踏んづけている……ありえない。

杉　しょうがないですよ、これは。時と場合による。

浜　えいっ。人の本を踏むのは意外に気持ちいい（笑）。

大　時価三千八百円の本が！

　黙々と作業を続ける二人。本の山の中から電話だのスーパーファミコン用光線銃（スーパースコープ）だのを発掘。ついには製本機まで出てきたから、いったいどんな書庫なのだ！

杉　おお、床が見えた。次はこっちに積んでいきましょう。

浜　よし、次はＡ５判の雑誌いきます。

　判型ごとにどしどし積んでいく。このあたりの手際はさすが出版社の人間（笑）。床が空いたところで、いよいよ突っ張り本棚の作製に着手。ポールを立て側板を組み立て、棚板をはめていく。棚板が多いので、棚と棚との間隔を施主に確認。

大　あと棚板何枚？

浜　あと三枚。

大　じゃあ、六つ空きで。六五五。ここは変えられます？

杉　えっ、いま作ったとこ？

堂々完成！

大　あ、大丈夫だ。変えなくていいです（笑）。

浜　よおし、完成！

大　おお、いままでのスチールラックより、だいぶ堅牢な感じだね。収納力も大だし。もう一棹組み立てたいでしょ？（笑）

浜　ちゃんと測った？

大　いや、測ってない。でも大丈夫ですよ。

　自信満々の施主だったが、なんと手前の天井は物入れがはみ出しているため、突っ張り棚は置けないことが判明（笑）。一棹を立てたところでおじさん二人組の使命は完了だ。

杉　よかった。今回も人の役に立った（笑）。

浜　しかし疲れたなあ。ここの家、休む場所もないんだもん。

大　だから座れないって言ったじゃない（笑）。

（二〇一三年三月号）

警察博物館に行く

今月は警察小説特集だが、警察署といえば、なんといっても七曲署（太陽にほえろ!）！　本誌おじさん三人組も、おなじみの浜本、杉江、宮里（年齢順）ではなく、長さん、ネクタイ、のびパンのおじさん刑事三人組に扮し、事件解決にあたることとなった。

問題の事件は神保町で発生。本庁ののびパン刑事（腹の出すぎでパンツがのびている）が、なんと某作家の生原稿を盗んだ容疑で逮捕されたのである！　頑として口を割らない容疑者であったが、ネクタイ刑事が「昼飯にカツ丼食うか」と優しく声をかけた途端に事件は急展開。「生ビールも飲んだら口がなめらかになるかも」という容疑者の嘆願を聞き入れ、取調室からカツサンド発祥の店と言われる銀座梅林へ移動。カツ丼三つと生ビール!と注文した時点で、およよと泣き崩れながらすべてを白状したのであった……。

ピーポくんと一緒にパチリ

のびパン（以下宮）　ああ、昼間から飲むビールは美味い。

長さん（以下浜）　お前だけだぞ。普通、取調室ではカツ丼だけなんだから。

宮　美味いなあ。もうなんでも吐きます。ゲロしちゃう。

ネクタイ（以下杉）　一口で完落ち（笑）。

見事、事件を解決したおじさん刑事三人組だが、このまま神保町に戻ったんでは、ただカツ丼を食いに来ただけになってしまう。せっかく銀座まで来たのだから、京橋にある警察博物館まで足を延ばしてみよう。って、警察博物館見学が本日の主目的であることはバレバレか（笑）。銀座通りを東京方面に歩くこと数分。おお、京橋のたもとでピーポくんが手を広げてウェルカムポーズをとっている！

入口を挟んでピーポくんの反対側には白バイも展示されている。男女警官制服、白バイ隊員服レンタルがあって、子どもはそれを着て記念撮影ができるそうだが、百四十センチまでしか用意されていないので、おじさんにはとても無理（涙）。

一階のふれあいホールに入ると、警視庁

ヘリコプター第一号機「はるかぜ1号」が展示されているので、さっそく試乗。思ったより狭いうえ、シースルーなので、実際に空を飛んだら、ものすごく怖そうだ。ほかに白バイの前身の赤バイ、サイドカー付きの白バイなどが展示されているが、どれも乗っちゃいけないみたい。

　パンフレットによると、警察博物館は五階建て。五階はイベントホールで先日までは「東日本大震災警察活動写真コーナー」という展示が催されていたそうだが、現在は何のイベントもない模様。

浜　二階には歴史資料が展示されてるって。ほら、川路大警視とか西南の役とか。

杉　初代大警視ね。

浜　薩摩の人でしょ。

ヘリコプター「はるかぜ1号」に試乗

杉　嵐山光三郎さんにちょっと似てる(笑)。

浜　西郷隆盛首実検の図……。

宮　漫画みたい。昔のほうが恐いですね。三階には殉職者顕彰コーナーがあるみたいですよ。

浜　行ってみよう。

杉　おお、いきなりだ。

宮　二十二歳だって……。

浜　いやだなあ。酔っ払い逃走車両検問中、激突され殉職。

杉　不審者を発見、職務質問してナイフで刺され殉職。遺品を展示するのはどうかと思うな。

　歴代の制服や、サーベル、警察手帳などの装備品の変遷はともかく、ライフル魔乱射事件の写真だの、戦地に赴くかのような出動前の寄せ書きだのには三人とも絶句。

浜　銃弾を浴びながらも犯人に立ち向かう警察官だって……重すぎる。

杉　ヤクザが犯罪に使用した銃が飾ってあるけど。

浜　警察博物館が展示するものじゃないよな。

杉　ただの押収品。

浜　この日本刀も。

宮　暴力団が抗争で使用って書いてある……。

杉　四階に行きましょう。

「ピーポくんのうた」が鳴り響く！

　それにしても静かだ。実はこの日、館内で目撃したのは一階でコスプレしていた親子連れと二階で遭遇したおじいさん三人組のみ。平日の午後とはいえ、貸切状態なのである。

宮　あ、ゲームコーナーがありますよ！

浜　「モンタージュゲーム」？

宮　犯人逮捕のためにご協力くださいだって。

杉　だって、犯人目撃してないよ(笑)。

宮　あ、時間切れ(笑)。

浜　「警察ものしりクイズ」やってみようか。五つの選択肢から選ぶんだって。まず初級！

宮　警視総監は警視庁に何人いますか。

浜　一人！

宮　当たった（笑）。

浜　やった。全問正解！（笑）

杉　ドライビングシミュレーターがありますよ！

浜　あ、それを楽しみにしてきたんだ（笑）。

ところが、シミュレーターはなんと調整中。なんなんだいったい！　ミュージックボックスと書かれた箱の前で宮里が何やらいじってると思ったら、突然「ピーポピーポピーポくん、警察官だよ〜」という歌が流れてきて、一同爆笑。いやはや、すごい歌だ。気をとり直して、向かい側のビデオコーナーに移動し「万引き防止編」を視聴。仲間外れが恐くて万引きに手を染めた少年が、あちこちで万引きを繰り返したあげく、捕まっちゃって将来台無しだよ、という内容。あまりにステレオタイプすぎて唖然。どこが作っているのか、はっきり言って金のムダ！　というか、これじゃ、警察博物館全体が金のムダだろう。

杉　すごいね。東京の一等地にこんな建物造って。

浜　ほんとだよ。ドライビングシミュレーターは壊れてるし。楽しかったのは一階だけ。

杉　体験コーナーを作ればいいのに。手錠のかけ方とか職務質問の仕方とか、歴代パトカーのミニカーを置くとかさ。

浜　そうそう。警察手帳の見せ方とか逮捕体験とかね。

宮　そのほうが子どもも喜ぶ。

杉　想像以上に警察はPR能力がない。ひどいねえ。これじゃ『64』の三上も怒るよ。

浜　三上、怒るよ。広報官としての立場がない（笑）。

（二〇一三年四月号）

白バイに試乗。ほんとはけっこう楽しかったのだ

茨城の古本ワンダーランドへ行く

茨城県の土浦に、売り場面積二百五十坪、約三十万冊を扱う巨大古書モールが出現との情報をキャッチ！『古本の雑誌』の版元として、これは行かなきゃダメでしょ。というわけで開店日の二〇一三年三月三十一日、古本猛者が集う噂の「つちうら古書倶楽部」に駆けつけた杉江&宮里。今回はお休みの浜本に代わり、強力な助っ人、古本弁護士・大塚くんも参戦してくれた。当日のレポートを宮里がお届けします。

＊

遠目からだと全然わからない

午前九時半。土浦駅から外へ出て元はパチンコ屋だったという店舗を探してキョロキョロしていると……あったあった。「つちうら古書倶楽部」の幟が立っている以外は完全にパチンコ屋の外観だ。開店二十分前にもかかわらず、入口前にはすでに長蛇の列ができている。

杉　もう三十人ぐらい並んでるじゃん。

宮　駅前は人が少なくて寂しい感じなのに、ここだけ熱気ムンムンですね。

あわてて列に並ぶと、前の方で手を振る人がいる。当社刊『古本の雑誌』にも登場してくれた彩古さんだ。やはり東京からの遠征組がいるか……。

しばらく待つうちに、時刻は午前十時。開店だ。「オープンします！」の声とともに早足で店内に入ると——。広い。広すぎる。二百五十坪と聞いただけではピンとこないが、実際に見ると圧倒的な広さに仰天する。巨大な店内には本棚がびっしり。棚と棚の間は、人が二人通れるぐらいの幅しかない。しかも壁面が鏡張りなので、どこまで行っても本棚が続いているように見える。迷路みたいだ。

ここからは各自で探検することに。二時間後に落ち合う約束をして一旦解散（古本弁護士はこの三十分後に到着）。杉江はあっという間に人波にのまれ見えなくなった。

通路は早くも満員電車状態だが、みな他

アドレナリンがブワッと出た

人をものともせず古本の山をグイグイ掘りまくっている。熱い。レア盤を漁るＤＪばりに、すごい勢いでアイドル写真集の箱を掘るおじさんがいる。負けじとこちらも近くの本を数冊抜いた。

棚の裏側からは「あそこの棚見た?」「あの本、うちにあったっけ?」という会話が。セドリ? そういえば業者らしき人もちらほら。何しろ三十万冊だもの、仕入れに来ても不思議じゃない。あれ、棚の向こうにいたのは古本屋ツアー・イン・ジャパンさん? しかし、人だかりにまぎれて確認できず(後日、やはり古ツアさんが来店していた事実をサイトで確認)。

文芸書、学術書、図録、マンガ、映画パンフレット、絵葉書……。何でもありの恐ろしい物量にグッタリしてきたころ、いいタイミングで椅子が並ぶ休憩スペースを発見。ホッと一息つく。あたりを見回すと、なぜか本に混ざってギターも売っていた。

ボンヤリしていると時間がどんどん過ぎるので、気合いを入れ直して探検を再開する。

奥の一角は料理など生活実用系の棚になっている模様。そこにも小さな休憩スペースがあった。子ども連れのお母さんたちが座っておしゃべりしている。古本者の旦那を持つ家族だろうか。お疲れさまです。

そうこうするうち、いつの間にか十一時半と残り時間もあとわずか。ペースをあげて、時間ギリギリでようやく全部の棚を見終わった。最後になって「あの本、やっぱり欲しい」とか思うが、あとの祭り。どこにあるやら、もはや探す気力も残っていないのであった。

会計をすませた後、杉江、大塚弁護士と合流し、押し寄せる客をかき分けて店から脱出。駅ビルのサイゼリヤに移動して戦果の報告会となった。

杉 すごい広さだったね。

大 形はデパートの古書市と同じだけど、それよりずっと大きいですね。

宮 福島から神奈川まで、あちこちから店が集まってた。

杉 古本屋は何が出てくるかわからない面白さがある。新刊書店で二百五十坪あっても全部は見ないけど、古本屋だと全部見なきゃと思うもの。

まず杉江が戦果を披露。「山下清展」の図録八百円。

杉 カラーの図版がたくさん入って、資料的な情報もある。欲しくなるよ。あとは古

どこで音を出すのか

い講談社文庫の鳥葬についての本。紀行本や民俗学本が好きなんだよね。

続いて宮里。マンガ、文庫本、単行本を各一冊。そして目玉は大竹伸朗の画集『倫敦／香港１９８０』。

宮　限定三百部で定価三千三百円なのに、それが千五百円。掘り出し物かも。ウフフ。

杉　ネットオークションで転売するなよ(笑)。

最後は大塚弁護士。「これは！」という本はなかったけど、数は買いました」。

杉　ずいぶん買ったね。『処刑者消失』、これは？

大　日影丈吉編のアンソロジーです。三百円は安い。今日いちばんの収穫。

杉　真ん中の棚に創元推理文庫が大量に並んでたけど、買わなかったの？

大　大体持ってたんで。

杉・宮　……！

大　朝イチで行ったらもっと買えたのかな。

宮　さてと、じゃあご飯も食べたし店に戻りますか。

杉・大　もういいよ！

（二〇一三年六月号）

◎三人の買った本

▶杉江

『みんなの心に生きた山下清』800円
『鳥葬の国』（川喜田二郎）300円

計1100円

▶宮里

『ニューヨーク街路劇場』（粉川哲夫）300円
『雨の日はソファで散歩』（種村季弘）525円
『ぼくのとうちゃん』（あすなひろし）300円
『倫敦／香港1980』（大竹伸朗）1500円

計2625円

▶大塚

『処刑者消失』（日影丈吉編）300円
『犯罪』（F・シーラッハ）300円
『魔の沼』（天沢退二郎）800円
『オレンジ党、海へ』（天沢退二郎）800円
『カメラマン ケイド』（H・チェイス）300円
『ユーモアスケッチ傑作展』（浅倉久志編訳）100円
『割れたひづめ』（H・マクロイ）800円

計3400円

浅草演芸ホールに行く

今月は人情小説特集である。人情といえば「芝浜」。芝浜といえば落語。そうか、人情といえば落語ではないか！

というわけで、おじさん三人組は浅草に飛んだ。新宿、池袋など、都内にはほかにも寄席があるが、人情といえばやっぱり下町、下町といったら浅草！という三段論法(?)にのっとって、浅草演芸ホールで人情噺を聴くことにしたのである。

浅草駅を降り、雷門から仲見世通りに入ると、平日の午後だというのに正月のようなにぎわい。東京スカイツリーが開業して以来、浅草は観光客がいっぱいというのは本当のようだ。人形焼の店に人だかりができているのを見て、浜本が「人形焼なんてよく買うよな」とつぶやくと、宮里と杉江は「人形焼はうまいですよ！」と反論。うまいよなあ、と二人でうなずきあっているのである。

杉　人形焼ひとつ食うと人情がわくわけですよ。僕は雷おこしも好きですよ。人情ない奴はダメだなあ(笑)。

浜　人情焼じゃないんだから。

宮　おじさん……。

杉　浅草に人情はあるか……ちょっと財布落として確認してみよう。ほら、潤(笑)。

宮　えっ(笑)。

浜　すごいな、大黒家の行列。

ランチタイムはとっくに済んだのに長蛇の列ができている天ぷらの大黒家、マツケンに変身できそうなジャケットや派手なスカジャンをどさどさ吊っている洋品店、地球堂というおしゃれな古本屋（休み?）などにいちいち感嘆しながら、少しずつ移動。モツ煮通りで「一杯いかが」と声をかけられ誘惑に負けそうな宮里を無理矢理引きずり、角を曲がると、おお、浅草演芸ホールだ。さっそく木戸口に向かい「大人三人」とチケットを購入。と思ったら、なんと木戸口のお姉さんは「立ち見になりますが」と言うではないか。

浜　立ち見だって。

杉　人気あるんだ。

お姉さん　ちょっとずつ空いてはきてるので、ばらばらなら座れますよ。

いやあ、人気あるんですねえ。みんな人情を探しに来ているのか(笑)。そおっと入ると、場内がどっと沸いたところ。仲乃介と名前の書かれた札（メクリというらしい）が立っている。パンフレットによると、桂伸乃介という噺家らしい。座席を数えてみると、二百席程度で九割がた埋まっている。水曜日の午後二時前だというのに、すごいではないか。見たところ、ほとんどが六十代以上だが、中には二十代と思われる若者（男）も数人。何をしている人たちなんでしょう。

　伸乃介の「気の長短」が終わったところで、客がけっこう立ち上がったので、三人揃って着席。仲入り前でもわりと入れ替わるようで、高座の最中でも意外に出入りが激しい。周りの人とお菓子をまわし合っていたり缶ビールをプシューッと開けているおじさん軍団もいて、かなりゆるい雰囲気なのだ。

　客の笑いを待つ間《ま》が面白い雷門助六、「待ってました！」と客席から声がかかった俗曲（歌と三味線と踊り）の檜山うめ吉（若い女性）、正統派の三遊亭笑遊と聴いたところで仲入り。前座のお兄ちゃんが師匠プロデュースの「ショウガねえ〜」という生姜の漬物を売ってまわっている。売店ではここでしか買えないオリジナルグッズも販売しているらしい。

　十分間の休憩をはさんで後半がスタート。橘ノ圓満「嘘つき村」に続いて、ちょんまげに丸メガネ、幅広蝶ネクタイという異様なキャラのおじさんが「なんか問題ありますかね」と登場したもので、大笑い。ギタレレ漫談のぴろきだって。ウクレレのような小さいギターを弾きながら、いきつけのファミレスで働いてる女の子を食事に誘ったら、ここで食べてくださいと言われたとか、自虐ネタを次から次に出してくる。ははははは。「へこんだとき、落ち込んだとき、あんな奴もいたなと、必ず僕のことを思い出してください」。ぴろき、思い出すよ〜（笑）。

　歌舞伎役者顔の三遊亭圓馬の「牛ほめ」、客いじりが絶品の古今亭寿輔の「地獄めぐり」、翁家喜楽・喜乃父娘の上海雑技団のような曲芸のあとは、いよいよ昼の部のトリ橘ノ圓。歌丸の仲人をしたという七十七歳七カ月の大師匠だ。マクラが長くてなんの噺だったのかわからなかったが（笑）、ウーロン杯をジョッキで十杯くらいしか飲めなくなったらしい。いやあ、面白かった。しかも昼の部夜の部は入れ替えなし。二千五百円で十一時四十分から二十一時までいられるのである。安い娯楽ではないか。

杉　最高だ。居場所見つけちゃった（笑）。

宮　面白かったなあ。みんなそれぞれ味わいが違うし。

杉　はじめは居心地悪いかと思ってたけど、気づいたら、ぬるま湯に浸かった感が。

宮　よっ！とか声がかかってましたよね。

杉　うん、人情あったね。

浜　ゆるいよなあ。

杉　世の中のサラリーマンは仕事さぼって来たほうがいいよ。ストレス解消になるもん。周りのお客さん見てたら、なんだっていいやって（笑）。

　というわけで、演芸場を出た三人は生ビールで乾杯。ストレス解消してすっきりのおじさん三人組だが、目当ての人情噺は聴けなかったというお話。おあとがよろしいようで。

（二〇一三年五月号）

おじさん刑事三人組、謎を解明

本の雑誌四十一号の「青木まりこ現象」特集から二十八年。「書店にいると突然便意をもよおしてしまう」という奇異な症状の原因はいまだに特定されずにいる。「青木まりこ現象」の名づけ親として、このままでいいのか！　高次認知機能なのか大便禁止モードなのか、はたまた緊張感なのか。『青木まりこ現象』の謎が近々解明されると三角窓口にあったので楽しみにしています」というハガキをくれた新潟市の西沢有紀子さんを始めとする全国八千万読者の期待に応えるためにも、原因の特定はなされなければなるまい。それができずして、なんの名づけ親か。

オシャレ空間に聞き込みに行くぞ

というわけで、いよいよ真打登場！　長さん（浜本）、クールビズ（杉江）、のびパン（宮里）の、本誌おじさん刑事三人組（年齢順）が真相究明に立ち上がった。捜査の基本は足を使った地取り、鑑取り。聞き込みを進めるべく三人は、埼玉県戸田市の中央精版印刷株式会社に向かったのである。

杉　普通に考えれば、要因になるのは、文字の量、インクの匂い、紙の匂いの三つでしょ。印刷の現場でそれぞれを担当してる人に聞いてみればいい。

宮　頭いいですねえ。

浜　俺たちにかかれば、どんな難事件もたちどころに解決しちゃうな（笑）。

さっそく聞き込み開始。

まずは平台印刷担当H・Nさん四十二歳。トラックドライバーから十年ほど前に転職したとのことだが、青木まりこ現象については名称を聞いたのも今回が初めてで、いまの仕事に就いてから、仕事中に便意をもよおす頻度が増えたといった現象はないという。また同僚にもそのような症状を訴えている人はいないらしい。

調色担当のT・Hさん五十五歳も、八年前に製版からインクを混ぜる現職に異動したが、同僚も本人も便意に変わりはないという。青木まりこ現象については存在も知らなかったとのこと。うーむ、文字の量もインクの匂いも無関係なのか……。

ところが、平台製本担当の大浦俊一さん三十七歳は、十二年前にトラックドライバーから転職して以来、仕事中に便意をもよおす頻度が増えたうえ、同じ症状を訴える同僚もたくさんいるというのである。しかも現職に就いてから、書店に行くと腹がグルグル鳴るようにもなったという。おお、それはまさしく青木まりこ現象ではないか！　以前から青木まりこ現象の名も知っていたという大浦さんは、自宅よりも職場のほうが大便はしやすく、職場から徒歩五分のイオンはさらに出やすいらしい。製本担当になって、家にいるときより会社にいるときのほうがトイレの回数が多いような気がするとまで言うのである。

浜　紙の匂いだった！

宮　あっさり判明しましたね。

杉　待て待て。糊の匂いという線はない？

浜　ああ、糊はあやしいかも。シンナーだって糊の一種だからな。中毒性がある(笑)。

杉　まあ、犯人が紙なのかどうか、確認に行きましょう。

そこで三人が目指したのは本の雑誌社から徒歩二分にある竹尾の見本帖本店。紙の専門商社、竹尾のショールーム兼ショップで、三百銘柄二千七百種類の紙が在庫されている紙ばっかりのスペースだ。ジャズが低く流れる店内は若い女性客ばかり。真っ白で、ものすごくオシャレな空間になっている。

宮　くんくん。紙の匂いはそんなにしませんね。

浜　だね。アポなしだけど、取材しよう。すみません、私、こういう者なんですが。

近くにいた男性店員にいきなり話を聞き始める浜本。

浜　青木まりこ現象をご存じですか。

竹尾　はい？

浜　紙は影響ありますかね。スタッフの方は勤めてから何か変化はありませんか。

竹尾　とくに……すみません。

浜　ないですか。トイレの案内表示がありませんが、お客さんから問い合わせはないですか。

竹尾　そんなに頻繁にはないですね。日に何人かという感じでしょうか。スタッフ用のトイレをご案内しています。

二階も展示ショールームになっているが、やはり案内表示はない。トイレ自体はあるらしいのだが、教えてもらわないと存在すらわからない。だからといって、二階の受付に座っているのは若い女性なので、すごく聞きづらいのである。

浜　異質な空間だよね。うんこなんかしちゃいけない感じがする。

宮　トイレの場所なんて聞けないですよ。ハードル高すぎ。

杉　紙じゃないってことだね。

浜　となると糊か。

杉　製本の糊ってチップだったよね。ビニールっぽい匂いがしてた。

浜　ああ、ビニールかも。

杉　そうか！

杉江がひらめいたのは他でもない。杉江は仕事柄、普通の日本人の十倍くらい書店にいる時間が長いはずだが、過去に一度も書店でうんこをしたことがないのだ。ところが、毎週日曜日に新聞の書評欄を見るために通ってる地元の図書館では行くたびにしているのである。

浜　それは書評を読むとしたくなるってことなんじゃないの？

杉　新聞のインクのせいかもしれない。でも、俺は図書館のビニールを疑ってるんだよね。コーティングの。

浜　よし、図書館へ確認に行こう！

　というわけで、三人組は千代田区役所にある区立千代田図書館へ。有線ＬＡＮが利用できるデスクタイプの閲覧席やＡＶブース席がある最新鋭の図書館である。九階でエレベーターを降りると、ワンフロアが全部図書館。平日の午後三時だというのに、さぼりに来てるのか休憩に来てるのか（一緒か）、若者からおじさんおばさんまで人がいっぱい。出版に関する本棚があるのは神保町を有する千代田区ならではか。出版社のＰＲ誌や社史も並んでいる。どれどれと眺めていたら、「ダメダメ」と顔をしかめながら杉江がやってきた。我慢できなくなったらしい。表示を見て、そこだよと教えてやると、こそこそ入っていったが、すぐに出てきて、「いっぱいだった」とうなだれている。しかし限界らしく、またトイレに引き返していった。

図書館のトイレは混んでいる!?

杉　ふう。無事に（笑）。

浜　よかった、間に合ったか。図書館でももよおす人は、どこの図書館でももよおすってことはわかった（笑）。

杉　男子トイレには個室が三つあったんですよ。それが満室。三時半ですよ。やっぱり青木まりこ現象の亜流で図書館系があるんじゃない？　誰でもトイレも使用中だったんだから。

宮　あらま。

杉　ちょっと古い紙の匂いとビニールの匂いが僕の腹に悪さしてる感じがしますね。

浜　毎回だから。何かあるのは間違いない。

杉　新聞見てないのに。

浜　新聞が原因じゃなかったことも判明。

　ちなみに国会議事堂の近所にある日本でいちばん大きい図書館に勤務している二十九歳のＳ君によると、いまの仕事に就いてから仕事中に便意をもよおす頻度が激増。同じ症状を訴えている同僚こそいないものの、みなが似たタイミングでもよおすのか、どこのトイレもふさがっていて困る事態には何度か遭遇したことがあるという。職場にいるときにもよおすことが多いため、時間帯が一定になったこと、以前より便秘をしなくなったことは、図書館に勤めて以降の変化ではないかとＳ君は分析している。杉江の例もあることだし、図書館には便意をもよおす何らかの要素があるのだろう。はたして、それはビニールの匂いなのか。

浜　便意の原因ばかり考えてたら、腹が痛くなってきた（笑）。

杉　神保町界隈だと、俺は出版健保によく行ってるよ。

浜　ああ、あそこのトイレは穴場だよね。あんまり知られたくない（笑）。

宮　神保町はトイレ事情がかんばしくないですからね。

浜　本の雑誌が引っ越すときに、すずらん通りの脇のビルを見に行っただろ？

杉　ああ、ビルの共同トイレに暗証番号式の鍵がかかってたとこ？

浜　うん。あれはトイレを使いに勝手に入ってきちゃう人が多いからだって、不動産屋のおばちゃんが言ってた。それくらい逼迫する人が多いんだよ。

杉　青木まりこ化した人がうじゃうじゃ。

浜　（笑）だって、青木まりこさんが発症したのだって、神保町の編集プロダクションに勤めているときだったしね。

杉　あ、高田さんだ。

　千代田図書館からの帰路、集英社インターナショナル出版部の高田功編集長五十四歳に遭遇。青木まりこ現象の取材をしているのだと言うと、目を輝かせて話し始めるではないか。

高田　僕、大きな声では言えないんですけど、昔、神保町の書店で急にもよおして、トイレに入ったら、トイレが詰まってたらしいのに気がつかないで流してしまって、床を水浸しにしちゃったことがあるんですよ。まだ学生時代で内気だったものですから、お店の人にも言えなくて、そのまま逃げました。本当に申し訳ございません。

浜　そのときは書店に入るまでは平気だったんですか。

高田　ぜんぜん平気でした。本の匂いを嗅いだ瞬間にもよおしたんです。それからしばらくして本の雑誌に青木まりこ現象の特集が載って、一読、これは俺が経験したものと一緒だ！　と。昔は暇だったから、書店にいる時間が長かったんですよね。

学生時代の青木まりこ現象を語る高田氏

杉　会社で本を作ってるときは大丈夫なんですか。

高田　それは、日常的に毎食後（笑）。

浜　えっ、一日三回？

高田　はい。出すぎだって言われます（笑）。

浜　出すぎ体質が影響したのかもしれないですね、そのとき急にもよおしたのも。

高田　でも、やっぱり本の匂いを嗅ぐと、という面はあると思うんです。トイレで本を読むことが多いので、本というとトイレ、みたいなパブロフの犬現象があるんじゃないですかね。だから、面白そうな本、買いたい本があればあるほど、もよおす度は上がるような気がします。

浜　古本屋はどうですか。

高田　古本屋はないです。最初からあきらめてるんじゃないですか。ここにトイレはないと。

浜　図書館は？

高田　図書館はあります。

　貴重な体験の持ち主であった高田さんの話には「青木まりこ現象」の謎解明の重要なヒントが隠されているのではないだろう

か。すなわち「図書館はあるが古本屋はない」。青木まりこさんは二十八年前、本誌の取材に対して古本屋、図書館はなく、新刊書店のみでの現象と答えていたが、二十八年の時を経て、図書館は明るく親しみやすく変化したからか、すでに図書館に行くともよおす、という「青木まりこ亜流現象」の存在が杉江によって証明されている。では古本屋はどうなのか。

西荻窪の古本屋「音羽館」の店主・広瀬洋一氏四十八歳によると、トイレ貸してくださいと言ってくる客は年に数えるほどだという。つまり、古本屋でもよおす客は少ないのだ。

古本者として知られる北原尚彦氏五十歳も「どちらかというと古本屋より新刊書店でありますね。神保町だと、どこにトイレがあるかチェックして有事に備えてました」と語っている。圧倒的に古本屋にいる時間のほうが長くても、もよおすのは新刊書店なのだ。ここに謎を解く鍵があるのではないか！　おじさん刑事三人組はさっそく神保町の古書センタービルを目指した。

古書センターの和式トイレ

カレーのボンディが入っている古書センタービルにはトイレがあるのである。

ところが、三階の鳥海書房に行き、中央エレベーター横のトイレに行ってみると、なんと故障中につき使用禁止。男性は一階のトイレ、女性は二階のトイレに行けとある。あらためて一階のトイレに潜入。

浜　おお、和式だ！

宮　あやしい（笑）。でも、汚れてはいないですね。トイレットペーパーもあるし。

浜　腰が痛いから和式は無理なんだよ、俺は（笑）。

宮　もらしちゃうかもしれない（笑）。

杉　それはやばい。汚レシミって書かれるよ（笑）。

何軒かの古本屋に入ってみるが、とくに変化はないので、比較のため新刊書店の岩波ブックセンター信山社に入ってみる。おお、冷房がけっこうきつい。続いて書泉グランデにも入店。ここも寒いくらい。新刊書店は冷房が強い傾向があるようだ。

杉　そうか、冷房もあるな。

宮　夏場のほうが出やすいような感じもしますよね。

杉　出やすいんじゃない？　長時間いるし。でも、そうするとデパートは？ってことになる。

浜　そうだね。でもデパートはトイレがあるっていうのがわかるじゃん。その安心感が。

杉　それはなに、スリリングなほど出やすいってこと？

浜　精神的にドキドキしたほうがね（笑）。それが腸にシグナルとして発信する。

書泉グランデには四階と五階にトイレが

あるのだが、表示がわかりづらいのである。

宮 案内図がありますよ。

浜 ああ、こんな奥か。おお、ここも和式だ。相当前からあったんだな。

杉 東京堂がいちばん新しいのかな。

浜 たぶんね。誰でもトイレもあるし、心温まるよ。

杉 三省堂は？

浜 三省堂は、小便はできてもうんこは、よっぽど切羽詰らない限り勇気が出ない。人の出入りが多いから。落ち着いてできないし、入ったところを見られて、十分後に出てきたら……万引きかと思われそうじゃない。あ、そうなんだよ、万引きをしてると思われそうだから、書店のトイレは入りづらいんだよ。

杉 たしかにそうですね。しかしやばいなあ。このままではホシを捕まえられないじゃないですか。捕り逃しますよ。

宮 新刊の匂いかもしれないから、三和図書の人にも聞いてみませんか。

三和図書は本の雑誌社が入っているビルの一階を占める取次店である。いわゆる神田村の取次で都内近郊の書店が毎日仕入れに来ている。ここで日々大量の新刊を扱っている大山敏輝課長四十五歳は「毎日新刊に触れているせいか、普通の人よりトイレの回数は多いかもしれません」と照れくさそうに教えてくれた。三和図書に入って十八年、その前は出版社に十年勤めていたそうだが、転職してから明らかに回数が増えたという。

「お酒の飲みすぎとか、そういう影響もあるのかもしれませんけど（笑）」

浜 犯人は新刊だ！

宮 何が原因なんだろう。古本のへたった感じの紙じゃこないってことは、新刊のピカピカした感じがポイントなんじゃないですか。むずむずさせるというか。

杉 新刊の緊張感のある匂いが関係ありそう。

宮 新刊書店で白いピカピカの本がいっぱいあると、トイレットペーパーを連想させるとか。

浜 クールビズ、ほかに何かないか。

杉 なんだろう。インクって、油分含んでる？

浜 含んでるよ。最近は大豆油インクとか植物系の油も使われている。

杉 俺は油じゃないかと踏んでるんだけど。

宮 そうか。古本屋の油は飛んじゃってますよね。

杉 枯れてる(笑)。ぱさぱさだもん。図書館はビニールの油があるんだよ。

浜 なるほど、油か。それは神保町に来ないと突き止められなかったな。

宮 (笑)。キッチン南海とかカレーのまんてんとか、油がすごいですからね。

杉 宮里潤も油まみれだし。

浜 よおし、一件落着。逮捕だ、潤（笑）。

杉 誤認逮捕かもしれないけど。

浜 誤認でもいいよ。検察に送ることが俺たちの使命なんだから（笑）。

（二〇一三年八月号）

サンリオSF文庫エアハント

一九七八年から八七年まで百九十七冊を刊行し、休刊したサンリオSF文庫。休刊直後は古書価も高騰し、入手も困難となったが、では、いまサンリオSF文庫を手に入れるのはどれくらい難しいのか!?

　というわけで、宮里、杉江、浜本（若い順）の本誌おじさん三人組がサンリオSF文庫ハンターに変身！　神保町の古本屋を一日回って何冊のサンリオSF文庫を入手できるかに挑戦したのである。といっても、見つけ次第に買っていたら本誌の一カ月分の経費を軽くオーバーするのは間違いないので、あくまで買ったふり（笑）。題して「おじさん三人組サンリオSF文庫エアハントにチャレンジ」だ。時は二〇一三年八月七日水曜日、炎天下の神保町に、いざ、出陣！

　まずは靖国通りに出て、専大前交差点方向へ。西へ向かったのはほかでもない、引っ越してから一年と二カ月、連日連夜神保町をうろうろしてきた甲斐あって、サンリオSF文庫ならここ！とアタリはついているからだ。その古本屋こそ「@ワンダー」。SFとミステリーに強いジャンル者の聖地と言われる専門店である。

宮　ブンケン・ロック・サイドの百均棚にもSF系の文庫が並んでるって、去年の十一月号の座談会に出てましたよ。

浜　サンリオはない！　背を見ればすぐわかるから。

杉　背を見ればわかるの？

浜　そりゃ、わかるよ。僕を誰だと思ってるんですか（笑）。

　しかし自称店頭本の達人・宮里キャンドル潤は、@ワンダーに行けばあるからという声に耳を貸そうとせず、店頭の均一本を一軒ずつ覗いていこうとするのである。

火星人マークを探せ！

宮　ここ、怪しくないですか。

浜　ない！　時代物ばっかりじゃん。均一にはないってば。

宮　意外とこういうところの下にあったり。ほら……。

浜　『北条政子』（笑）。

杉　隠れてなかった（笑）。

　宮里を先頭に長島書店、澤口書店と流して、次の角が@ワンダー、というところまでやっと来た。と思ったら、日本特価書籍の店頭本前で浜本が急停止。

浜 キース・ピータースンの事件記者ウェルズシリーズが四冊並んでる。お買い得じゃん。

杉 一冊百円だもんね。

宮 あ、あった！ 見つけた。

杉 え？

浜 うそ!?

宮 ピータースンの隣にあるじゃないですか（笑）。ダメですよ、見逃しちゃ。

浜 ロン・ハバード『テレポーテーション作戦』か。へん、しょせんEランクだろ。

宮 百円ですから。

杉 やったな、潤。さすが店頭本の達人だ。

浜 ちくしょー。油断した。背が青なんだもん。

杉 校正と一緒ですよ。隣を見て見逃す（笑）。

宮里が一冊ゲットした（Eランクだけど）

まずは宮里が均一棚で『テレポーテーション作戦』を発見

ところで、@ワンダーに到着。まず壁と呼ばれる店外にずらりと並ぶ棚を競ってチェックする。

浜 おお、あった。やったあ！ 一冊とったどー（笑）。

杉 またロン・ハバードじゃないですか。『宇宙戦艦キャプチュア』。いくら？

浜 二百六十二円。

宮 高いじゃないですか。

浜 でも、スリップが入ってる（笑）。

宮 ほかはないですね。

というわけで、いよいよ@ワンダーに入店。入口を入って右手、レジの真ん前の棚にサンリオ文庫がずらっと並んでいる。

浜 （小声で）いっぱいあるなあ。番号順だろ。フリッツ・ライバーから並んでるもん。

宮 何冊あるんだろう。百冊以上はありますよね。

浜 『ビッグ・タイム』は千五十円か。

宮 『妻という名の魔女たち』も千五十円。『バケツ一杯の空気』が二千百円。

浜 困ったなあ、レジの真ん前だし、全部はメモできないよ。

続いてル＝グイン（『夜の言葉』以外全部ある！）、ディック（『時は乱れて』がない）の『銀河の壺直し』までメモしたところでひと休み。

浜 『パヴァーヌ』まであるよ。三千六百七十五円。さすがに安くなってるね。バロウズの『ノヴァ急報』が三千百五十円、『爆発した切符』は五千二百五十円か。ふふふ、持ってるもんね。

宮 あれ？

浜 ん？

宮 棚の上に揃いが！

浜 ああ、ほんとだ。三十七万八千円。揃っちゃった（笑）。

杉 いや「59B欠」って書いてありますよ。3A初版、6A2B新装版含む百九十九冊って。揃いじゃないんだ。

宮 「59のB」ってなんだろう。

杉　『ザ・ベスト・オブ・J・G・バラードI』。
浜　※彩古ランクによるとC↓Cだな。ちくま文庫にもなってるし、そんなに珍しいものじゃなさそう。
宮　富士鷹屋さんとか行けばあるんじゃないですか。
浜　うん。簡単だな（笑）。
杉　三十七万八千円って一冊あたりいくら？
浜　千八百九十九円。高いといえば高いけど、ガラスケースに収められてる『生ける屍』は二万六千二百五十円だよ！　『猫城記』が八千四百円で、『熱い太陽、深海魚』が一万二千六百円だから。
宮　百円のものから二万六千二百五十円のものまで入ってる。
杉　忸怩たる思いなんじゃないかな、あと一冊で揃いが売れるのに。

@ワンダーの「壁」で『宇宙戦艦キャプチュア』をゲット

宮　揃いだったらいくらなんでしょうね。
杉　五十万くらいじゃない？　高くなるだろ。
浜　一冊で十二万二千円！

十二万二千円（予想）を求めて三人は同じくミステリー、SFに強い富士鷹屋を急襲。かつては敷居が高くて入れなかった店だが、神保町歴一年二カ月のおじさん三人組はもはや敷居もなんのその、さっと入店すると、整理された棚に並ぶサンリオSF文庫を素早く確認。

宮　あれ？
浜　一冊分空いてる……。
杉　59Aと60Aの間が。
浜　なんてこったい（笑）。
杉　三十七冊もあるのに。
宮　誰かが買っていったばかりなんじゃないですか。空いてるってことはあそこに59のBがあったんですよね。
杉　うん。ライバルがいまごろ売りに行ってるよ。俺たち一歩遅かった。
浜　隠したんじゃない？　俺たちが来るの知って（笑）。
杉　あと、ありそうなのは……羊頭書房か。

ライバルに負けじと十二万二千円（希望）を探しに羊頭書房に急行するも、三段九十冊くらい並んだサンリオSF文庫の中に59のBはなし。さらに三省堂書店本店隣の古書モール、オープンしたてのスーパー源氏、三省堂書店一階の古書展、サブカルに強い喇嘛舎など、探し回るが、59のBの姿はまったく見当たらず。

棚の上に1冊欠の全揃いが！

浜　あとはたなごころかな。
杉　あの入りづらいとこ？
浜　うん。でもひらがな三角地帯の中ではいちばん敷居が低いから。

　最後の砦、古書たなごころに到着。入口扉にサンリオSF文庫のカバー（コピー）が何枚も貼ってあり、期待は大だ。中を覗くと、いきなり女性店主に「何かお探しですか」と声をかけられて、ドキドキ。サンリオSF文庫を、と言うといちばん奥の棚に案内される。棚三段分あるが59のBは見当たらない！

浜　バラードはないですか。
店主　ああ、いまバラードは人気で、バロウズとともにサンリオの効き目になってるんですよ。

　おお、そうだったのか。しかし59のBはちくま文庫で再刊されてるし（品切れだけど）、彩古ランクでも「C」なのである。そんなに入手困難なのか。そこで会社に戻り、アマゾンで検索してみると、マーケットプレイスで三百三十四円から千百円まで九点も出品されているではないか。あららら。かくして、おじさん三人組はほぼ半日でサンリオSF文庫全百九十七冊をゲットしたのであった！　めでたしめでたし。

杉　でも、俺が@ワンダーの店員だったら、59のBを探すけどなあ。富士鷹屋に買いに来たのは@ワンダーの店員じゃない？
浜　そうだよな。揃いにしたほうが高く売れるのに、なんで、そのままにしてるんだろう？
宮　見つけましたって届けたいですよね。
杉　一冊ないのが、これの売りどころなんですよって言われたりして（笑）。
浜　なるほど。探す楽しみを残してると。

（二〇一三年十月号）

＊彩古ランク
　本の雑誌二〇一三年十月号の特集「サンリオSF文庫の伝説」で古書いろどりの店主がサンリオSF文庫全点につけた古書価ランク。二〇〇〇年と二〇一三年の古書価を特A（八千円以上）からA～E（五百円以下）まで、の六段階に分けている。

神保町のご老公と出版社を行く

一説によると、神保町の町内には二百五十に近い出版社があり、神保町交差点を中心にした半径約七百五十メートル界隈には約七百五十！の出版社があるという。東京二十三区の出版社数は約千七百五十社だから、神保町界隈だけで二十三区の四十三パーセントを占めていることになるのだ。

では、神保町にはいつからこんなに多くの出版社が立ち並び始めたのか、いったいどんな出版社があるのか。そうだ、おじさん三人組が神保町の街に繰り出して、出版社を訪ねてみよう！

一階のロビーで吉村氏と再会

今回は強力な助っ人をお呼びすることにした。その助っ人こそ柴田信氏。神保町の交差点からいちばん近い新刊書店「岩波ブックセンター信山社」の会長にして、本の街神保町を元気にする会事務局長。御年八十三歳のミスター神保町、またの名を神保町のご老公である！　神保町のご老公にしたがうは、右に助さん（浜本）、左に格さん（宮里）、そして後ろに控える風車の弥七（杉江）だ。って、おっと、実は杉江は急用で本日はお休み。代わりに編集部松村が参入することに。「うっかり八兵衛です」と本人は言うが、かげろうお銀（由美かおるね）じゃなくていいのか。

というわけで、おじさん二人組＋おばさん一人がご老公の助けを借りて神保町の出版社をめぐりゆく突発企画。第一弾の訪問先はご老公の店から歩いて二分の岩波書店。言わずと知れた日本を代表する出版社である。

ちなみに一九一三年八月五日に岩波書店が古書店として創業開店した場所が現在の岩波ブックセンター信山社。つまり創業の地を引き継いだわけで（店子だけど）、ご老公の店は岩波書店の本の売上げでは全国で十指に入るとのこと。さすがなのである。

さっそく一階ロビーの応接セットに落ち着き、ご老公から宣伝部の吉村弘樹課長に今回の趣旨を説明してもらう。

柴　神保町を歩いて、神保町の出版社を何軒か年寄りが訪ねてゆくという。重々しくはないけれど、軽々しくもない、そういう感じでね。

吉　本の雑誌社さんらしいテイストの企画

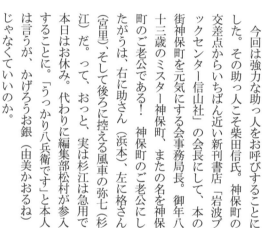

なわけですね。私も以前、広辞苑の編集部にいたときに一カ月で二キロ太ったという記事を書いていただいて、田舎で評判になりました（笑）。

なんと、吉村課長は本誌九八年七月号で浜本のインタビューを受けていたのである。

浜　すみません。あのころは体重の増減というものに非常に興味があったものですから（笑）。

松　ええと、奥に看板がかかっていますけど、あれが有名な漱石の書なんですか。

吉　ええ。夏目漱石先生が創業者岩波茂雄に与えたものです。なかなか書いてくれなくて漱石先生が反故にしたものからよさそうな字を拾ってそれで作ったなどという説もありますが。

柴　前の社屋にあの看板がかかってたときは貫禄があったよね。蔦のからんだビルで反対側が入口だった。本館裏手の新館は九〇年くらいに建てられたんだよね。

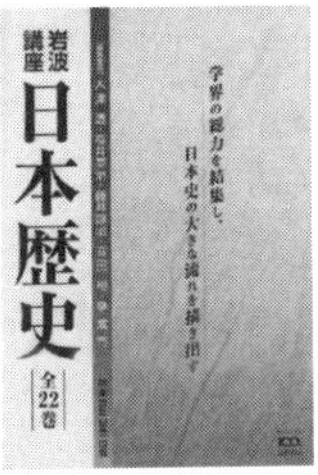

創業百年記念出版が目白押し

浜　このビルは何階建てなんですか。

吉　七階建てです。三階と四階が裏の新館ビルとぶち抜きになっていまして、新館はテナントさんがほとんどなんですが、三階と四階だけは私たちが使っています。古いビルと新しいビルがつながっている不思議な空間ですね。

三階が販売・宣伝など営業系、四階から上が編集関係のフロアだという。

社員は約二百人。うち編集部が百人弱で、年間六百点以上を刊行。吉村さんが課長を務める宣伝部は常駐のデザイナーや校正者を含めて総勢十三人とのことだが、創業百年で大忙し。八月に創業百年を迎えた岩波書店では「新版アリストテレス全集」全二十巻＋別巻、『岩波世界人名大辞典』、「岩波講座日本の思想」全八巻、「岩波講座日本歴史」全二十二巻と創業百年記念出版が目白押しなのだ。いかにも岩波書店らしい重厚な企画ばかりだが、ご老公のイチ押しは「日本歴史」。

柴　うちは「日本歴史」の問い合わせが多い。やっぱりこれだけの学者を集めるってことが、岩波ただもんじゃないぞって思わせるんだね。

吉　そうですね。売らねばならんですね。

浜　社屋の目立つところに「創業百年、ありがとう!」とか、そんな垂れ幕のひとつもあってもよさそうなものですが、まったくないんですね。

柴　集英社、小学館、講談社だったら、やるよね。

浜　やるでしょう。だって創業百年ですよ。あれ、ふんどしっていうんですよ。神保町の交差点の角の岩波ホールの入ってるビルがあるでしょ。あそこにもいろんなところがふんどし下げさせてくれってくるんだけど、岩波雄二郎さんが一切だめだと。下品だって許さなかったんですよ。だから社屋にも下げない。

宮　やっぱり品が大事なんですね。

いかにも岩波書店らしいエピソードに唸らされた四人はお土産に「本と岩波書店の百年」というフェア用の小冊子をいただいて社外へ。

柴　次はどこ行くの？

浜　有斐閣です。

柴　私は有斐閣にもちょいちょい来るんだ。会長に会いに来るから。

　岩波書店から徒歩一分、法律書で有名な有斐閣のビルはさくら通りに面したシックな八階建て。受付で来意を告げると、さっそく西野康樹取締役総務部長に七階の応接室に案内される。これもご老公の威光だろうか。

柴　神保町じゃ、有斐閣がいちばん古いんだからね。

浜　初代は忍藩の藩士だったそうですよね。

江草貞治社長　そうですね、『のぼうの城』の。一八七七年に古書店を始めたんです。まあ、どちらも始めはそうですよね。

　なんと有斐閣の創業は一八七七年、明治十年なのである！　創業百三十六年なのだ。

江草社長（左）と西野氏（右）

江　もともと九段下のほうに幕府の公儀機関「蕃書調所」（後に「開成所」に改称）があって、その後、明治政府に引き継がれ、現在の学士会館あたりに移り、いまの大学の前身となる学校が建てられたことから、書店未開の地だった神保町に創業したようです。最初は古書店ですから、学生さんが使ってるテキストを買って、それをまた売って、たまに学生さんに小遣いあげたり、いろいろパトロン的に面倒を見ることもして、将来偉くなったら、本を書いてよ、と。

　戦前には満洲有斐閣という会社もあったそうだが、社内に当時の本が残っていないため、社長がヤフオクなどで集めることもあるらしい。

　三十年ほど前までは東大の正門前に、有斐閣本郷支店という名で書店も出店していたとのこと。雑誌編集部も本郷にあったが、今年の五月に本社隣のビルに移転。初めて法律部門が神保町に集結したという。

　現在、社員は百人。編集部は六十人弱で男女ほぼ半々とのことだが、その四分の三が法律系。法律系の編集者は法律学専攻限定の募集で、心理系は心理学専攻、政治系は政治学専攻と専門分野に特化した採用をするらしい。

　年間の刊行点数は二百点を超える。有斐閣といえば法律書のイメージが強いが、売上げ的には法律系以外のものも二十五パーセント程度ある。経済学、経営学、社会学、心理学など、他分野のシェ

有斐閣の創業出版は地図！

アもさらに伸ばしていく、というのが目下の目標だという。

松　辞書もそうですけど、六法も校正が大変そうですね。

西　私も入社して最初十年は六法編集に携わりましたが、とにかく校正が大変でしたね。例えば元の官報が間違ってたら間違ったままとするような校正なので。

松　あ、そうなんですか。ママとか振るんですね。

西　法律の辞典も担当しましたけど、執筆者が多くて。もちろん全項目揃わないと本にならないので、大変時間がかかる。ある先生が原稿を書き終えて「これから二年、在外研究に行くからよろしく」と出発されて帰ってきたところ、なんとまだ本ができていない。さらに、法律の辞典なので、毎年改正があり、書き直しのお願いまですることに（汗）。

　いやはや。専門書ならではの苦労話に心から同情したあとは再び一階へ。一階はさながら有斐閣の歴史展示ホールとなっていて、歴代の社長や古い社屋の写真などが飾られているのだ。

柴　最高のお宝は最初の印刷物。地図なんだよね。

浜　おお、一八七八年の地図ですね。ということは創業の翌年に出版を開始したんだ。

西　こちらの看板は大正元年の店舗改築のときに制作したものです。

宮　有斐閣のマークはライオンと鷲ですよ！

江　ええ。創業七十周年に制定された社章で、左の「鳥の王」鷲は「経済人文」を、右の「獣の王」獅子は「法律」を表し、各分野での優れた書籍の出版を目標とした理想を示しています。背景の青赤はそれぞれ静脈・動脈を表し、静かな中にも動的なもの、動的な中にも静かなもの、両者の融合と活動によって生き生きと発展しようとする意思を表現しています。

　本の雑誌社の社章「マスク少年」とはえらい違いのような……。と、二社を訪ねたところで、正午もまわったので、さくら通りの「なかや蒲焼店」でランチタイム。明らかにご飯の量が多いランチうなぎを食べ終え、さくら通りを歩いていると、ほうぼうから「こんにちは」とご老公に声がかかる。笑顔で応えるご老公。ご老公はこのあたりの飲食店はほとんど制覇しているらしい。

松　次の目的地の平凡社は帝国書院のビルですね。

宮　七階が受付みたいです。

　エレベーターで七階へ。うっかり八兵衛を先頭に受付目指して、どんどんと社内に乗り込んでいく。本日案内してくれる取締役営業担当の下中美都さんもご老公とは旧知の仲。大のピアノ好きで、古書の町を盛り上げている音楽仲間の演奏会に、ご老公も聴きに行ったことがある。

浜　いつ神保町に越してこられたんですか。

下　去年の三月の十九日。御社よりちょっ

うなぎの大きさについて語り合う人々

と前ですね。その前は白山で、白山に移ったときも本当は神保町に来たかったんですけど、当時はみんなが入れる物件がなくて。で、十年白山にいたんですけど、やっぱり本の街だと。

八階のエレベーターホールからは皇居のお堀や首都高速が見下ろせてなかなか壮観。八階全部を占める編集部は境もなく広々としている。

下　七階は営業管理、八階が全部編集部で、手前から一般書、別冊太陽、企画課、新書、東洋文庫、白川静編集部と並んでいます。本でぐちゃぐちゃですけど、どこも一緒ですよね。

宮　広いなあ。社員は何人くらいいるんですか。

下　七十人ですね。

松　編集部は女性が多いみたいですね。

下　六対四くらいで男性のほうが多いです。でも女性は増えてますね。平凡社の歴史上、いまがいちばん多い。

新書の編集部で浜本が立ち話をしている。なんと編集長の福田祐介さんに本誌九九年四月号でインタビューをしていたという。なんという奇遇続きの一日なのか。

フロアの脇にはずらっと本棚が並び、各編集部の資料が収められている。別冊太陽編集部の棚に大判の大学ノートが大量に並んでいるので、なにかと思ったら、著作権継承者を記載したものだという。何の特集の何ページの仏像の写真はどこの寺から借りて著作権者は誰かという情報を各号ごとに一冊のノートにまとめているのである。別冊太陽は雑誌とはいえ、書籍のように長く販売されるため、二十年前、三十年前の号の問い合わせがくるらしく、このノートは必須とのこと。

創業者下中弥三郎像と下中美都さん

柴　大変なもんだね。伝統があるというのは。

平凡社の創業は一九一四年。埼玉師範の教師をしていた下中弥三郎が自著『や、此は便利だ!』を出版し、大当たりしたのがスタートというから、来年で百周年になる。

下　一昨年が弥三郎の死後五十周年で、生まれ故郷の丹波篠山でいろいろイベントがありまして、私にも祖父のこと話してくれって言われて資料を作ったんですけど。百科事典で当てたかと思うと、平凡という雑誌を出して、つぶれそうになったり。あげく大風呂敷で逃げ切ってみせる(笑)。出版社ってそういうもんですよね。

伝統の重さを感じつつ、次の目的地晶文

社を目指し、再びさくら通りへ。集英社本社ビル、小学館ビルを横目に白山通りを渡り、すずらん通りに入る。宮里格さんが「晶文社、緊張するなあ、知らない人ばかりだったらどうしよう」と武者震いをしている。なにを隠そう、キャンドル潤は当社の前に晶文社に勤めていたことがあるのだ。

　頑張れ潤、などと言ってるうちに晶文社が入居しているビルに到着。四階に晶文社、五階に晶文社編集部と表示が出ている。エレベーターを五階で降り、斉藤典貴編集長の案内のもと全員で編集部をぐるりと一周。窓際に「晶文社」というシブイ看板を発見。なんでも御茶ノ水昌平橋の社屋にかかっていた看板とのこと。岩波書店といい有斐閣といい、昔の看板を社内にかけている出版社が多いのはどういうことなのだろうか（晶文社は置いてあるだけだけど）。社員は二十人というが、編集部だけで十六の机が用意されている。

斉　学校案内が始まるとアルバイトさんも来ますので。以前は学校案内の部門と文芸書がわかれてたんですけど、いまは一緒になりました。文芸書だけだと編集部は四人ですね。

　続いて四階へ。自社本がぎっしり並ぶ棚の横の応接セットに着席。

柴　私も『古川ロッパ昭和日記』とか、あの手は持ってるよ。

浜　刊行年月を書いたシールが貼ってあるんですね。

斉　カバーをとると、またカバーがあるんですよ。帯もついてる。で、上のカバーにシールを貼ってある。九〇年くらいにみんなでやったんですけど、三十年分くらいをいっぺんにやったので、けっこう大変だった記憶があります。

宮　前より増えてますね。

斉　そうですね、最新刊が二千九百十七だから。

浜　二千九百十七点！　すごい。

柴　いい本がいっぱいあるよねえ。晶文社といえば、昔は新卒の学生はみんな入りたいって言ってた。憧れの版元のひとつだよね。

浜　そうですね。僕も入りたくて電話で問い合わせましたから。で、建物見て、えって（笑）。

斉　前の社屋を見るとだいたいみんな引きますよね（笑）。

宮　ここは何年ですか。

斉　ここに移って三年半です。

　このあと亡くなった創業者の中村勝哉社長の博奕についての武勇伝がご老公と斉藤編集長の間で延々と交わされるが、割愛。「こうやってぐるぐる回っていいとこどりして、本の雑誌も発展するわけだね」とエレベーターを降りながらご老公はつぶやく

平凡社で最も本を作る男関口さんと「別冊太陽」ノート

のであった。

　というわけで、ぐるぐる回りもいよいよ最後。ミスター神保町ことご老公ですら一度も行ったことがないという未知の出版社、つり人社である。靖国通りを渡って北へ二分ほど、茶色のおしゃれなビルが目的地だ。

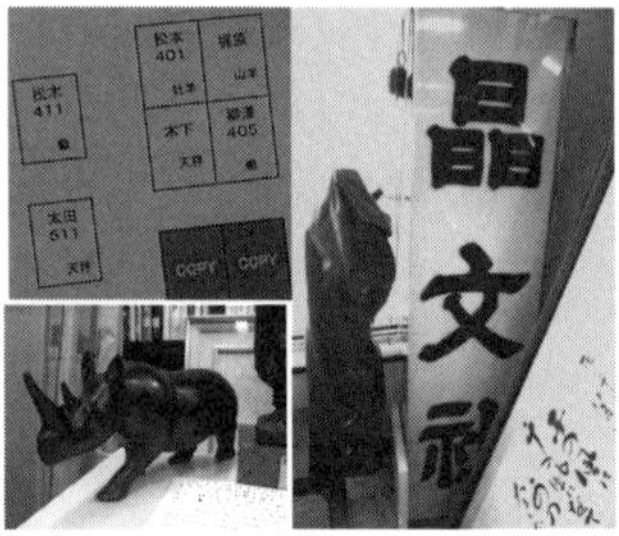

晶文社といえばやはり犀！

　つり人社は一九四六年に「月刊つり人」を創刊した日本最古の釣り専門出版社。「スーさん」を自称する鈴木康友社長が四代目で、現在は「つり人」のほかに月刊誌を三誌（バス釣り専門誌、フライフィッシング専門誌、北海道の釣り専門誌）、さらに隔月刊のヘラブナ釣り専門誌、年二回刊の鯉釣り専門誌、季刊のトラウトをルアーで釣る専門誌と、合わせて七誌の定期誌を出しているうえ、iモードの釣りサイト、ハンドメイドの釣りグッズを販売するサイトも手掛けている、まさに釣り人のための出版社だ。「月刊つり人」の山根和明編集長によると、このおしゃれなビルは、なんと自社ビルだという。

山　九八年に丸香の向かい側のビルから移転してきまして。

浜　九八年くらいに自社ビルを建てた出版社って、そうはないですよね。

山　釣りって昔から景気にあまり左右されないんですよね。

松　釣り人は常にいると。

柴　私は昔、池袋の芳林堂にいたんです。四、五十年前ですが、芳林堂という店は週刊女性や女性セブンは五、六冊しか売らないのに朝日ジャーナルは百冊売るっていう、特殊な専門性の高い店だったんですけど、売れましたよね、「つり人」は。すごく息の長い雑誌ですよね。

編集部に釣り竿が！

　山根編集長は七歳から釣りを始めたそうで、母親の実家の福岡県柳川で「バンバン釣りまくって」開眼。大学四年の夏にアルバイトとして入って以来、つり人社一筋とのこと。

柴　私はね、親父が釣り好きだったんだけど、あるとき連れていかれて、私がトイレに行きたいって二人でトイレに行ってる間に、お隣の人が釣ったんですよ。それを親父が「あれは俺が釣ってたんだ！」って怒ってねえ。ひっぱたかれたの。それ以来、釣りは嫌いなの（笑）。

松　なんて料簡の狭い（笑）。

山　お父さんがあまりにも釣りにハマっていると、家庭を顧みないんですよ。釣り未亡人という言葉もあるくらいで（笑）、結婚してはいるけれど、旦那は釣りばかり行って、週末は一人ぼっちに。

松　そういう人たちがいっぱいいて、「つり人」を毎月買ってるんですね（笑）。

　山根編集長によると、釣り専門の出版社

壁の毛針と800号記念で復刻された「つり人」創刊号

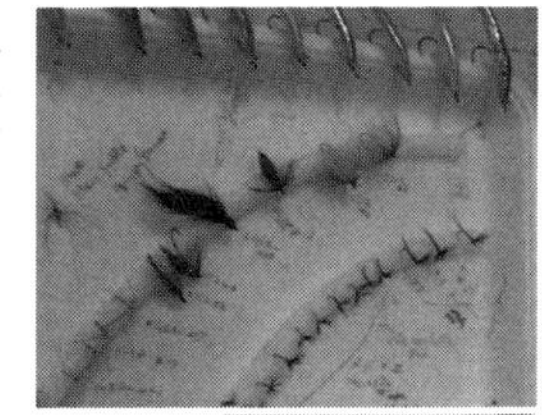

はつり人社以外にもあったそうだが、九五年くらいからバスブームが到来し、趣味系の出版社が釣りジャンルに殺到。一時はバスの専門誌だけで五十誌という狂乱状態に陥り、結果的に老舗の釣り専門出版社が倒産、ブームが下火になった途端に新規参入の出版社は引いていったため、残ったのはつり人社だけ、という状況らしい。

浜 いま社員は何人ですか。

山 三十人くらいですね。

松 それでこんなに、雑誌をたくさん出しているって……すごく大変ではないですか。

山 ……助けてください（笑）。

浜 「つり人」編集部は何人いるんですか。

山 五人です。

浜 これ、大変だよ、手間が。

宮 情報量がすごいですね。

山 ただ、いまは電子化されたので、ものすごい楽になりましたよね。

浜 編集部は、みなさん、釣りはやられるんですよね?

山 ええ。やります。

宮 男性が多いんですか。

山 男ばかりです。ただ、来年女性が久しぶりに入る予定になっています。

柴 何歳くらいまで釣りってできるもんですか。

山 そうですね。うちの先代は今年九十歳なんですが、毎年鮎釣りに行ってます。私が運転手でついていくんですけど。

柴 目標できたな。九十歳で鮎釣り（笑）。

山 鮎はいいですよ。

柴 面白いねえ。今日はいろいろ出版社回ったけど、ここがいちばん面白いね。

浜 編集部は何階なんですか。

山 四階が全部編集部で三階が営業関係。二階と一階は貸してるんですが、地下にスタジオがあります。編集部、ご覧になりますか。汚いですけど、釣り竿はいっぱいありますよ。

せっかくのお誘いなので、仮眠室（笑）を覗いてから、編集部を拝見。ただの細長い棒にしか見えない釣り竿が十万円と聞いて一同絶句するのであった。

柴 いやあ、楽しかったね。今日はよく眠れますよ、私。

浜 お疲れさまです。

松 暑かったですからね。

柴 浜本さんの夢枕に立つから（笑）。

以上で、神保町出版社めぐりも終了。さあ、各社のいいとこどりして本の雑誌も発展できるか。その答えはしばし待て！

（二〇一三年十一月号）

ダ・ヴィンチ編集部に行く

今号は二〇一四年一月号。本誌の創刊は七六年四月だから、三十九年目に突入ということになる。おお、このままいったらあっという間に四十周年ではないか！　いやあ、本の雑誌といえば、十二月号は朝日新聞で取り上げられたし、講談社ノンフィクション賞を受賞した『謎の独立国家ソマリランド』をはじめ、単行本もおおむね好調。はたから見れば順風満帆、わが世の春を謳歌しているかのようかもしれないが、水面下では白鳥のように足をばたばたさせているのが本当のところ。油断していたら、いつまた足をすくわれないとも限らないのが実情なのである。

金王八幡宮でお参りをしてスタート

　では、無事に四十周年を迎える方策はないのか？

　そこで、今月のおじさん三人組は「ダ・ヴィンチ」編集部を突撃訪問することにした。本の雑誌がなぜに「ダ・ヴィンチ」？と疑問に思う方も少なくないかと思うが、敵を知り己を知れば百戦危うからずというではないか。いや、誰が敵なんだという意見もあるかもしれないが、言ってみれば同じように本をネタにしている雑誌でしょ。「水曜どうでしょう」の特集を組んだ十一月号はずいぶん売れたらしいし、もしかしたら延命のヒントが見つかるのではないか！

　というわけで、おじさん三人組は神保町から半蔵門線に乗り渋谷で下車。ラーメン屋とがっつり肉系の飲食店がやたらと目につく明治通りを南下して金王八幡宮へ。第七回本屋大賞を受賞した冲方丁『天地明察』の冒頭で主人公の渋川春海が算額を眺めに来た神社だ。もちろん「ダ・ヴィンチ」編集部が金王八幡宮にあるわけはなく、鳥居の手前のビルに入っているのである。まあ、せっかくだから、打倒「ダ・ヴィンチ」の成就を祈念して（まだ言ってる）、お参りしていこうじゃないの。算額を眺めながら参道を進み、百円玉を賽銭箱に投じて、パンパンと柏手を打てば、おお、パワーがわいてきた。よおし、行くぞ！

　と気合を入れて、やっと「ダ・ヴィンチ」編集部のビルに到着。近代的な七階建ての四階から上をメディアファクトリーが占めていて、「ダ・ヴィンチ」編集部は六階のようだ。でっかい会社なのである。五階の受付で来意を告げると、ロビーのようなところに案内され、待つことしばし。五階フロアはロビーを囲むように会議室

が並んでいて、あちこちで会議中の模様。
杉　すごいなあ。日本の会社って、こんなに会議してるんだ。
浜　そろそろ帰る？（笑）
杉　なに言ってるんですか、ちゃんと座っててくださいよ。ふらふらしてないで。
宮　いろんな本がありますね。

ロビーの一角の壁が本棚になっていて、ベストセラーの「あたしンち」や「日本人の知らない日本語」シリーズのほか、文庫、コミック、新書など、自社刊行物がいっぱい。メディアファクトリーってこんなに書籍を出していたんですね。

浜　売れてる本が多いね。「ゴーストハント」も「マジック・ツリーハウス」も、うちに全巻揃ってるもん（笑）。
宮　『10万円貯まる本』って、すごく厚いですね。
杉　それは貯金箱だよ。五百円玉を穴にはめていくの。
浜　なるほど。二十枚入れればいいんだ。
杉　どうして？
浜　えっ、違う？　あ、二百枚か（笑）。
杉　社長が簡単な割り算もできない会社って……。

杉江が嘆いているところに、「お待たせしました」と、関口靖彦編集長が登場！……え？　その瞬間、四人ともありゃりゃりゃりゃっとびっくり。驚いたのはいうまでもない。なんと関口編集長は宮里キャンドル潤に瓜二つ！　坊主頭に眼鏡、そして顎髭と、ルックス構成要素がまるきり一緒なのである。顔を見合わせ固まっている二人。永遠に続くかのような沈黙が杉江のひと言で破られた。

杉　いや、似てたのは一瞬だけだった（笑）。関口さんのほうがずっとシュッとしてますよ。
浜　うん。体型が違う（笑）。
杉　パーツは一緒だけど、よく見るとぜんぜん違うね。見間違いようがない。

関口編集長は七四年生まれというから、年齢も宮里と一緒。とはいえ、片や「ダ・ヴィンチ事業部」の部長で、片やヒラ編集者だからか、貫禄の違いは歴然。腹の出ているほうに貫禄がないというのはどうかと思うが、これが地位が人をつくるということだろう。九八年入社で、「ダ・ヴィンチ」一筋十五年の編集長は、そもそもリクルートに入社したはずなのに、「ダ・ヴィンチ」の版元がリクルート→リクルート出版→メディアファクトリー→KADOKAWAと変遷したものだから、気がついたらKADOKAWAの一員になっていたらしい。「転職どころか異動もしてないのに、名刺がどんどん変わってきまして」と笑うが、メディアファクトリーに転籍する際、リクルートに残るという選択肢もありながら、当時の編集部員は全員「ダ・ヴィンチ」を選んだ、と誇らしげに言うのである。ちなみに社内での異動はほとんどないとのこと。

関　アニメ関係とか漫画雑誌とか、いろんな事業部があるんですけど、活字主体の雑誌は「ダ・ヴィンチ」しかないので、ここでの経験をほかでいかすことができないんです。たとえば私がアニメのポスターや抱き枕を作っている部署に移っても、まったく役に立たない（笑）。

　現在、ダ・ヴィンチ編集グループは十一人。そのうちの三人は増刊の怪談専門誌「幽」の担当、残る八人のうち四人がダ・ヴィンチブックスをメインで手がけているため、「ダ・ヴィンチ」本誌は実質四人と外部スタッフで作っている形だという。

杉　四人で一冊？　大変ですねえ。みんな潤より忙しいのは明らかだな（笑）。

宮　ははは。でも、編集部は若そうですね。

関　私と同世代が三人。創刊当初からいる副編集長二人が、四十代後半です。あとは四十代半ばと三十代前半が一人ずついて、二十代が三人ですね。

　ちなみにその十一人が一堂に会しているのが「今月のプラチナ本」コーナーで、編集者が名前を出して原稿を書いているページは「ダ・ヴィンチ」ではここだけ。「プラチナ本」に選ばれたと出版社が帯やポップで謳うケースも多いので、本のセレクトには気を遣うらしい。

関口靖彦編集長と宮里キャンドル潤。顔の大きさを比べてみよう！

浜　選ばれるにはどうすればいいんですか。

関　単純なんですよ。編集者以外に広告の営業が五人、ほかに進行と庶務の担当がいるんですが、彼らも含めた全員で月に一度、最近読んで面白かった本を持ち寄るんです。二十人近くいますから、三十冊くらい毎回あがってくる。その中から私と副編集長が話し合って候補作を三冊決めます。その三冊を編集者十一人が読んで、投票する。

宮　多数決ですね。

杉　うちより、まっとうじゃないですか！声がでかくなくてもいいんだ。

浜　うちも今年のベスト1は多数決だよ。

　企画も十一人で決めていく。特集の会議は二カ月に一度。といっても、二カ月先の特集を決めるわけではない。

関　特集はボリュームもあるので、できるだけ早く進めたいんですが、だからといって半年以上先に何が盛り上がってるかは見定めにくいということもあって。微妙な感じですが……。

浜　半年先くらいの特集を決めていると？

関　そうですね。取材相手のご都合もありますし、あまりぎりぎりに依頼しても間に合わないケースがありますから。

杉　はあ。半年後のことなんて考えたことがないもんねえ。

浜　考えたこともない。半年後に会社があるって確信がないとできないもん（笑）。

杉　「水曜どうでしょう」のようなテレビ絡みの特集は、会議でそれぞれが好きな番組を持ち寄ったりするんですか。

関　なんとなくですけど、それぞれ得意分野があって、芸能担当というか、俳優系に強い者がいたり、お笑い系に強い者がいたり、あと、漫画に強い者もいたり。
宮　役割分担がなされてる。
杉　「水曜どうでしょう」、見たことないでしょ？
浜　ない（笑）。
関　そういう、誰もが知ってるわけではないけど、知ってる人は熱烈に好きみたいなタイミングで上手くすくえるとヒット特集になりますね。
杉　マイナーメジャーの法則ですね。
浜　オレだけが知ってるんだぜみたいなところをつく、と。

「ダ・ヴィンチ」の場合、趣味は読書と答えても、読書量は月に四、五冊程度、書庫を持つほど買い集めてはいないが、大切な本をしまっている棚はある、そういう読者が多いので、浅すぎても突っ込みすぎてもダメ。そのあたりのさじ加減が一番の苦労だという。

関　もっと本を読んでもらいたいという基本スタンスは、御誌も一緒だと思うんですが、弊誌の場合は、まだそんなに本にはまっていない、より一般人な人を（笑）、本の世界に引っ張り込むのが役割なのかなと。ですから敷居はなるべく低くして、奥のディープな世界に誘うような形にしています。
杉　ここを卒業した人がうちに来てくれたらいいよね。
関　読者の世代的にもそうかもしれませんね。うちは二十代、三十代が中心ですので。

ところで、メディアファクトリーは現在従業員が二百三十人程度いるが、『ダ・ヴィンチ』はわりと隅っこのほう」（笑）に位置するとのこと。創刊時に比べ、部数が減ったこともあったそうだが、関口さんが編集長に就いてから前年比二十パーセント増まで躍進！

関　すごく単純なんです。特集のボリュームを一気に倍くらいに増やした。軽く浅い最新情報だったら、いまはネットで済んじゃいますから。敷居の低いテーマでも、それをどれくらい掘り下げられるか、量と深さで勝負しようと。
浜　好きなように変えていいという感じだったんですか。
関　そうですね。上手いこと変えろよと。

笑いながら就任当時を振り返るが、プレッシャーはすごかったらしい。つまり、関口編集長は「ダ・ヴィンチ」中興の祖というか、躍進の立役者。おお、そうか、こういう人を抱えるのが本の雑誌延命の王道なのではないか（笑）。

杉　トレードだよ（笑）。いいじゃん、異動がないって言ってたし。
宮　え？　誰とですか……。
杉　おまえとだよ。初めての異動として本の雑誌社入り（笑）。
浜　うんうん。ずっと同じ仕事だと飽きちゃうしね。
杉　「ダ・ヴィンチ」の田中マー君とうちの井端を（笑）。

（二〇一四年一月号）

しまぶっくに弟子入りする

——初心忘るべからず。

今号は古本屋特集だというのに冒頭がまたおじさん三人組かよ、と思われる読者も少なくないかもしれないので、あらためて明らかにしておきたいが、おじさん三人組の究極の目標はブックカフェ開業！　つまりコーヒーも飲める古本屋の経営なのである。

思えば、おじさん三人組が本誌に初めて登場したのは二〇一〇年十一月号。カフェ特集号で、都内のブックカフェを巡ってはああだこうだと文句をつけたのだが、それもこれも来るべき日に備えての事前調査だったのである。以来、警察博物館を訪問したり、ダ・ヴィンチ編集部に潜入したりと紆余曲折あったが、ブックカフェ経営という所期の目的を忘れたことは一日もなかったのだ（本当か）。

というわけで、浜本、杉江、宮里（年齢順）の本誌おじさん三人組は今回の特集にあたり、開業のノウハウを学ぶことにした。

講師はしまぶっくの渡辺富士雄店長。新刊書店の青山ブックセンターに勤めたあと、いろいろあって四年前に江東区三好にしまぶっくをオープン。地下鉄の清澄白河駅から徒歩三分、下町情緒あふれる深川資料館通りに面し、木場公園の東京都現代美術館からも歩いて五分という立地をいかし、古本のほかアート系の新刊洋書も扱っている。

渡辺さんに弟子入りしたのはほかでもない。実はしまぶっくは古書組合に加盟せず、したがって古書市場にも出入りせず、そのうえ客からの買い取りも基本的にはせず、本を独自に仕入れて営業しているのである。つまり既存のシステムとは一線を画した手法で店を運営しているわけで、渡辺メソッドを学べば比較的短期間で開業にこぎつけられるのではないか。なんといっても組合の加入金がかからないのがいいじゃないの！　と、まあ、そう考えたわけである。

ブックオフ江東門前仲町店前に集合！

では、渡辺さんはどうやって仕入れているのか。

なんと、ブックオフを回って店の商品をわしわしとせどりしているのである！

おお、そんなことが可能なのか。ブックオフで買った本を売って古本屋の商売が成り立つのか⁉ そこで、おじさん三人組は、まず渡辺さんの仕入れに帯同させてもらうことにした。本日向かったのは清澄白河か

ら大江戸線でひと駅の江東門前仲町店。朝イチで来るのが鉄則とのことで、いつもは朝十時の開店と同時に入店するそうだが、本日はおじさん三人組の都合で十三時に入店(すみません)。一階は素通りして二階に上がると、まず百五円の文庫棚から東野圭吾の分厚い文庫を数冊、さっと抜いて店備え付けの買い物カゴに放り入れる。

渡 文庫はいつも東野圭吾だけ先に見るんです。うちはだいたい店頭で二百円均一で売ってるので、厚いのがあったら、とりあえず抜いておく。東野圭吾は鉄板なんです。で、次は絵本の百五円の状態のいいもの、うちで売れそうなものを探します。

と言いながら、児童書コーナーに移動した、と思ったら、すごい速さで絵本を抜き始める。絵本は福音館などの定番が売れ筋。しまぶっくは店頭で絵本も二百円から五百円で販売していて、そのための仕入れなので、百五円以外は基本的に見送り。「エルマー」も百五円だったらと言いつつ手に取るが三百円だったので元に戻す。「ナルニア」も揃って百五円だったら買うんだけどとスルー。シリーズものは全巻揃っていないと買わないらしい。とはいえ児童書の棚が終わったところで、買い物カゴはいっぱい。いやはや、こんなに買うのか。まだ入店から十五分なのである。

続いて新書の棚に移動。こちらも均一本探しだ。百五円とそれ以外で棚が別になっているので、ぱぱぱっと百五円棚だけ見ていく。新書は定番ではなく、少し変わったもののほうがいいという。

渡 ものすごく広い店なら普通の岩波、中公でいいんでしょうけど、ちっぽけな店なので、ひと癖あるようなもののほうがキャッチーなんですよ。「オペラの上手な聴き方」とか「四ヶ国語会話」とか。年配の方はこういうのが好きなんですよね。

宮 お役立ち知識集みたいな。

渡 ベタなものとベタすぎるものがあって、その線引きが難しいんですけどね。

実用書、写真集と棚を移動しながら素早く検品。アイドル写真集の中に高名な写真家が撮ったものが混じっていたり、本日は四千三百円の値がついている『金子みすゞ全集』が以前は百五円だったりしたこともあったので、チェックは欠かせない。

渡 そういうバカげたことがたまにあるんですよ。

浜 ブックオフならではですね。

函は拭けばきれいになりますから、と抜いたのは東洋文庫の『アラビアのロレンス』。六百五十円だが、中は開いたことがないんじゃないかというくらいきれい。本日初めて購入する百五円じゃない本だが、どうしてこれを買うかはあとで説明しますとのこと。

ちなみにブックオフにはワンデーサンクスパスという

素早く棚をチェック

割引サービスがあって、スタンプを十個貯めると、一日何店でも何回でも一割引きになるらしい。しょっちゅういろんな店に行ってるから十個くらいすぐ貯まるそうで、本日もその割引サービスを利用するという。つまり全品一割引きなのである。

ここで文庫のコーナーにUターン。百五円棚がずらりと並んでいて、うーむと唸るが、ここでのポイントは厚さと元の定価。六百円の壁というものが存在するそうだ。

渡　基本的に外で二百円で売るものだから、定価ってけっこう重要なファクターなんです。だから、昔の文庫ですごくいいものがあっても定価が百円二百円だと（笑）。

浜　やっぱり六百円以上じゃないと。

渡　もちろん店の中で売れそうないいものは買いますけど、なかなかない（笑）。

百五円棚を見ながら、たまに振り返るのがコツとのことで、向かい側の岩波や河出などの百円じゃない棚も確認しつつ素早く進行。これはいける、と抜いたのは佐々木中『定本　夜戦と永遠』上下。定価各千四百七十円、ブックオフ価格各七百五十円という高額商品である。

渡　利益は出ないけど、これを置くと店の核になるんですよ。こういうのがあるからたまにちらっと百円以外の棚も見なきゃいけない。

宮　講談社文芸文庫がけっこうありますね。

渡　うん。ありますね。これはちょっとそそられるなあ。

と手にしたのは深沢七郎『花に舞う』。二〇一三年七月刊の美本だ。定価千四百七十円が七百五十円だが、買いですね、と買い物カゴへ。宮里が見つけた『個人全集月報集　藤枝静男著作集　永井龍男全集』にも食いついた。

宮　九月に出たばかりですからね。ピカピカしてる。

渡　これも買い。気をつけなきゃいけないのは、いいものがあるときは、同じ人がほかにもいいものを売ってる可能性があるわけですよ。

杉　なるほど。確認しないと。

文庫棚をひと通り見終わったところで、百五円の単行本コーナーに移動。神谷美恵子コレクションを手にし、もう少しきれいだったら買うんだけどなあ、と逡巡している模様。

杉　そんなに汚くはないようですけど。

渡　こてこての古本屋さん的な店じゃないんですよ。きれいな本を売りたいので。

宮　状態が大事と。あ、これはいいんじゃないですか。

浜　松浦弥太郎。

渡　よく気づいてくれました。それは買いです。

浜　やった、潤。ほめられた。

渡　これは中で売ります。暮しの手帖的な世界のコーナーを作っているので。

自己啓発やビジネス書のコーナーはスル

ーするそうだが、そういう棚に松浦弥太郎や内田樹が入っていて、ついつい見逃してしまうケースも少なくないらしい。以前、社会問題の棚にミシェル・フーコー『監獄の誕生』が差さっていたこともあったというから、ブックオフは油断がならない。さらに辞典類をチェックしたところで、二階は終了。開始からわずか五十分でカゴ二つがいっぱいだ。

続いて一階の芸術書、写真集のコーナーへ。まず、手にとったのは『茶懐石』千円。定価一万三千六百五十円だが、「こういったジャンルは古くても大丈夫なんですよ」とのことで、同じく定価一万三千六百五十円の『茶花』千円とともに購入。続いてタッシェンの画家シリーズ（洋書）をチェックして、ダブり以外をすべて購入。各百五十円。このシリーズも鉄板だという。さすが現代美術館に近いだけのことはあるのだ。

ずっしり仕入れた本

深川江戸資料館も至近なので落語や歌舞伎の本もけっこう売れるそうだ。

渡辺さんによると、一年かけて売るものと即戦力のものとがあり、単独でも十分価値のあるものと、揃うと店の空気感をつくるものとがある。ベタで計算できる世界と価値を判断しながら選ぶ人に対するものとを、頭の中でイメージしながら店をつくっていくことが大事だという。

と、真面目な話をしている傍らで宮里が『日本女装史』（全日本人形師範会一九六八年刊）というマニア本を発見。古本っぽい本だが、「これはいいよ、ギャグだね」と笑いながらカゴに投入。『遊びの博物誌』『日本の土偶』も続いてカゴに。

渡　こういう本って、もちろん考古学に興味のある人が買うかもしれないけど、たとえばゆるキャラ作りのヒントを探してる人が買ったり、もしかしたら女の子がかわいいって買うかもしれない。そんなことを頭の中でぐるぐる考えながら買っていくわけ。でも、ふいに売れたりするんですよ。人間の興味って尽きないものだと、本屋やってると実感します。そこが面白いところですね。

以上で本日の江東門前仲町店での仕入れは終了。買い物カゴ三つがいっぱいで、合計七十九冊、値札通りなら一万九千五百九十五円だが、ワンデーサンクスパスで一割引きなので、一万七千六百三十五円のお買い上げ！

四人でタクシーのトランクに積み込み、しまぶっくに到着。ぴかぴかのきれいな三階建てビルの一階だが、それもそのはず、現在のビルは築一年。四年前に開店した際はシャッターだけで扉もない古い平屋だったそうだが、建て直すことになり、一二年の七月から九カ月ほど、道路の向かい側の空家に間借り。一三年の四月に新築となったビルに戻ってきたのである。

渡　だから、三軒目って感じ。ただ、最初がそんな感じだったから家賃が安かったんです。その代わり引き戸をつけたり床をフローリングにしたり。そういう費用は自分でかけて。

杉　秋でしたよね、開店したの。

渡　そう。二〇一〇年の九月二十三日。三カ月前からブックオフに通って仕入れしたり、イケアで棚を買ってきて、組み立てたりしてました。

宮　内装もされたんですか。

渡　いえ、そのまま。建物自体はボロっちくて古めかしいんですけど、変な造りで天井も高くて雰囲気はあったんですよ。いまは新しくなったけど、外の青いテントを大家さんがつけてくれて、きれいでしょう。売り場は前と比べて一坪小さくなって八坪になっちゃったんだけど。

しまぶっくに到着！

宮　そんなに狭い感じはしませんよね。

渡　狭いからストックもないんですよ。均一用の文庫が少しあるくらい。

浜　昔ながらの古本屋だと、通路までぎっしり本を積んでたりしますよね。

渡　僕はそういうのが性に合わなくて。普通の上等を店のイメージにしたいんです。最高級なものはないけど、なんとなく上等で興味の持てそうなもの、気の利いたものがちょっとずつあればいいなと。それは品揃えだけじゃなく、店のかまえとか。おしゃれ古本屋さんじゃないけど、スタイリッシュにすると入りづらいでしょう。普通なんだけど清潔感があって入りやすい店が理想なんです。だから状態の悪い本は置かないし、通路だって狭いけどそれなりに通りやすくしてる。そういうことも含めて「普通の上等」というのが、自分の中では店づくりのいちばんのポイントですね。

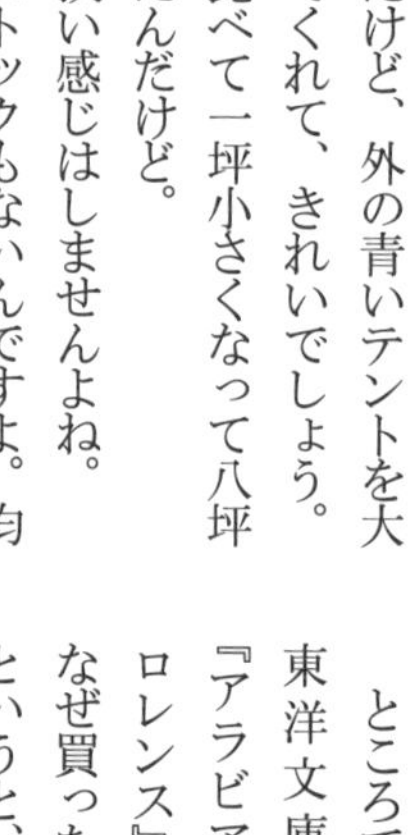
すっきりとした店内

ところで、東洋文庫の『アラビアのロレンス』をなぜ買ったかというと、しまぶっくの棚にはT・E・ロレンスの『知恵の七柱』と自伝『砂漠の反乱』があるが、隣にもう一冊『アラビアのロレンス』があれば、『砂漠の反乱』は鉄板で売れるんだという。

浜　一冊入ることで、三倍力になるような感じ？

渡　麻雀と一緒なんですよ。

杉　手づくり。暗刻った（笑）。

渡　これを壁にして『砂漠の反乱』を買わせるわけです。

同様に白川静も『字訓』『字統』の二冊があれば、暗刻の壁になって、その横にある『白川静』『漢字百話』などの新書類は、放っておいても確実に売れていくとのこと。

「普通の上等」を心がける

暗刻が揃う棚

文庫版の『漢字百話』も文庫の中に埋もれてしまったら売れないが、『字訓』の隣に置けば売れたも同然。『字訓』『字統』を買えたらハネマン（笑）、五六面待ちの状態なのだ。

渡 『砂漠の反乱』は外に置いておいても売れますよ。でも、外の商品っていうのはダマテンみたいなもの（笑）。中はリーチをかけたほうが出やすいものもあるんですよ。

杉 ひっかけ（笑）。すごいなあ。

渡 そんなのばっかりですよ。たとえば伝奇ものとか、おどろおどろしい本のコーナーで大きい本の横に諸星大二郎の漫画を置いておくと、必ず売れるんですよ。手づくりなんですね。

杉 まず壁になる本を想定して買ってくるわけですね。

浜 うーん。どうやってそういうことを知っていくんだ？

杉 俺たちには無理だよ。土台がないもん。

渡 ほんとに麻雀に似てるんですよ。ツモは悪くても千点二千点でも上がんなきゃダメ。だから外でダマテンでピンフのみ、百円二百円で数を売る。マンガン、ハネマン、役マンなんてめったに上がれないんですよ。ザンク、ゴーニ、ゴッパあたりの金額を数多く上がれる仕組みを作ることがコツなんです。

ちょうど五十歳でしまぶっくを開いた渡辺さんは、いまさら古本屋で修業をするのも無理だろうと、新刊書店で長年培った手づくりの世界のノウハウを古本屋に持ち込んだのである。

渡 それをブックオフのせどりだけでやってるんだから、ある意味ゲーム感覚ですよ。その面白さがわからないと続かないんじゃないかな。せどりにはまるとシビレますよ。

杉 買ってるときと売ってるときはどっちが楽しいですか。

渡 両方楽しいですよ。買う売るの高揚感は最高（笑）。

宮 古本屋は買うのが仕事ともいいますしね。

渡 きついんですよ。あると買っちゃうから（笑）。毎日、重たい本を運んでるから、肉体的に大変です。だから店の営業中は休んでるって感じ。品出ししたらやることないんで。

宮 あ、それなら僕にもできそう（笑）。

浜 おまえな（笑）。

（二〇一四年二月号）

校正の専門会社に行く

「校正畏るべし」というのは論語の「後生畏るべし」のもじりらしいが、このフレーズの創始者は明治の文人ジャーナリスト福地桜痴というから、つまり校正は百年以上も恐怖の対象とされてきたことになる（本当か）。いったい校正のどこがそんなに怖いのか！ 体を張って調べてみよう。

というわけで、浜本、杉江、宮里（年齢順）の本誌おじさん三人組が校正専門会社に潜入してみることになった。ターゲットは鷗来堂。

二〇〇六年一月に柳下恭平社長が始めた会社である。歴史は浅いが、八年目にして社員三十八人を抱える校正会社の最大手に成長。なんと神楽坂駅隣のビルの一階と二階の二フロアをまるまる占有しているのである！

「六月までワンフロアだったんですけど、狭くなったので、下のフロアも借りたんです」

一階は校閲部、組版装幀室、校閲技能涵養室、二階は営業部、総務部、制作管理部という布陣。出版社の編集部、校閲部を窓口に仕事の段取りをまとめてくるのが営業部で、営業部があずかってきたゲラをもっとも適任と思われる校閲部員に振り分けるのが制作管理部だ。その他の部署については後ほど。

杉 なるほど。制作管理部が交通整理のように、これが得意なのはあの人だと。

柳 そうです。たとえば盛岡が舞台で、盛岡弁のチェックが必要になる小説は、盛岡在住の校正者に読んでもらおう、と。そのあたりまで制作管理部が担当しています。

もちろん盛岡在住の校正者は社員ではなく契約スタッフである。契約スタッフは百六十八人もいるそうだが、コンスタントに仕事をしている校正者はそのうちの八十人程度。ほかに方言や術語など専門分野を見るために登録してもらっている専門家が控えているらしい。

静まり返った校閲部の室内

柳 新書とかライトノベルとか、ジャンルの得手不得手もありますが、初校で著者校の前に疑問をどんどん出すのが得意な校正者と、再校で単純誤植を整えていくのが得意な校正者といった役割分担もあるんですよ。

宮 へえ。そこまで分業化を。

杉 先発と抑えがいる。

浜 ということは、初校を読む人と再校を読む人が別というケースが多いんですか。

柳　分けるほうが多いですね。同じ人が読むと同じところを見落としてしまう可能性が高いですから、違う目で見るほうがいいですよね。

ちなみに校閲部の社員は十八人だが、八割が女性。しかも今年新卒の女性が二人入ったそうで、平均年齢は余裕の二十代。おお、おじさん三人組には縁遠い世界ではないか。というわけで、勇気を振り絞って一階の校閲部に、まずは潜入！

杉　（小声で）シーンとしてるね。

浜　うん。声を出しちゃいけない感じだ。

全員が壁に向かって黙々と仕事している。机が向かい合っていないから、顔を見合わすこともない。内線はあっても外線は引いていないというから、電話の呼び出し音が鳴ることもない。紙をめくる音だけが聞こえる異次元のような世界なのである。

杉　すごいな。みんなひたすら読んでるわけでしょ。一日の終わりがわからなくなるよね。

柳　うちは十一時始まりで二十時までなので、そのあたりが一応の目安ですね。

杉　二十時になった途端、全員喋りだしたり（笑）。

柳　前は本当にシーンとしてたんですけど、二フロアになってからは少し人の動きを入れるようにしたんです。制作管理部の者が降りていって、その場で打ち合わせをするとか、タイムカードも上のフロア一カ所にしか置かないとか。

浜　タイムカードがあるんですか。

柳　あります。労務管理しないと、みんな読み続けて死んじゃうので（笑）。

宮　読むのが好きなんだ（笑）。

隅の資料棚には『織田信長総合事典』『機動戦士ガンダム公式百科事典』『世界の名酒事典』『魔法事典』など、都度増えていったと想像される資料が並んでいる。新聞の縮刷版を揃えるというのが当面の目標らしい。校閲部の部屋の一角は組版装幀室。まだ全体の一割程度だが、鷗来堂は校正・校閲とセットで組版も請け負っているのである。

校閲部の隣は外部スタッフ専用の部屋。白いテーブルが並び、パソコンも数台設置されている。いちばん前のテーブルに漫画のゲラが載っている。

浜　漫画の校正もするんですか。

柳　漫画は見るところが多いんですよ。ネクタイの柄が違うとか髪を縛る向きが逆だとか。

浜　そういうところも見るんですか！　それは描き直し？

柳　そうですね。だから、絵の指摘はすごく嫌がられます。

浜　付箋がいっぱい。この備品は自由に使っていいんですね。

宮　はさみとテープは何に使うんですか。

柳　それこそ漫画の真っ黒なところに指摘を出したいときは付箋テープを貼って、その上に書いたり、マスキングテープをして書いたりするんですね。

杉 校正七つ道具！

浜 でかいホチキスに普通のホチキス、はさみ、付箋、大きい定規、クリアファイル。すごい、ダブルクリップに社名が入ってる！ これは作ったんですか。

柳 それは、そこにいる木下和実という男が一つずつちびちび貼ってくれたんです(笑)。

木 総務の木下と申します。

杉 すごいなあ。こうやって貼っておくと返ってくるんだ。

木 仮に返ってこなくても、うちにとってメリットがありますから。

杉 宣伝になるんだ。電話番号も入ってるもん。すごいアイデアだよ。社長賞もの。

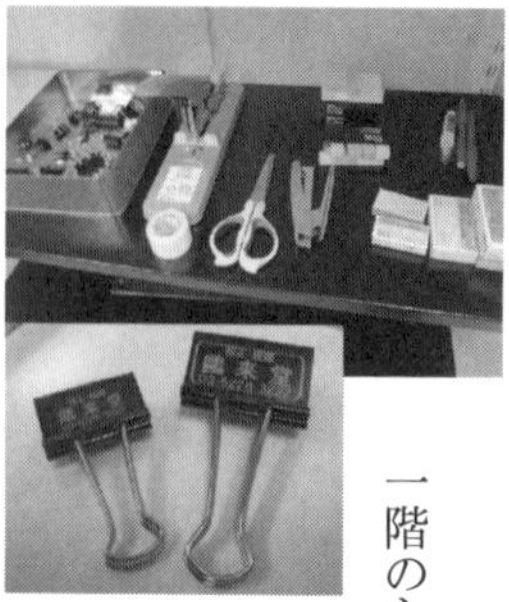

校正必須アイテムと社名入りクリップ

一階のもうひとつの部屋は学校などをやっているスペース。鷗来堂では、書籍校正者を目指す人向けの「かもめ校正塾」を開講しているのである。教育を担当するのが校閲技能涵養室で、外部スタッフや社員のトレーニングもしているという。へえーと唸りつつ、階段で二階へ。担当した本がずらりと並ぶ書棚を通り抜けると、校閲部の女性がお弁当を食べている真っ最中。

柳 ここは休憩室ですね。

宮 すみません、お食事中に。

浜 いまは二時半ですけど、今日は十一時から、誰とも口をきかずに？

女性 そんなことはないです(笑)。

杉 こっちは営業などの部屋ですね。すごいな、こんなにいるんだ！

営業部に入ると、潤のような頭をした人がいっぱい(笑)。

浜 営業の人は頭丸めなきゃいけないとか(笑)。

柳 いえいえ。ただ、彼は似顔絵に合わせて刈り込んだという(笑)。真ん中が総務部で、奥が制作管理部になります。

浜 椅子がおしゃれですねえ。

宮 備品もきれいでピカピカしてるし。

似顔絵に頭を合わせた武藤氏

浜 すごい。各社の入館証っていうのがいっぱい。これさえあれば、社食も入り放題。

杉 部活とかあるんですか。

柳 ありますよ。将棋部、珈琲部、餃子部。

宮 餃子部！ いいなあ(笑)。

木 山岳部もあります。あと社内に秘密結社も(笑)。何かは申し上げられませんが。

杉 楽しそうだなあ。明日からどっちの会社に行くって聞かれたら、こっち来ちゃうよね。

宮 俺も！

浜 潤は営業部に同じ頭の同志がいるから。

（二〇一三年九月号）

本の雑誌社の本

2016 秋・冬

講談社ノンフィクション賞＋梅棹忠夫山と探検文学賞受賞
謎の独立国家ソマリランド
高野秀行
四六 P512
本体 2200円

就職しないで生きる九つの方法
放っておいても明日は来る
高野秀行
四六 P192
本体 1400円

どこから読んでもおかしな日常
スットコランド日記 深煎り
宮田珠己
四六 P352
本体 1700円

突然あたしは何もない部屋に住みたくなった
捨てる女
内澤旬子
四六 P248
本体 1600円

好きなところを歩け。好きなところで眠れ
北緯66・6。北欧ラップランド歩き旅
森山伸也
四六 P256
本体 1500円

競輪競馬競艇オート、ギャンブル全部盛り＋酒！
ギャンブル酒放浪記
六 P240
1600円

イノシシは、そこにいる
猪変
中国新聞取材班
四六 P248
本体 1600円

読書は旅だ――松浦弥太郎と共作した小冊子も収録
果てしのない本の話
岡本仁
四六 P208
本体 1500円

コミカルな筆致と思索的な深みで描く伝記漫画
千利休
清原なつの
A5P376
本体 1700円

「一生やんちゃ男」が五十歳ではじめてパパになる
この子オレの子！
中場利一
四六 P256
本体 1500円

まるごと一冊サイエンス・フィクション徹底ガイド
別冊⑮SF本の雑誌
本の雑誌編集部
A5P176
本体 1500円

武部本一郎、小松崎茂…挿絵画家七十一名の世界
SF挿絵画家の時代
六 P288
1800円

大谷能生
ジャズと自由は手をとって（地獄に）行く
四六 P2
本体 18

ぼくたちは今ここからスタイルを学ぶことができる
植草甚一の勉強
大谷能生
四六変 P272
本体 1600 円

あるリトル・マガジンの魂
Get back,SUB!
北沢夏音
四六 P540
本体 2800 円

こころがかゆいときに読んでください！
ROADSIDE BOOKS
都築響一
四六 P312
本体 2000 円

『ワンダーランド』と黒テントへの日々
おかしな時代
津野海太郎
四六 P464
本体 2800 円

一九六〇年代、「サブカルチュア」は輝いていた
記憶のちぎれ雲 我が半自伝
草森紳一
四六 P448
本体 2800 円

足のカカトをかじるイ
椎名誠
四六 P
本体 16

中国路地裏歩きスケッチ&エッセイ集
北京食堂の夕暮れ
沢野ひとし
四六 P248
本体 1800 円

愛犬と過ごした十五年をイラストとエッセイで綴る
クロ日記
沢野ひとし
新書 P176
本体 1300 円

裁判官、この小説には重大な欠陥があります！
キムラ弁護士、小説と闘う
木村晋介
四六 P256
本体 1600 円

初代発行人が描いた創刊ドタバタ青春記！
新装改訂版 本の雑誌風雲録
目黒考二
四六 P280
本体 1800 円

幻のヒトケタ号が創刊四〇周年記念で蘇る
完全復刻版「本の雑誌」創刊号〜10号BOXセット
本の雑誌編集部
A5 箱 P642
本体 5000 円

本のお宝、読書の宴。週刊文春の人気連載書籍化
文庫本宝船
坪内祐三
四六 P720
本体 2500 円

あふれだすガレージキットへの愛と情熱
ワンフェスのワンダちゃん
水玉螢之丞
B5P160
本体 2314 円

〔吉野朔実劇場 ALL IN ONE〕
吉野朔実は本が大好き
吉野朔実
A5P648
本体 3000 円

〔吉野朔実劇場⑧〕
天使は本棚に住んでいる
吉野朔実
A5P96
本体 1300 円

肉汁と餃子愛ほとばしるスーパーガイドエッセイ
餃子バンザイ!
今柊二
四六 P216
本体 1200 円

SF夏の時代におくる最新最強ガイドブック誕生!
24
0 円

やっぱり〝売れた本〟はおもしろい!
ベストセラーなんかこわくない
入江敦彦
四六 P288
本体 1800 円

人気作家五十人×必読十冊=五百冊ブックガイド
この作家この10冊
本の雑誌編集部
四六 P432
本体 2200 円

はたして私はあと何冊本が読めるだろうか
百歳までの読書術
津野海太郎
四六 P272
本体 1700 円

暇さえあれば本を読み、暇がなくても本を読む
書生の処世
荻原魚雷
四六 P224
本体 1500 円

日常なのになぜかサバイバル?爆笑迷子エッセイ!
迷う門には福来る
ひさだかおり
新書 P272
本体 1400 円

紹介店数約七百軒! 首都圏古本屋ガイドの決定版!
68
0 円

花布《はなぎれ》屋さんと函屋さんに行く

出版不況のせいなのか、どこの出版社も金のかかる造本・装丁はNGという昨今、しかし経費節減ばかりしていては本はますますつまらなくなるだろう。たまには予算のことは忘れて、電子書籍には真似のできない立派な本をどーんと作ったろうではないか！

　というわけで、おじさん三人組が向かったのは板橋区板橋の伊藤信男商店。出版業界ではつとに知られた製本資材の総合商社であり、書籍の編集者なら一度は「伊藤信男の二十三番で」と呼んでみたい憧れの名前でもある。ちなみに花布とは上製本（ハードカバー）の中身の背の上端と下端に貼りつけられた小さな布のことで、そもそもは本を補強するのが目的だったが、現在は装飾が主な役割。伊藤信男商店はこの花布を一手に扱っており、同社の「はなぎれしおり見本帳」から花布を選んで番号を指定できるのは上製本の編集者だけの特権なのである。では、書籍編集者の憧れ、伊藤信男商店とはどんなところなのか。

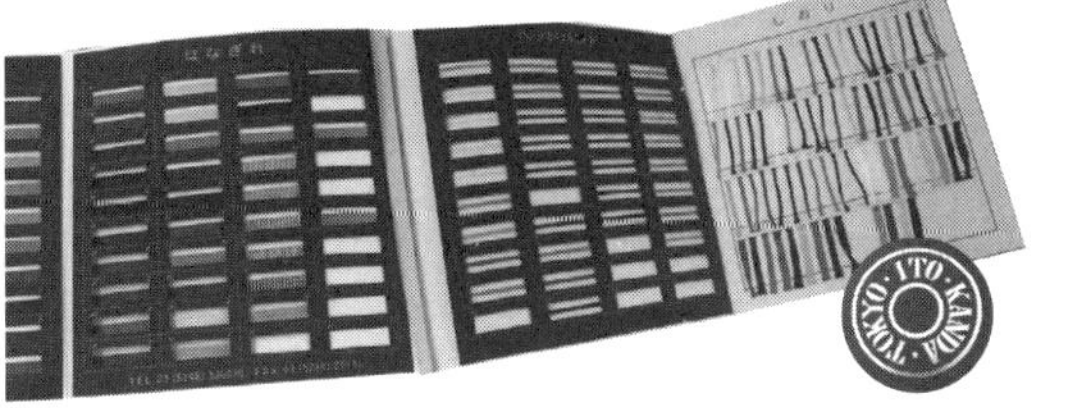

あこがれの見本帳

　ジャーン。なんとクローン人間の巣窟なのであった！　というのは、もちろんうそだが（失礼しました）、こんにちは、と入口の引き戸を開けると、同じ顔をした人が二人同時に「はい」と立ち上がったから、びっくり。来意を告げると、奥から出てきた社長がまた同じ顔をしていたもので、さらに驚いた。なにを隠そう、伊藤信男商店は創業者・伊藤信男氏の次男である二代目社長・伊藤芳雄氏（七十八歳）を始め、四男の健男氏（七十歳）、五男の隆也氏（六十四歳）の三兄弟が率いていたのである。それにしても、よく似た兄弟ですねえ。そっくりだ。

　伊藤信男商店の創業は一九二九年（昭和四年）。銀座の金箔業者に勤めていた伊藤信男氏が製本所や帳簿屋向けの金箔業として独立したが、創業まもない三一年に日本は統制経済へと移行し始め、一般での金

箔の取引が禁止されることになった。

「これじゃ商売やっていけないと、取引先の製本所が必要とする製本資材を扱うようになったんです。ほうぼうから集めてきて一点一点増やしていった」

伊藤信男商店といえば、花布としおりのイメージが強いが、芳雄社長によると、その実態は製本資材のデパートだという。

杉　全部で何アイテム扱ってるんですか。

伊　千くらいですね。年に一度しか使わないものもあるから、儲からないんですよ(笑)。それでよそは扱わないので、あそこに行けって。だからこぢんまりしているけど、なくてはならない店なんですね。

なるほど。事務所の隣に設けられた十坪弱の倉庫には、ロール状の花布、ヘドバン、しおりといった自動製本機用の資材から、刷毛にのり盆、ニカワ鍋に目打ちといった手製本用の資材まで、それこそ造本・装丁の資材なら、なんでもあり。

しおりの束がいっぱい

芳雄社長と三代目健一氏

宮　刷毛だけでも何種類もありますね。

浜　ワイヤーブラシ、クラフトテープ、カッター刃……これはなんだろう?

と、浜本が手にしたのは麻をひも状にした束。ぶっこ抜きといって、図書館が雑誌をまとめて合本にするときに、重ねて穴をあけ、このひもを通すのだという。保存製本用なのである。へえ、と感心していたら、いたた、という宮里の悲鳴が。竹指輪と書かれたダンボール箱から指輪を出してはめていたら、抜けなくなったみたい。

伊　それは紙を折るときのスジつけに使うんです。ひとりひとり指が違うから、いろんな太さがあるんですよ。

浜　本物の竹なんですね。

杉　指に合わせてみるんだ。

伊　そう。箱のまま持っていって、選んでもらいます(笑)。

伊藤信男商店は本社のほか、水道橋に製本工房リーブルという事業部を設けている。製本講座を開いたり、個人向けの製本用具を販売するワークショップだ。受講者は女性が多いそうだが、年配の男性も通っているらしい。講座内のマーブル研究会が作ったオリジナルのマーブル見返しも販売しているという。

花布としおりがメイン商品となったのは製本の機械化が進んだ一九六五年以降とのことで、現在はほぼ一社独

各種刷毛がずらり。

占状態。書籍以外に手帳用のしおりも扱っていて、こちらの売上げもでかいそうだ。

杉　見本帳にない色の花布を作ってくれっていう依頼があったりしないんですか。

伊　あっても、部数がロットに達しないんです。

浜　そうですよね。一ロットが五百メートルだから。

杉　五百メートルって何冊分？

浜　束《つか》一センチの本で五十万部分だって(笑)。

杉　村上春樹の新刊じゃなきゃ無理だ(笑)。

伊藤信男商店は現在、本社に八人、リーブルに二人の社員がいる。昨今は手製本が静かなブームでもあるから、就職したい！と願う学生も少なくないだろう。しかし、残念ながら新しく人を採る余裕はないそうだ。

伊　売上げが下降気味なんですよ。なにせ本が、五年で四十パーセントも落ちたから。

浜　そうか。上製本が減ってるってことですね。花布は上製本じゃないと不要なわけだから。

宮　出版社は並製ばかりじゃなく、もっと上製本を作れと。

杉　各社文庫も新潮文庫にならってスピンを入れろと。

伊　部数も減ってますしね。製本工場も大変なんですよ。五百部なんていったら、機械が温まる前に終わっちゃうから。

杉　でも、やめられないですよね。伊藤信男商店がやめたら花布がなくなっちゃう。

伊　なくせないです。最低、兄弟三人だけでも続けます（笑）。

そう笑う芳雄社長だが、実はすでに健男氏の長男、健一氏（四十歳）の三代目襲名（？）が決定しているそうなので、伊藤信男商店はますます安泰。出版社は安心して、どんどん上製本を作ろう！

と終わろうと思ったのだが、ここで帰ってしまったのでは何かが足りない。花布にスピンはたしかに贅沢ではあるが、世の中にはさらに贅沢な造りの紙の本があるではないか。そうだ、函入り本だ！

協栄紙器製本の工場。倉庫の棚には抜き型がずらり

なんでも板橋から西北西に三十分も行けば、製函屋さんがあるという。よおし、せっかくだから函の製作過程も見学してこよう。というわけで、会社に戻らなきゃいけないという宮里を残し、杉江、浜本のおじさん二人組は急遽、朝霞へと向かうことにしたのである。

東武東上線の朝霞駅からバスに揺られること十分。幹線道路から一本入った路地に目指す協栄紙器製本はあった。三階建てのビルの三階まで階段を上り、事務所にお邪魔すると、おお、正面に皇太子時代の今上天皇と会長のツーショット写真！　そしてその下には天皇と社長が一緒に写っている記念写真が。天皇が寄稿している『日本産魚類大図鑑』（東海大学出版会）の函を同社が担当した縁らしい。

　協栄紙器製本は六十年前の一九五三年（昭和二十八年）に浅草のそばの稲荷町で創業。当初は靴やワイシャツ、菓子類などの函が主力だったそうだが、その後、板橋を経て二十九年前に朝霞に移転。現在は出版関係の函に特化しているという。事務所の得意先リストには印刷、製本会社のほか、丸善、原書房、東洋書林、勁草書房など、出版社の名前も並んでいる。やはり学術書、専門書の版元が多いようだ。ただし、高梨賢一社長によると、受注は最盛期の二分の一程度とのこと。

高梨社長に機械を見せてもらう。
完成した函はすごい量！

杉　いままでいちばん数の多い函ってなんですか。

高　宗教関係で百万くらい出たのがあります。ノベルティもので何百万というのも。

　すごい数だが、実際は一社で対応したわけではなく、何社かの共同作業とのこと。納期が迫っていたりロットの関係で間に合いそうにないときは仲間同士で融通し合うという。出版関係の函屋さんは首都圏に二十社ほどあるそうだ。

高　人がやる作業ですから、一日コツコツやっても四千から五千。ただ、そんなにできちゃうと置くスペースがなくなっちゃうんですよ。

　できた函を製本所に納品する流れだが、二トン車でも一台に千個積むのが限界らしい。かさばって大変なのだ。製本所も本と函の両方を置くスペースを確保しなければならないので、タイミングを合わせて作ることが必要になるのである。

　書籍の函は針金止めと糊止めに大別されるが、どちらの場合も、抜き型を作るところからスタート。紙圧、寸法、紙の目まで加味して型を作り、印刷してから抜くのである。

　三階の倉庫の棚には過去に使われた抜き型が出版社ごとにずらっと並んでいる。寸法を出すための束見本もいっぱいだ。

浜　すごいなあ。『会計六法』の束見本。

杉　こんなに厚い束見本は初めて（笑）。

浜　できあがったら、きつかったなんてことは？

高　しょっちゅうです（笑）。

紙は生き物なので梅雨時は湿気で膨らむし、印刷するとインクの厚みで膨らむこともある。だから厚いものはナーバスにならざるをえないという。ただし、本は時間が経つにつれ、なじんで薄くなるので、基本的にはきつめに仕上げるそうだ。

二階の工場では、ちょうど針金止めの函を作っているところで、ダダダダッと小気味いい音が鳴り響いている。協栄紙器製本には針金止めの機械が六台あるが、現在は糊止めが主流で、これだけの台数を持っているところは少ないとのこと。一人の担当者が機械で折癖をつけてスジを出し、続いて三人が針金止めを担当。四カ所を等間隔で止めるのが難しいらしい。

膠《にかわ》を貼る機械、断裁をする機械、昔ながらの手動のスジ押し機など、珍しい機械が並ぶが、どの機械も手作業感たっぷり。ラベルも最後は手貼りだったり、製函は人の手が介在する余地がたくさんある人間味あふれる作業なのである。

杉　こうやって作られてるんですね。いつか函入りの本を作りたいなあ。

ぜひやってください。高梨社長にはっぱをかけられて、おじさん二人組は協栄紙器製本をあとにしたのである。よおし、いつかやったるでえ！

（二〇一四年三月号）

武雄市図書館に行く

図書館といえば、なんといっても佐賀県の武雄市図書館だろう。二〇一三年四月の改装オープンにあたり、蔦屋書店（を経営するCCC）を指定管理者とし、代官山蔦屋書店のコンセプトを取り入れたおしゃれな図書館として生まれ変わった町のシンボルである。武雄市初のスタバが併設され、蔦屋で本が買え、CDやDVDのレンタルもできるという異色の図書館だ。Tカードで本を借りるとポイントがつくというので、うれしい反面、図書館が守らなければならない個人情報が民間企業（CCC）にダダ漏れでは？という疑問で物議をかもしてもいる。いま話題の図書館で、出版界に身を置くものがここを知らずにいていいものか！　うまい具合に同じ佐賀県には伊万里市民図書館という武雄市図書館と正反対のコンセプトを掲げる図書館が車で三十分のところにあるらしい。

そうか。一館なら予算が厳しいけど、二館行くなら頑張ればなんとかなるだろう。というわけで、おなじみ宮里、杉江、浜本（若い順）の本誌おじさん三人組が初の地方出張。武雄市図書館と伊万里市民図書館を電撃訪問することにしたのである。

とはいえ経理の小林がそろばんで弾き出した計算では、三人が往復飛行機で移動するのは予算オーバー。若いうちの苦労は買ってでもしろというだろ、帰りは飛行機に乗せてやるからとかなんとか甘言を弄して、東京から福岡までの往路を、若い順に「高速バス」「新幹線」「飛行機」と定め、ついでに武雄市図書館と伊万里市民図書館の話も出てくる『つながる図書館』（猪谷千香／ちくま新書）を道中の課題図書とし、誰がいちばん速く読めるかを競うことにしたのである。各自ばらばらに出発し博多駅上の丸善博多店で二月五日十二時に待ち合わせ。さあ、行け、潤！

◎宮里潤の高速バス日誌

二月四日（火）十八時　今月刊『定食と古本ゴールド』（今柊二）を校了後、その足で新宿へ。博多行バス出発時間まで、ルミネ地下のベルクでビール補給しつつ待機。どこで飲んでも酒はうまい。

☆杉江由次の新幹線日誌

二月五日（水）　午前四時半起床。眠い目をこすりと書きたいところだけれど、前夜は九時に寝たのでとてもすっきり。ただし窓の外はまだ真っ暗。この暗闇のなかバスで博多を目指している宮里潤はどの辺りにい

二十一時　いい気分で西新宿の乗り場へ。予定通り出発。学生や出張費を浮かせたいサラリーマン?・など。男9対女1くらい。早くリラックスしたいので酒をあけようとしたら、なんと「車内は禁酒禁煙です」とアナウンスが流れる。ショック。
二十一時十分　仕方なく移動中の課題図書『つながる図書館』を開く。灯りが暗いので読みにくい。黙々と読む。無性にわびしい。
二十二時　横浜着。新たな客が乗り込み、ほぼ満席に。数少ない女子はなぜか全員後部座席にかたまっているので、出会いのチャンスがない。シートを倒したいが、後ろにいる強面の男が恐くて言い出せない。
二十二時半　海老名サービスエリア(SA)着。トイレに行くふりをして、喫煙所の陰で鬼ころしのミニパックを一気飲み。アル中みたいだ。『つながる図

15時間の旅が始まる！

るのだろうかと一瞬だけあの上下反転しても変わらぬ丸顔を思い出す。

　家族を起こさぬよう旅の準備をし出発。飛行機大嫌いの私は新幹線で博多へ向かうのだ。六時五十分、東京駅発博多行きのぞみ7号に乗り込む。がらがらの車内でコンビニで買ってきたあんぱんを食べつつ、さっそく課題図書の『つながる図書館』を読みはじめる。

　日頃図書館をほとんど利用しないので知らなかったが、図書館は「私たちの人生にチャンスを与え、私たちの暮らす町をより豊かにする可能性を秘めている施設」であるらしい。しかも『無料でベストセラーを借りられる図書館』しか知らない方がいたら、お節介を承知の上で『あなたの人生、損してますよ』と声をかけたい」くらいなのだそうだ。

　前々からそうじゃないかと思っていたが、私の人生は損をしていたらしい。しかもそれが図書館のせいだったとは……。もはやこれは取材ではない。図書館参りだ。

▼浜本茂の飛行機日誌

二月五日(水)　七時に起床。七時半に家を出て中央線、京浜東北線、モノレールと乗り継ぎ、九時に羽田空港第二ビル着。空港に着いたら、搭乗予定のANA247便は、いきなり出発時刻が十分遅れの九時五十五分に変更になっている。あらら、福岡空港まで二時間だから丸善に十二時はもう無理だわ（笑）。預ける荷物もないので、さっそく保安検査場を通過して、コーヒーを飲みながら『つながる図書館』をぱらぱら。何を隠そう第五章まではこっそり読んでいるので、残るは六章だけなのだ。朝のワイドショーでソチ五輪報告などを見ているうちに搭乗時間に。雪で新幹線が遅れているらしい。気になるので杉江にメール。

　窓際の席で快晴のため、離陸する

優雅な空の旅をiPhoneで撮影

書館』の続き……と思ったら、「消灯時間です」。全然眠くないよ。

二十三時　隣のサラリーマンのいびきがうるさくて泣く。毛布をかぶってスマホでネット。

二月五日（水）四時半　兵庫SA着。外でカロリーメイトをかじる。寒い。またガマンできずに缶ビール隠れ飲み。うまい。うまいけど寒い。

七時五十分　広島SA着。寝たままの客、起き出してスマホをいじる客が半々。『つながる図書館』武雄市図書館の五章をめくりつつ、うつらうつら。灯りがついたのに車内のカーテンは引きっぱなし。護送される囚人のようだ。

十時　営業部・浜田より「順調ですかー?」とメール。「禁酒でした（涙）」と返すと「マジか。ウケる（笑）」と返信。

十一時四十分　いつの間にか熟睡。ハッと気づくと博多駅に到着していた。モソモソ準備してバスを降りる。結局課題図書は一、二章と五章だけ読了。

人生を好転させる秘密がどうやら図書館にあり、しかもこれから目指している武雄市図書館と伊万里市民図書館は有名なパワースポットのようだ。

　わくわくしてきたが広島を過ぎたらさすがに新幹線も飽きた。トンネルが多くて車窓の景色も愉しめない。どうやら新幹線で博多まで行くのも、「人生、損している」らしい。今頃、ただひとり飛行機で博多を目指し「人生、得している」浜本の丸顔が浮かぶ。

　恨み言をいっているうちに博多着。待ち合わせ場所の丸善博多店へ向かう。なんだか博多は美人が多い。さっそくパワースポット効果が現れたか。

のぞみ7号でGO!

という次第で、丸善博多店に最初に到着したのは高速バスの宮里。新幹線杉江が続き、飛行機浜本がビリという順番になったが、

と地上の様子がくっきり見える。福岡行きの飛行機は本州の上空を飛ぶらしく、家の近所を流れる善福寺川や調布の味スタまで特定できる。模型みたいだ。高度が一万四千メートルまで上がり、しだいに下界は山ばかりになったが、上から見ると葉っぱの葉脈のような筋が走っていて、なるほど山脈とはこのことか!と感動。

　いつの間にか寝てしまっていたようで、気がついたら着陸態勢に入っている。飲み物がもらえなかったけど、まあ、いいか。福岡空港着は十二時ジャスト。後ろのほうの席だったので下りるのに時間がかかり、地下鉄の駅まで走ったものの、十二時二十二分発に乗るのがやっと。それでも博多まで二駅だから十二時半には着けそう。福岡は空港から市内まで近くて便利だ。

もちろんうさぎは油断していたわけではなく（居眠りはしたけど）、単に出発時刻の関係であることは言うまでもない。それにしても丸善博多店の広いこと。博多駅駅ビル

丸善の徳永さんとパチリ

の八階に広がる売場はなんと八百坪！　それもワンフロアだから、端っこに立つと向こう端がまったく見えない。いったい二人はどこにいるのだ！　あわてて店内を走り回っていると、おっと、エレベーターの前で古本まつりをやっているではないの。へーと棚に気を取られていたら「こんにちは」と声をかけられたから、びっくり。旧知の徳永圭子さんが丸善のエプロン姿で微笑んでいる。二、三分前に文芸書の棚付近で杉江と宮里を見かけたというので、さっそく案内してもらうと、いたいた、レッズカラーの年齢不詳と坊主にヒゲの二人組が「遅いよ」と言いながら手を振っている。

悪い悪いと言いつつ、ようやく合流。いざ、武雄市図書館目指して出発だあ！

いや、そう簡単には出発できないのであった。腹が減った、昼飯を食わないと動けない！とキャンドル潤がうるさい。博多駅に一番乗りしてから、ラーメンのこと以外考えられなかったそうで、スマホでずっとラーメン屋をチェックしていたらしい。

「駅ビル二階の博多めん街道にある一幸舎という博多ラーメンの店に行きましょう」

面倒だから吉野家でいいよ、とでも返すと、坊主頭を真っ赤にして怒るのが目に見えているので、素直に入店。

浜　きたきた。宮里潤くんのリサーチのおかげで美味いラーメンが食べられます。

杉　ラーメン屋を選んだところで、今日の仕事は終わりだと思ってるだろ（笑）。

宮　替え玉ください！

腹がいっぱいになったところで、予約していたレンタカー屋で車を借りて、いよいよ武雄市図書館へ。佐賀県の武雄市までは九州自動車道、長崎自動車道経由で一時間ちょっと。武雄北方インターチェンジで高速を下り、ゆめタウンというショッピングセンターを目指すと、おお、右手に噂の図書館が見えた。

浜　あった、武雄市図書館。

宮　駐車場がいっぱいですね。

杉　九十台くらいのスペースがあるのにね。

やっと見つけた空き区画に駐車。なんと水曜日の午後二時四十分だというのに満車状態なのである。ざっと見たところ、停まっているのは佐賀ナンバーがほとんど。つまり地元の人の車ばかりということになる。

杉　かっこいい建物だな。天窓がある。

宮　おしゃれですね。外にテーブルとイスが置いてある。テラスでコーヒーが飲めるのかな。

入口を入ると左手に「音楽／映像」と書かれたコーナーがあって、ＣＤやＤＶＤがずらっと並んでいる。

浜　ＣＤを売ってるの？

宮　レンタルですよ。

浜　蔦屋じゃん。

杉　蔦屋です（笑）。

右手に目をやると、まさに代官山の蔦屋書店そのもの。窓際を占めるスターバックスカフェのシックなテーブルとイスと平行に雑誌の平台が延々と並び、その先に児童書のコーナーが続いている。一階の大半が吹き抜けになっていて、二階部分のものすごく背の高い棚が見えるようになっている。入口を入ったところは蔦屋書店の平台で、売れ筋の新刊に加え、武雄市図書館公式ガイドブックと謳われた『たけお散歩』、『武雄市図書館』という挑戦」という副題がついた『図書館が街を創る。』などの武雄関連本も積まれている。館内は人がいっぱい。それも圧倒的に若い女性が多い。スタバも客がひっきりなしだ。

　平台の奥はジャンルごとに小部屋のように区分けされた棚が並ぶが、どこまでが蔦屋でどこからが図書館なのか初心者にはイマイチわかりづらい。

杉　販売は白、貸出しは黒と棚の表示が色分けされてるって。

浜　並べ方が違うんだね。普通図書館にエンターテインメントなんて棚はないでしょ。

背の高い書棚がぐるり

　たしかに小部屋の中は、エンターテインメントのほか、メディア関連、映画、ノベライズ、美術、本の本、読書といった分類でプレートが出ている。日本の小説が作家別五十音順で並んだ棚があるかと思うと、日本の有名作家という棚、国内小説、文学という棚もあって、オレの本はどこにあるんだ？と探してしまう作家もいそう。

杉　でも、俺たちからすると十進法で並んでいるよりも探しやすいよね。

浜　二階に行ってみよう。

　回廊のように張り出した二階の一角はキャットウォークと呼ばれていて、館内を見下ろすカウンター席にはテーブルの下に一人分ずつのコンセントがあり、パソコンが使える仕組み。ｉＰａｄの無料貸出しサービスもあって、無料Ｗｉ－Ｆｉでネットも自由にできる。至れり尽くせりなのだ。

　再び一階に戻り、せっかくなので、セルフカウンターに挑戦。貸出しも購入もできるそうなので『たけお散歩』を買うことに。まずＴカードを入れて、書籍のバーコードをスキャン。領収書のボタンを押すとレシートのほかに領収書が出てきて、一丁あがり。簡単便利なのだ。

杉　いいじゃん。気に入っちゃった、俺。

宮　年中無休で九時から九時まで。家のそばにあったら毎日来ちゃいますよね。

浜　図書館につきものの妙な生真面目さみたいなものがないでしょ。窮屈な感じがしない。本の並べ方もアバウトだし。

杉　そうそう。蔦屋っぽいよね。でも、本屋と図書館の融合って意外にいいかも。

　杉江が駐車場でお迎えを待っているおばあちゃんに聞いたところ、自分はそれほどでもないが孫がよく利用しているとのこと。駐車場はいつもいっぱいらしい。さすが改装前に比べ来館者数が三倍以上になったというだけのことはある。町おこしとしての図書館は間違いなく成功しているといえるだろう。

　では、『つながる図書館』で「車があれば三十分で行き来できるこれらの図書館を見比べて頂きたい」と書かれている「これら」の一方である伊万里市民図書館とはどんな図書館なのか。「エントランスを一目見れば」「何をしようとしているのか」誰にでもわかるとも書かれている図書館が何をしようとしているのか。車があるんだから、しかと見極めてこよう！

伊万里市民図書館に到着！　お話会の「のぼりがまのおへや」

杉　素敵な建物じゃん。

宮　図書館の匂いがする。

杉　武雄はスタバの匂いだったから（笑）。

　スペースの都合でいきなり伊万里市民図書館に着いてしまうが、中央の入口から左がいわゆる図書館のスペース、右は図書館フレンズの部屋、特別展示室、創作室、和室、会議室、ホールなどが並んでいる。水曜日の夕方だからか、館内はわりと人の姿も少なく、子ども図書コーナーもひっそりとしている。なぜか将棋を指しているおじさんグループが二組。その横にスキー、料理、バレンタイン、ほっこり手編みニットといった季節ものの特集展示がされている。壁面以外の棚は低くて見通しがいい。棚のあちこちにフェアのようにテーマで集められた本を面展する棚があって、その裏側がカップルシートのような二人がけのソファになっている。館内には静かにオルゴールのBGMが流れている。

宮　落ち着きますね。

杉　あちこちにひざ掛けが置いてある。サービスいいですね。

浜　子ども図書コーナーに子ども用のトイレがあるし、授乳室もある。学習室も広い。

宮　ピアノもありますよ。

　と言ってピアノの前に行った宮里が、図書館の人と思われるおじさんと何やら話しはじめてありゃりゃと思っていたら、二人を呼ぶのである。

宮　館長が案内してくれるそうです。

　ラッキーなことに、怪しい三人組を見とがめたはずの古瀬義孝館長は、本日は入れない「のぼりがまのおへや」というお話会の部屋に案内してくれるというのである。

杉　すごい！　子どもが喜びそうですね。

　穴倉のような急な階段状の部屋で天井にはプラネタリウムのように星座が映るのだ。しかも人形劇用のスポットライトやプロジェクターも設置されているとのこと。ほかに百五十席あるホールもあり、講演会や映画会などに使われているそうだ。「図書館フレンズいまり」と呼ばれる友の会は会費千円ながら三百八十人の会員を擁し、正月のかるた会から古本市、まつりまで、図書館のイベントを企画運営しているという。図書館の前庭の草むしりも毎月ボランティアで行っているのだ。まさに市民の図書館なのである。

杉　官民の「民」が民間企業の民じゃなくて市民の民なんだ。

館長　うちは武雄とは正反対ですから。まあ、あれはあれですごいですけど……スタバ人気で人は来ますし。

杉　言われませんか。館長、スタバ作ってって（笑）。

館長　うちには喫茶室があります（笑）。

宮　あの喫茶室、安いですよね。ピラフとうどんのセットが三百八十円とか。

館長　あれも福祉関係でやってもらってますから。普通の商売は入れたくないんです。

浜　なるほど。だから安いんですね。

伊万里市民図書館の皆さんと

ちなみにテーマごとの特集コーナーは館内に四十カ所あり、毎月変えているという。一人でだいたい四、五カ所を担当しているそうで、それがうちの売りですねと胸を張るのだ。館長は蔵書八千冊！の愛書家とのことだが、カウンターの前では川上弘美、中島京子のフェアも展開されていて、本が好きな人が運営している図書館という感じが強い。たしかに短時間いただけでもよさがわかる図書館だ。閉館時間まで伊万里焼きの器でお茶をいただき、再び車に。

宮　親切でいい図書館ですね。

浜　武雄とはアプローチの仕方がまったく違うんだから、気にしなくていいのにね。

杉　どっちもありですよね。行けば借りたい本が見つかるのがいい図書館だとすると、伊万里は立派ですよ。あんなにフェアをやってる図書館は見たことがないもん。

浜　いろんな興味の人が借りたい本を見つけられる仕組みがある。

宮　高校生だったら武雄市図書館のほうがうれしいけど。

杉　武雄は若い女性の居場所っていう感じがする。

浜　新聞を読むおじさんには伊万里のほうが便利だよね（笑）。ただ、俺たち研究者でもないし、ビジネス支援を求めてるわけでもないから。

杉　そうそう。レファレンスを大事にする人がいるのもいいんだけど、普通の人は棚から、ちょっと気になる本を選んで読む感じでしょう。本と親しむには武雄はいい環境だと思うけど。

浜　伊万里のカップルシートみたいなのもよかったよね。

杉　女子高生が二人で一冊の本を覗き込んでいた。

浜　やっぱり本が間にあるっていいよねえ。

（二〇一四年四月号）

第3章
商売繁盛

東京創元社に行く

ついにというか、いよいよというか、新潮社、早川書房、国書刊行会と続いた、お待たせの出版社訪問第四弾は東京創元社。出陣するのはもちろん本誌が誇る精鋭部隊・おじさん三人組（宮里潤、杉江由次、浜本茂、以上若い順）である！

　しかし東京創元社といえば、日本を代表するジャンル小説出版社の雄。泣ける本やエンタメ・ノンフやサブカル本ばかり読んでいるおじさん三人組にはいささか荷が重い。貴重な情報を見逃してしまわないとも限らないではないか。そこで、今回は作家、翻訳家、そして古本者として東京創元社とも縁が深い北原尚彦氏にスーパーバイザーとして同行してもらうことにした。

「くらり」と一緒にパチリ

　東京創元社の所在地は新宿区新小川町で、最寄駅はJR中央総武線のほか地下鉄四路線が乗り入れる飯田橋駅。近くには双葉社やトーハン、印刷会社や製本工場などが軒を連ねる出版村とも呼べる地域だ。その一角に、じゃーん、堂々五階建ての自社ビルをかまえているのである！

　入口が開いていたので、勝手に入ると、おお、六十周年記念キャラクター「くらり」のパネルの上に「歓迎　おじさん三人組御一行様」「歓迎　北原尚彦様」という歓迎看板（?）が！　あはは。旅館かい（笑）。いや、わざわざ作っていただいて、感謝感激です。うれしいうれしいと銘々で歓迎看板を撮影していると、本日の案内役である営業部の森千穂さんと編集部の古市怜子さんが下りてきた。森さんは持ち手を付けた「くらり」のPOPを手にしている。広報活動に余念がないのである。二人に続いてエレベーターに乗り込む。いざ、東京創元社ツアーのスタートだ。

　まずは五階に到着。「では、社長室にご案内します」と、バスガイドの旗のようにくらりをひるがえす森さんの先導で、社長室へ。

浜　先導する人がくらりを持つわけだ（笑）。

杉　森さんは社長室に入ったことがあるんですか。

森　ありますよ！　ＦＡＸやお菓子を届けに（笑）。

　ドアをノックして、一同社長室に入室。

長谷川社長　ごめんなさい。ちらかってます（笑）。

宮　ほんとだ（笑）。

北　身もふたもない（笑）。

　社長の机の袖机の上には高さ七、八十センチの本の山がどーんとできているのだが、これがどうやってできたのかと訝る不思議な山積状態なのである。

杉　倒れそうで倒れない。これは社長積みって呼ばれてるんですか。

浜　積まれているのはそんなに新しい本でもないですね。

長　ここ一年くらいの間に読んだ本で、全部他社さんのものなんですけど。今の日本の人気作家で、棚前に平で積んであるような売れてそうなエンタメがほとんどですね。

この絶妙なバランスを見よ！

北　読んだものを、なぜここに積んでるんですか。

長　家に持って帰ると大変なことになりますので（笑）。この部屋の棚は弊社の新刊だけを並べると決めたもんですから、よその本はここに置くしかない。

浜　隣に資料室というのがあるようですが、そこには置けないんですか。

長　これは昔のプレートなんです。昔はこの奥に資料室があったんですが、手狭になりましたので移動しまして、あとでご覧いただくと思いますけど、今は三階ワンフロアを全部資料室にして、そこに原書とすべての関連書籍を置いています。

北　今日の見どころですよ！

　かつては二階と三階は倉庫だったそうで、埼玉県戸田の流通倉庫と両方で流通業務をしていたとのことだが、戸田の倉庫が手狭になったこともあり、拠点を二つに分けるのは効率が悪いとの判断で、七、八年前に、埼玉県の桶川に流通センターを新設し機能を集約。二階三階が空いたため全体の模様替えを敢行したらしい。現在は、五階が社長室と会議室、四階が編集、三階が資料室で、二階は営業、製作、校正、総務。一階は応接室と小会議室、駐車場という布陣だ。

杉　今、社員は全員で何人いるんですか。

長　社員が三十四人、役員が三人ですから、合わせて三十七人。桶川のほうに十一、二人くらいパートさんがいらして、本社に二人バイトさんがいますので、総勢五十人ほどですね。三十年ほど同じ規模でやってます。この十年ちょっとで数人増えてますけど。

浜　出版社で増えてる会社は珍しいですよね。

長　自然増、自然減もありますけど、十二年で十三人辞めて、二十三人入っている。だから全体の三分の二が入れ替わっています。その結果、編集部は平均年齢が三十七歳くらい。業界の平均値は四十二、三歳と聞きますから、この十数年でうちも相当若返ってきた。新陳代謝は一応進めることができているかな、と思っています。

杉　社長は入社何年なんですか。

長　二十二歳で入って三十八年ですね。今年で還暦なので、この会社と同い年なんです。

杉　社長になられて何年ですか。

長　十三年目に入ります。

宮　何代目なんですか。

長　六代目ですね。前任が戸川安宣で二期四年でした。戸川は今でも編集のほうで仕事をしてますけど。

浜　二十年くらい前ですか、本の雑誌の新刊めったくたガイドで、ノンフィクションを担当していただきましたよね。

長　その節はお世話になりました。元々ノンフィクションは好きで読んでましたし、会社としても出してみたいんですよ。でも、今のスタッフのキャパではそこまでは手が出せない。ご承知のように弊社はジャンル一筋の出版社で、六十年間、海外ものに始まって国内まで、ジャンルはひと通りやってきて、それで読者の方に認知されていますから。こういう状況の下では得意な分野一本で突っ走るしかない、こうなったら海外と国内のジャンルを制覇しようと。そして総合ジャンル専門出版社として勝ち残る。これしかない！と思っています。

北　おお、力強いですね。

長　あ、まさかここの写真出すの？

杉　もちろんです。

北　いや、みんな最初にここに食いつきますよ。この絶妙なバランス（笑）。

浜　しかも早川書房の本がないという（笑）。

長　探せばちゃんとありますよ（笑）。本日はよろしくお願いします。

　ありがとうございました、と一同は隣の会議室へ移動。東京創元社にはなぜかホットプレートが二台！もあるそうで、この会議室で焼肉パーティを開いたりするらしい。へぇー。重版がかかった記念？　慰労会？　などと和やかに話し

四階の応接室には西島伝法『皆勤の徒』ペーパージオラマが！

ていたら、挨拶も済んだはずの社長が顔を出して、「春先の花見代わりとか、肉が食べたくなったときですね」と口をはさむのである。

　ちなみに花見の名所（靖国神社等）まで十数分だが、ここ数年は社員一同での花見はおこなっていないらしい。社員旅行も社長は行きたいそうだが、女性社員がNGで、二十年くらい前から行ってないという。

長　昔は鬼怒川や伊豆に行ったりしたんですけどね。女性はとにかく泊まりが嫌のようで、ホテルの個室をあてがうし、座敷じゃなく立食にするからって言ってもダメなんです。

森　一泊するくらいなら美味しいご飯を食べに行くほうが。

長　ね。今は男女比でも女性のほうが多いから、発言力も大きくて。全館禁煙とか。

宮　全館禁煙なんですか。

長　二階のフロアにちょっとしたキッチンがあるんですけど、その片隅に空港などにあるガラス張りの小部屋を設けまして、基

本的にそこが唯一の喫煙スペースですね。

杉　社長は煙草は?

長　社長室はいいんです（笑）。

浜　治外法権（笑）。

　再び長谷川社長に見送られ、階段を下りて荷物を預けに四階の応接室へ。

北　あ、『皆勤の徒』のペーパージオラマだ!

宮　なんですか、これは。

北　創元SF短編賞の出身で先日、日本SF大賞をとった西島伝法の『皆勤の徒』ですよ。これはWEB版の電子書籍のおまけでダウンロードして組み立てられる。いいなあ。

宮　写真撮ってるし（笑）。

　荷物を置いて編集部へ向かう途中、廊下の備品棚を森さんが見せてくれる。

浜　開けていいですか。

森　大丈夫だと思います。

杉　すごい、ちゃんとお見舞い用の袋とか用意されている。

浜　お祝い用とか。これは総務の人が管理されてるんですか。

森　そうです。ただ、使うのは個々が勝手に。

宮　あれ、早川書房?

浜　ほんとだ、早川書房って印刷されてますよ、クリップの入ってる袋（笑）。

杉　社長の部屋にも早川の本はなかったのに袋はある（笑）。

　備品を細かくチェックしていると、編集部次長の小浜徹也氏が「どもども」と現れ、そのまま一同もろとも編集部へ。

森　ナビゲーターでくらりがご案内します（笑）。

宮　へぇー、きれいですね。

森　ここらへんが国内班で、ここらへんがSF班。こっちが翻訳班という感じです。

杉　明るいよね。

小　先先先代の社長が暗いのがいかんって、たくさん蛍光灯をつけたんですよ。

北　早川書房より広いですね、通路が（笑）。早川さんはもうちょっとせせこましい感じ。こっちのほうが空間に余裕が。でも、いつもはもうちょっとちらかって……（笑）。小浜さんの机は……あ、今日もひどい!

小　机を整理する奴が増えてるんだよね、最近の若造は。いらだたしい（笑）。

杉　長谷川さんもきれいにしろって言ってましたけど（笑）。

宮　小浜さんの机だけモニターが向こうにある感じがしますね。

浜　あそこにキーボードがあって、よく打てるよね。座ってもらって写真撮る?

小　ダメ!　ここは撮影拒否。

　そういえば、以前、編集者の机拝見という企画で撮影させてもら

早川書房の封筒がクリップ入れに

おうと依頼したら、断られたのであった。たしかにその気持ちもわかる汚さだが、しかし。ひとりだけ飛び抜けているわけでもなかったのである。

杉　すごいですよ、井垣さんの机も。

井垣　ああ、見ないでください。

　編集部長の井垣真理さんの机である。部長だけあって、机の幅は倍ほどもあるのだが、上に載っている物量といったら、倍以上かも。

井　でも私は、いちおうここで仕事ができる(笑)。小浜は画板を提げて仕事をしたほうがいいんじゃないかと。前は椅子から立ち上がらないとモニターが見えなかったんですよ。私も穴倉のようになってますけど、一月に腰を傷めて、片づけができなくなって……ああだ、こうだ、ああだ、こうだ……。

編集部長井垣さんのすごい机

浜　まあ、仕事の量が多いと、こうなってしまうという実例ですね（笑）。

　机の棚に辞書を全部天地逆さまに立てている人、バランスボールを椅子代わりにしていたものの、飽きちゃって放ったらかしにしている人など、逸話の宝庫らしい人材もさすがに豊富。編集部の奥の一角にはおやつ置き場があってお土産らしきお菓子が並んでいる。みんなで持ち寄っているそうで、勝手に食べていいらしい。その横には「創元共済文庫」という棚があり、ここ数カ月に出た新刊が数十冊並んでいる。編集部課長の神原佳史氏によると、「読み終わった本を持ってきて、自由に読んでくれというコーナー」で、持ち帰りも可能とのこと。

浜　こっちは資料コーナーですか。

神　ここは各人の書棚です。

浜　えっ、一人一棚？

宮　本棚一棹、いいなあ。

杉　これも人によって個性が完全に出てますね。

北　お、古いペンギンのクイーンがある。『オランダ靴の謎』ですね。誰の棚だろう。これは『ギリシア棺の謎』だ。

浜　ここの棚だけガラスがついている。会社の資料棚？

森　いえ、個人の棚ですね。

神　長い人は二つ棚を持っていたり。社歴によってスペースが変わるんです。

森　ボーナスポイントが付く。

杉　ロッカーもあるんですね。

森　あります。そろそろ二階にお願いしていいですか。

杉　これ以上見せるわけにはいかないものがあるのか（笑）。

浜　移動させたがってる（笑）。

　というわけで、フロアの中央にある荷物搬入用の広いエレベーターに乗り込むと、なぜかスーパーバイザーが大興奮。

北　初めて入る！　初めて入る！
浜　なにを興奮してるんですか(笑)。この落書きはなんだろう……「つかれた」。
宮　「ハゲ」(笑)。
森　二階三階が倉庫だったときに、バイトしてた人が書いたりしたんですよね。

　とかなんとか言ってるうちに二階に到着。エレベーターホールがなく、扉が開くといきなり営業部のフロアなので、ちょっと恥ずかしい。「お邪魔します」と声をあげると、視線が痛いくらい。営業・製作・総務担当の三枝修常務にご挨拶。北原さんも初対面らしく「本を出していただいております」と名刺を交換している。

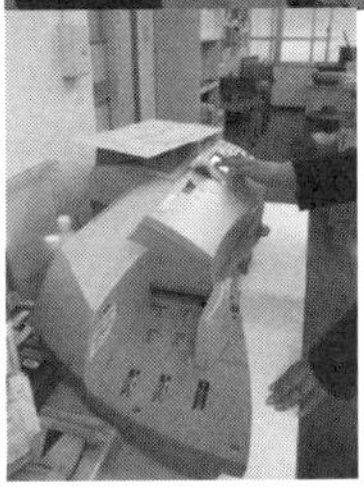

営業部の秘密兵器!?

浜　二階のほうがおしゃれじゃないですか。天井の梁とか。
宮　掃除も行き届いてるし。
杉　きれいだなあ。あれ、これはなんの機械？
浜　郵便集荷って書いてある。
森　郵便の送料を計算して、その値段のラベルを貼る機械です。
浜　へえー。すごい機械じゃん。どうやって使うんだろ。
杉　DMを出すのに使うってこと？　料金別納のシールを貼る機械なのかな。
森　ちょうど大森望さん宛ての定型外郵便があるので、これで試してみましょう。まず、ここに載せると勝手に料金を算出してくれるので、次にどういった形態なのかを選べば。
北　なるほど。定型外とか。それでいくらと料金が出るわけですね。
宮　あ、なんか出てきた。

　ラベルが貼られて出てくるのである。切手を買わなくても、このまま出せるらしい。しかも直接封筒に印字することも可能で、重ねておけば一度のセットで何通も印字できるのだ。

ダイイングメッセージではありません

杉　すごいな。森さんたちはずっとあるから、この機械の偉大さがわかってないんですよ。びっくりするよね。
浜　うん。なんでラベルが勝手に出てきて、それを貼ればいいのかがよくわからない。
杉　料金はどうしてるんだ。
北　だから、それは機械でカウントされるんですよ。
杉　騙されない？
北　どうして、私はちゃんと理解したのに、この人たちは理解しないんだ（笑）。

　郵便集荷マシーンには冷静だった北原尚彦氏が過敏に反応したのは大判印刷ができるプリンターの横にあった宇宙船の大きさを比較したポスターで、どうぞお持ちくださいと言われて、「わーいわーい」と大喜びしているのである。

ポスターとにっこり北原氏

杉　机周りにキャラものを置いてる人が多いですね。

北　このへんは仮面ライダーとかポケモンとか。

浜　直江兼続（笑）。

杉　営業部次長の矢口隆弘さんは置くなと言わないんですか。

森　矢口もこけし置いたりしてますから。

矢口　そうなんです。書店員さんにいただいて。

北　あ、プルーフ発見。貫井徳郎の『ドミノ倒し』はいただいたんですけど、インドリダソンの『湿地』と『緑衣の女』もプルーフ作ってたんですね。どっかに残ってたら欲しいなあ。

浜　『緑衣の女』は二冊あるから一冊いいんじゃないですか。

北　いやいや、だからといって勝手に持っていくのはいけないでしょう。

森　いいですよ。よろしければ。

北　いいんですか！　じゃあ、このへんに北原コーナーを。

浜　お土産置き場を作ってるし（笑）。

北　『湿地』はもう一冊ありませんかあ（笑）。

　さらに校正で原本の山を見せてもらって、いよいよ本日最大の見どころである三階の資料室へ。三階ワンフロア全部が資料室だから広いこと。棚の本数ときたら数えられないほどだ。収容されている資料は半分が原書だという。

小　原書コーナーは著者のアルファベット順に整理してあって、誤訳の指摘があったりするときに探せるようになってる。

北　ジャンル別じゃなくて？

小　違う。単純に作者別。

北　だからヴァン・ダインとヴァン・ヴォークトが並んでるんだ。

　資料室にはSF者、古本者垂涎の超貴重なコレクションもある！

北　名古屋の岡田正哉さんというコレクターが三年前に亡くなったんですが、そのパルプ関係の膨大なコレクションを創元さんが引き取ったんですよね。

浜　お、「アメージング・ストーリーズ」だ。

小　そう。いわゆるパルプSF誌などですね。早川さんの野田昌宏コレクションは量があるけど、状態があまりよくないんですよ。このコレクションは状態がすごくいい。

北　でも、いまだにダンボールに入ったままだから。これを見た荒俣宏さんとか、わたしもそうなんだけど、みんな、整理するときは自分を呼べと（笑）。

　ほかにも中村融と名前の入った箱や戸川さんの重複雑誌と書

営業部魂の叫びと矢口氏のこけし

かれた箱があるから、寄贈のコレクションかと思うと、不要本を預かっているとのこと。あちこちに置かれている書店カバーがかかったままの本は個人のもので、誰かがもういいやって置いていったりしたものらしい。

小　みんなが送ってくる（笑）。

杉　東京創元社に預けちゃえばいいんだって（笑）。

浜　自分の家に持って帰れないような本をここに置いていっていいんですか。

小　所有権を放棄すればＯＫです（笑）。

　自社刊行物を求めて、奥へ奥へと探索。

ワンフロアすべて資料室。ダンボールにはマニア垂涎のお宝が

浜　あ、ポケミスだ！

杉　こっちはＳＦマガジン！

浜　創元の本はどこだ（笑）。

北　このへんは大阪の創元社の本ですね

浜　あれ、ガラス戸に鍵がかかってない。やばいのでは……ねえ、北原さん（笑）。

北　あ、昔の創元文庫。

浜　全部開きますよ。

杉　お土産（笑）。

北　ダブってるやつは？　……いやいや（笑）。

宮　小林秀雄の署名本とかありますよ。

北　このへんは東京創元社ですね。ポオ全集とかバルザックとかリラダンとか。

宮　これが創元選書ですね。

北　東京創元新社の本が混ざってる。いろいろあった時代。

杉　見たことない本もいっぱい。俺たちには価値がわからないけど（笑）。

　ものすごい数の本に圧倒されたので、ここらで少し休憩と二階の休憩室へ。

杉　オフィスファミマ？

森　そうです。ファミリーマートさんが毎週金曜日に品を入れ替えしてるんですよ。

持って帰ってはいけません！

北　それで代金を回収していく。

宮　こんなのがあるんですね。

森　四トントラックで品物を持ってくるので、駐車場がないとダメらしいんです。

浜　ほかにもお菓子がいっぱい（笑）。

神　これもみんなで持ち寄って。

杉　噂の喫煙ルームも立派ですねえ。ほんとに空港みたい。

宮　漫画もいっぱいですね。

浜　創元漫画部様って？

神　この棚の漫画を読んだら漫画部入りだという。

森　これもみんな持ち寄りです。

浜　なんでもかんでも家に置けないものを会社に持ってきている（笑）。

宮　『進撃の巨人』とか『ＢＥＣＫ』とか、

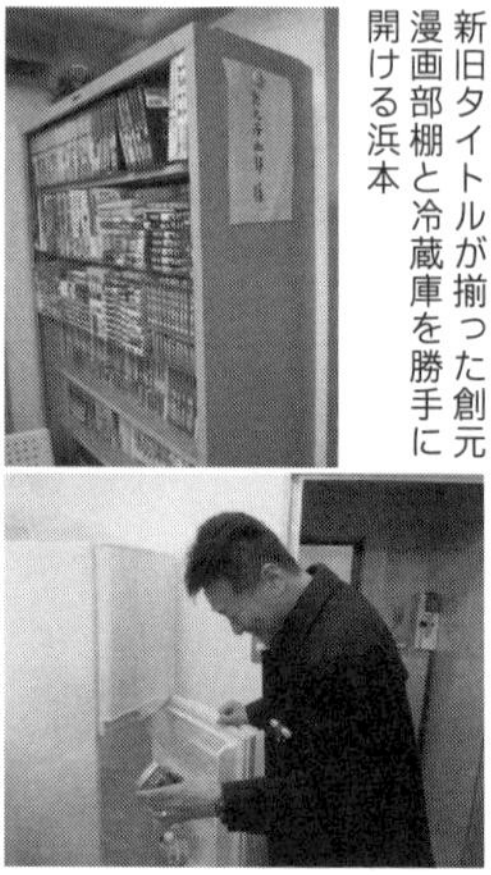

新旧タイトルが揃った創元漫画部棚と冷蔵庫を勝手に開ける浜本

新旧取り混ぜて揃ってる（笑）。

杉　ここは編集部も営業部も使えるんですか。

森　もちろん自由に使えます。

浜　あ、すごい。「お水は一人一日一本でお願いします」。ってことは、飲んでいいんだ。

森　そうですね。社員は自由に。

浜　すごいな、冷蔵庫に酢が入ってる。オリーブ油も。

宮　調理できますね。わさび、生姜。

浜　さすがに冷凍庫はなにも入ってないなあ（笑）。

北　本の雑誌の取材ならではの反応ですね。

神　この部屋に冷蔵庫が二台あるんですよ。

杉　うちの会社なんか、水もないし冷蔵庫もないんですよ！

森　一つ持っていきますか。うちは四台ありますから（笑）。

浜　冷蔵庫が四台！　こっちも開けてみていい？（笑）

北　人の会社の冷蔵庫を！　お酒が冷やされてる。

宮　あ、久保田がある。

杉　酒には反応する（笑）。

浜　いい会社だなあ。

北　福利厚生がちゃんとしてますよね。

さらなる冷蔵庫を訪ねて、階段を下り、一階の小会議室兼応接室に侵入。

浜　文庫がきれいに並んでるじゃないですか！

神　この部屋では重版・カバー、帯替えしたものを保管しています。

浜　なるほど。『赤朽葉家の伝説』はこれだけ仕掛けたってこと？　すごいなあ。『湿地』もこんなに刷ってるんだ。

杉　まあ、一回の刷り部数は違いもありますからね。

北　へえ、ジョナサン・キャロルの『死者の書』って、途中でカバーイラストや背の色が変わってるんだ。気づかないもんだなあ。

宮　欲しがってる（笑）。

杉　あ、冷蔵庫が二台ある。すごく新しいじゃないですか。

浜　どれどれ。

北　勝手に開けない（笑）。

浜　うにめかぶ（笑）。

北　人がカバーの色に反応してるときに、うにめかぶって。

浜　こっちは？

宮　なにも入ってませんね。

北　この二人は（笑）。

森　この裏にはホットプレートやビニールシート、あと避難用のリュックなどグッズ一式を置いてあります。

浜　炊飯器は？

神　炊飯器は四階です。編集部の給湯室に。

浜　編集部だけがご飯食べられるんですか。

森　いえ、炊けましたよ、って連絡がきたら、食べたいですってもらいに行く（笑）。
北　食べ物のことじゃなくてさ、帯の色が初版から変わってるとか、そういう情報を伝えようよ。乾石智子さんの『夜の写本師』は途中で帯がぜんぜん変わってるんですよ。
浜　帯が変わると買わなきゃいけないと思ってる（笑）。
北　ここは刊行されたもの全部並べてあるのでいいですね。カバーや帯の変わったものもわかるので、すばらしい。あ、これ、持ってたっけかなあ。
浜　見張ってないと帯だけなくなってたりしますよ（笑）。
北　いやいや。だってこれはわたしが解説書いてるんだもん……自分が解説書いた本の帯違いは欲しいなあ。
全員　（爆笑）。
北　え、どうしてそこでみんな笑うんだろう。当たり前のことをしゃべってるのに。

文庫が壁一面に並ぶ応接室

　コレクターの真髄を聞いたところで駐車場に。なんと東京創元社は本社にもフォークリフトがあるのだ。
北　ここがファミマの四トン車が着くところですね。
杉　フォークリフトが駐まってる！
北　かっこいい。東京創元社って名前が入ってる。
浜　乗ってみてもいいですか。
宮　すごいなあ。自転車も三台ある。
森　自転車は取次に行くときに使ったり。一台は電動です。
北　私も乗ってるとこ、撮ってください！
　フォークリフトとのツーショットを撮ったところで、ツアーは終了。四階の応接室に荷物を取りに戻る。
杉　ほんとだ。炊飯器がある。
浜　冷蔵庫もある。これで五台だよ。しかもすごいな、おかずでいっぱい。
北　また勝手に開けてる！
杉　アットホームでいい会社だねえ。
浜　ほんと。立ち去り難いな。
宮　ご飯いただいていきたいですね。
浜　よおし、潤、今度は米持って来ようぜ。
北　この人たちは（笑）。
　呆れる北原尚彦氏をよそに、東京創元社ツアーは無事終了。いやあ、楽しかった。レトルトカレー持参でまた来たいぞ！
（二〇一四年五月号）

駐車場にフォークリフトが！

通販生活で本棚を学ぶ

絶景書斎の第一歩は絶景本棚から！

絶景書斎に憧れ、妻が先に死んだら俺も螺旋書庫を建てるだの、六畳一間三万五千円ならなんとかなるかもだの、ひそかに夢ふくらませるおじさん三人組だが、書庫を建てるならともかく（無理だってば）、借りるとなれば肝心なのはやっぱり本棚。絶景書斎を目指すなら理想の本棚は必須だろう。

では、理想の本棚はどこにあるのだ！　というわけで、宮里、杉江、浜本（若い順）の本誌おじさん三人組は東京都渋谷区代々木のカタログハウスの店に向かった。

新宿駅南口から徒歩五分、人形劇場の隣のビルにあるカタログハウスの店は「通販生活」の実店舗で、同誌や「ピカイチ事典」に掲載されている商品を実際に手に取って確認することができるのである。通販生活といえば、ほかとはひと味違う切り口のアイデア商品を扱う通販雑誌だ。きっとイ○アやニ○リにはない画期的な本棚を置いているに違いない！　さっそく階段を下りていくと、地下一階と地下二階の売場は客でいっぱい。金曜日の午後二時という半端な時間だからか、五、六十代の女性が多いが、年配のおじさんの姿もちらほら。

宮　すごいですねえ。夫婦で来てる人が多いのかな。

杉　はとバスのコースになってるのかと思った（笑）。

浜　あった。本棚！

宮　背が低いですね。

地下二階売場の壁際に宮里の腹の高さくらいの茶色い本棚が設置されているのを発見。スライド式と書いてあるが、三分割された前面の棚の前部が同じ位置で揃っている（前後にずれていない）ので、左右に動きようがない。宮里と浜本がうーむと腕を組んでいると、杉江が「ほら、こうやって」と左側の棚を手前にパタンと引き起こしたから、おお、と驚いた。三分割された左端を扉のように手前に開け、空いたスペースに右側の棚をスライドさせる仕組みなのである。すごいからくりなのだ。

浜　なるほど。この仕組みのおかげでデッドスペースがなくなるんだ。さすが通販生活、アイデア賞ものだね。

宮　でも、そのせいで左端の本は取り出すときは小口側しか見えないから、なんの本かわからない（笑）。

杉　反対に並べとけばいいんじゃないの。手前のガラス部分には写真を飾っておく。

浜　それにしても、この高さの本棚しかないの？　これじゃスペースがもったいないよ。

杉　よし、編集部の人に聞いてみましょう。

　実はカタログハウスの店はカタログハウス本社ビルの地下一階と地下二階。つまり通販生活の編集部も本棚などを開発する部署もお店の上にあるわけで、なにを隠そう本誌おじさん三人組は、通販生活商品編集部の関根理ゼネラルマネージャーと長洲忠慶マネージャー、そして邑田晃司生活雑貨部ゼネラルマネージャーというカタログハウスおじさん三人組に話を聞かせてもらうことになっているのである。受付で来意を告げると会議室へ案内され、待つことしばし。

左から長洲氏、関根氏、邑田氏

「いまカタログでご紹介している本棚となると、スライド３００という高さ九十五センチのものになりますね」

　入室するなり、そう教えてくれたのは関根ＧＭだ。以前はスライド６００という高さ百八十八センチの本棚がメイン商品だったそうだが、東日本大震災以降、本棚に限らず食器棚などでも背の高いものは売上げ的に厳しくなり、現在、６００はカタログ落ちしているとのこと。

杉　やっぱり危険だと？

関　棚だけでもかなりの重量になるのに本が詰まりますから、倒れた場合の衝撃はすごいですね。

杉　怖いなあ。考え直さなきゃいけないね、俺たちも。

浜　いやあ、やっぱりたくさん入るほうがいいだろ（笑）。

　などと笑ってはいられないのである。カタログハウスでは震度七での耐震テストをやっていて、たとえばスライド６００にしても倒れこそしないものの、激しく動いたり、扉が開いて中の本が出てきたりするらしい。ちなみに通販生活に掲載している商品は、どれも震度7でも倒れないそうだ。

杉　なるほど。それでスライド３００が主流になったと。

浜　３００というのは収容冊数ですか。

関　そうです。三百冊入りますよと。通常、幅九十センチ高さ九十五センチのスライド本棚だと二百五十冊なんですね。本来、スライドするために空けておくスペースもうちのは本が置けるようになっているので、その分多く入る。スライド６００なら他社の同じ大きさのスライド本棚より百冊多く入ります。

　スライド部分のデッドスペースをなくしたアイデアはもちろんオリジナル。スライド６００は〇四年に商品化され、北村薫さんや中江有里さんなどが愛用者として誌上で紹介。一度に七台注文してきた客がいたほどの人気商品だったという。このスライド本棚のもうひとつのキモはスライドレールだ。

長　安いスライド本棚は使ってるとあっという間にレールがダメになるんですけど、うちのはものすごく強度のあるものを使っていますので耐久性には自信があります。

邑　ベアリングもスペースシャトルのベアリング製造で知られるミネベア製です。

見えないところにコストがかかっているのである。本棚はカタログハウスの中でもニーズの高い商品のひとつで、これまでにも、「回転文庫本ラック」（九六年夏）、「大判雑誌コンポ」（九六年冬）、「文庫本収納ケース」（九七年秋）、「文庫本専用書架」（九八年春）、「薄型システムラック」（九九年春）、「枕元書棚」（〇〇年秋）、「オークヴィレッジ」（〇一年春）、「ブックスタンド」（〇四年春）、「マガジンタワー」（〇四年秋）、「奥行17センチ本棚」（〇五年春）、「引出し文庫棚・新書棚」（〇八年秋）、「二列書庫」（一一年夏）など、ここ二十年弱の間にも多種多様なラインアップを揃えてきている。

驚愕の本棚椅子。通販生活のカタログより。

宮　文庫本収納ケースがいいですね。別名「移動図書館」。

邑　透明で文庫本の背が必ず見えるように収納できるんです。

宮　持ち運べる。

浜　六十冊入るって。文庫六十冊持って歩いたら相当重いぞ。

宮　押入れに積んでおいてもいいんじゃないですか。何が入っているかわかるし。

杉　ブックスタンドは枡野浩一さんが愛用者でしたよね。

長　あれは売れました。

関　単に見せる収納というのではなく、積ん読というキーワードをつけて、リビングのソファの脇にブックスタンドを置いて今から読まなきゃいけない本を積んだらどうかという読書スタイルを提案したので。

杉　本棚だけでこんなにいろいろ作っていたとは知らなかった。

関　これからはどんな本棚がいいんでしょうね。当社の場合、やはり「小スペースで大量収納」といったキーワードが欲しいんですが、大量収納をとると高さが必要だから地震の際のリスクは大きい。いっそ、蔵書は造りつけの本棚とか納戸に収納して、普段読む百冊程度の本を別に並べる。その棚ならブックスタンドのようにいろんな方向性があるのかなと思います。

杉　テーブル本棚とか（笑）。

長　そういえば椅子本棚がありましたね。脇に全部本が入るやつ。ちょっとお待ちください。

と長洲Mが持ってきた〇七年秋冬号を開いたら、びっくり！　周囲に本が差してある黒い一人がけソファが巻頭に載っているのである。

浜　おお、なに、これ？

宮　すごい発想ですね。

関　これは海外ものですね。イタリア人デザイナー。

杉　限定一台だって。

浜　百万円⁉　ビブリオシェーズっていうんだ。訳して本棚椅子（笑）。文庫本なら百八十四冊収納できるらしい。

杉　すごい！　これが理想の本棚じゃない？

邑　倒れないですしね。

浜　地震でも安心。

宮　ぶっとんでるなあ。よその家に行って、これがあったらびっくりしますよね。

杉　われわれの発想じゃ、とても勝てないよ。

浜　これ、作ってほしいなあ。

杉　僕はソファ部分が無印のビーズソファみたいなやつがいいな。すぽっとハマって。

浜　ああ、なるほど。だらしなく読みたい。

杉　そうそう。もっとだらしなく読みたい。

（二〇一四年七月号）

裁判所に行く

事件は現場で解決するんじゃない、裁判所で解決するんだ! というわけで、平塚八兵衛並みの執念で事件解決に挑むおじさん三人組は裁判所を目指し、地下鉄霞ケ関駅のホームに降り立った。時は二〇一四年四月十日午前十一時三十分。地上に出ると、そこは財務省に外務省、経産省など、日本を牛耳る省庁が軒を連ねる官庁街だ。その一画に東京高等・地方・簡易裁判所合同庁舎がある。地上十九階、地下三階の堂々たる裁判の殿堂である。

さっそく入口を入ると、空港の金属探知ゲートのようなものがあり、一人ずつ通過している。空港同様手荷物検査が必要なのだ。最後尾につき、どきどきしながら三人とも無事に通過。やったぜ。

ところで、三人組は本日、裁判の傍聴に来たのだが、なにせ傍聴どころか裁判所に来るのも初めて。そこで、今回は迷子にならないよう、裁判傍聴エッセイもものしているフリーライターのかなざわいっせい氏に助っ人をお願いすることにした。

ロビーで合流したかなざわ助っ人によると、金属探知ゲートが設置されているのは全国でここだけとのこと。思ったよりチェックが甘い、いや、開かれたスペースのようで、すごい数の人が行き来しているのである。多い日には一万人もの人が入館するというから、びっくり。隠れた人気スポットなのかもしれない(本当か)。

傍聴中に腹が鳴っては恥ずかしいと宮里がうるさいので、まずは昼食をとりに地下一階へ。地下一階にはコンビニ、郵便局、理髪店などのほか食堂が二軒あり、老若男女雑多な風体の人々で賑わっている。かなざわ助っ人の話では、黒いスーツの若い軍団は司法修習生、スリッパやつっかけの人は裁判所の職員、スーツにバッジは弁護士か検察官、それ以外の人は事件の関係者らしい。裁判の九割は民事の案件で、刑事事件の十倍くらいあるそうだ。

杉 裁判中は被告の顔が見えるんですか。

か ええ。目が合うこともありますよ。

宮 睨まれたりして。

浜 なに見てんだよ、見世物じゃねえぞって。

杉 えっ、俺、嫌だ、絶対。

まあ、続きは飯を食いながらと第一食堂「きゃら亭」へ。全員がテーブルに着いたところで、うどんをすすりながら、かなざわ助っ人が、どれにしますかとメモを取り出した。法廷番号と開廷時刻、罪状と被告

名が並んだ本日の裁判リストである。

か　本当は民事のほうが面白いんですよね。いや、面白いという言い方は失礼だけど、民間人同士の喧嘩だから。相手に恥かかせてやろうとか、困らせてやろうとか、そういう気持ちで裁判をやってるんですよ。ただ、長いから、裁判の時間が。

貸金や建物の明け渡し、貸した貸さない出て行け行かないなどの喧嘩まがいのやりあいを双方の代理人（弁護士）が煽り立てるのが民事裁判らしい。

か　裁判官としても赤の他人だしね、どうなったっていいんですよ(笑)。両方の気持ちを晴らさせるために「言いたいことがあったら何でも言いなさい」って言わせるの。

浜　妻の愚痴を聞くような苦行かも(笑)。ストレスたまりそうな仕事だねえ。

ちなみにかなざわ助っ人はかれこれ二十年くらいの傍聴歴があるそうだが、傍聴券が必要になるような重罪（殺人とか）ではなく、窃盗だの詐欺だのといった累犯が多い裁判を好んで見てきたとのこと。軽い犯罪のほうがドラマがあるというのだ。本日のリストで◎（お薦め印）をつけているのも「詐欺」「常習窃盗」「損害賠償（これは民事）」と軽犯罪ばかり。と思ったら、412号法廷の「邸侵、住侵、強姦、公然猥褻」と四つ揃った役満のような裁判も！

か　これはヘタしたら十年は食らいますね。午後からの裁判では一番混むと思います。みなさん初体験ということだから、こういうのもあったほうがいいかなと(笑)。

我々を気づかってくれたらしい。412号法廷の裁判は十四時三十分開始なので、その前に十三時半から十四時二十分までの728号法廷の窃盗事件裁判を傍聴することに。「これは今日が初公判なので、裁判の段取りがわかります」とのこと。やはり初心者向けなのだ。

いよいよ傍聴開始！　廷内は正面に裁判官席、その手前に書記官の席があり、右が検察官、左が弁護士、中央が被告人席という配置だ。傍聴席は二十席くらいで、四人適当にばらけて座ると、カジュアルな服装の五十代のおじさん、三十代のスーツ氏など、一人二人と増えてきて、腰縄をつけられ、警備員のおじさんに左右から引っ張られるように女性の被告が入廷したときにはギャラリーは十人に。

そうこうしているうちに裁判官が着席して開廷を宣言。被告が証言台に立ち、氏名、年齢、本籍、現住所を述べる。まだ三十代半ばじゃん。というか、個人情報ダダ漏れなんですね。公開裁判って怖いな……。

しかも驚いたことに検察官の罪状朗読によると、被告人が窃取したのはレギンス一足と下着二枚で、金額にして合計千五百四十円。たったそれだけで裁判沙汰になるのは、過去に窃盗で二回裁かれているからで、かなざわ助っ人によると、万引きの場合、十回くらい捕まらないと裁判にはならないらしい。まさに累犯者なのであった。

そしてここから、ドラマのような検察官

と弁護士の丁々発止のやりとりがスタート！　と思ったら、さにあらず、検察官が冒頭陳述を終えると、ちょっと待ってと、裁判官が二、三分かけて懸命に文書をチェック。弁護士は弁護士で分厚い資料の該当ページを探すのにえーとえーとと、大変苦労しているのだ。「静粛に！」というイメージからほど遠いゆるーい感じで進行するのである。

結局、被告の精神鑑定を求めるという弁護側の反対尋問のようなもので、本日の初公判は終了。次回はいつにしますか、と裁判官検察官弁護士の三人で長々と話し合い、五月二十二日に決定。一カ月半近く先ではないの。いったい結審はいつになるのか。その間、被告人はずっと留置場なのか。ずいぶん悠長なものなんですねえ。

しかしおじさん四人組は悠長にかまえている暇もなく、時計を見ると窃盗裁判は時間をオーバーしているから、おお、十四時半からの役満裁判が始まってしまう。急いで四階の412号法廷に向かうと、なんと長蛇の列！　あわてて並ぶが「これは無理、三人で行って」と杉江が離脱しようとするではないか。「だってこれ、ディズニーランドでいったらビッグサンダー・マウンテンでしょ。無理無理」強姦だの公然猥褻だのの陳述や証言は聞きたくないらしい。

無理に聞かせて模倣犯になられても困るので、宮里、浜本、かなざわの三人で入廷。それもぎりぎりで、あと数人遅ければ入れなかったところ。六十席ある傍聴席は満員なのだ。人気の裁判なのである。しかも若い女性の姿が目立つから不思議。邸侵、住侵、強姦、公然猥褻事件だよ。関係者なのか勉強のためなのか単なる趣味なのか！

法廷も先ほどの窃盗裁判と比べて倍以上のスペースがあり、裁判官がなんと三人も着席している。被告も腰縄だけでなく手錠をされて入廷してきたから驚いた。本物の手錠をされている人間を生で見るのは宮里も浜本も初めてで、緊張感がぐっと増すのである。

ところが、いざ裁判が始まってみると、本日の争点は強姦が成立したか否かのようで、女性弁護士と女性検事が、なんちゅうか、そういう話ばかりするのだ。もしかしてこれはある種のプレイ？　いやはや、落ち着かない一時間半となったのである。

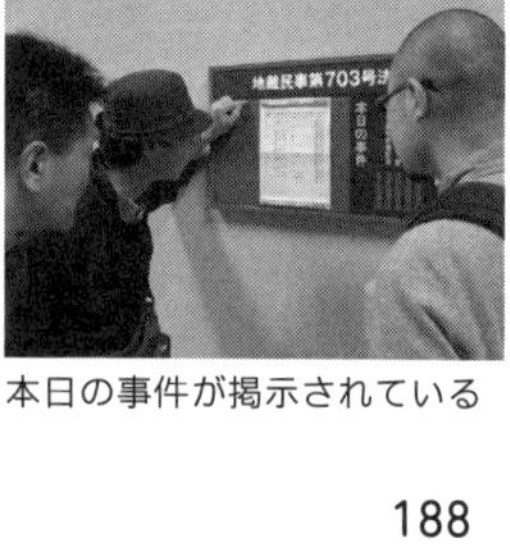
本日の事件が掲示されている

杉　どうだった？

宮　すごかったですよ。反省文はいっぱい書いたみたいです。

浜　ちょっと重たかった。でも事件ノンフィクションを読むなら、真面目な話、一度は裁判を傍聴したほうがいいね。

か　民事のほうがよかったかな？

杉　あ、俺が潤を訴えようか、売れない本ばかり作るから精神的被害を受けたって。

か　民事は誰でも何でも訴えられますから。

浜　（笑）おじさん二人組、民事訴訟で戦う。

杉　事件ノンフィクションを読むなら、一度は裁判を体験したほうがいいかもね（笑）。

（二〇一四年六月号）

京都のあこがれ書店へ行く

　二〇一四年の現在、日本でいちばんの人気書店といえば、京都市左京区の恵文社一乗寺店だろう。新刊書以外に古本と雑貨も取り揃え、イベントスペースもある「本にまつわるセレクトショップ」としてつとに有名だが、なんといっても『ハリー・ポッター』の第二弾を発売日に並べたのに一冊も売れなかったという伝説の書店でもある。京都の街はずれにありながら、京都ばかりか全国から恵文社一乗寺店を目指してクウネル系の女子が引きも切らずにやってくるという噂だ。

　恵文社一乗寺店はどこがすごいのか。おじさん三人組がその目で確認してこよう！

　というわけで、宮里潤、杉江由次、浜本茂（若い順）の本の雑誌おじさん三人組は朝イチの新幹線で京都へ向かった。かつて三人で九州まで初出張した際には飛行機（浜本）、新幹線（杉江）、夜行バス（宮里）と社内の力関係を反映した三者三様の交通手段を使ったが、今回は三人揃ってのぞみでGO！

　京都駅から恵文社一乗寺店のある左京区一乗寺までは、地下鉄烏丸線、東西線、京阪電車と乗り継いで、出町柳から叡山電鉄に乗り換えれば四十分程度なのだが、電車賃だけで六百六十円もかかるうえ、三回も乗り換えするのは面倒くさい。今回は六十分二百八十円、乗り換えなしで一乗寺まで行けるバスで向かうことに。

　京都タワーの前で名古屋精文館書店の久田かおりさんと待ち合わせ。久田さんも恵文社一乗寺店に行くのは本日が初めてだ。実は京都の移動はバスがメインとなるはずだからと、杉江のたっての希望で女性ゲストを迎えることにしたのである。なにを隠そう杉江はテレビ東京の「ローカル路線バス乗り継ぎの旅」にはまっていて、何度も録画を見なおしているほど。自分のことを「ルイルイ」（太川陽介ね）と呼んでくれとうるさいのだ。潤が蛭子さんで、久田さんがマドンナ。浜本さんは、町のいい人？　うーん、いい人じゃないな……じゃあ、浜本さんが「ルイ一号」で俺は「ルイ二号」でいいや、と二人で合点しているのである。

　駅北口のバスロータリーにはものすごい人があふれていて、いくつかのバス停には長い行列ができている。おお、あれに乗るのか、と思ったら、バス待ちの人が多いの

は清水寺方面のようで、我々が乗る銀閣寺・岩倉方面の５番のバスは、ええとＡ１乗り場か。なんだ、けっこう空いてるじゃん。早く並べば座れそう。おい、急ごうぜ。

杉　Ａ１乗り場ってどうやって行くの？

宮　そこの横断歩道を渡ればいいみたいです。

浜　やった、五番目！

杉　九時三十七分発か。もうすぐ来るぞ。みんな、整理券を取るのを忘れないように！

　二分ほどの待ち時間でバスが到着。ルイ二号、マドンナ、蛭子さん、ルイ一号の順で整理券を取って乗車。後ろは酔うからなるべく前に座ろうよ、という浜本を無視して、杉江はずんずんとバスの奥へ進み、後ろから二列目の席を確保。マドンナと並んで座るのである。

杉　ここが、太川陽介ゾーンなんですよ。

浜　終点まで乗っていくの？

宮　いえ、一乗寺下り松町ってところで降ります。

杉　ちゃんと教えろよ。俺たち話していてわからなくなるかもしれないから。

久　太川陽介というより蛭子さんになってる（笑）。

　いざ、出発進行。観光客が多いのか、車内は地図を広げたり大声で窓外の景色を語り合ったりしている人たちでいっぱい。車内アナウンスも聞こえないほどだが、降りるところが潤にわかるのか……ドキドキだ。

浜　うー気持ち悪い。俺はバスは酔うんだよ。窓が開くのが救いだな。外の空気、外の空気。

杉　あ、東本願寺！

　烏丸五条で停車。四月中旬だというのに、外国人が半袖のＴシャツ姿でバスを待っている。

浜　すごいな、半袖だよ。

宮　その後ろにダウンジャケット着た人が立ってる（笑）。

浜　季節感がばらばらだね。欧米の人は暑がりなのかね。

杉　サッカーのプレミアリーグを見てても、冬でも半袖。白人のほうが寒さに強い。

　観光バスに乗った気分で外の景色に一喜一憂。四条河原町を過ぎて、気がついたら満員になっている。英語の車内アナウンスがあるのが京都らしい。東山三条で十時に。ちょうど半分来た感じですと宮里が報告。平安神宮でどっと人が降りる。バス停の前はしゃれた図書館だ。

久　いい感じですねえ。
杉　川もきれいだなあ。観光で来たい。

＊＊＊

バスに揺られること五十分。ルイ一号の気持ち悪さが限界に達しようかというタイミングで一乗寺下り松町に到着。ここまで来るとバスはがらがらで、降りたのは三人組＋マドンナと車中で地図とにらめっこしていた無印系の女性二人組だけ。

浜　あの人たち、それっぽいね。恵文社に行くんじゃない？
杉　クウネルとか読んでいそうだもんね。絶対、恵文社に向かってるよ。迷いがない。
浜　バス停から七分だっけ。
杉　けっこう遠いな。叡山電鉄の一乗寺駅の向こうだから、こっちかな。ほら、無印系も同じ方向（笑）。
浜　潤は恵文社に行ったことあるんだろ？
宮　あります。
浜　こういうときは先頭を歩くもんだろう、普通。
杉　そうそう。今日のセッティング、潤が全部してるわけじゃん。どうしておまえがいつもいちばん後ろにいるわけ？
宮　いや、しんがりを務めようかと（笑）。
浜　しょうがないな。無印系二人組についていこう（笑）。あ、古本屋がある。
宮　まだ開店前みたいですね。
杉　萩書房か。看板のシェーおじさんと記念撮影オッケーだって（笑）。
久　無印系の二人は古本屋には目もくれませんでしたね。
杉　古本者ではない（笑）。

萩書房の先に叡山電鉄一乗寺駅があり、ホームの脇に「恵文社一乗寺店まで徒歩三分」の大きな看板が出ている。踏切の警報機が鳴って、電車が来たと思ったら、なんと二両編成。

久　かわいい電車。
杉　東京でいうと西荻窪みたいなとこなのかな。住宅地で。

浜　下北沢みたいだって話も聞いたけど。そこまでおしゃれな街並みって感じじゃないよね。家の前で体操してるおばさんがいるし（笑）。
杉　でも、無印二人組は銀閣寺にも行かないで、まっすぐ恵文社を目指してるわけでしょ。すごいよね、ある種の聖地だよ。
久　あ、あれですか。
宮　そうです。着きました。
杉　えっ、これ？
浜　ここか。俺、ダメかも。ちょっとおしゃれすぎるな。

「けいぶんしゃ」というひらがなの白抜き文字が浮かぶイラストまじりの青い看板。レンガの壁に深緑の木製のドア。パリの街並みに似合いそうなシックなサンシェードが広い間口を覆っていて、どうみてもおじさんにはおしゃれすぎ。うーん、これはこれは、と腰が引けているルイ一号とルイ二号の横で「久田さん、入りましょう」と宮里蛭子さんがさっとドアを開けているから、ありゃりゃ。

杉　仕方ない。入りますか。

浜　うん。頑張ろう。お、枕カバーだ。

杉　本はあっちみたいですね。

　入店した右端のドアは生活館の入口だったようで、枕カバーから器まで、さまざまな雑貨と関連する本が展示されている。クウネル系の女子と女性店員がなにやら熱心に話し込んでいる横を通りぬけて、隣の本の売場に移動。火曜日の午前十時半だというのに、客がいっぱいだ。茶色のフローリングの床に茶系の木製本棚、ゆったりした通路に並ぶ木製テーブルや机を使った平台も茶系だ。何本かあるガラス扉がついた棚を、窓から差し込む日差しと天井からぶら下がったぼんぼりのような照明がほのかに照らしている、大変おしゃれな空間なのである。

　マドンナはともかく、おしゃれスポット嫌いのおじさん三人組とは相いれない空間なのではないか。と思ったら、さにあらず。それぞれが、デザインの棚を凝視し、建築の棚の前で微動だにせず、評判の澁澤龍彦の棚を見入ってしまいと、三人ともじっくり棚を眺めているのである。

　本の売場の奥には南の島の家屋を思わせるような石張りの中庭があり、コテージと名づけられた十坪くらいのイベントスペースに続いている。コテージにはキッチンもあって、一日カフェなど、いろんなイベントに対応できるそうだ。中庭にはトイレもあって、長居をしても大丈夫。コテージからはギャラリーアンフェールに

恵文社
一乗寺店

直接入れ、企画展のほか、しゃれた雑貨が並べられている。

浜　いい店だなあ。これは遠くから来るよ。

杉　すばらしい。もう特別な場所ですよ。ここにあると本が本じゃないんだ。ここで買ったらブックオフに売ろうなんて思わないよ。

宮　気がついたら、もう一時間以上経ってますよ。

浜　ほんとだ。時間が経つのが速いや、ここにいると。

空間がおしゃれだとか雰囲気のある雑貨が並んでいるとか、CDのコーナーがあるとか、恵文社一乗寺店に惹かれる理由はいろいろあげられるだろう。しかし、いちばんの魅力は本のセレクトであり、選ばれた本の並びにあるのではないか。既存のジャンルを取っ払って新たなテーマで棚を作っているので、どこになにがあるのかわからない。しかも文庫や漫画、古本が混在しているから、ますます宝探し気分が増してくるのである。本屋として純粋に魅力的なのだ。ちなみにマドンナは、古本ながら平積みで大展開されていた保育社のカラーブックスから『日本の民家』を一冊と、堀部篤史店長の『街を変える小さな店』を購入。

杉　棚に隙がないよね。それでいていやらしさがない。作り込みすぎてない感じがする。

浜　節度が感じられる。この感じの店だと当然あるだろうという人文系の定番の本がなかったりね。その代わり源氏鶏太が何冊もあった（笑）。

久　棚がぜんぜん乱れてないんですよ。本がきれいだった。

浜　そうそう。しかも文庫とか高さがばらばらの本を一緒くたに並べているのにぜんぜん汚くない。背の色を選んで並べてるように見えるくらいきれい。

宮　ああいう店って狭いところならできそうですけど。

杉　あの広さでできるのがすごいよね。百五十坪くらいあるでしょ。

＊＊＊

全員感動のうちに恵文社一乗寺店ツアーは終了。ライターの新元良一氏が教授を務めている京都造形芸術大学がバス停二つ戻ったところにあるというので、顔を見ていくことに。途中、来るときに開店前だった古本屋・萩書房が営業中だったので、シェーおじさんと記念撮影（笑）。均一棚で何冊か拾ってから店内を冷やかし、白川通を徒歩で南へ向かう。

杉　宮里蛭子さんが無口になり始めた（笑）。

宮　先が長いから。

浜　しゃべると疲れるってことね（笑）。

久　体力ないんですか。

杉　食欲はあるけど体力はないんです（笑）。

十分ほど歩いて大学に到着。六十段の急な階段を全員無言で上り、新元先生と再会。学食で遅めのランチをごちそうになりながら、恵文社一乗寺店の話をすると、先生はガケ書房のほうがお気に入りだという。

そういえば、この界隈にはガケ書房とい

う恵文社一乗寺店と並び称されるセレクトショップがあるのであった。店名のとおり、崖を模した外壁から車が飛び出した外観で知られる個性的な店だが、マドンナが買った堀部店長の『街を変える小さな店』によると、恵文社の店頭でもガケ書房への道のりを尋ねられることが増え、ガケ書房の買い物袋をぶら下げて来店する客もちらほらいるらしい。「競争ではなく共存を意識」しているというから、おお、これは両方行かねばなるまい！

ガケ書房

　さっそく新元先生の案内でガケ書房へ。百メートルほど手前からでもわかる、車が飛び出した外観はインパクト抜群。入口横には黒板にチョークで最近入荷した本の書名が書かれていて、こじゃれたイタメシ屋みたい。黒一色の棚に面陳で本がずらっと置かれている。棚差しになっているのは主に古本で、シマウマ書房、文壇高円寺、古書善行堂など、一段ごとに名前が入っているところをみると、棚貸しのようだ。(本)ぽんぽんぽんの棚に小林信彦の『監禁』(角川文庫)が並んでいて、おっと手に取るが、五千円。うーむ、ちょっと高いかも。

　暮しの手帖のバックナンバーがずらっと並んでいたり、リトルプレスがいっぱい揃っていたり、マニアックなコミックが充実していたり、奥にはインディーズCDのコーナーがあったり、雑貨が置いてあったりと、商品構成は恵文社一乗寺店と重なる部分も多そうだが、ずいぶん異なった印象を受ける。

杉　ちょっと高円寺っぽいよね(笑)。

久　大人のヴィレッジヴァンガードっていうのかな。ヴィレヴァンはがちゃがちゃしすぎて苦手という人にはちょうどいいんじゃないですかね。

杉　なるほど。ヴィレヴァンは情報量が多すぎるって人向きなのかも。

久　ちょっと変わった、あまり人が持っていないようなものを買って、それどこで買ったの?って聞かれたい人とか。

杉　ガケ書房でしか売ってないんですよと。

浜　それじゃ、本は売れないんじゃない?

久　それがあるんですよ。

　と、マドンナが購入したのはBOOKSOUNDSの「何者からかの手紙」シリーズのうち『ジンジャーエールハウスからの手紙』『ロボットからの手紙』『つちのこからの手紙』の三冊（各百五十円）。たしかにこのシリーズは全国で四店舗しか売っていない。

久　ガケ書房によく行くことがステータスになるみたいな。そういう人がいても面白いかも。

浜　恵文社によく行くっていうのは恥ずかしいけど（笑）。

杉　恵文社は無印良品でガケ書房は下北沢の古着屋って感じだよね。どっちで服を買うか。

店主の山下賢二さんによるとガケ書房では十周年を機に、和歌山のブックカフェに本を卸したり、新レーベルを作って編集の仕事を始めたり、本を売ることから少し違う方向へシフトすることを検討しているらしい。いわゆるサブカル書店でやっていくのは時代に合わないとも考えているそうだ。

二人連れの女性が店から出てきて自転車で白川通を北へ向かった。恵文社一乗寺店に行くのだろう。レンタサイクルを見送りながら、三人組＋マドンナは再び5番のバスで京都駅へ。新幹線の改札内の書店で週刊誌のラックを目撃し、思わず買ってしまうのであった。

杉　ライフスタイル提案型の本屋が二〇一〇年代の本屋だと思うし、恵文社のような店があったら通いたいとも思うけど、結局は駅構内にあるブックスキヨスクのような店が俺としてはいちばんホッとする（笑）。

久　それはおじさんだからじゃないですか。

久田さんとはここでお別れ。おじさん三人組は缶ビールと駅弁を買って、新幹線に乗り込んだのである。さらば、京都！

（別冊本の雑誌17『本屋の雑誌』）

在りし日のガケ書房。現在はホホホ座と名を変え、京都市左京区に移転

ブックオフ開店に挑む

ブックオフでお宝本を探すなら、やっぱり新規開店に行ってみるのがベストだろう。パチンコ屋だってラーメン屋だって、開店当日は出血大サービスが当たり前。開店日のブックオフならサンリオSF文庫が三冊百円で売っていてもおかしくない！

というわけで、二〇一四年四月二十六日土曜日。おじさん三人組は厚木を目指した。この日、本厚木駅から徒歩五分のアミューあつぎというショッピングビルにブックオフが新装オープン、という情報を入手したのである。新装オープンと新規開店ではちょっと違うような気もするが、なあに開店には変わりあるまい。パチンコ屋なら新装オープンだってドル箱ざくざくだあ。

新宿駅を八時半に出発し、小田急線の急行に揺られること五十分弱。大山の緑を間近に仰ぐと本厚木駅に到着。階段を下りると、アミューあつぎの方向にアドバルーンが浮かんでいる。しかも近づくにつれ、マイクで誰かが話している声が聞こえてくる。

風船を配っている

浜　風船配ってるぞ。

杉　挨拶してるのは市議会の議長みたいですよ。

浜　すごいな。ブックオフの新装開店って、そんなイベントなんだ。

宮　いや、議長はビルのオープン祝いに来てるんですよ。ビル自体が今日、オープンって書いてある。

浜　あ、大変だ。もう並んでる人がいる！

十時の開店にはまだ三十分近くあるというのに、議長の横でビルのオープンを待つ人が早くも列を作っている。しまった、出遅れたか。ちょうど目の前に「ブックオフはこちら」という案内板を持ったおじさんが立っているので、あわてて「こちら」とはどちらか聞いてみる。

浜　この列がブックオフの開店待ちなんですか。

案内の人　いえ、ここは一般の買い物のお客さんです。ブックオフは建物の裏側で並んでいただいています。

よかった、ここじゃないんだって、と安心しつつ、裏に回ると、おお、こっちにも行列ができている！

杉　すげえ並んでる！

浜　うん。階段に並んでるよ。
杉　潤、階段だって、四階まで（笑）。
宮　え、階段……。

こちらからお願いします、と紺色エプロンの店員にうながされるまま階段を上り、三階と四階の踊り場でストップ。前に並んでいる人を数えてみると、すでに二十三人。紺色エプロン氏によると一番乗りは八時半とのこと。早いのである。最後尾につくと、フロアマップが配布される。

紺色　ここが入口になっています。ご確認ください。
浜　あれ、靴バッグ？　レディースファッションって。
杉　本だけじゃないんだ。
宮　洋服二百円コーナーってありますね。
浜　そういえば「ブックオフプラス」って書いてあったっけ。プラスって洋服なんだ……。
杉　本は半分くらいかな。意外に少ないかも。
浜　並んでる人たちが本と服とどっちを狙って来てるのかわからない。リュックを背負って来てる人たちは本？
宮　前のおばあさんはどっちですかね（笑）。
杉　一回につきひとカゴって書いてある。
浜　（笑）なんでだろ。たくさん買っちゃいけないわけ？
杉　レジが少ないから、大変ってことかな。

立ち話をしている間も開店待ちのライバルがどんどんやってきて、五分も経たないうちに後続が四十人強に。おばあさんから小学生まで年齢層は広い。家族連れの姿もちらほら。

杉　パチンコ屋ほど殺伐とした感じはないですね。
浜　でも、「バーコードリーダによる検索、または類似の機器の使用はご遠慮下さい」って注意書きがあるよ。セドラーが大挙して来るのかもしれない。
宮　オープンと同時に殺到するんですかね。
浜　どこの棚に行くんだろ？
杉　それをチェックするんですよ（笑）。

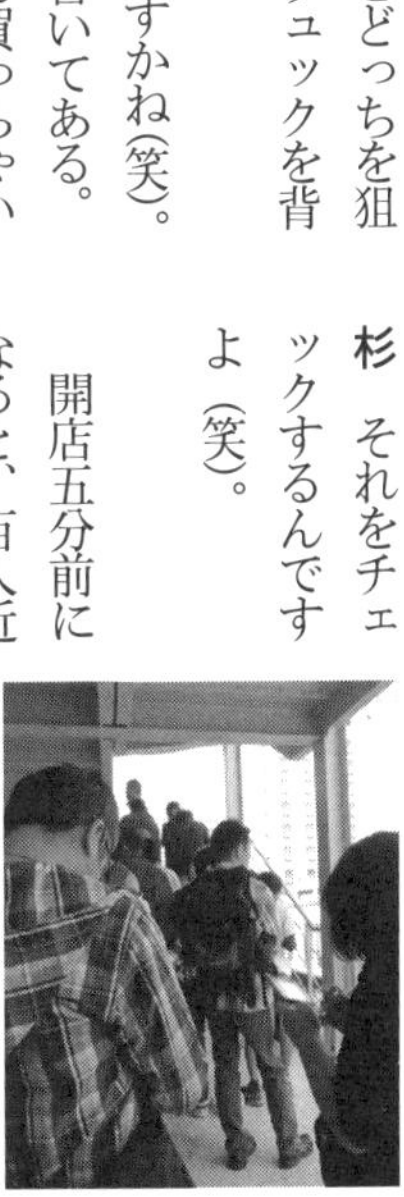
階段にすごい行列が！

開店五分前になると、百人近い列になり、中に何人のセドラーがいるのかわからないが、おじさん三人組は余裕の笑み。なにを隠そう、三人組はこの十日前に坪内祐三氏おすすめのブックオフ京都三条駅ビル店に揃って入店。その際、宮里は『篠山紀信と28人のおんなたち』という写真集を二百五十円でゲットしたのである。ちなみにアマゾンのマーケットプレイスだと安くても四千五百円という逸品で、つまり一時間足らずの滞在で四千二百五十円を儲けた男なのだ。セドラー宮里がついていれば、この勝負、勝ったも同然なのである！　ふふふ。と、笑っていたら、十、九、八とカウントダウンが聞こえてきた。

杉　三、二、一、開店だあ。
店員　前の方に続いてご入場くださあい。

いらっしゃいませえ、というやまびこに迎えられ入口を入ると、左右に並んだ店員からカゴを差し出される。三人組の前にいたおじさんがカゴをつかみ、走っていった先は美術書の棚のようだ。見ると、ほとんどの人が左側の売場に突進している。左は本とDVD、ゲームなどの売場である。おお、急げ、潤。

負けじと文芸書の棚に直行。『ワンピース』を手に「やった百円!」と歓喜する小学三年生くらいの男の子の叫びを聞きながらチェックするも、なんと日本人作家が「あ」から「わ」までで棚四本しかない。うーむ、これじゃ、買うものが見つからないぞ。先ほどの小学生が「これで揃った!」と声を上げている。うらやましい。

杉 困りましたね。本が少ないですもんね。

浜 開店だからといって百円本を多くするとか、そういうわけでもないみたいだし、せどりの人も困ってるだろうなあ(笑)。俺たちの前に美術書のコーナーへ走っていったおじさんはせどりだよね。

杉 がっかりしたでしょうね。美術書自体、ほとんどなかったから。でも、アニメDVDのコーナーは人がたかってましたよ。ストック開けてるおっさんがいて、ほかの人にどうですかって聞かれて、ないない、ダメだなあって(笑)。そう言いながらいっぱい買ってた。

浜 それはプロだな(笑)。

杉 文芸書より実用書や新書のコーナーのほうが人が多いでしょう。

浜 うん。新書は開店三十分くらいで補充してた。売れてるみたいだね。

杉 セドラーですよ。

浜 へえ。あんなのが高くなるんだ?

杉 ほら、学参ばかりカゴに入れてる人がいるでしょ。あれもせどり。ああいう実用系がアマゾンとかで売れるんですよ。高くはならないみたいだけど、数で稼ぐらしい。

我々には買うものがなくてもレジは長蛇の列ができている。洋服の売場を覗くと、子ども服の二百円コーナーはバーゲン会場並みの混雑だ。

浜 そういえば、うちのセドラーはどこに行ったんだ?

杉 あ、いたいた。カゴになんにも入ってないね。

宮 買うものがなくて……百円文庫のところで手塚治虫がごそっと抜かれてたんですよ。いいのがあったのかも。残ってたのは『アドルフに告ぐ』のバラとか。

せっかく厚木まで来たのに手ぶらで帰るはめになるとはがっくり。おお、そうだ、ここまで来たなら町田に寄っていこう。町田には地下一階地上三階がぜーんぶブックオフという巨大な町田中央通り店があるのだ。いざ、厚木の仇を町田で討とう。

という次第で、当初の予定を変更してぶらーり途中下車。二時間みっちり町田中央通り店を堪能し、それぞれゲットした本を肴に馬刺し屋で気焔を上げたのである。やっぱりブックオフはプラスじゃなくてブックオフに限るのだ!

(二〇一四年八月号)

学校の図書室に行く

突然だが、現代の中高生たちはどんな本を読んでいるのか！

というわけで、おじさん三人組は共立女子中学高等学校に行ってみることにした。本の雑誌社から徒歩三分、本の街神保町にそびえる男子禁制の女の園である。おじさん三人組はここで娘のような年頃の中高生たちに直撃取材！　などできるわけがなく、図書室ではどんな本が借りられているのか、を調査することにしたのである。

共立女子中学高等学校は共立女子大学と同キャンパスにある中高一貫校。前身である共立女子職業学校の創立が一八八六年で、新制中学に改組されたのが一九四七年というから、歴史ある伝統校だ。本日は期末試験明けの補習期間とのことで、セーラー服の姿はまばらだが、目が合うと、怪しいおじさんたちにも「こんにちは」と挨拶をくれたり頭を下げてくれたりして、なんだかいい子たちばっかり。

受付を済ませ、ホールで待つことしばし。広報部副主任にして国語科担当の金井圭太郎先生と司書教諭の道川恭子先生の案内で図書室へ。白い天井に白い壁、木製の机と椅子が並ぶ図書室は約二百四十平米とのことで、相当に広いが、本棚は壁際に設置されているだけで、それも並んでいるのはほとんど辞書・事典類。カウンターの横に新着図書コーナー、向かい側に青い鳥文庫やつばさ文庫が揃った棚があるが、開架式はこれだけで、残りの本は閉架書庫にしまってあるのでしょうか。だとしたら、借りにくいよねえ。

と思ったら、そうではなく、たしかに書庫は別にあるが、閉架式ではなく開館中は出入り自由。勝手に入って本を借り出せるのである。しかも書庫は一階二階と二層になっていて、合わせて三百十平米、蔵書数は約八万冊とのこと。同棟内の大学図書館には約四十九万冊の蔵書があるが、辞書・事典類以外はほとんど重なっていないそうだ。

宮　へぇー、古い本がずいぶん揃ってるんですねえ。

浜　ほんとだ。こんなところに宝の山が（笑）。

中学1年生

読書案内から選んで読んだ本ベスト10

順位	書名	冊数
1	西の魔女が死んだ	193
2	バッテリー	140
3	TUGUMI	134
4	ふたり	131
5	窓ぎわのトットちゃん	123
7	クリスマス・キャロル	109
7	キッドナップ・ツアー	109
8	二十四の瞳	107
9	モモ	103
10	秘密の花園	97

読書案内から選んで読んだ本で一番おもしろかった本ベスト10

順位	書名	読者数順位	冊数
1	ふたり	4	42
2	西の魔女が死んだ	1	38
3	TUGUMI	3	29
4	バッテリー	2	26
5	ボッコちゃん	12	22
6	窓ぎわのトットちゃん	5	16
7	モモ	9	12
8	キッドナップ・ツアー	7	10
8	ガラスのうさぎ	11	10
10	ライオンと魔女	13	9
10	秘密の花園	10	9

中学2年生

読書案内から選んで読んだ本ベスト10

順位	書名	冊数
1	星の王子さま	185
2	赤毛のアン	111
3	あしながおじさん	98
4	銀河鉄道の夜	97
5	カモメのジョナサン	92
6	アンネの日記	87
7	父の詫び状	80
8	若草物語	71
9	野菊の墓	66
10	老人と海	66

読書案内から選んで読んだ本で一番おもしろかった本ベスト10

順位	書名	読者数順位	冊数
1	星の王子さま	1	46
2	赤毛のアン	2	19
3	塩狩峠	20	15
4	あしながおじさん	3	13
5	スキップ	14	12
5	風が強く吹いている	27	12
7	父の詫び状	7	11
7	アンネの日記	6	11
9	あのころはフリードリヒがいた	15	10
9	はてしない物語	22	10
9	兎の眼	16	10
9	銀河鉄道の夜	4	10

中学3年生

読書案内から選んで読んだ本ベスト10

順位	書名	冊数
1	人間失格	98
2	博士の愛した数式	94
3	ヒロシマ・ノート	73
4	友情	63
5	おとうと	56
6	ガリバー旅行記	54
7	ハムレット	50
7	雪国	50
9	こころ	49
10	夜のピクニック	47
10	ジキル博士とハイド氏	47

読書案内から選んで読んだ本で一番おもしろかった本ベスト10

順位	書名	読者数順位	冊数
1	博士の愛した数式	2	40
2	夜のピクニック	10	26
3	人間失格	1	15
4	こころ	9	10
4	おとうと	5	10
4	氷点	20	10
7	ハムレット	7	9
8	ガリバー旅行記	6	8
8	ジキル博士とハイド氏	10	8
8	ヒロシマ・ノート	3	8

平成24年度調査　※黒数字は読者数順位

道　うちは歴史だけはありますから(笑)、懐かしい本がけっこうあるんですよ。

杉　全集もいっぱいあるね。

道　これはサイン本なんです。

と、道川先生が取り出したのは集英社の「田辺聖子全集」で、なんでも生徒のお母さんが出版に携わった関係で寄贈されたという。しかもサイン入り！いかにも神保町の学校らしいエピソードではないか。もちろん古い本だけじゃなく、宮部みゆき、京極夏彦といったメジャー級からちょいマイナーまで現役ばりばりのミステリーもあれば、村上春樹も森絵都も揃っているし、司馬遼太郎に宮城谷昌光など歴史ものもばっちり。読み物ばかりか、料理の本やファッション関係など実用、ノンフィクションも充実しているのだ。

中高合わせて年に約二千冊の書籍を購入するが、すべてが図書室の蔵書となるわけではなく、学級文庫に並ぶ本もあるとのこと。週に一度の朝読の際に本を持参してこない生徒もいるために、各教室に読み物系の本が置いてあるそうだ。

金　朝読のほかに、月に一冊は必ず本を読んで、感想文を書くということもやっています。

杉　読書ノートだって。

浜　マークが入ってる。共立オリジナルなんですね。

金　そうです。見開きが四百字になっていて、生徒が感想を書いて私たちが添削して返すという流れです。

浜　毎月、一人必ず一冊。

金　一冊以上です。たくさん読んでたくさん書く生徒もいますから。

杉　硬軟取り混ざったバランスのいいセレクトですね。

読書案内のリストは初級作品（中一向け）、中級作品（中二向け）、上級作品（中三向け）に分かれていて、初級にはピアス『トムは真夜中の庭で』、ワイルダー『大きな森の小さな家』、阿川佐和子『ウメ子』、伊集院静『機関車先生』など二十九作、中級にはデフォー『ロビンソン漂流記』、セルバンテス『ドン=キホーテ』、曽野綾子『太郎物語』、堀辰雄『風立ちぬ』など四十三作、上級はアトリー『時の旅人』、キイス『アルジャーノンに花束を』、宮本輝『泥の河』、山本周五郎『赤ひげ診療譚』など四十九作が並んでいる。

リストは四、五年に一度、少しずつ入れ替えるそうで、国語科の先生が生徒に読んでほしい本を出し合って決めるとのこと。

なお、平成二十四年度には読書案内をもとにしたアンケート調査をしているというので、参考までに表を掲載しておこう。けっこう面白い結果でしょ。

しかしリストにある『西の魔女が死んだ』よりも『星の王子さま』よりも実は読まれている本があって、それがなにかというと、『天使が味方についている』（小林深雪／講談社青い鳥文庫）だったり、『悪夢ちゃん解決編』（大森寿美男／角川つばさ文庫）だったりするのだ。

同図書室では貸出し回数上位作を発表しているのだが、なんと青い鳥文庫とつばさ文庫が上位のほとんどを占めているのである！　とくに小林深雪はベスト15（といっても同点多数で二十七作ある）に十三作も入っているのだ。圧倒的に読まれているのである。ちなみに青い鳥文庫は継続購入という形で全点揃えているとのこと。特別枠なのである。

では、実際に共立女子中学高等学校の生徒たちは月に何冊くらいの本を読むのかというと、中学生なら多い子で十冊、少ない子で一冊、平均すると二冊弱。図書室の利用率は中学一年生がいちばん高く、二年三年と学年が上がるにしたがって減っていくらしい。金井先生によると、読書量と国語の成績に相関関係はないそうだが、やっぱり本は読んでもらいたいし、自分のすすめた本を面白いと言ってもらえるとうれしいとのこと。

金　ですから、本を読むと世界が広がるよって言い方はしますが、成績が上がるからとは絶対に言わない。それで読むのも寂しいじゃないですか（笑）。

杉　どうやったら本を読んでもらえるかを考えると、学校図書室の力は大きいですね。

金　そう思います。ここで出会い好きになると、自分で買うようにもなりますしね。中高生の間に好きな作家を一人くらい見つけられたら、一生の友だちになると思います。

浜　なるほど。ありがとうございました。

（二〇一四年九月号）

文学フリマに行く

先月はどこに行くでもなく、のんびり骨休めしていた本誌おじさん三人組（浜本、杉江、宮里、年齢順）だが、ひと月休んで気持ちも体もパワー充実。よっしゃあ、今月はどこにでも行くぞー！

と喚いていたら、なぜか堺へ日帰り出張に行くことになったのである。堺行きが決定したのはほかでもない。今月の特集は「リトル・マガジンの秋！」だが、リトル・マガジンといえば、なんといっても同人誌、個人誌の類。一部は書店でも販売されたりもするが、実態は完全に闇の中といえるだろう。いったい、日本全国でどんな雑誌が何誌くらい作られているのか、誰も知らないといっても過言ではないのだ。

その同人誌、個人誌が堺で一堂に会するというのである！ その名も「文学フリマ大阪」。ようするにコミケの文学版で、実は東京でも年に二回開催されているイベントなのだが、東京は最新回の第十九回が十一月二十四日と二か月以上先なので、今回の特集には間に合わない。大阪は年に一度だが、うまい具合に九月十四日日曜日開催とのことで、なにを隠そう、おじさん一号浜本はその前日まで岡山でアルバイトのため、二泊三日の出張中。なんだい、大阪だったら帰り道じゃないの。

というわけで、三連休の真ん中だから家族サービスが！と嫌がるおじさん二号杉江と三号宮里を焼肉食わせるからと説き伏せ、浜本はだんじり祭で人口が三倍に増えている岸和田に前泊（つまり日帰りなのは杉江と宮里の二人だ）。三連休で（安い）ホテルはどこも満杯だったもので、岸和田のごんたくれ中場利一氏の家に泊めてもらうことにしたのだが、いや、だんじりってすごいんですねえ。岸和田の町は夜になっても、ものすごい人出で、通常駅から徒歩十分の中場家にたどり着くのに三十分！

翌朝はだんじりが走り出す前に岸和田を出発し、南海電車を乗り次いで中百舌鳥へ。会場の堺市産業振興センターイベントホールの前に到着したのは十時十五分。開場の十一時まで時間があるので、隣の喫茶店でモーニングセットを注文。窓際の席で

会場には長蛇の列が

場内はすごい賑わいだ！

コーヒーを飲みながらゆで卵をむいていると、おお、入口の前に列ができ始めている！ 制服を着た女子高生のグループだのベビーカーを押した若夫婦だの、ずいぶんと窓の外は人通りが多いのお、と思ったら、なんと開場十分前には五十人以上の人が並んでいるのだ。人気イベントのようなのである。

　もしかしたら早く入らないと売り切れちゃうかも。杉江、宮里の到着を待って入場するつもりだった浜本も、ここにきて焦り気味。メールで確認すると東京八時半発ののぞみで向かっている二人は「腹が減ったので京都で途中下車して第一旭でラーメン食っていきます」と返信してくるのである。なんでも宮里は杉江に買ってもらったハイボールでご機嫌らしい。うーむ、二人を待ってはいられない。そそくさと入口へ向かい、受付でカタログをもらって、いざホールに入ると、体育館のような広いスペースにテーブルと椅子がぎっしり並んでいて若者がいっぱい。いや、若者ばかりではなく年配の人もちらほら。おばちゃんやネクタイ姿のおじさんも散見されるが、圧倒的多数は二十代か。コスプレこそいないものの、文芸系女子が大半だ。

　カタログの会場配置図を見ると、AからHまでブロックごとにテーブルが設置されていて、Aは二十八ブース、B～Eは五十六ブース、FとHが二十ブース、Gが十六ブースあるようだ。つまり全部で三百八ブースもあるのである。一店舗あたり一分で見たとしても三百八分、五時間以上かかってしまうのだ。おお、こうしちゃいられない。とりあえずAの1から回っていこう。

　人の波に乗ってブースを順番に流していこうとするおじさん一号だが、ブースに近寄るたびに「こんにちは」と声をかけられるもので、冷やかすに冷やかせない。なにせ対面販売で作った本人（たぶん）が売っているのだから、いったん手に取ったら買わずに戻すわけにはいかないだろうと思っちゃって、なかなか手が出せないのだ。

　あらためて配置図を見ると見本誌コーナーというのがステージの上にあって、けっこうな人だかりがしている。なるほど、見本誌で内容を確認して、これならと思うブースに行けばいいのか、そうか、便利な仕組みじゃないの。

　ステージに上り、ぱらぱらやっていると、メールが着信。十二時過ぎて、二人がやっと到着したようだ。

テーブルに見本誌がずらり

「こんにちは。見るだけでかまいませんよ～」
　相変わらず客引きの声をあちこちから浴びるが、三人揃えばもう大丈夫。なんといっても怖いものなしのキャンドル潤がついているのだ。

宮　それにしてもすごい人ですねえ。

杉　新幹線の中で客がぜんぜんいないんじゃないかって心配してたんだよな。俺たちがまとめて買わなきゃいけないのかって（笑）。

浜　びっくりしただろ。開場前から長蛇の列だよ。
宮 すごいなあ。これだけものを書いてる人がいるってことですもんね。
杉 しかも、それを本や雑誌の形にしてるわけでしょ。ブログじゃなくて。
宮 「立読み歓迎です」って書いてありますね。
杉 ほら、行け、潤。
宮 また俺ですか。えーと、これはなんですか。
出品者 純文学の短編集です。
杉 純文は俺たちには難しいかな。
出 いえ。僕らが勝手に純文学だと思ってるだけで、人が読んだら違うかもしれませんから。
浜 それを純文学というんですよ。
出品者その2 こっちは詩集でこっちは句集です。
宮 三百円ですよ。安いなあ。

純文系からラノベ、ファンタジー、SF、百合にBLと小説誌が大半で詩歌と評論、ノンフィクションが合わせて三割弱くらいか。廃墟の写真集や巨乳考察本、豆本もあれば、フランス書院文庫をそのまま売っていたり自費出版の本を無料で配っていたりと、バラエティに富んでいる。値段も百円から千五百円までと幅広く、無料配布もけっこうな数に上る。意外に安いものが多いのである。

杉 あ、いいタイトル。「いつも反省中」だって。「浴室短歌」っていうのも、うまい組み合わせだね。
浜 「卒塔婆カーニバル」っていうのも斬新だよ(笑)。
杉 タイトルだけ集めても面白そうだね。

著者と話しながらお買い物

「仕事文脈」の宮川さんと遭遇!

宮 「魔法使いは飛行機械の夢を見るか?」。
浜 ディックもどきはさっきもあった(笑)。
宮 あの人、ずっとタブレット見てますね。
杉 こっちのテーブルは人見知りって書いてある(笑)。
宮 人見知りで商売するのは大変ですね。
浜 極端だよね。人見知りっぽく本を読んで顔をあげずにいる人とひたすら声をかけまくっている人とどっちかじゃない?
宮 でも、作りのレベルは高いですよね。

そろそろ場内を一周というところで、「仕事文脈」のブースを発見。東京から自ら出向いて販売中の宮川真紀さんと「お疲れさまです」と挨拶を交わす。ほかにも大学のサークルなど、東京方面から出店しに来ている人もちらほらいるみたいで、大阪といっても関西ばかりじゃなく、全国から参加しているらしい。「仕事文脈」の隣が「西島伝法トリビュート」を販売しているブースで、そういえば古本者の北原尚彦氏に「艦隊これくしょんトリビュート」というのを買ってきてくれと頼まれていたことを思い出した。ええと、販売している京大ＳＦ研は……おっと、列ができている。飛ぶように売れているようだ。

浜　作りもうまいし、ちゃんとエンタメになってるんじゃない。

杉　そうそう。読者をみて作ってる感じがする。

宮　ほかは純文系が多いですからね。

杉　自分語りだよね。

浜　潤はこれがいいんじゃない？　「おかまノート」（笑）。

杉　あ、俺、これ買おう。「よくわかるエアコン配管観察」。

浜　真面目な本？　考現学みたいなものかな。

　とかなんとか冷やかしていると、目の前のブースから「普通な人の会です。よろしければご覧ください」と声がかかった。

浜　普通な人の会だって。

出　よくわからないことをやってます！

杉　普通じゃないじゃん（笑）。

　気がついたら、宮里が「普通な人」を手にして、金を支払っている。さらに「反社会人サークルです」という呼び声にも、おお、いいですね、とヴィヴィッドに反応。

出　「ロウドウジン」という雑誌を出しています。今回はこの方がソーシャルメディア上で亡くなったということで特集を組んでいます。追悼号となっています。その人の思い出の地を散歩したり。はやりのダークツーリズムといいますか。

杉　雑誌っぽいね。

宮　社畜飯ってコラムが（笑）。

浜　潤っぽい（笑）。

宮　買います！

　浜本はとみると、文芸社から自費出版で本を出した人の体験記、その名も「自費出版体験記」をゲット。

出　これが実際出した本です。

浜　なるほど。文芸社にいくら払ったとか、そういうことが書いてあるんですか。

出　まあ、そうです（笑）。いろいろと思うところがありまして。けっして誹謗中傷ではないんです。本はできたわけですから。若いころだったんでのせられちゃいまして（笑）。

　以上、三人それぞれ購入したところでフリマ潜入は

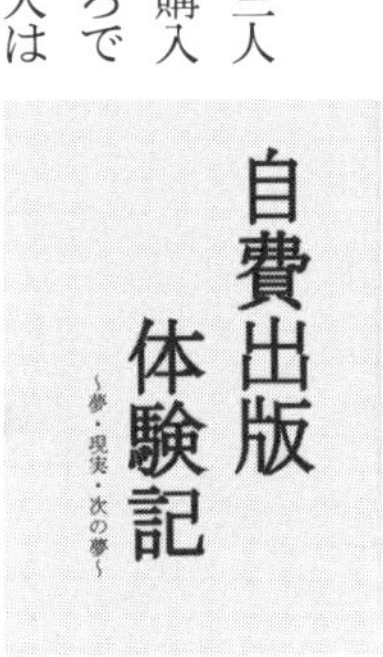

終了。焼肉焼肉と宮里がうるさいので、電車を乗り継いで焼肉の本場鶴橋へ。店内にJRの改札があるブックオフにびっくりしつつ、昼間からビールでかんぱーい。

宮　あんなに小説書いてる人がいるんですねえ。

杉　でも俺たちが思うような雑誌は少なかった。外に向けて作られてる雑誌。

浜　なかった。まあ、そこがいいところなんだろうけどね。

杉　エンタメも少なかったし。

浜　エンタメは難しいんだよ。読む人のことを考えないといけないから。

杉　基本的にテーマが自分だから（笑）。

宮　詩とか短歌とかも多かったですよね。

杉　書店に棚のないジャンルほどある。純文、詩、短歌、俳句。

浜　潤、ハチノス焼けてるぞ、食いなよ。

宮　美味しいなあ。

杉　お前、シマチョウはちゃんと焼いてから食えよ。

宮　え、焼きすぎると脂がなくなっちゃいますよ。

浜　潤は「脂と酒」っていう雑誌を作って売ったほうがよさそうだな（笑）。

（二〇一四年十一月号）

末井さんとエリザベスに行く

今月は天才編集者・末井昭特集だが、末井昭といえばなんといっても女装！ＯＬ風から和服に女子高生まで、なんでもござれの女装マニアだったことで知られるが、おお、そうか、天才と称される編集者になるには「女装」のひとつも体験しておかなければならないのではないか。

というわけで、今月のおじさん三人組は末井さんと女装をしよう！といっても、末井さん愛用の女装の殿堂で変身一式をやってもらうと一人一万八千円くらいかかるそうだから、おじさん三人組の予算では末井さんともう一人が限界。うーむ、どうしよう。一人となるとやっぱり化粧のノリがいちばんよさそうな杉江かなあ。と悩んでいたら、「オレがやります！」と手を挙げる男がいた。

宮里キャンドル潤四十歳である。なるほど、坊主にひげ、そして骨太ともっとも女性から遠い男性ホルモンだらけのこの男こそ、女装した際のインパクトは強いだろう。さすが天才編集者を目指す男。さあ、キャンドル潤はどんな女性に生まれ変わるのか。

もっとも、さすがに一人では行けませんと涙ながらに訴えるので、浜本、杉江も同行し、末井さんと女装の殿堂「エリザベス」がある浅草橋駅で午後いちばんに待ち合わせ。駅から二分ほどで「エリザベス」と看板が出たビルに到着。

エレベーターで四階に上がり、受付で来意を告げると、いきなり常務の野島征子さんに「下着セットはお持ちですか」と聞かれ、ええと、と戸惑う浜本を尻目

下着セットを購入

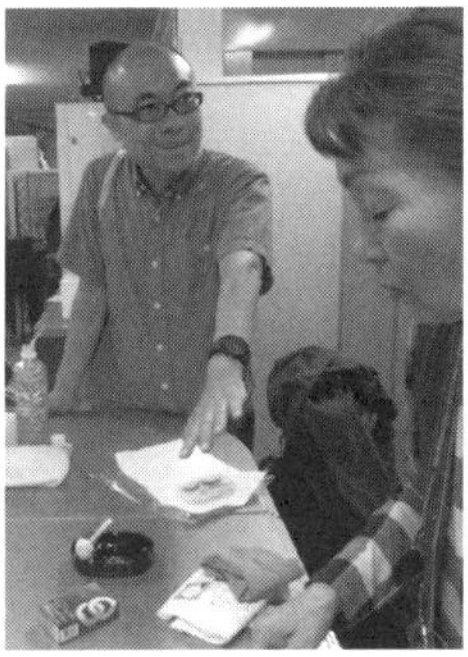

下着を前にどきどきの宮里潤

変身前の二人

に「パンティは買ってきました」と宮里が堂々と答えたから、おお、お前はエライ！と感心したのもつかの間。ブラジャーとスリップを持っていないことが判明し、下着セットを購入することに。衣装はレンタルだが、下着は自前が原則。下着セットはブラジャー、スリップ、ショーツ、ストッキング、つけまつげが入った初心者向け五点組で七千五百六十円（税込）だが、単品で購入するよりだんぜんお得らしい。

　続いて衣装を選び、下着から順に身に着けていく。着替えが終わったらメイクに入り、かつらをかぶったらできあがりだ。普通の格好の男が店内をうろうろしているのは他の客に迷惑なので、本来であれば女装をしない浜本と杉江は退店しなければならないのだが、ただいまは他のお客さんがいないからと、野島常務の計らいで特別に三階で待たせてもらう。

ジャーン。カラーでお見せできないのが残念です

　三階は撮影スタジオとサロンで、夕方五時からは飲酒も可能。バーカウンターとテーブルがあり、本棚には女性誌とレディコミがぎっしり並び、壁面には写真がずらっと飾られている。単独で写っているものもあれば、集合写真も多い。パーティやミスコン、初詣に旅行などさまざまなイベントが開催されているようだ。まさに同好の士が集うサロンなのである。

　野島常務によると、平日は約十人、土日になると二、三十人ほどが来店するそうだが、常連客が大半とのこと。創業三十五年の老舗だが、なんと開店当初から通っている人もいるという。

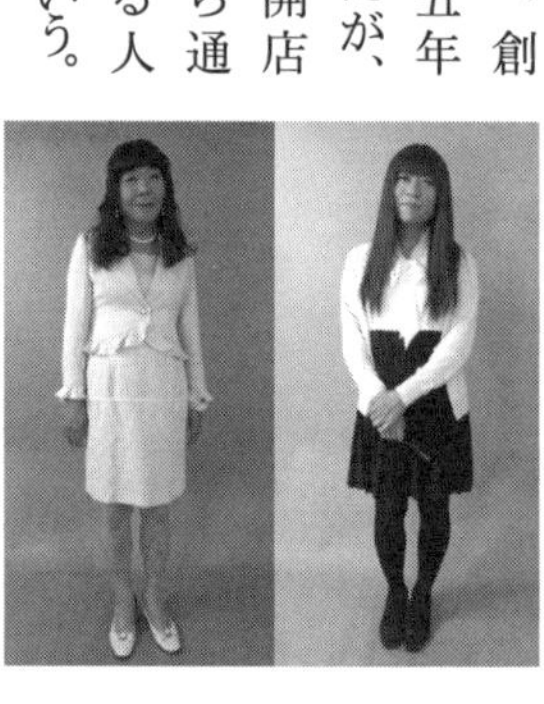

野　夕方の五時過ぎると居酒屋状態になりますね。昨日もお客さんがたこ焼き作ってくれて。楽しいですよ。みなさん、いい人たちばかりで。

　会員は三十代から四十代の働き盛りが中心で、仕事帰りに寄って女装して飲んで話していく人が多いらしい。

浜　やっぱり家庭があると家ではできないから、お忍びで。

杉　ストレス解消するんだろうね。ここで何の話をされてるんですか。仕事の話とか？

野　いえ。仕事の話はNGなんですよ。本名と住まいのことも一切聞きません。

とかなんとか話しているうちに、あっという間に三十分が経過。そろそろ二人のメイクも終わるころだという。

浜　可愛くなるポイントはどこですか。

野　やっぱり目ですね。一重だったら二重にしたり、まつげも真っ直ぐでいいのか持ち上げたほうがいいのか、合うほうにしますし。ただ、あまり美男子だと、そんなに変わらないんですよ。逆にそうじゃないほど、びっくりするくらい(笑)。

街に出るぞ

杉　変わる(笑)。

野　ウイッグをかぶるまでは、疑心暗鬼な人も多いみたいですけど、かぶった瞬間にがらっと変わります。あ、来たみたいですよ。

という声と同時にエレベーターの扉が開き、女装姿の末井、宮里の二人が登場！　その変身ぶりは写真のとおりだ。

杉　えええっ、可愛いじゃん。意外にすごく似合う。

浜　変わるもんだねえ。明日から普通に見られないかも(笑)。

末　気持ちいいでしょ。名前なんて言ったっけ？

宮　潤です。

末　じゃあ、ジュンコって名前にして、ジュンコちゃん可愛い可愛いって、みんなから言われるとだんだんその気になってくる(笑)。

杉　末井さんは女装名は？

末　単純です。アキコ(笑)。

スタジオでパチパチ写真を撮っていると、「外で撮ったほうがいいんじゃない？」というアキコの悪魔の囁きが(笑)。ちょっとならとジュンコも同意するので、浅草橋の街を散歩してカフェでコーヒーまで飲んだのである！

末　視線が来るね(笑)。

宮　気持ちが変わりますよね。

末　そう。気持ちが変わらないと楽しくないんですよ。気持ちが変わらないのは単なる仮装でしかないですから。

杉　なるほど仮装じゃなく女装であると。

(二〇一四年十二月号)

アキコとジュンコでお茶を

ラカグとかもめブックスに行く

一年の計は元旦にあり。実際はまだ十一月なのだが、今号は一月号なので、ブックカフェ開業という所期の目標に向かい、計画を立て直そう！

　というわけで、二〇一四年十一月十三日の午後一時。宮里、杉江、浜本・(若い順)の本誌おじさん三人組は神楽坂にやってきた。新潮社が本館横の倉庫を改造し、十月にオープンした「ラカグ」におしゃれなカフェがあると聞き、これは行ってみなければなるまい！　と使命にかられたのである。

　ちなみにラカグは新潮社とサザビーリーグという会社の共同プロジェクトで、衣食住に知を融合した大人のライフスタイルを提案するキュレーションストア。二階建て九百六十二平米の店内にはアパレル、雑貨、家具、カフェ、ブックスペース、レクチャーホールなどが並んでいるらしい。まあ、おじさんにはよくわからないので詳しくはホームページをご覧ください。とにかく一階の入口から中に入ると、圧倒的なアウェー感。

宮　午後の一時過ぎだというのにすごい人ですねえ。

浜　それも女性ばっかり。

杉　三十代から四十代が多い。

　入口正面には帽子やバッグ、眼鏡やストールなどの小物が飾られた平台（というのか）があり、それぞれのモノについて作家が書いたエッセイが添えられている。角田光代、石田衣良、江國香織、古川日出男など、錚々たる面々で、さすが新潮社ならでは！　と思ったら、ラカグのロゴが印刷された用紙がまたおしゃれで、再び強烈な違和感が……しかし、ラカグは本誌の敵ではなかったのである！

杉　あっ、うちの本が！

宮　ほんとだ！　都築さんの本が。

　階段の踊り場部分の壁一面に巨大な本の背（のプリント）が並んでいて、なんと当社刊『ROADSIDE BOOKS』も一画を占めているのだ。

作家のエッセイが添えられた小物にブックシェルフ

浜　本関係の本を並べてるのかな。『翻訳問答』とか。

宮　『世界は一冊の本』とか。

杉　これも幅セレクション？

　そうなのだ。実は二階のブックスペースはブックディレクター幅允孝氏のコーディネートによるもので、新潮社の本ばかりが並んでいるわけではないのである。「仕事と学び」「男と女」「見るということ」など、テーマで選書されたコーナーには古本も混じっているし、続く「10×10（テンバイテン）──10人の選ぶ、10冊の本」というコーナーでは分厚い板の台とコの字型の透明の板で組み合わされたブックシェルフが三万七千七百円で本と一緒に販売中。そしてテーマ棚の向かい側にはダンボール製の棚がずらっと並び新潮文庫がつめ込まれている。創刊百周年特別企画らしい。

浜　これも買えるんだ？

杉　しかし、どういう順番で並んでるの？

バラバラじゃん。

浜　作家順みたいだけど、「し」の作家が続いているところに「よ」と「お」が入ってる。

宮　重松清はいっぱいある。

杉　でも番号順には並んでないんだよ。

浜　そう。11、34、16、18って。気持ち悪いな。誰だよ、並べてるの。許せないよ。山本周五郎も池波正太郎もバラバラ。

杉　直してるし（笑）。

　山本周五郎を番号順に揃えたところで、家具のコーナーへ。ダイニングテーブル十七万円にため息をつき、九万九千三百六十円の本棚に「三段しかないじゃないか！」と悪態をついて、さらにアパレルのコーナーをひやかす。

浜　シャツ一枚が二万六千円だって。高いなあ。

宮　ジャケットはウン十万って書いてありますよ。

　おじけづいて三人固まって移動していたら、宮里が文具コーナーで、「あ、束《つか》見本が売ってる」と声を上げるのである。

浜　束見本じゃないだろ、ほら白い本って書いてある。

杉　いや、束見本ですよ。説明文に「出版に先立ち実際に刊行するものと同じ形同じ用紙同じページ数で作り」って（笑）。

浜　ほんとだ。クレスト装

壁一面に本の背が

新潮社の社食でランチ

って書いてある。
宮　千円ですよ！
杉　意外なところに新商品発見。うちもやろう！
浜　やろう。各社に行けばいっぱい仕入れられるよ（笑）。
杉　白い本。いいヒントをもらったな（笑）。

　ブックカフェ開業の折りに販売する新商品も決まったところで、ランチを食べに一階に移動する。しかし、一時半を過ぎても相変わらず女性客がいっぱいだし、あまりにおしゃれで何を頼んでいいのかわからない。

工事中のかもめブックスに鷗来堂の柳下社長を急襲！

宮　定食とか間違ってもなさそうですね（笑）。
杉　ベジタブルディッシュ盛り合わせが八百五十円だって。
宮　牛丼三回食えますよ！

　宮里の進言を受け入れ、ラカグランチはあっさり却下。ここまで来たのだから新潮社特集の際に三人でご馳走になった新潮社の社食に行ってみようと、受付で某編集部のS女史を呼び出し、地下の食堂でウィンナーカレーとかきたまうどんのセットをいただく。うどんをフーフーしているS女史によると、ラカグでは本がむちゃくちゃ売れているそうで、ほかが高いものばかりなので、せっかく来たのに手ぶらで帰るのはなんだからと、手軽な本を買っていくのではないかとのこと。

杉　なるほど。俺たちもそういう展開ができるね（笑）。
浜　高いものを見せて、本を買わせると。

　ブックカフェ開業に向けてのヒントを二つも仕入れ、炭水化物で腹も膨れたところで再び神楽坂へ。なにを隠そう、この坂道沿いに、やはりかつて三人組が訪問した校正専門会社鷗来堂が新刊書店をオープンすることになっているのである。十一月二十九日開店というから、そろそろ什器も入って書店らしくなっているだろう。と思って近よってみると、書店予定地は工事の真っ最中。おお、この状態で二十九日に開店できるのか！

杉　開くとは思えない（笑）。
柳　僕も信じられないです。

　と、笑うのは鷗来堂の柳下恭平社長だ。柳下社長によると、今週で内装工事が終わり、週明けには引き渡しらしい。売場は四十一坪で、入ってすぐがカフェ。次いで雑誌棚、新刊コーナーと書店スペースが続き、いちばん奥がギャラリー、その左手がワークショップスペースになる予定。そこでは校正のレクチャーのほか、本と関連したイベントを打っていきたいと抱負を語るが、同時に、開店したら本が少ないという批判があがるだろうともいう。

たしかに開店に際して発注した本の冊数は五千冊程度というから四十坪クラスの書店にしてはずいぶん少ない。しかし、実はこの場所に書店が開店するのは三軒目なのである。かつてはブックスミヤという店があり、この四月までは文鳥堂書店が営業していた地なのだ。つまり三代目なのに、前と同じ店を作っても採算が取れるかどうかははなはだ疑問。普段本を読まない人に買ってもらうには、入口がいっぱいあったほうがいいだろうと、カフェとギャラリーを設けたのである。

柳　ギャラリーで写真展をやって関連の飲み物をカフェで出す。そして来た人たちが関連書に興味を持ってくれる。そういう形を理想にしています。

力強く抱負を語る柳下社長だが、万単位の値段の雑貨もおいて相対的に本を安く見せる秘策も準備しているという。おお、その手はラカグと一緒では(笑)。はたしてかもめブックスはどんな店になっているのか。ブックカフェ開店の夢を先取りされたおじさん三人組は、オープンしたらまた来るぞ!と内装工事現場をあとにしたのであった。

(二〇一五年一月号)

クワノトレーディングに行く

カラーブックスはどこへ行けば買えるのか。保育社の直営ウェブ書店によると、現在も三百点ほどが稼働しているらしいが、総点数は九百九点だから三分の一弱にすぎない。古本屋をこまめに回れば店頭の均一棚などで見つけることも可能だろうが、どうせなら数冊単位じゃなく、どーんとまとめて見たいじゃないの！

　とかなんとか、騒いでいたら「青山ブックセンターがあるじゃないですか」と、おじさん二号杉江が言うのである。

　おお、そういえば、東京青山の青山ブックセンター本店ではどかどかとカラーブックスがワゴンに積まれていたっけ。しかもけっこう売れているみたいで、頻繁に入れ替わっているようなのだ。しかし、あれって古本だよね。いったい新刊書店がどうやって古本のカラーブックスを仕入れているのか。

　さっそく同店の担当者に問い合わせてみると、岩本町のクワノトレーディングという会社から仕入れているとのこと。なんとカラーブックスの卸し業者があるらしいのだ。そういえば、とまたまた思い出したが、京都の恵文社一乗寺店でも「神田の親しい業者さんから」カラーブックスを仕入れていると聞いたことがある。岩本町は神田の一角だから、もしや、恵文社一乗寺店の仕入れ先も同じ会社なのではないか!?

　というわけで、宮里、杉江、浜本（若い順）の本誌おじさん三人組は千代田区岩本町のクワノトレーディングに行ってみることにした。新刊書店に卸しているくらいだからカラーブックスが山になっているに違いない、と想像したのである。

　岩本町は都営新宿線で神保町から東へ二駅。かつて古着市場があったため、いまでも繊維メーカーや問屋が多いらしく、同じ千代田区でも神保町とはずいぶん趣の異なった問屋街っぽい街並みだ。幹線道路から一歩入り、小規模なオフィスビルが軒を連ねる通りに目指すクワノトレーディングはあった。一階は倉庫のようなスペースでかっこいいクロスバイク（自転車）が二台並んでいる。二階へどうぞと案内され、階段を上ると、おお、階段の途中にもカラーブックスが山積みになっている。さらに二階の入口の横にもカラーブックスの山が！

「これは今週買った山です。創刊号から九百八号までまとめて市場に出ていたので」

　興奮するおじさん三人組を冷静に迎えてくれたのは同社の桑野素弘取締役だ。

浜　九百八号までというと、最後の一冊以

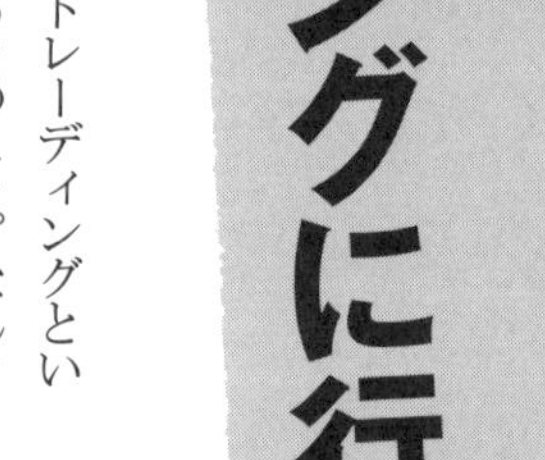

カラーブックスの山が！

外、揃いで出てたんですか。

桑　いえ、途中何巻かは抜けてます。

杉　あっ、『すすきののママ101人』がある！

桑　変態な本ですよ（笑）。

浜　古書価も非常に高いそうですね。

桑　アマゾンだと一万五千円くらいついてますね。

浜　これも、まとめて出た中に入っていたんですか。

桑　そう。この手の珍しいものは逆に、こういう山にしか混じってないんですよ。古本市場でも出てくるのは年に一冊か二冊ですね。

　クワノトレーディングという社名だけ聞くと、貿易会社のようだが、実際、同社のメイン業務は海外のインテリア小物やデスク小物の輸入卸しで、売上げの八割を占めているという。残り二割が古書事業で、しかもそのうちの約七割は大学や図書館、美術館などの公共施設向けらしい。倉庫のような一階はインテリア関連のショールームで、二階は事務所兼古書部だが、扱っているのはデザイン、アート、建築系の本が中心。つまりカラーブックスの卸しは業務の中心ではないのだが、五、六年前から京都の恵文社一乗寺店に古書を卸すようになり、たまにカラーブックスも混ぜて送っていたら、やけに調子がよかったので、平台でどんどん展開したらばかばか売れ始めて今に至るとのこと。やっぱり恵文社一乗寺店もここから仕入れていたのである。

桑野氏と対面

スリップを入れてパッケージされる

　実はクワノトレーディングがカラーブックスを卸しているのは、全国でも青山ブックセンター本店と恵文社一乗寺店の二店のみ。それぞれの店の客層に合わせてパッケージして毎月納品しているという。同社で販売価格を決め、スリップをはさんで卸すという委託システムだ。

桑　けっこう手間がかかるんですね。ビニールカバーがかかってるでしょ。汚れるんですよ。普通の古本屋さんは面倒くさいから、そのまま店先で百円とかで売ってるじゃないですか。でも、それだと若い女性は買ってくれない。だからうちではビニールを外して、本体を磨いてきれいなビニールにかけ直してるんです。

　日本は湿気が多いのでビニールと本体の間に水分が入って、長年経つとシミになる。経年で縮んだり、煙草のヤニで汚れたりしているのもあるので、そういうのはすべて外してかけ替えるのである。ちなみに階段に積んであったのが、ビニールの交換用のストックとのこと。主に古書会館の市場で仕入れてくるそうだが、以前は競争相手が皆無だったカラーブックスも、最近は『すすきののママ』のように高額で取引されるものが出てきたので、それなりに入札しないと買えなくなってきているという。

ちなみに『すすきののママ』のような希少本はどちらの店にも送られることはなく、同社の古書部「パージナ」で売られるらしい。専門のデザイン系の本などと合わせてネットでの販売もしているので、興味のある人は検索してみよう。

杉　ここでは小売りはしてないんですよね？

桑　いえ、小売りもやってます。予約制本屋なんですよ。

浜　ここにある本は買えるんですか！

なにを隠そう二階の事務所兼古書部は壁面がずらっと棚になっていて、デザインやアート系の本がぎっしり並んでいるのである。専門書ばかりではなく、真鍋博のイラストが入った本がずらっと揃えてあったり、家永三郎（教科書裁判の！）の『日本人の洋服観の変遷』とか石ノ森章太郎『世界まんがる記』、落合信彦『あめりか冒険留学』といった本も並んでいるし、A５判の「芸術新潮」が紐で結わえて床に積んであったりするから、油断できない。

そもそも桑野取締役は古本のプロパーで、二〇〇〇年、三十九歳のときに勤めていた会社が傾いたのをきっかけに、当時住んでいた大阪で古本の訪問販売を開始。デザイン事務所など回って本を売っていたという。その後、事務所を借り、洋書の新刊の卸しにも参入。そのときに恵文社や青山ブックセンターなど新刊書店とのルートができたそうだ。さらにインテリア関連の販売を始めたら、大ヒット。その金で東京に移り、しばらくはインテリア関係で大忙しだったが、まかせられる番頭さんの入社を機に自身は「もう一度古本屋宣言をして」古本の仕事しかしていないという。

浜　予約制というと、電話で予約をして、買いに来る？

桑　そうです。メールや電話で予約が入るので、僕が対応できるときに来てもらう。来週はニューヨークのギャラリーの人が来ますし、フランスとか香港の美術館の人が来たり。

杉　へー。俺たちが知ってる古本屋とはぜんぜん違うね。

宮　ポスターも販売されているんですか。

桑　これは主に美術館とかコレクターの人のために。単価の安いギャラリーみたいなものですね。ゼロが一個少ない。ギャラリーさんだと、最低でも十万円くらいからですけど、うちだと一万円くらいから。手間は一緒なんですけど売上げは一割なので、あまり分はよくない（笑）。

さすがに予約してカラーブックスを買いに来る人はいないそうだが、カラーブックスの卸し業務のほうも供給の関係で、二軒で手いっぱい。

桑　家内が磨き担当なんですけど、けっこう大変なんですよ。腱鞘炎になりかけてね。肩が痛いとか、文句が多くて（笑）。

ということなので、カラーブックスを売りたい書店は自力で仕入れに来よう！

（二〇一五年二月号）

日下三蔵邸に行く

なんと、ミステリー・SF研究家にしてアンソロジストの日下三蔵氏が古本屋を呼んで本の処分をするという情報が飛び込んできた。日下氏といえば日本有数のミステリー・SF本コレクターにして魔窟の主でもある。いったい魔窟からどんな本を処分しようというのか！　その顛末を取材しないでどうするのだ。

　というわけで、二〇一四年十二月某日、宮里、杉江、浜本（若い順）の本誌おじさん三人組は神奈川県の某市に向かった。中村規カメラマンも合流したところで魔窟を目指し一路、高台の住宅街へ。二階建ての戸建てが立ち並ぶ陽だまりの道をナビの導くままにゆっくり流していると、前方の塀の脇におじさん四人が立っている。おお、真ん中の小太りの髭のおじさんは日下三蔵その人ではないか。それにしても助さん格さん、いや三人だから沙悟浄、猪八戒、孫悟空か。脇を固めているおじさんたちは誰なんだ。

　近づいてみると、向かって左は古本屋ツアー・イン・ジャパンこと小山力也氏だ。あれ、どうしてここに？　よく見ると、隣で涼しげに立っているのは西荻窪盛林堂書房の小野純一店主で、その横でニコニコしているのは善渡爾《よしとに》宗衛氏＠古本者である。

　小山さんによると、日下三蔵氏は今回、本の買い取り先として盛林堂書房を指名したとのこと。なるほど、盛林堂書房といえば「盛林堂ミステリアス文庫」というミステリー、幻想小説系の濃〜い叢書の刊行も手がけている、その筋では名高い古本屋だ（近代文学、山関係に強いことでも有名）。日下蔵書の引き取り先として、ここほどふさわしい古本屋さんもないかもしれない。

　で、あの日下三蔵が本を売る！　という噂を聞きつけ、小山さんは志願して盛林堂書房の一日アルバイトとしてついてきたらしい。それにしても、ロンゲをひっつめにして結わえている小山さんときたら、まさに沙悟浄。腰に古本屋七つ道具をぶら下げた姿も凛々しい小野さんは孫悟空そのもので、善渡爾さんは見るからに猪八戒？（失礼）役者も揃って、いざ天竺へ古本者の経典を探しに行くのだあ！

　しかし目の前に建つ天竺、もとい伝説の魔窟は一見、普通の二階家で、ちょっと変

庭のテラス窓から挑む

アイガー北壁が室内に！

わったところといえば外階段があるのと一階の窓のシャッターが閉まってることくらい。一階のすべてが日下三蔵氏の、二階はご両親の居住空間となっているそうだが、二台分の駐車場の横には日当たりのよさそうな庭があり、丁寧に刈り込まれた木々が並んでいる。平和な冬の朝の風景が広がっているのである。

と、和んだのもつかの間。

「さあ、どこから始めますか」

小野さんの第一声で全員が玄関前に集合したところ、なんと、魔窟主は「そっちじゃなく、ここから見てください」と、庭に面したテラス窓のシャッターをおもむろに上げるのであった。その途端、一同、驚いたのなんの。

ガラスの向こうに本の山脈がいくつもできている！　それもアイガー北壁のような峻険な山がそそり立っているのである。うっひゃーっと歓喜の叫びをあげたのは古本屋三人組で、ひぇぇぇっと恐怖の悲鳴をあげたのはおじさん三人組＋カメラマン。魔窟主によると、この部屋は仕事部屋とのことで、窓際に机とパソコンが置いてあるそうだが、北壁が邪魔になり内部はうかがい知れない。懸命にシャッターを押している中村カメラマンも思うような画が撮れないようで「部屋の入口側から撮らせてもらったほうがよさそうですね」とこぼすが、魔窟主は「入口からは入れません」とこともなげに返すのである。「僕は小柄なのでなんとか入れますけど、普通の体格の人は無理です」と断言するのだ。

浜　入れないって……我々は何か手伝いをするために来たんですよね？

日　それはこれから小野さんに見てもらって。

杉　相談してから？

日　そうですね。今日の方針を決めて運び出せるものは運ぶ。

浜　運び出すというのは、この部屋から？

日　違います。たぶんここは手もつけられないと思います。奥の書庫も入れないのでダメ。裏の物置と車で五分くらいのところに書庫として借りてるマンションがあって、そこにこの部屋の三倍くらいの本がありますので、まずそこを片づけられれば、ここの本を持っていけるようになって……。

小野　空きスペースが徐々にできる、と。

日　喜国（雅彦）さんの『本棚探偵最後の挨拶』に「玄関先に積んである本を、別の場所に積み変えてるだけ」とありましたけど、まあ、そんな感じですね。倉庫番っていうゲーム。

浜　罰ゲーム（笑）。

とりあえず中も見せてもらいましょう、という小野さんの一言で玄関が開けられると、一同茫然。言うまでもないが、玄関まで本がタワー状に山積みになっていて、カニさんにならないと一センチも進めない。しかも一度に全員（八人）は入れないとのことで、各人カバンを下ろしコートも脱ぎ、なるべく身を細くして順番待ち。

浜 ここはご家族は通らないんですよね？

日 通ってます。この玄関を入って廊下を通って二階に上がってます。

浜 え？ 外階段は？

日 あれは御用聞きの人とかが使うためです。

なんと玄関も廊下も家族の共有スペースだったのだ。小野さんは「通れますよ、ほら」とさっさと入って品定めを開始しているが、こういう状況に慣れているのだろう。慣れないおじさん三人組は本の山に触れてしまってタワーを倒しそうで、なかなか入っていけない。

中 嫁を連れてくればよかった（笑）。

杉 どうして？

中 この惨状を見れば。

浜 まだましだと（笑）。

宮 すごいですね。事件現場みたいだ。

折しも上空をヘリコプターが爆音を立てて飛行中で、捜査気分が盛り上がった小山さんが玄関から突入。入るなり、「うわっ、こんなところに永瀬三吾が！」と歓喜の悲鳴をあげている。入れないはずの奥の書庫に、細身をいかして首尾よく入り込んだ小野さんも「ああ、○△の帯が！」とか「こんなところに○×●が！」とか、素人には意味不明の叫びをあげている。お宝がいっぱいのようだ。

小野さんの下見が一段落したところで、おじさん三人組も見学開始。外から見た仕事場と奥の書庫のほか、廊下の反対側に二間あり、和室には布団が敷かれているようだが、入口の前に本のタワーがいくつもあるので出入りができない！

日 寝るときはこの山を移動して入ります。

浜 えっ、いちいち？

宮 トイレの前も、大変なことになってますよ。

杉 ほんとだ、ドアが開けられない！

日 紙袋をどかせば入れます。

残りの一部屋の入口前も当然本が積んであって、そのままでは入室不能。タワーの横から垣間見える風景はどの部屋も一緒で本の山とCDの山ばかり。

浜 すごいなあ。これ、全部読んだんですか。

日 そういう普通の感想はいらないですから！

カニさんになって進む

右側に積まれているのはCDの山！

怒られちゃったのである。あの古本強者北原尚彦氏ですら同じ質問をしている（前出『本棚探偵最後の挨拶』）んだから、我々一般人が普通の感想をもらすのは許していただきたい。

　と思う間もなく、和室入口前の本をちょっと移動しようとタワーに触れると、「勝手に触らないでください！」とまた怒られるのである。「手前の本を動かさないで！　そこを開けたら崩れますから」。どこか一カ所でも崩れたら、そこを元に戻すだけで一日が終わるという。くわばらくわばら。おじさん三人組がそそくさと玄関から庭に避難したのは言うまでもない。

　続いて主の案内で家の裏に三つ設置してある物置を見学。

日　ここは小説春秋とか小説の泉とか図書館にない小説誌を入れてあります。

小野　昭和五十年くらいの雑誌ですね。このあたりの雑誌って探すと意外にないんですよね。倶楽部雑誌系とか。

　いちばん奥の物置を開けて「このへんの本はいりますか」と小野さんに聞いている。比較的新しい本（といっても昭和の本だ）のようだが、小野さんは「引き取れと言われれば持ってはいきますが」と、さほど乗り気ではない様子。「二束三文ですよね？」「まあ、ご想像のとおりかと」といった会話が交わされて、物置には再び鍵がかけられた。

　ちなみに小野さんによると、書庫には一冊五、六万円の本がごろごろしているそうで、全部査定するには一週間じゃ足りないけど、ざっと見た感じ大変な金額になるだろうとのこと。税務署が来るので具体的な数字は明かせないが、「ポケミスが全部揃ってるし、六興キャンドルミステリーズという十三冊セットで十万くらいになるシリーズとかが当たりまえのように並んでますから、たぶん書庫だけで軽く八桁じゃないですか」とのこと。なんと八桁だよ！　CDなども同人系のものが多いので、持っていくところに持っていけばものすごい値がつくらしい。

小野　いずれにしろ作業ができる状況じゃないですね。

日　どういう手順でやればいいのか、小野さんに全体像を把握してもらおうと。

浜　本日は見学のみですね。

日　じゃあ、マンションのほうに行きましょう。

●三千冊の処分本は　いつになったら出てくるのか

このあと、三台の車に分乗して書庫用マ

ンションに向かうことになったのだが、先導の日下車が出発する段になって、またまた仰天。駐車場から出ようとする車がとんでもないシャコタンなのである。後部座席、助手席に本やCDが入ったダンボールと紙袋が積めるだけ積んであってその重みで車高が下がっているらしい。外からは見えないがたぶんトランクの中も本でいっぱいなのだろう。積載量オーバーなのは間違いない。これも整理の対象なのだろうか……。後ろが沈み切った車を目印に五分ほど坂道を下ったり上ったりしたところで、目指すマンションに到着。言うまでもないことだが、3LDKで六十平米以上はゆうにある一階の住居の内部は玄関からキッチンを含めたすべての居室が本本本本CDCDCDDVDDVDDVDの山山山。ああ、めまいがしてきた。

魔窟主の概算では自宅が四万冊、マンションが三万から四万冊あるはずとのこと。玄関の山には漫画も多いが、古い小説類もちらほら。比較的新しい本もあるから、つまり自宅とマンションで古い本と新しい本、あるいはミステリー系とSF系とかの分類がなされているわけではないらしい。自宅との違いがあるとすれば、こちらは玄関からトイレまでの動線が確保されていることで（玄関のすぐ隣だからか）、自宅で用が足せず我慢していたおじさんたちは我先にトイレを借りたのであった。

いや、そういう話ではない。今回は「あの日下三蔵が初めて本を売る現場に立ち会う！」という取材がメインなのである。噂には聞いていたものの、一般の人間の想像を超える魔窟のすさまじさを前にして、どうしても魔窟レポートに走ってしまうが、このへんで本題にも触れておかなければ。

だいたい、今回は三千冊くらい整理するという予定で、小野さんはハイエースをわざわざ借りてきているのである。開始からすでに一時間半が経過しているが、レンタカーにはまだ一冊の本も乗っていないのだ。

日　いや、三千冊というのは本の雑誌の松村さんが勝手に言った数字で、どうしてそんな数になったのか、僕にもわからないんですよ。

小野　でも、僕はそのつもりで来てくださいと日下さんに言われましたから（笑）。

処分したいのは、まず仕事で使わない本。漫画も処分したい気持ちはあるらしいが、「ばらばらになってるから」と言う。「巻数ものの漫画は揃ってないと売りにくいですよね」。

売りにくいどころか、小野さんの店では漫画を扱っていないので、全部を預かって市場へ出品という形になるらしい。市場へ出品したら一冊五円、安ければ一円二円というケースもあるらしい。

車の中にも本がぎっしり

日　高く売ろうと思ったら、自分でこまめに発掘してヤフオクとかに出すのが……。
小野　いちばんですね。でも、それをやってたらお仕事の時間がなくなっちゃうんで。
日　だからその時間をつくることにすれば。来年からヤフオク参入ってことも（笑）。
小野　そのためにも、まずこれを整理しなければならないわけですよ。この状態でヤフオクを始めると出品した商品が行方不明になります。棚に入れておかなきゃダメなんですよ。
日　となると、廊下の本からまず出して。
小野　そうですね。通路を確保するために入口の一画をちょこっと整理してみましょう。この部屋まで辿り着くには半年はかかるでしょうから。
善　外に出せば選別しやすいので、いるものはまた戻して。
小野　いらないものは車に積んじゃう。
日　処分する本を決めるのがとにかく面倒くさいんですよ。
小野　まずジャンルとしてどこを残すのかですね。漫画でもどういう漫画は残しておいて、どういう漫画は出してしまってもいいか、そういう一つの方針を決めないと。あとは日下さんとしてどういう方向に落ちつかせたいか。
日　実はこの下は文庫なんですよ。その上に漫画が積もっているんで。結局、上の漫画をどかさないといけない。
小野　いけないし、漫画をどかすにはここを整理しなきゃいけませんね。
日　やっぱりまずは漫画か。

マンションの扉を開くと本が！

すべての居室が本で埋まる

リビングルームに入り込んだ古本屋三人組と魔窟主の間で、堂々巡りの会話が続いているが、なにせ三十何年本を買い続けてきて処分するのは初！なのであるから許されたい。

浜　どんどん運んで車に積んじゃえばいいのに。
杉　ハイエース一台分くらい抜いたところで、なんの影響もないよね（笑）。

そうこうしているうちに「決まりました！」という小野さんの明るい声がマンション内に響き渡った。やった！

小野　何をやるにも玄関がこの状況では何も出せないので、今日は玄関まわりをとりあえず整理します！

パチパチパチという拍手の音と前後して、あやーっという悲鳴が。どうやら本の山が一つ崩れたらしい。小野さんが出られなくなったようだ。

善　連鎖的に雪崩が起きた。

小野　埋まってます。道がなくなりました。出られない。

善　古本屋さんですらこの有様（笑）。

日　数年ぶりにそこが開通してたのに（笑）。

小野　ＶＨＳの上に本が積んであったりするので、一カ所やったら全部崩れちゃって。

杉　火をつけたいね（笑）。

凶暴にもなるのである。

浜　人はなんのために本を買うのだろう。

哲学的にもなるのである。

と思ったら、今度はリビングからうれしい悲鳴が！　超珍本が発掘されたらしい。五万とか十万といった数字が聞こえてくる。なんでも加治木義博の『落・奈落』という本で市場価格十五万円くらいらしい。

小山　鷲尾三郎の珍しい本が四冊埋まっていたり、市場に出したら値段が下がるほどの本がうじゃうじゃありますよ（笑）。

杉　帰るときはボディチェック必須ですね。小山さんなんかやけにポケットの多いズボン穿いてるし（笑）。

とりあえず方針が決まったところでランチタイム。もう十三時半だというのに、何一つ始まっていないのである。ラーメン班とそば班に分かれ、さくさくっと昼食をとって、いよいよ整理スタート。玄関の三和土に山積みになっている本を共同階段の下まで逐次運ぶのが最初の作業である。

杉　やっと仕事してる感が出てきた。

日　あっという間になくなってきましたね。

浜　あれ、小山さんは何を分けてるんですか。

小山　いや、仕分けするので。

浜　自分の欲しい本を？

小山　違います（笑）。背文字が見やすいように少し隙間を空けてるんです。

日　ありがたいです。やっぱり慣れてる人じゃないと。

宮　あ、玄関に鏡があった。

小野　これはなんだろう。

日　山田風太郎セット。

お宝『落・奈落』発見！

小野　なんで買ったんですか。
日　売っていたからです。
浜　出た！　そのセリフを聞けただけで来たかいがあったというもの（笑）。

ものの十分で階段下がいっぱいになり、仕分けタイムに突入。山の中から小野さんがお宝を解説してくれる。

小野　このへんは高いですよ。三橋一夫。城昌幸『春風剣士』は時代ものですけど、ちょっと珍しい。この木々高太郎は表紙が東郷青児です。立風書房のジャガーバックスもある。

大下宇陀児だの渡辺啓助だの二万、三万クラスの古いミステリーが平気で二冊ずつ出てきたりするらしい。

小野　あと、これも高いです。
浜　仁木悦子『消えたおじさん』。
杉　こんなのが高いんだ。青い鳥文庫ですよ。
日　青い鳥文庫ではそれはものすごく貴重です。
小野　仁木悦子の『水曜日のクルト』は元版なら軽く十万円はいきます。『消えたおじさん』も状態がよければ一万五千円クラス。元が東都書房のシリーズなので高いです。このへんは残すでしょうね。あとは本人に選んでもらいましょう。

しかし当人は空いたスペースを活用すべく下駄箱の中に貴重な本を並べている真っ最中。「創元の全集は全部持ってきて」「自著もすべて戻して」とか言うばかりで一向に処分する本を仕分ける気配がない。そうこうするうちにヤフオクで誰かに落札してもらった本が数年ぶりに開封される。

小野　『ミルナの座敷』ですね。
日　えっ、『ミルナの座敷』？　俺、持ってたの？

全員爆笑。青い鳥文庫で古書価がもっとも高いものらしい。

本の山をチェックする小野氏

日　佐川茂名義ですね。須知徳平の『アッカの斜塔』と一緒にしておいてください。同じ人なので。東都書房のミステリーは、あと須知徳平の『人形は見ていた』で全部揃うんです。これは助かるなあ。
小野　東都書房の『アッカの斜塔』のほうがないですけどね。これだと四、五万。
日　ありがとうございます。あってよかった。

まだ一冊も処分されていないのである（笑）。油断しているとお披露目会のようにあの本この本が出てきてとめどなく古本談義が続くのだ。その脇をマンションの居住者なのだろう、子どもが通って、玄関まわりに積んであるコミックの山に「わあ、漫画がいっぱい」と喚声をあげている。あのね、ぼく、中はもっとすごいんだよ。

日　そろそろ、もう一回出しても大丈夫ですか。

　減ってないのだが、第二弾の搬出がスタート。情けないが、おじさん三人組が役に立つのはこれだけなので、はりきって運搬業務に精を出す。

杉　おお、床が見える（笑）。

ずんずん本を下ろす

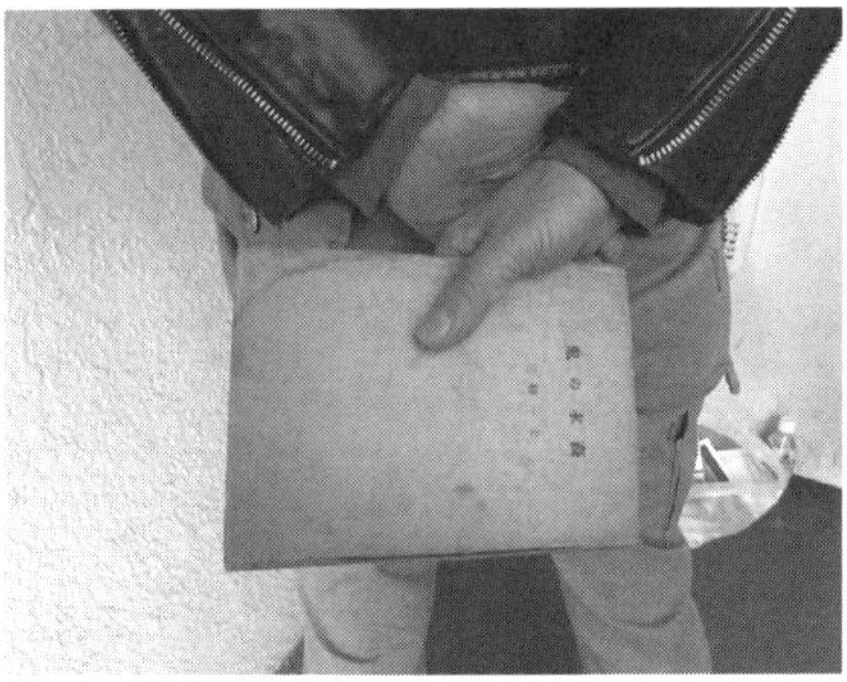

『鬼の末裔』をもらった小山氏

宮　上がり框が見えてきた。

杉　靴が脱げる。俺たちすっごいいいことをしてるような気がしてきた（笑）。

　ここで階段下がまたいっぱいになったので、運び出しはいったん終了。

●合計二百二十七冊。さあ、日下蔵書はいくらになったのか？

小野　この『海の異教徒』（山田克郎／東都書房）なんですけど、日下さんは二、三カ月前にうちに来て帯なしを買ってるんですよ。今、帯が付いてるやつが出てきました（笑）。

日　まあ、いいですよ、別に。山田克郎は快傑ハリマオの原作者ですね。

小野　海洋ものが多くて『海の廃園』で直木賞を取ってます。

浜　それで盛林堂さんでいくらで買ったんですか。

小野　一万五千円でしたっけ。

宮　帯が付いてるといくらくらいなんですか。

小野　状態によりますけど、二万五千円から三万円くらいじゃないですか。

日　新発見がたくさんあるな。

小山　ディスカバー自宅。

杉　それもまだ玄関だけだからね。奥まで行ったらどんな本があるのか。

小山　（小声で）あれもこれもそれもありますよ（笑）。

浜　下駄箱に本がきれいに収まりましたね。

　日本でいちばん豪華な下駄箱の完成に気をよくしたのか、なんとここで、主は小山さんに三橋一夫『鬼の末裔』を進呈しているのである。小山さんは「もらったもらった」と大喜び。

杉　今日初めて処分した本ですよ（笑）。

日　ダブり本なので。

しかしこれが引き金になったのか、たまにいらない本も出てくるな、と数冊の本がいらない本に仕分けられ始めたのである。ちなみにこの段階で処分することになったのは七冊。目標まであと二千九百九十三冊だ。

杉　ショックだろうね。これだけあって、いらないに分けられた作家。

浜　内緒だから（笑）。

さらに階段下の本をじっくりと吟味。二十冊ほどまとめて、全部いらないです、と言うのである。

杉　百冊くらい減らしたいって（笑）。

浜　すごい進歩じゃないですか。

宮　また来ました。

杉　五十冊超えました！

浜　目標を二百くらいまで。

杉　上方修正（笑）。

しかも気がついたら、室内の廊下は床の一部が見えて、トイレまでラクラク歩けるようになっている。

日　この状況をみなさんに見ておいてもらったほうがいいですね。

浜　なかなか見る機会がない。

日　階段下の山をまたここに積むわけですから（笑）。

小山　一瞬だけ（笑）。

仕分けで残った本を再び玄関に戻したあとは、車に積んであった荷物を全部下ろす作業に移行。びっくりするくらいの数の本とCDがトランクから後部座席、そして助手席から出てくる。いやあ、車ってこんなに積めるのか。二年くらい前から積み始めた成果らしい。

善　積んであるCDの量も半端じゃない。

宮　全部下ろすんですね。

日　明後日車検なんで（笑）。

杉　このままじゃ車検に通らない（笑）。

小野　車高が上がってきました（笑）。

流れ作業でCDとDVDを運び込む。なにせアニメの主題歌や挿入歌のCDは全部買うつもりで集めているというし、TVで放映されたアニメ、特撮番組はほぼDVDに録りためているらしいので、その数は膨大。せっせと運び込むと、代わりに世界名作探偵文庫などのレアな児童向け叢書シリーズがどんどん運び出されてきた！　どうやら、本日の盛林堂書房向けのメイン商品のようだ。奥からいま何冊ですかという声が聞こえる。

小山　九十三です！

百が目標なのだろうか。奥から小野さんの「無理しなくていいですよ」という優しい声が聞こえてくる。と、ここで小山さんが呼ばれる。見せたいものがあるらしい。

小山　ああああ。やばいじゃないですか、

これ。著者謹呈が入ってる。
　永瀬三吾『売国奴』（春陽文庫）である。スーパーレアらしい。しかもサイン本。サインがなくても三万円から四万円もする珍品だ。もちろん見せるだけ（笑）。神保町の古書店＠ワンダーで五千円で買ったという。自慢である（笑）。

小山　えええええ。そんなばかなことがあってていいのか。

　大声をあげている小山さんを尻目に百四十冊の児童向け叢書が運び出されて終了。すべて貸本あがりらしいが、まだこの四倍くらいあるそうだ。
　小山さんと善渡爾さんは本日のバイト代に、この中から二冊もらえるらしく、どれにしようかな、とものすごくうれしそうに吟味し始める。さんざん悩んで小山さんは西条八十『悪魔博士』と久米元一『海賊船イーグル号』を裸本（カバーなし）だからいいでしょ、とゲット。善渡爾さんは檀一雄の少女小説『悲しみの門』（カラーコピーカバー付き）を手にしてニコニコしているのである。
　しかも小山さんは魔窟主から三橋一夫『腹話術師』（カラーコピーカバー付き）を差し上げます、と差し出され、狂喜乱舞。『鬼の末裔』と合わせて三橋一夫をこっそり二冊もらったことになるのであった。
　一方、小野さんは値付けの真っ最中。本日の買い取り冊数は児童向け叢書が百三十七冊。四六判の単行本が四十二冊、文庫が四十八冊。児童向け叢書はカバーあり、カバーなし、コピーのカバー付きと仕分けして一冊ずつ値段をつけている。貸本あがりでなければ相当な値段がつくものばかりらしい。ちなみに小野さんは本日は現金で五十万円持ってきているという。

交渉成立！

小野　払うときはぱっと払いますよ。シブるときはめちゃくちゃシブりますけど。

　さあ、はたして買い取り金額はいくらになったのか。場所を近くのファミレスに替えてドラムロールの鳴り響く中（ウソ）発表された金額は……。
　ジャーン、全部で十万七千円！　そのうち貸本系児童書叢書が十万六千円で、残りの九十冊が全部で千円。

小野　下駄箱の本を全部売っていただければプラス二十五万くらいには（笑）。

日　いえいえ十分です。これで年を越せそうです。ありがとうございます。また処分します。

　以上で、日下三蔵氏の本売り初体験は無事に終了したのであった！　めでたしめでたし。

（二〇一五年三月号）

万歩書店を制覇する

東京から西方へおよそ七百キロ。吉備の国に古本者どもが夜な夜な快哉を叫ぶ夢の楽園があるという。

楽園の名は「万歩書店」。一度入ったら最後、誰もが本を探して一万歩を数えてしまうことからその名がついたとされる巨大古本屋にして古本中の古本者の夢と魔法の王国である。日本中の古本者を健脚にせしめたと噂される古本ディズニーランドとは、はたしてどんなところなのか!

その真相を探るべく、宮里潤、杉江由次、浜本茂（若い順）の本の雑誌おじさん三人組が吉備の国岡山へと向かうことになった。もっとも、おじさんたちは古本者というより、どちらかというと新刊者なので、三人だけで真相究明がなるかとなると、いまいち心もとない。そこで今回は、日本全国二千数百軒の古本屋を制覇した、文字どおりの古強者、古本屋ツアー・イン・ジャパン（略して古ツアさん）こと小山力也（こやまりきや、この名前はこの旅の要所要所で大変重要な役目をはたすので覚えておくように!）氏をゲストに迎えることにした。なんと古強者《ふるツアさん》は万歩書店に行ったことがないという! おお、ちょうどよかった。では、万歩書店のどこがそんなに古本者を惹きつけるのか、初訪問して解説してもらおうではないか。題して「古本屋ツアー・イン・万歩」。万歩書店チェーン全店を制覇しようという一泊二日の弾丸ツアーである。さあ、いざ行かん、吉備団子とマスカットとママカリの岡山へ。

かくして三人組＋古強者の四人は岡山駅に降り立った。これから始まる過酷なツアーに武者震いのひとつも出たところで、駅前の桃太郎像に戦勝祈願のお詣り。いや、戦じゃないし、鬼が島に行くわけでもないんだけど、まあ、気分の問題だからと桃太郎と一緒に記念撮影。そういえば、古強者は桃太郎に似ているような（先月は孫悟空だったけど）。とすると、おじさん三人組は犬（浜本）、猿（宮里）、雉（杉江）かな。

とかなんとか言いながら、さっそく駅前のレンタカー屋へ移動。今回の古本屋ツアー・イン・万歩は、初日（本日）が、

①中之町店（津山市中之町／二百五十坪・在庫数約十万点）
②津山店（津山市小田中／百坪・約十万点）
③美作店（美作市豊国原／八十坪・約十万点）

の三店、そして二日目に、

④倉敷店（倉敷市四十瀬／二百三十坪・約十五万点）
⑤総社店（総社市井手／六十坪・約五万点）
⑥本店（岡山市北区久米／二百三十坪・約五十万点）

⑦万歩エンタメ館（岡山市北区久米／百坪・約一万五千点）

　の七店舗を回る強行軍なのである。⑦の万歩エンタメ館こそコミック、ゲーム、ラノベにCD、DVD、フィギュアなどを扱う店で、おじさんには無縁な商品が多そうだから、時間がなくなったらスルーしてもいいことにしているものの、①〜⑥の六店舗を合わせただけでも九百五十坪・約百万点という驚きのスケール。しかも岡山駅から津山市までは車で二時間近くかかるようだし、二日目は十四時から本店で万歩書店首脳陣の取材がセッティングされているのである。のんびりしていたら昼飯を食う時間もなくなっちゃうぞ、潤！

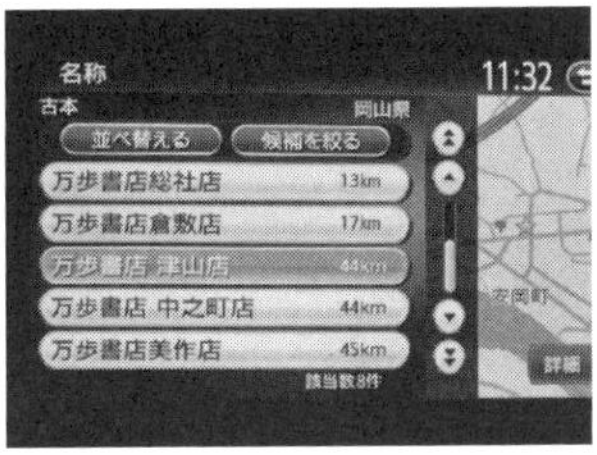

ナビにもばっちり

　というわけで、一同そそくさとレンタカーに乗り込み、津山目指してレッツゴー。ナビに「万歩書店」と入力すると、なんと該当店舗が出てくるから、びっくり。さすが夢の楽園だ。中之町店まではナビによると四十四キロ。雄さん杉江の運転で53号線を一路北へ向かう。

浜　最初の目的地、中之町店はホームページによると二百五十坪で在庫十万点。でもね、二百五十坪の店も百坪の店も八十坪の店もみんな十万点って書いてあるんだ（笑）。

小　本店が二百三十坪で五十万点で、倉敷店も同じ二百三十坪なのに十五万点って書いてありますね。バックヤードが多いってことですかね。

杉　そうかな。うちの会社みたいにどんぶり勘定なだけじゃない？（笑）

小　通路がすごく広いとか、棚が極端に少ないとか（笑）。

杉　小山さんが好きなタイプの古本屋はどういう店ですか。

小　好きなのは古くて小さいお店ですね。掘り出し物は大きいリサイクル系のお店のほうが見つかる可能性が高いんですけど、僕は古本屋を記録に残したいので、そういう忘れ去られたような店を見つけると、やった！って気持ちになるんですよ。

宮　古本屋好きなんですね。古本好きじゃなくて。

小　そうですね。古本を探しに行くんじゃなくて、古本屋を探しに行ってる。だから歩いててぜんぜん知らない店を見つけたりしたら大変ですよ。こんなところにーって、震えがきますから（笑）。

　古強者の古本屋談義を聞いたり、今日見つかるとうれしい本などを各々語っていると、いつの間にやら大きな川と並行している。のどかな郊外の風景だ。

小　風光明媚になってきた。

杉　あ、日本一たい焼きが美味しいだって。やばい、俺、たい焼きコレクターなんですよ。ああ、遠ざかっていく。ショックだ……。

宮　あそこには世界のカレーって書いてある。

杉　世界とか日本一とか大統領とか多い

三角屋根の中之町店からスタート！

ね。好きなんだな。

浜　岡山はスケールの大きな名前が多い。

小　万歩にもその感じがありますよね。やっぱり桃太郎が関係してるんですかね(笑)。

宮　お腹すきましたね。お昼、ホルモンうどんにしませんか。津山名物みたいですよ。

小　調べてる(笑)。

浜　B-1グランプリでお馴染みだって。

杉　昼飯は中之町店に行ってから！

　ランチマイスター宮里がホルモンうどんの美味しい店を検索しているのをよそに、車は津山市内に突入。津山といえば三十人殺し→八つ墓村→横溝正史と連想していると、しだいに雲行きが怪しくなり、おお、雨が降ってきて、あたりは急に横正ワールドに。ナビによるとまもなく中之町店だ。

宮　なんだかおどろおどろしい感が……。

杉　山の天気は変わりやすいんだよ。

浜　ここを左だ。

杉　まじ？　住宅街じゃん。どんどん道が細くなっていく。二百坪もある古本屋があるとはとても思えません。

宮　目的地に着きましたってナビが言ってますよ。

小　ここだ。ほら、駐車場。

浜　ほんとだ。お客様出入口って書いてある。でもどこに店があるんだよ。

小　興奮してきた(笑)。見てきます！

　と、飛び出していった古強者が「あった、ありましたよ」と破顔して手を振っている。レンタカーのナビが指示していたのは裏道から入る地下の駐車場で、スロープを上がった表の幹線道路沿いに、広い駐車場を備えた三角屋根の巨大古本屋が建っていたのである。

浜　トマソン物件だね(笑)。

杉　珍百景ですよ。

浜　業者・マニア大歓迎って書いてある。

小　(笑)カバンを預けるんですね。すごいシステムだ。

　万引き防止か、カバンや袋の持ち込みは禁止なのである。入口の横にロッカーが設置されているので、百円入れてカバンを預け(カギを戻すと百円は返ってくる)、いよいよ入店。入口脇のボードにいろいろなイベントの告知が貼ってあり、本日は岡山県外からの来店者は十パーセントオフになるとのこと。ラッキー。全集も三十パーセントオフらしいが、重いからなあ。

　入口を入ると、そこは上階でコミックやゲームにおもちゃ、CD、DVDなどが大量に並んでいる。左右に古い創刊誌や映画のポスターなどが貼られた中央の階段を下りると、おお、古い本がいっぱいだ！　持ち時間一時間で各自お宝を目がけて突撃。

人文系から文庫まで棚や床上に雑多な本が並んでいて、どこから見ればいいのか見当もつかないままに膨大な数の本の海に溺れていって、気がついたらあっという間に制限時間。会計を済ませ、五百円でスタンプ一つ、二十個で三百円引きになるというスタンプカードをもらったところでタイムアウト。

杉　小山さんと潤がまだレジ前で何かを漁ってる（笑）。

小　『張り込み日記』という写真集が去年復刊されて話題になった渡部雄吉の技術書を宮里さんが見つけて。

浜　『海外旅行撮影のすべて』。

宮　朝日ソノラマの現代カメラ新書のシリーズです。

小　千円だから、ちゃんとした値段がついてる。

杉　想像してたより、ちゃんとした値付けがされてますよね。

浜　うん。文庫だって細かく値段がついてる。あそこまで丁寧にやらなくていいのに。

宮　ハーレクインの棚が二十本もありましたよ。

浜　びっくりしたでしょ。

小　上の階にもあったし。

浜　本店はもっとあるからね。あんなもんじゃないよ。なんでこんなに必要なんだって思うくらいある（笑）。

いままで隠していたが、実は浜本は本店だけだが、万歩体験者なのである。だから早く本店に行きたくてむずむずしているのだが、それも内緒。とりあえず津山駅前の観光案内所で聞いたホルモンうどんの美味しい店で遅めの昼食をとりながら、中之町店での各自の収穫を発表してみよう。

浜本
『世界の旅客機』木村秀政／平凡社カラー新書（二百円）
『日本の城』稲垣史生／平凡社カラー新書（四百五十円）
『名城のからくり』北條誠／ベルブックス（五百円）
『極右』フレッド・クック／みすず・ぶっくす（五百円）

宮里
『新宿ゴールデン街』渡辺英綱／晶文社（五百円）

杉江
『禁酒時代』山口瞳／新潮社男性自身シリーズ（二百五十円）
『南アメリカ』ＮＨＫ特別取材班／日本放送出版協会（八百円）

小山
『三角館の恐怖』江戸川乱歩／春陽文庫（四百円）
『神州纐纈城』国枝史郎／六興出版（六百円）
『失われた世界へ』デビッド・ノット／金沢文庫（四百円）
『海外旅行撮影のすべて』渡部雄吉／現代カメラ新書（千円）

浜　新書で揃えた（笑）。

小　宮里さんは一冊だけ？

宮　そうです。一割引きだから四百五十円。

杉　僕は男性自身シリーズの単行本版を集めているんですが、これは二百五十円で帯までついてる。東京じゃありえないですよ。

地元名物ホルモンうどんの店をわざわざ探したのに、名物を頼んだのは浜本だけで、宮里が食べたのはしいたけ定食だったという事実はさ

昼食はホルモンうどん

津山店で『津山三十人殺し』発見！

ておき、時間もないので早々に津山店に移動。ナビの指示を無視して川沿いを行ったり来たりしていると、白地に赤い「本」というでっかい看板が見えてきた。

　コミックやラノベ、ゲームが中心の品揃えで、百坪とスペースも中之町店の半分以下だが、人文系や文学の棚もしっかりある。浜本が文庫の棚の端っこの値付けが済んでいないと思われるコーナーを吟味していると、突然、「こやまりきやさんですか」という女性の声が！　棚の隙間から覗いてみると、若いカップルが古強者にカメラを向けて、なにやら話しかけているではないか。ファンらしい。さすが古本界のスター。サインとかするのかしら。

　しかし、ここでの持ち時間は四十五分なので臨時サイン会の様子を見守る余裕はない。さくさくっと本を選び、ファン対応に追われる古強者を駐車場で待つことしばし。

浜　コミックばかりかと思ったら、東洋文庫とかみすずの本もけっこうあったね。

杉　白いのも黒いのもグチャグチャになってる。面白いよね。

宮　あ、小山さんが出てきた。

小　スタンプがすごい勢いでたまっていきますよ（笑）。

浜　楽しくなってきましたね。しかも、ファンに声をかけられるなんて。

杉　びっくりした。

小　人違いに決まってるじゃないですか！

　なんでも「小山力也」という同姓同名の有名な声優がいて、過去にも何度か間違われたことがあるとのこと。実は今回のツアーは写真撮影を自由にさせてもらう都合上、事前に「おじさん三人組と小山力也さんが行きます」と万歩書店側に伝えていたのである。声をかけてきた女性は津山店に勤めていて、その情報を入手したらしい。で、ツーショットを撮ってもらうべく彼氏を連れてきたという。

小　写真は別にかまわないですけど、私は古本屋ツアー・イン・ジャパンの小山ですよって言ったら、え？って。ものすごい勘違いをしてるんじゃないですかと思いつつ、恥ずかしいトークに入っていくわけです。ちゃんと言っておきましたよ。よく考えてください、あれだけ声優で忙しい人が古本探しにこんなところまで来るわけないじゃないですかって（笑）。

　津山店で四人が買った本は以下のとおり。

浜本

『写真集 三島由紀夫 25'～70'』新潮文庫（五百円）

古本界のスター小山力也

『イラスト クワイ河捕虜収容所』レオ・ローリングズ／教養文庫（七百円）
『旅の絵本』谷内六郎／旺文社文庫（二百六十円）
『探偵小説の「謎」』江戸川乱歩／教養文庫（九十円）

宮里
『ヨーロッパの誘惑』海野弘／丸善ライブラリー（四十七円）
『無頼の点鬼簿』竹中労／ちくま文庫（三百五十円）

杉江
『秘境インジョ王国』小林大二／三笠書房（三百円）

小山
『自伝 わたくしの少年時代』田中角栄／講談社（百五十円）
『武林無想庵盲目日記』記録文化社（千五百円）

杉 浜本さん、ずるしたでしょ。値付けのされていない本、買いませんでした？

浜 谷内六郎？ たしかに未整理のところから抜いたけど、ちゃんと確認して買ったよ。

宮 僕はお買い得なのを二冊。

杉 僕はここでも探検ものを。昔の写真がいいんですよ。

小 僕の無想庵は後妻のサインが入ってるんですよ。田中角栄は二、三千円ついてる店もあるんで、これは買いだなと。

サイン入り無想庵だ！

杉 驚いたのは、小山さんは児童書の棚を見るんですね。

小 児童書は意外にいいものがあるんですよ。

浜 古い探偵小説やSFを探す人は児童書の棚を見ますよね。

宮 そこにお宝がある。

お宝発見の秘訣を聞いたところで、三軒目の美作店に向かうも、ナビが入れと指示する先が行き止まり！ 道がないので、隣の佐川急便のおばさんに尋ねると、古本屋かどうかわからんけど、右に曲がった先に本屋がありますよとのこと。言われたとおり進むと、おお、赤地に黒の「本」の看板が！ 美作店は八十坪と万歩書店では小さいほうだが、文芸、サブカル系がなかなかに充実。四人ともそれなりの収穫にほくそ笑んで集合。

杉 面白いと思ったのは売った人の蔵書がそのまま入ってる感じがするところ。小さい店なのに国書があってペヨトル工房があったでしょ。

小 ペヨトル工房、すごく揃ってましたね。

杉 あれ、同じ人が売ったんだと思うんだよなあ。

宮 岡山の幻想文学好き（笑）。

杉 文庫も、源氏鶏太とか、ひと昔前の作家がずらっとあって、ひとりの人の本棚から出てきたみたいだった。

美作店での収穫は以下のとおり。

浜本
『徳川家康』松本清張／講談社火の鳥伝記文庫（八十円）
『連合艦隊の出撃』伊藤正徳ほか／集英社コンパクトブックス（二百五十円）

宮里
『彼らはヴェトナムへ行った 上下』リック・アトキンソン／新潮文庫
『マンハッタン・オプⅠ・Ⅱ』矢作俊彦／角川文庫
『子供部屋』阿部昭／集英社文庫（五冊で三百円）

杉江
『白夜の旅』東山魁夷／新潮文庫（九十五円）

サブカル系充実の美作店。店内図を見てGO!

『森と湖と　東山魁夷小画集』新潮文庫（九十五円）
『かわ』加古里子／福音館書店（二百五十円）
『佐野元春　The Circle of Innocence』pia mooks（三百五十円）

小
『若さま侍捕物手帖』城昌幸／秋田書店（百円）
『古墳殺人事件』島田一男／徳間文庫（百円）
『岡山文学アルバム』日本文教出版（千五百円）

小　今日は進むたびにだんだん古い本が少なくなってきましたよね（笑）。
杉　今日の三軒はまあ普通の古本屋と言えなくもない。
宮　漫画が多いわりに哲学や宗教関係の本がどこもけっこうありましたけど。
杉　思ったより実用系が少ないですよね。
小　しっかりした古書を残したいっていう意志は感じます。古書の部分がちゃんとした古本屋さんで、他の部分はリサイクル店っぽい感じというか。
杉　本店は違う感じなんですか。
浜　ぜんぜん違います！　もっと古い本が山になってますよ。
小　行ってみたいなあ。

古強者の懇願を受け入れ、すでに時刻は十七時半を回っているが、なあに晩飯を食わなきゃいいんだよ、と宮里を説得して一路本店へ。雉さん杉江から犬さん浜本に運転手を交代して外灯がほとんどない闇の山道をこわごわ進んでいく。上って下りて上って下りると、岡山市街の明かりが見えてきた！　おお、ここかあ、という古強者の歓喜の叫びが轟く。

一同、車から飛び出したかと思うと、ロッカーに荷物を預けて、我先に突入。次の瞬間、すべての古本屋既成概念が消し飛んだと古強者は二時間後に語っている。

小　いやあ、本店の古書のコーナーは張りついたら離れられないですね。
浜　ずいぶん時間を取られてましたもんね。
小　あの一階は異常ですよ。
浜　そうそう。まだこの奥があるのかって。
杉　鏡張りかと思ったもん。しかもあれだけの本をきちっと値付けしてるところが恐ろしい。
小　高い本買っちゃいそうで、怖いんですけど。
杉　だんだんおかしくなってきますよね。一万五千円の写真集見て、これいいかもとか思ったときはやばいと（笑）。
小　ずーっといて、ずーっと買っていたい気分です（笑）。
宮　文庫の数も半端じゃなかったですからね。
杉　ジャンル分けもきちっとしてますよね。すごいわ。もう途中からわけわかんなくなって、買えなかった。
宮　逆に買えなくなっちゃう。
小　あたふたしちゃいますよね。

浜　いいですか。明日は帰りの新幹線の時間が決まってますからね。

杉　早め早めに動かないと。

小　昼ご飯は車の中でパンを食べながら移動するとか。

杉　それがいいかも。

宮　ええっ!?

●二日目

ツアーも二日目。本日は倉敷店→総社店→本店というスケジュールで、初日に比べると移動距離は少ないが、二百三十坪十五万点の在庫を誇る倉敷店があるので油断は大敵。開店と同時に入店できるよう、朝食を素早く済ませ、午前九時にホテルを出発。

小　昨日はやばかったですね。本店に行くまでは、これだったら東京にも似た古本屋はあるんじゃないのって、少しなめてかかってました。本店に行ったら恐ろしいことになっちゃって。

浜　そのために先に三店回ったんですよ。

宮　(笑)行くべきはやっぱり本店であると。

小　本店を見てしまえば、あとはもう憑き物が落ちて。他のお店は楽に見られるんじゃないですか。

杉　でもね、値段が違うんですよ。初めの店で買った本が本店では三倍に近かった。

宮　そういえば『津山三十人殺し』の文庫版は各店にありましたけど、微妙に値段が違った。中之町店では二百六十円だったけど、本店は三百円以上。

杉　だから我々には全店を回る使命が与えられたんですよ。

そうこうしているうちに車は倉敷店に到着。崇高な使命に燃える四人組は十時の開店と同時に店内になだれ込んだ。

宮　すごい。古い漫画が充実してますよ。こんなに貸本漫画がある!

浜　値段も充実してるね。五千円とか。

小　これなんか十万円ですよ!

浜　十万円!? 『涙の双子姉妹』。これって有名なの?

倉敷店には古い漫画がいっぱい!

入口に本の雑誌が

小　貸本って書いてある(笑)。

浜　すごいな。いきなり十万円を抜くんだもん(笑)。

小　『カムイ伝　豪華愛蔵版』は一万円。

宮　『櫻画報大全』五千円。『ベルばら』セット一万円。

浜　二千五百円の本がガラスケースに収まっているのに、どうして十万円の本が棚に入ってるんだろう(笑)。

一階右手のコミックコーナーには漫画雑誌、貸本漫画、付録漫画など、それこそガラス越しにしかお目にかかれないような古い漫画が大量に並んでいるから、驚いたのなんの。しばし呆然とするも、このままで

窓がなくひたすら棚が続く総社店

は時間がなくなってしまう！ 慌てて階段を上り、二階の古本フロアを回るが、棚に並んだ本と床に置かれた大量の本を前に目が泳ぎ始める始末。広さのせいか、本の数のせいか、もう何を買えばいいのかわからない！ 仕方ないので当初の時間を三十分延長、一時間半一本勝負だあ。

杉 俺、一冊も買えなかった。どうしていいかわからなくなって……。

小 時間を延ばしたのはいいんだけど、逆にどうしたらいいんだって（笑）。

浜 そうそう。見れば見るほどわからなくなってくる。

杉 古本ドランカー状態というのか……。

というわけで、三十分延長した結果はこちら。

浜本
『ニューモデル 87'年版』いのうえ・こーいち／保育社カラーブックス（三百円）
『乗用車 1982―1985』自動車史料保存委員会編／三樹書房（七百十二円）
『京都洛北かくれ里』邦光史郎／駸々堂ユニコンカラー双書（百円）

宮里
『王国と権力 上下』ゲイ・タリーズ／早川書房（各七百円）
『バナナと日本人』鶴見良行／岩波新書（百円）

小山
『幽霊男』横溝正史／ロマン・ブックス（八百円）
『幽霊紳士』柴田錬三郎／光風社書店（二百円）
『ぜいたくなホテル』黒岩重吾／東方社（五百円）

浜 小山さん、よく三冊も買えましたね。

小 横溝正史は岡山で一冊買いたいなと思っていたので。これは読みたかったんですよ。

杉 柴錬は幽霊つながり？

小 そうです。東方社はわりと高値で売れるので（笑）。

宮 僕はほしかった本が東京の半値くらいだったので。

杉 いいなあ、潤は万歩酔いしてないんだ。鈍感だからなあ。俺みたいな繊細な人間は万歩シンドロームにかかっちゃって。

浜 そういえば半年以内に刊行された文庫は百五十円で買い取るって貼り紙があったね。

杉 そうそう。びっくり。

小 でも、文庫の棚は普通な感じがしましたね。ほどよく絶版も混ざってるけど、量が多いのかな、っていうくらいで、あんな本もこんな本もって色めき立つような棚ではない。やっぱり古書がすごい。

続いて一行が向かったのは総社店。六十

坪と万歩チェーンでは最小だし、ホームページによると、コミック、CD、DVDのほか、ゲームに力を入れているようなので、万歩シンドロームから解き放たれそうな予感。
　交通量の多い幹線道路を左に曲がったところで、総社店に到着！

杉　えっ、ここ？
浜　窓がない。倉庫じゃん。中が見えないよ（笑）。
小　ほんとに万歩ですか。アダルトショップみたい。
宮　ロッカーご使用くださいって書いてある。
杉　万歩だ（笑）。

　店内は二層になっていて、二階を歩いている音がみしみしと一階まで響いている。ホームページの情報どおりゲームが多いが一階の中央に百円均一の棚があって、ほっと安心。床の隙間から一階の棚が見下ろせる（怖いかも）二階はコミックが大半だが、文庫の棚が二列あって、奥の棚に東京都杉並区下井草の古本屋のカバーがかかったままの本を発見。井上ひさしの文庫でカバーに手書きで『ブンとフン』とか『イサムよりよろしく』とか書名が書いてあるのだ。しかも一冊や二冊じゃない。何冊も並んでいるのである。なぜか心が和むのである。

いよいよ総本山・万歩書店本店へ

小　ここも店員は二人体制でしたね。
浜　広さ関係なく二人ですね。

　二軒回ったが、時間に余裕があるので、車中ではなく、車を下りて昼食をとることに決定。ナビの指示するままに本店方向に車を向けると、左手に備中国分寺の五重塔が見えてきた。

杉　立派じゃん。行きたいな。
浜　いいところだね。あ、古墳がある。
宮　国分寺ラーメン。混んでますよ！
浜　ほんとだ。車がいっぱい。美味いんじゃない？
杉　五重塔のようにチャーシューがてんこ盛り（笑）。

　昼飯のメニューに思いをはせていると、古強者が「すみません、俺、大ぽかをやったかもしれない」と、言いだすではないか。えっ、ぽか？

小　カバンを忘れてきた。
杉　ロッカーに？
小　申し訳ないです。なんか身軽だなあと思ったら。
杉　やってくれましたね（笑）。万歩でいちばん犯してはいけないことを。
浜　岡山本店に行く時間が。

棚に番地がふってあるのだ

小　削られていく。

杉　昼飯、パンにする?

宮　えええええ!

杉　でも、すぐに気づいてよかった。ここならたいしたロスにはならないですよ。

　ナビがUターンしろUターンしろと連呼する中、総社店を再訪。ロッカーからカバンを取り出して、再び国分寺の横を通り、国分寺ラーメンに入店。古強者は味噌野菜ラーメン、浜本は野菜ラーメン、杉江はチャーシューそば、宮里は唐揚げセット（ご飯つき）と、見事にばらばらの注文。考えてみると昨日の昼も全員別々のものを頼んだのであった。息が合わない四人なのである。せっかくなのでラーメンを食べながら総社店の収穫を報告。

浜本
『本を探す本』本の探偵団編／フットワーク出版社（百円）
『少年文庫　壱之巻』早稲田文學社編（百円）

宮里
『ムーヴィン・オン』片岡義男／ハヤカワ・ミステリ文庫（百円）

杉江
『読むJ-POP』田家秀樹／朝日文庫（三百四十円）

小山
『戦国残酷物語』南條範夫／角川文庫（百五十円）

杉　最後の最後でこれを手にとったら、十六章が佐野元春で十七章が尾崎豊。とりあえず電車の中で読む本としてはちょうどいいかなと思って買いました。

浜　僕は百均本を二冊。『少年文庫』は表紙がきれいな色だったので。復刻本のゾッキだと思うんだけど、最終ページに千円って値段が書いてある。百円コーナーの復刻本は全部元千円と書いてあった（笑）。

宮　僕は好きな片岡義男の私立探偵シリーズを。

小　角川文庫の南條範夫って見たことがないなあ、と思って買いました。

浜　餃子多いな。

宮　一人四個。

浜　ノルマじゃないから（笑）。

宮　ビールがほしいっすね。

　無事昼食も終え、いよいよ万歩書店の総本山・本店へ。といっても昨晩こっそり入っているので、おおおおおお、という衝撃はないのだが、古本漁りの前に事務所で行った万歩首脳陣へのインタビュー終了時にまたまたアクシデントが。

　なんと古強者が呼び止められて「うちの娘がファンでして」とか言われている！　どうも会社をあげて声優の小山力也氏が取材と古本購入に来ると勘違いされていたらしい。ハハハハ。いや、笑っている場合ではない。もう十五時十

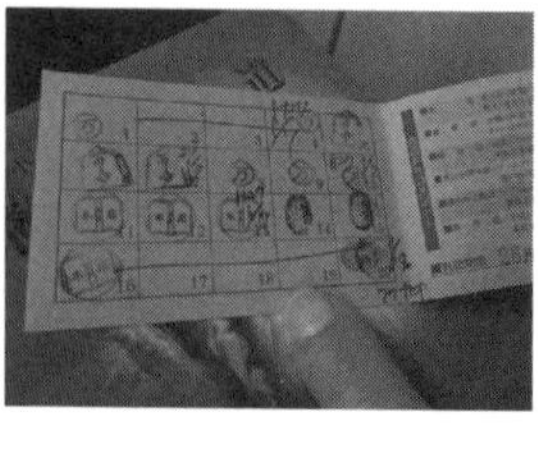
スタンプコンプリート！

五分だ。早く本を買いに行かないと新幹線に乗り遅れてしまうぞ。
　というわけで、泣き言をもらしながら、待ちに待った古本者の夢の楽園に突入。一時間半の一本勝負に四人は挑んだのである！

小　スタンプたまりましたよ。
宮　すごい！
小　最後までいったので二枚目をもらいました（笑）。
浜　やった！　もう三百円引き。
小　そうですね。次回使えますって。来年の一月七日まで使える（笑）。

　はたして古強者（と他三人）は本店で何を買ったのか。じゃーん。これだあ！

浜本
『小出版社から　創業5年誌』宮西忠正／創林社（八百円）
『ヨーロッパ退屈日記』伊丹一三／ポケット文春（二百円）
『ワンコイン悦楽堂』竹信悦夫／情報センター出版局（八百円）

宮里
『ザ・シーン』カルヴィン・トムキンズ／PARCO出版（六百五十円）
『緑色革命』チャールズ・A・ライク／ハヤカワ文庫NF（二百円）

杉江
『続山がたり』斐太猪之介／文藝春秋（千二百円）
『続々山がたり』斐太猪之介／文藝春秋（千二百円）

小山
『監禁』小林信彦／角川文庫（四百円）
『僕は会社員《サラリーマン》』北町一郎／東方社（三百円）
『第三の恐怖』江戸川乱歩／ポプラ社世界小説推理文庫（五百円）
『地と人』早坂一郎／日本図書出版（三百円）
『砂漠の国ジャングルの国』高村暢児／牧書店（三百円）
『音樂は愉し』野村あらえびす／日本音楽雑誌（三百円）
『新疆探険記』橘瑞超師／民友社（四千円）
『飛燕合気道』牧野吉晴／報知新聞社（八百円）
『たぬき尼僧』宮下幻一郎／山ノ手書房（千円）
以上すべて裸本

（二〇一五年四月号）

地方・小出版流通センターの倉庫に行く

一九七六年四月に創刊した本の雑誌は、この四月で創刊四十周年を迎える。

いやいや、ふつう何周年というのは満年数で数えるの、四十年目に突入する年は三十九周年なのっ!と主張する人もいるだろう。なるほど、そういう説もあるかもしれない。だがしかし。控えおろう。当社と同じ七六年創業で、九五年に二十周年記念パーティを開催し、今年四十周年を公言する会社があるのである。その名も「地方・小出版流通センター」。その名のとおり地方出版社と東京の小出版社の本を扱う専門取次だ。略して「地方・小」。なにを隠そう、本誌も創刊号から扱ってもらっているのだが、その当時、七六年に二百八十一社だった取引出版社は、現在は約一千百社と四倍増。この四十年間に廃業したり倒産した出版社が六百社ほどあるとのことだから、実際に取引をした出版社は延べで千七百社に上るのだ。現在、コンピュータに登録されている書籍の点数は七万数千点だが、これはISBN導入以降の数に限るというから、四十年間に扱ってきたのは十万点どころではない。しかも毎年、三千六、七百点の新刊が出ているのだ。すべてが稼働しているわけではないそうだが、地方・小出版物も膨大な点数なのである。

お屋敷街の中からいざ出陣!

かつては展示センターを兼ねた店売として「書肆アクセス」という店を神保町すずらん通りで営業していたが、〇七年に閉店してしまったため、現在はこの膨大な取扱い書籍を一望できる場がないのは残念なところ。いったいどんな本が出ているのか。おお、そうだ「地方・小」に行って見せてもらえばいいのではないか!

というわけで、宮里、杉江、浜本(若い順)の本の雑誌おじさん三人組が地方出版社にも詳しいライターの永江朗氏をゲストに迎え、四十周年特別企画として同期の「地方・小出版流通センター」を訪ねることにしたのである。

「地方・小」は新宿区の高台、都内でも屈指の高級住宅地にある。お屋敷街の中、ひときわ目立つ倉庫然とした三階建てが我らが同期の桜の本拠だ。一階の百五十坪が倉庫、事務所、

川上賢一社長

四十年の帳票がぎっしり

返品作業場、二階の二十坪が事務所と休憩室、三階の十坪が帳票などの保存スペースとのこと。

「まずは全容をつかまないと」

本日のおじさん三人組には、一階の倉庫にどんな本があるかを報告し、かつ各自三冊ずつ本を買う、という重大な使命が課せられているのだが、ゲストの永江氏がその前に二階三階も見学しようと言うので、当社担当の門野邦彦さんに案内してもらい、まずは二階へ。実は四人とも二階に上がるのは初めて。階段を上がり、靴を脱いでドアを開けると、おお、そこは大きな窓がある明るい事務室であった。

門　ここは出荷業務以外の、たとえばデジタルデータの管理などをするセクションで、元々は弓道場でした。

浜　は？

門　向こうに的があったんです。

冗談ではないらしい。掃き出し窓を開けると、広々とした屋上で、そこが東京理科大学の弓道場だったというのだ。

永　アタリってことでここの場所を選んだんだ（笑）。

門　そのなごりがこのフロアです。で、隣は休憩室。

杉　きれいじゃないですか。

宮　ここでお昼食べたり。

二十畳ほどのスペースは大型店の出閉店の際の臨時作業場にもなり、三・一一の際には宿泊所にもなったという。三階はロフトのような造りで、壁に造りつけられた棚には帳票類や名刺入れスクラップなどが年代順に並べられている。現在は帳票はすべてデータ化されているが、紙で残しておく必要がある伝票もあるそうだ。

浜　何年からの分を保管してるんですか。

門　創業から全部あります。

なんと七六年からの帳票がすべてあるのだ。さらに当時の名刺入れやガリ版刷りの「地方・小通信」も発見。閉店した書店の多さに四十年の歴史をかみしめるのであった。ちなみに取引先の出版社も、この四十年で六百社程度が廃業、倒産したと前述したが、川上賢一社長によると、地方・小ではいまでも新規に取引契約を交わす出版社が年に二、三十社あるという。つまり、まだまだ出版社をやろうという若者がいるということではないか。

と感心していたら、「ただ本当に商売としてやっていこうという人は減ってるんだよ」とぼやき混じりで言うのである。

川上社長によると、地方出版の状況も「地方・小」創業当時とは大きく変化しており、

７万点以上の本の密林！

昔はたとえば秋田の無明舎出版のように東京で学生運動をしていた人たちが地元に戻り、文化運動のような気分で始めて地産地消で回っていくというのが王道だったが、地域の市場が小さくなるにつれ、趣味的な出版が増え、いわゆる地方出版的なものは減少しているとのこと。

永　たしかに最近はサークル感覚というか、趣味でやろうとしてる人が多いですよね。

杉　自己実現系。

川　そうそう。自分の本を出したいとか。本を作ったら満足してしまって事業としての継続性がない。昔のように毎月一点ずつ出していこうという気構えは感じられないね。

地域に特化した出版活動は今後もしんどいだろうと言うが、一方で「地域を作っていこうと意識を持った若い人たちが出てくるだろうから」と後進への期待も隠さない。

川　俺たち団塊の世代は就職しないで生きようっていう人間であふれてたからさ。うちだって最初は三人でリュックサック背負って全国を行商していこうと思って始めたんだもん。

浜　うちも一緒ですよね。配本バッグ持って書店を回ってた。

杉　そういう気持ちでいまも創業すればいいと。

リュック三人組で始めた「地方・小」は四十年後の今日、社員十二人、パート・アルバイト十五人を擁する会社に育った。一階の出荷センターでは本を抱えた人たちがあっちに行ったりこっちに行ったり忙しそうに作業中だ。出版社別に担当が決まっていて、注文が入ると、担当者が棚から本を抜いて取次毎に分けておく仕組みらしい。

杉　在庫は地域別に並んでるんですか。

門　いえ。基本的に出版社の五十音順で並んでたんですけど、もうそれは崩壊して(笑)、いまはある程度、担当者別のブロックになってます。出版社も入れ替わってますし、昔は稼働点数が五十点あったけど、いまは十点しかないとか、点数も変わってますから、スペースもフレキシブルに対応してきてるわけです。

コンピュータ管理はしていないというか、アマゾンの倉庫のように番地があって、入荷した本がどこにあるかひと目でわかるわけでもない。仕入れ担当者でなければ、どこにあるかわからない!というケースも少なくないそうだ。

永　地域別でもなく五十音順でもないとなると、どう並んでいるかというのは、我々にはまったくわかりませんね?

門　わからないでしょうね。規則性がないですから(笑)。

なんと七万点以上の在庫が規則性なく棚に入っているというのだ。まさに本の密林状態。いったいどんなお宝が埋もれているのか。わくわくしながら、いよいよ本日のメインイベント、一人三冊ずつの買いたい本探し！のスタートだ。

浜 どこの棚を見たか、覚えておかなきゃならないね。

杉 混沌としてますよね。万歩書店の本店に似てるかも。

浜 新刊の万歩（笑）。

会津の歴史春秋社、盛岡タイムス社、山形大学出版会と並んでいるので、この辺は東北方面だな、と思ったら、隣に広島大学出版会の本が積んであって、さらにその隣は札幌の寿郎社。埼玉新聞社に富山の桂書房、下野新聞社と、たしかに日本各地が入り乱れていて、次に何が出てくるか、まったく予測がつかない。時おり館内放送で電話の呼び出しが流れる。「月刊住職」の問い合わせのようだ。

杉 浜本さんの好きそうな本が並んでますよ。ほら。

浜 おお、城本だらけ（笑）。サンライズ出版。彦根の出版社だ。近江と城だね。『愛知の山城ベスト50を歩く』とか『長野の山城ベスト50を歩く』とか、他県の城本も面白そう。

杉 これもすごいですよ。『限界を超える』。サガン鳥栖がJ1に上がった秘密に迫った本なんですが、何がすごいって、書籍なのに広告が入ってる。

浜 しかもいっぱい。スポンサーなのかな。

杉 たぶんそうでしょうね。これ、買おう！

大阪の編集工房ノア、福岡の石風社、岡山の吉備人出版など、東京の書店でもよく見かける地方出版社の本が並ぶ横に、ニコリ、フライの雑誌社、酒とつまみ社、フリースタイルなど、なじみ深い東京の出版社の本も並んでいる。沖縄の出版社は比較的棚がまとまっていて点数も多い。と思うと、鹿児島の出版社の隣が北海道だったりするのである。

浜 下の段になると、ぜんぜん違う出版社になるから油断できないよね。文脈棚の反対で脈絡なし棚というか（笑）。

杉 カオス棚（笑）。すごいですよね。『俺はマニラのはぐれ商人』の左隣が『コラーゲンと美容・健康を語る』で右隣が『ボケてたまるか！』。これが同じ出版社ですよ。樹芸書房。国立だって。東京の出版社なんだ。

混沌とした棚の魅力に浸っていると、永江さんの「パピルスどこだっけ」という悲鳴が聞こえてきた。いったん棚に戻すと、どこに戻したのか、本当にわからなくなるのである。

岡山文庫だ！

杉　まさに万歩ですよ。知らない本が多すぎて何を買っていいか、わからなくなるし。

と万歩談義をしていたら、どこに行っていたのか、行方不明だった宮里が不意に現れて「岡山文庫がいっぱいありますよ」と手招きするではないか。

浜　ほんとだ。岡山文庫だけで一棚ある（笑）。あ、『木山捷平の世界』がある！　やった、買っていこう。これは万歩書店にもなかったんですよ。

杉　ははは。万歩よりもお宝がある。衝撃の結末（笑）。

●浜本の購入本
『木山捷平の世界』定金恒次／岡山文庫（800円）
『伊藤野枝と代準介』矢野寛治／弦書房（2100円）
『ジャック・ケルアックと過ごした日々』イーディ・ケルアック＝パーカー／トランジスター・プレス（2400円）
●杉江の購入本
『限界を超える』佐賀新聞社編／佐賀新聞社（1429円）
『フットボールの原点』吉田文久／創文企画（1600円）
『園芸家の十二ヶ月』カレル・チャペック／海山社（2000円）
●宮里の購入本
『写真集狂アラーキー』荒木経惟／IZU PHOTO MUSEUM（2000円）
『絵本（復刻普及版）』谷川俊太郎／澪標（1500円）
『屋久島移住ブック』エフ・ディ編／エフ・ディ（1700円）
●永江朗の購入本
『本を書く』アニー・ディラード／パピルス（2266円）
『伝利休茶室とその周辺』和田嘉宥／ハーベスト出版（1300円）
『ジャック・ケルアックと過ごした日々』イーディ・ケルアック＝パーカー／トランジスター・プレス（2400円）

以上で、本の密林冒険ツアーは終了。おじさん三人組とゲストの永江朗氏が買った本は表のとおり。「地方・小」の倉庫は欲しい本がてんこ盛りの宝の森であった。地方・小出版社からはまだまだ面白い本がいっぱい出ているのである！

（二〇一五年五月号）

北方謙三氏を表彰しに行く

今号は四十周年記念超特大号なので、おじさん三人組も四十周年記念の特別なイベントを行わねばなるまい！　たとえば四十ポンドのステーキを四十秒でたいらげるとか、体長四十メートルの三面怪人ダダと闘うとか、四十メートル走で桐生祥秀くん人形と競走するとかいったチャレンジング企画はどうだあ。と思ったのだが、しかし。キャンドル潤がいくら僕でも四十秒では食えませんと涙ながらに拒絶するので、ボツ。まあ、せっかくの四十周年なんだし、食ったり競ったりではなく、もっと本に寄ったスペシャルイベントを敢行しようではないか。おお、そうだ、この四十年間に本誌がいちばんお世話になった作家を表彰するというのはどうだ！

執筆中のホテルにお邪魔したぞ

しかしいちばんお世話になった作家となると、誰だろう。

と、三秒ほど考えてぴかーっと思いついた。なんといっても北方謙三ではないか。本誌創刊から五年後の一九八一年に『弔鐘はるかなり』でデビューするや、さっそく二作目の『逃れの街』を二十六号の〈面白本ガイド〉で、「日本にもジョバンニが出現したぞ」と北上次郎が大絶賛。その後も新刊が出るたびに絶賛したり留保をつけたりまとめて総括したり、本の雑誌の誌面（とくに北上次郎のページ）に頻繁にその名が登場。きわめつけは『水滸伝』が全十九巻で完結した二〇〇五年十二月号の北上次郎の〈新刊めったくたガイド〉で、なんと「日本大衆小説の最高峰　北方謙三『水滸伝』がついに完結」と題して、見開き二ページすべてを『水滸伝』に費やしているのである。つまり、本の雑誌四十年の歴史で、誌面にもっとも名前があがったのは北方謙三アニキにほかならない。アニキにしてみれば迷惑かもしれないが、本の雑誌の四十年をともに歩んできた作家とい

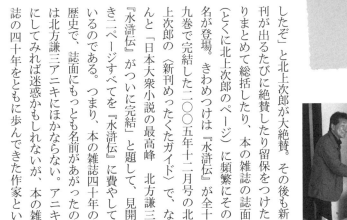

ここから世界が生まれるのだ！

っていいだろう。

というわけで、宮里潤、杉江由次、浜本茂（若い順）の本誌おじさん三人組は都内某所の某ホテルに北謙アニキを訪ねたのである。アニキはデビュー直後から、かれこれ三十年、このホテルでの執筆を続けているそうで、「このホテルのすべての変遷を見てきている」とのこと。ただし「この部屋で何をやったかよくは覚えていない」らしい（笑）。

執筆用万年筆と原稿用紙

もっとも一年中、この部屋で執筆しているわけではなく、月に十日がホテル、月に十日は自宅、月に十日は海の近くの別荘と三分割しているという。自宅での執筆はもっとも資料を使う「小説すばる」にあて、週刊新潮と読売新聞の連載など、回が進んで必要な資料も持ち歩きできる程度で済むものはホテルや別荘、と使い分けているらしい。ただいまの月産枚数は三百枚から四百枚。昨年の十二月は五百枚で、さすがに「つらかった」という。

なんと五百枚！　それはそれはお疲れさまです。しかし、そのおかげで我々も北方作品を堪能できるわけで、読者を代表して感謝しよう！

というところで、表彰状の贈呈。本の雑誌を代表して浜本が表彰状の文面を朗読。「貴殿は一九八一年の『弔鐘はるかなり』以来、ベストセラーを連発してもおごることなく、一心に読者のために心血を注いでこられ、「本の雑誌」の誌面を賑わせてくれました。三十五年にわたるその功績を称え、感謝の念とともにここに表します」

神妙に読み上げてから表彰状を手渡し、がっちり握手。今回は何人くらいを表彰しているの？と聞かれたので、もちろん北方さんだけですよ、と正直に答えると「もうなんでも聞いてください」大変喜んでくれるのである。おお、表彰に来てよかった！　よおし、遠慮なくなんでも聞いちゃうぞ。

杉　毎日何時間くらい書いてるんですか。

北　枚数が増えてからは起きるのが十一時くらいになっちゃったんだけど、以前は九時に起きてたんですよ。九時に起きて、少し体を動かしてブランチみたいな形で食事して、それから書き始める。書くときは夕飯をはさんで朝方の四時か五時くらいまでかな。最近は明るくなるから切ないんだよね（笑）。

杉　そんな暮らしを三十何年やってるんですね。

北　うん。変わらないね。いまだに原稿用紙に手書きだし。

浜　万年筆はモンブランですか。

北　モンブランとペリカンですね。学生のときから同じ万年筆を使ってるんですよ。二本を交互に使ってる。インクを満タンにしたら交換するわけ。インクがなくなったら原稿用紙何枚って頭に入ってるから。

杉　終わりの時間はどうやって決めているんですか。

北　とくに決めてないです。寝なきゃいけないから、終わりって感じだね。でも、ガーッと書いてると、寝ようとしたって眠れない。だから音楽を聴きながら酒を飲む。最近はロックばかり聴いてるんだよね。

浜　ロック！　昔のですか。

北　いやいや、今のですよ。ＬＯＶＥ ＰＳＹＣＨＥＤＥＬＩＣＯとか。ＯＮＥ ＯＫ ＲＯＣＫも好きだね。

杉　おお、ＯＮＥ ＯＫ ＲＯＣＫ！

北　あのボーカルはステージで盛り場ブルース歌うんだよ。ただね、情念が足りないんだな。上手いんだけど、上手いだけの歌を歌おうとする。人間の情念がどのように言葉に絡みつくかを考えて欲しいよな。もうすごい人気だから俺が言ってもしょうがないんだけど。

杉　ははは。コンサートにも行ってるんですか。

北　コンサートというか、ライブに行くから。下北沢のライブハウスでダイブしたことがあるよ。一回やってみたくて、ダイブーって言ったら、人がワーッと集まってきて俺のことを持ち上げるんだよ。普通はダイブって飛び込んでいくと思うんだけど、俺は下から持ち上げられてスーッと運ばれてそっとステージの上に置かれた（笑）。ＢＩＧ ＭＡＭＡってバンドだったんだけど、いらっしゃいませと言われたからね。落としたら壊れるから、大事に扱えよっていうことだったんだと思う（笑）。

　もちろんライブハウスに行くのは単なる息抜きではなく、小説のためなのである。最近のロックを聴いたり、若者が集う場に出かけたり、映画を観たりするのは、たとえば二十歳の青年を主人公にして書かなければならないこともあるからなのだ。

北　そういう場合、俺が二十歳のころの一九七〇年の青春を書いても仕方ない。今の青春を書かなきゃいけないんだよ。俺は十五歳の少年が読んでも八十歳の老人が読んでも面白いものを書きたいんだ。誰が読んでも面白くて楽しめる、だけどどんなすごい奴が読んでもどこかわからないところがある。それが究極の表現物だと思うんだな。シェイクスピアはそうだよね。中学生が読んだって面白いし、哲学者が読んだってわからない。

浜　そこはまだ書き切れてないという思いがあるんですね。

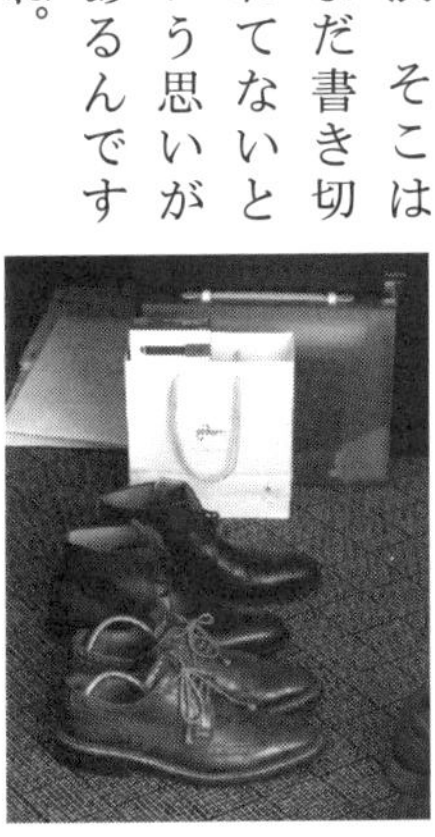

靴はいつもイタリアで作る

ちゃっかりサインと色紙をいただく

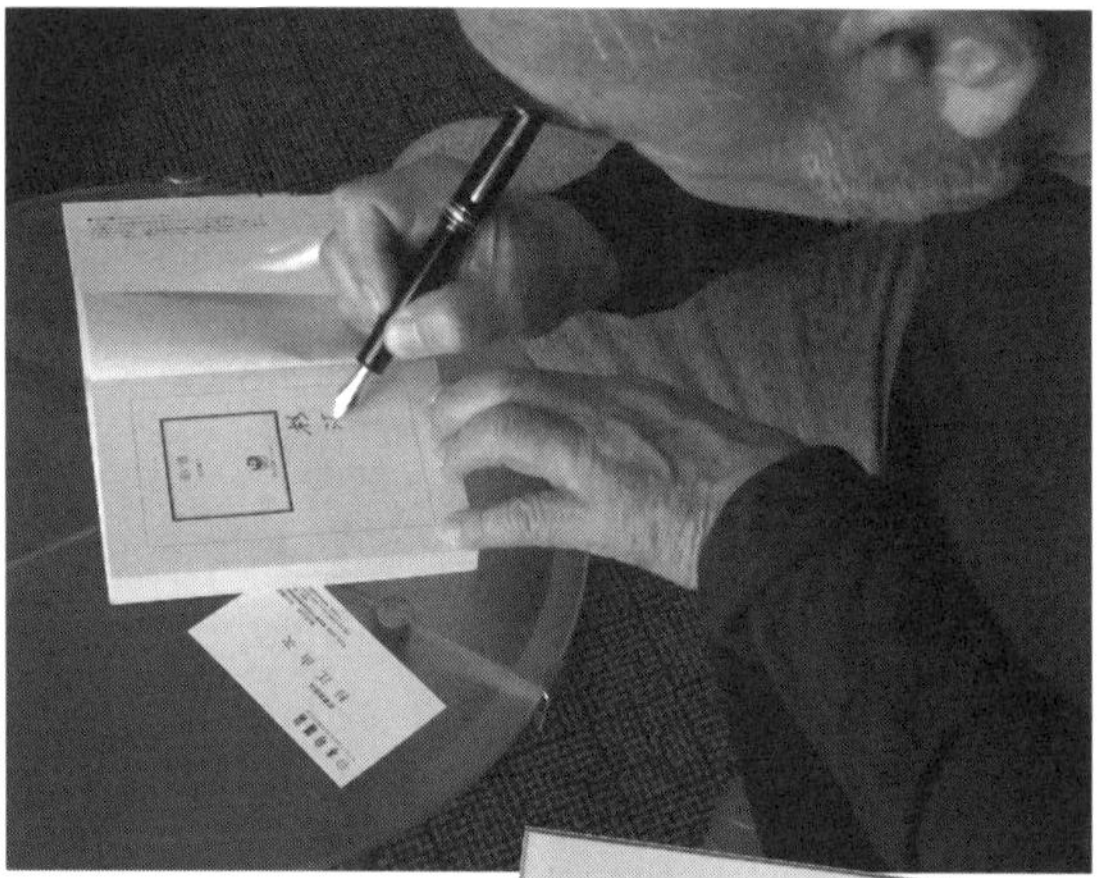

北　書き切れたと思ったら終わりでしょう。作家はいつになっても途上なんだから。定年退職もないし、死んだときにその途上がなくなるだけだよね。

杉　北方さんは書くのは飽きないんですか。

北　だって生きることは書くことだから。書くことが生きることだから。生きることに飽きたら書くことにも飽きるかもしれない。まだ生きることに飽きてないからさ。

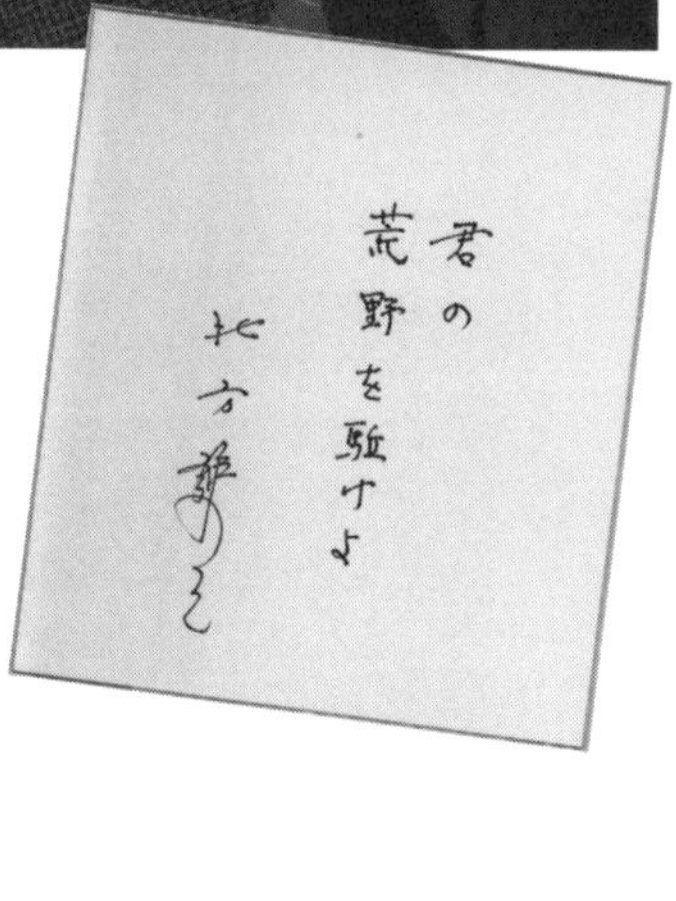

おお、ハードボイルドではないか。納得してきちんと仕事した、でもまだ足りないな、仕事した、でもまだ足りないなと思いながら書けていければいいと思っていると言うのである。あの『三国志』を書き、『水滸伝』をものしても、まだまだ足りないというのだ。

北　『三国志』にしろ『水滸伝』にしろ原典があるんだよ。

浜　でも、どちらも原典とはぜんぜん違うわけですよね。

北　たしかに中国の人が読むと「まるで違う」と言うけど、『正史三国志』があり『三国史演義』があり、『水滸伝』だって諸作ある。つまり『水滸伝』というものが俺の中にあって発生したわけだから。その発想の源は、ある意味俺のオリジナルじゃないんだよ。だから、俺のオリジナルで『水滸伝』の世界を広くしたようなものを書きたいと思ってる。俺はもう心情的に売れるのはいいんだ。これくらいは売れるだろうなっていう程度には売れてるし。あまり気にしてないのね。「金が入ってるじゃん」って感じでさ（笑）。ただ、小説の質を落としたくない。俺のじゃないよ。全体の小説。

杉　小説の質が落ちてる？

北　明確に落ちてるね。昔は映画のようなすごくいいものがあったのに、テレビドラマみたいになってる。で、面白いんだ、テレビドラマは。

浜　誰が見ても面白い。

北　うん。だけど、よく見るとつまらない。本当の小説の深さのようなものがなくなってる。映画というのは、スクリーンに突如として息を飲むような映像が現れたりするわけよ。それは非現実なんだな、現実じゃない。その非現実の美が瞬間的に現れるのが映画で、そのよさが小説にもあるべきだと思ってるんだけど、最近は物語を追った小説が多くて、物語が面白くていいな、すごいなって言うんだけど、それだけじゃない。それを俺がもう少し頑張ることで示すしかない。そのためにはもう少し書かなきゃ。

さすが三十五年間四番を打ってきた作家ならではの小説論。熱いのだ。このあとも巻き藁をスパーンと切っているという居合抜きの話とか夢枕獏氏との海釣りの話、別荘のご近所さんである某先輩作家とのぶっ飛びエピソードなどなど、たっぷり二時間弱、熱く面白い話を聞かせてもらったのだが、スペースの都合もあるので割愛。おじさん三人組の胸に刻まさせてもらいます。では、そろそろおいとま、の前に、杉江がこそこそと鞄から色紙を出してお願い。

杉　一筆、書いていただけないですか。

北　普段は色紙は書かないんだけど、今日はいいよ。日頃書いてる言葉でいいですか。

杉　もちろんです。あ、ペンがないとダメですよね。

北　なんのためにこれ持ってきたんだよ(笑)。

宮　いや、なにか決まったペンがあるのかと(笑)。

北　ないよ。ここで色紙なんて書くことないもの(笑)。じゃあ万年筆なんで小さく書きますね。特別なことを言うなら、このペンでサインしたことはないんですよ。これは執筆用のペンだから。

ペンも持たずにサインしてくれとは、ずうずうしいにもほどがあるが、さらにずうずうしいことに、杉江が今度は鞄から一冊の文庫を出すのである。

杉　もう一つだけ特別にいいですか。

浜　なに自分だけ持ってきてるんだよ(笑)。

北　俺がひそかに気に入ってるのが好きなんだな(笑)。

アニキは万年筆で杉江の持参した『遠い港』にも快くサインをしてくれるのであった。北方謙三さん、ありがとうございました。これからも本誌の誌面を賑わせてください！

(二〇一五年六月号)

啓文社に行く

町の本屋といえば、売れないとか閉店したとかいった話題ばかりがメディアを賑わしているが、どっこい本屋の現状はそれだけではない。では、いま本屋はどこへ向かっているのか、そして「これからの本屋」を考えるなら、なにはともあれ地方の書店を見に行かなければなるまい！　もちろん東京にも明日の書店像を提案している書店はいくつもあるが、東京の真ん中でビールを飲みながらあぐらをかいているだけでは、木を見て森が見えなくなってしまうのではないか。

ポートプラザ店から出発！

というわけで、杉江、浜本（若い順）の本誌おじさん二人組は東京駅から新幹線に乗り、福山へと向かった。おじさん三号宮里キャンドル潤は事情があって一回休み。代わりに（といっちゃ失礼だが）『尾道坂道書店事件簿』（当社刊、名著です）の著者である児玉憲宗さんを三人目のおじさんに指名。広島県の書店を案内してもらうことにしたのである。

なにを隠そう、児玉さんは尾道、福山を中心に二十店舗以上をかまえる広島の書店チェーン啓文社の本部で店売本部長という要職にある大変えらい人なのである。そのポストのとおり、広島県の書店のことなら知らないことはないくらい。本日の案内人にこれ以上ふさわしい人はいないといっていいだろう。

「ネットに対しても競合店に対しても結局、勝負は商品知識と接客なんですよ。今日はそれを巡る旅ですから」

児玉本部長はそう言いながら待ち合わせ場所の福山駅にさっそうと現れたのであった。本日は自らの運転で、福山市と岡山市の（なんと岡山市にもあるのだ！）啓文社四店舗に連れていってくれるという。さっそく車に乗り込み、いざ、商品知識と接客を巡る旅に出発！

最初の目的地、啓文社ポートプラザ店は福山市のど真ん中、天満屋ハピータウンポートプラザというショッピングセンターの一階にある売場面積五百坪の大型店だ。ショッピングセンター内の書店は集客力を期待されて上層階に置かれるのが一般的だが、この店は一階のワンフロアだから来店客数も半端ではない。平日の午後一時過ぎだというのに、店内はけっこうな数の人で賑わっている。

通路ぞいに開放的な入口が何か所かあり、雑誌、話題の本、文芸、文庫の新刊などがどーんと積まれている。地元作家の地元を舞台にした歴史小説(文庫)が入口横の超一等地で二十七面積みされているのが目を惹くが、都内の大型店と比べ、文芸書が優遇されているように見えるくらいで、基本的な棚の構成は大差がない。ゆったりとした通路を棚を見ながら進んでいくと、やたらと目につくのが「当店のお取り寄せは迅速がモットー。お取り寄せは無料です。お探しの商品が見つからない場合は、お気軽にお問い合わせください。啓文社の他の店に在庫がある場合は、その店からお取り寄せいたします。」というフレーズが記されたポスターで、児玉本部長によると、店内のあちこちに、なんと二十枚くらい貼ってあるらしい。

「店頭にない在庫も商いの材料ですから、ないんだったらないなりになんとかせんといけんでしょう。だから、取り寄せますから気軽に言ってくださいと」

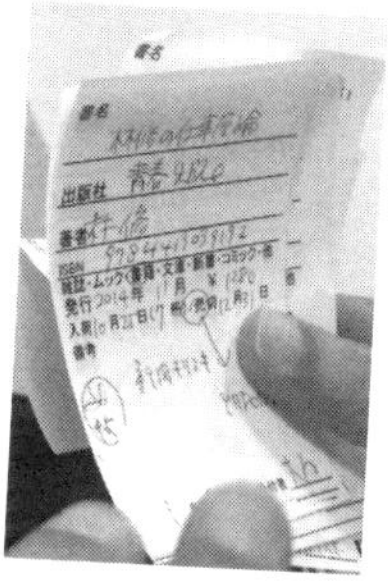

これが「問い合わせ票」だ

積極的に問い合わせを呼びかけているのである。児玉本部長の持論は「書店はサービスカウンターを見ればわかる」。サービスカウンターがどの場所にどれくらいのスペースであるかを見れば、その書店が客に対してどういうスタンスで商売をしているかが一目瞭然だという。ナショナルチェーンの一部にはサービスカウンターが奥まった見つけにくいところにあったり、そもそもカウンターなしで検索機だけの店もあったりするが、ローカル書店はサービスカウンターこそ目立つところに設置しているというのだ。

児　検索機だったらネットと一緒でしょう。ネットで調べられないことを答えるのがお問い合わせに対する力ですから。

杉　それはローカル書店のほうがお客さんの声を聞くことに徹してきたということですね?

児　徹してきた。だからサービスカウンターにエース格を置くんです。そうして接客に時間をかける。

啓文社には「問い合わせ票」というシステムがある。客からの問い合わせ内容を名刺大の用紙に書き込んで、朝礼と昼礼の一日二回、スタッフ全員に伝えるのである。一人が持った情報は全員で共有し、一店舗が持った情報は全店で共有するのだ。たとえば『もしドラ』を探しているお客さんから「高校野球の漫画の本はどこですか」という問い合わせが一件あったら、その問いで『もしドラ』にたどりつける術を全スタッフが共有していくわけである。「それが商品知識なんです」と児玉本部長は言う。

ポートプラザ店の尾熊良太店長によると、大型店なので、聞けばわかるだろうとあやふやな情報しか持たずに来店する客も少なくないらしい。書名がわからないなどは日常茶飯事だという。同店主任の高垣亜矢さんも「テレビで見たんだけど、見てないの?」といった問い合わせはしょっちゅう受けるそうで、朝ですか昼ですか、何チ

「えんぴつ交換」はじめイベントいっぱいの岡山本店

ャンネルですかと、探りをいれる術を学んできたという。

高 聞く力はついてきます。目標設定に「会話力」というのがあるんですね。

尾 結局、それをウリにするしかない。対面でお客様からどれだけの情報を聞き出せるかがリアル書店の力ですから。

なるほど。店内中央に設置されたサービスカウンターの幅の広さこそが、ローカル一番店の矜持なのである！

と思い知らされたところで、本部長の車で次の店に移動。目指すは岡山本店だ。山陽道を岡山インターで降り、バイパスを南下していくと、おお、ベスト電器の隣に「本」というでっかい屋上看板が見えてきた。ドン・キホーテやエディオン、餃子の王将など、東京でもよく見かける店が立ち並ぶロードサイドの一画である。

広大な駐車場に車を止め、入口を開けると目の前で「新春書き初め大会」という展示がされている。なんでも元日から四日まで、入口横に机が置かれ、用意された筆ペンと短冊を使って、来店した客が自由に書き初めできるようにしているとのこと。書いた短冊をレジに持っていくとお菓子とドラえもんの鉛筆がもらえるのだ。

杉 「浦和優勝」って書いていこうかな。

児 いたずら書きは（笑）。

啓文社岡山本店は郊外型で七百坪という大型店のうえ、本と雑誌だけを扱う専業書店なので、それこそすごい数の本が並んでいて壮観なのだが、それはさておき、新春の書き初め以外にも年間を通して、たくさんのイベントを開催している。

たとえば四月第二土日のサンクスフェア。これは福引で景品が当たるイベントだが、一カ月前から三千円買うと一枚（補助券は三百円で一枚）もらえる福引券を配布するそうで、土日の抽選会に福引に来る人はそれぞれ五千人近くに上るという。ちなみに一等は3DS、二等は折りたたみ自転車、三等はホームベーカリーと豪華賞品が並ぶが、なにを隠そう、自転車以外の景品はすべて岡山本店が出版社のディスプレイコンクールなどでゲットしたもの。つまり原価がかかっていないのである。

またサンクスフェアと重なるように二〇一三年の三月からは「えんぴつ交換」も開催。こちらは三センチ未満になった鉛筆を一人三本まで新品と交換

コア福山西店の広いインフォメーションカウンター

するイベントで、しかもちびた鉛筆はまとめて神社でお祓いをしてくれるのである。針供養ならぬ鉛筆供養なのだ。さらに福岡の太宰府で合格祈願をしたうえ、太宰府の売店で購入した鉛筆をお守り代わりに受験生に配布する「合格祈願キャンペーン」、敬老の日に孫が描いたおじいちゃんおばあちゃんの似顔絵を募集、展示する「似顔絵キャンペーン」（招待状をもらった祖父母が来店して孫に本を買っていくというアイデア賞ものの企画）などなど、客を呼ぶイベントがいっぱい！「えんぴつ交換」と「合格祈願キャンペーン」は岡山本店だけではなく全店で開催されるようになったという。

　もちろんイベントばかりではない。県立高校の高校生が選ぶ「ワタシの一行」、百十周年を迎えた私立中高の図書委員が選んだ「100年後も残したいこの一冊」、岡山県の高校図書館司書が選んだ「でーれーブックス」など、地元の学校関係と組んだフェアを展開したり、これぞ、という本をワゴンで多面積みにしたりといった売るための工夫も怠りない。待っているだけではなく、客を呼び寄せ、売るという姿勢が随所にうかがえる店なのである。

　七百坪の店内をゆっくり見たいが、大田垣好治専務の話を聞いていたら、おお、もう日が暮れてきた！　急ぎ車に乗り込んで山陽道を戻り、三軒目の啓文社コア福山西店に到着。郊外型のロードサイド店だが、ワンフロア八百坪というスケールで、本のほか文具、CD、DVDを販売し、レンタルCD・DVD店、ネットカフェ、ビリヤード場を併設した複合店である。しかもネットカフェは二十四時間営業、書籍売場も午前十時から深夜二時まで営業。「深夜0時より新刊が買えます」というポップが棚に貼ってあるが、なるほど、発売日協定のある雑誌、コミックなども零時を回れば当日だから、問題はないのである。

プレイスペースもあるコア春日店の子どもの本売場

　入口の横にはミニフリマボックスという飾り棚のようなものがあり、手作りのアクセサリーやスマホカバーなどが売られている。月極めで出店できるらしい。その横には尾道特選品コーナーがあって、ジャムやプリンなどが並んでいて、外のワゴンではバーゲンブックセールも開催中！　と書くと、キッチュなコーナーばかりが目立つ店のようだが、本線である本がきちっと揃っているのが啓文社の啓文社たるところ。しかもレジ横の一等地にサービスカウンターが設けられ、担当者が常駐しているのだ。学参コーナーの赤本にも「受験生の皆さんへ　当店で売り切れの赤本でも福山・尾道方面の啓文社にあれば取り寄せることが出来ます。一生懸命お探ししますので、お気軽にお申し付けください。」というポップが立っているほど。ここでも問い合わせてくれオーラ全開なのである。

児　赤本はセンター試験が終わってから急

に売れ始めるんですけど、購買層のナンバー1は四十代女性なんですよ。

浜　親が買いに来るんだ。

児　いまの学生は忙しいから親が買いに来るんです。つまり赤本のメインターゲットは四十代女性であるというところからのスタートなんですね。で、それを言うと実は『ハリポタ』にしろ「コロコロ」にしろ、すべてのベストセラーのメインの購入層は三十代〜四十代の女性と四十代の男性なんですよ。

杉　自分が読むために買いに来るわけじゃないんですね?

児　そう。お二人のように書店慣れしている人は問い合わせするなんてとんでもないと思うかもしれませんけど、その人たちも自分で読む本は自分で選ぶんですよ。そうじゃなく子どもに「お父さん、あれ買ってきてや」って言われたときに「なんやその妖怪なんちゃらいうのは」って(笑)。

浜　買いに来てみたらいろいろ出てるし。

児　種類が多すぎて店の側も「これです」と断言できないときもあるくらい。でも、並べてますからご自由に選んでくださいというわけにはいかない。そのために商品知識と会話力が必要になるんですね。

すっかり日も落ちたが、もう一軒行きましょうと、飲み屋のはしごのように児玉本部長に誘われ、おじさん二人は啓文社コア春日店へ。こちらもセルCDと文具の売場を併設した郊外型の複合店だが、二階を子どもの本の売場に特化して「ボーネルンド」のあそび道具を販売したり、プレイスペースを設けているのが特徴。一冊一冊の絵本に手書きポップがつけられ、担当者の丁寧な仕事ぶりがうかがえる。あいにく遅い時間になってしまったため、子どもの姿はなかったが、日中はプレイスペースで絵本を読む親子で賑わっているのだろう。

児　結局はマンパワー、人力なんです。いまの書店業界もやる気のある、力のある書店員はたくさんいるんですよ。僕はそれを組織的にしたいんですね。組織化してチームの力をレベルアップしたい。たまたまレベルの高い子がいたから上がった、その子がいなくなったらがた落ちになったということにならないように、組織として個々が強くなる、みたいにしたいんですよね。

杉　サンフレッチェ広島みたいなものですね(笑)。

なるほど、これからの書店が向かう先はサンフレッチェ広島だったのだ!(本当か)と判明したところでおじさん二人は尾道ラーメンを食べに行くのであった。児玉さん、お疲れさまでした。

(二〇一五年七月号)

ネギシ読書会に行く

本の貸し借りは人間関係に悪影響を与える。その要因は無料だからだろう。だったら金を取って貸せばいいのである！とひらめいた途端、それは貸本屋ではないか、と天の声がつっこんできた。そう。日本中がいまだ貧しく、気軽に本が買えない時代に一世を風靡した元祖レンタルショップである。一説によると最盛期の昭和三十年代半ばには都内で三千軒もの貸本屋があったという。しかし気がついたときには激減。レンタルビデオ店でコミックも貸しているケースはあるようだが、貸本専門店は現在は都内で数店舗しかないらしい。

　そのうちの一店を宮里キャンドル潤が知っているという。なんでも馴染みの古本屋コンコ堂と同じ商店街の外れのほうに一軒あるとのこと。「でも入ったことはないんですよね。入りづらいというか」。スタバだろうが中が見えないブックカフェだろうが、躊躇なくドアを開けられるキャンドル潤が入りづらいとは……いったいどんな店なのか。その実態を調査すべく、宮里、杉江、浜本（若い順）の本誌おじさん三人組は、中央線は阿佐ヶ谷の駅に降り立った。

　阿佐ヶ谷駅から松山通り商店街を北へ五分、コンコ堂を過ぎて、さらに四、五分歩くと、一週間レンタルと大書された幟がはためいている。緑の日よけ（雨よけ？）にかすれかすれ記載された店名は「ネギシ読書会」。おお、ここだ。さっそく店内を覗くと、うひゃぁ、本がぎっしり。七、八坪だろうか、狭い店内の壁面は天井まで届く棚が一周していて、あふれんばかりに本が詰め込まれている。それでもあふれた本が棚の前にどかどか横積みになっていて、手を触れると倒れてきそう。ざっと見たところ九割がコミックで、入口正面一等地に又吉直樹『火花』を始め、村上春樹、絲山秋子など人気作家の小説が面陳になっているものの、一般書は映画、音楽関係、人文、社会系の硬めのノンフィクションが中心。小説もひと昔前の海外文学が多いようだ。だいたい村上春樹の下に並んでいる本がベケットの短編集だったり、カウンターに飾ってある本が『鼻行類』だったりするのである。マニアックな品揃えなのだ。

店長の椎野氏

　メイン商品のコミックも白土三平に山

混沌とした店内

上たつひこ、つげ義春に永島慎二（阿佐ヶ谷といえばこの人！）、諸星大二郎、近藤ようこなど渋いところが充実。新書判の少女漫画に『ワンピース』『進撃の巨人』など、売れ筋（貸し筋？）も、もちろん並んでいるが、見たことのないような古い漫画もいっぱい。古本屋なら高値がついていそうな宝の山といっていいかも。

　ちなみにネギシ読書会は、三十年ほど前には中央線沿線におよそ三十店舗を展開していた一大貸本チェーン。かつては沿線の貧乏学生の娯楽の殿堂として君臨していたが、時代の趨勢には抗えず、現在はここ一店舗のみになってしまったらしい。

「たまたま運がよくて続けてこられただけです」

　と謙遜するのは店長の椎野功氏だ。ネギシ読書会の本部でアルバイトをした後、現在地で開業。以来三十年この道一筋の全身貸本屋のような人である。

　椎野店長によると、ネギシ読書会の基本システムは三十年間不変で、身分証明書を提示して会員になって（入会金無料）、本を借りるだけ。営業時間はだいたい午後の二時から夜中の一時までで、新刊の場合、定価が五百円台のものは二泊三日で百二十円がレンタル料。古いものは八日間が貸出し期間のベースだが、十五冊以上は二週間OKだったり、料金も五十円からいろいろなパターンがあるとのこと。四千円のレンタルチケットを購入すれば五千円分借りられるサービスもあるらしい。

浜　前世紀に出た本は十日間八十円って書いてある（笑）。

宮　前世紀に出た貴重なコミックがけっこうありますね。売ってくれっていう人がいそう。

杉　黙って持っていかれたりしませんか。

椎　昔はありましたけど、最近はあまりないです。お客さんが少なくなってるので（笑）。

杉　借りたまま返さない人はいないんですか。

椎　ときたまいます。催促すれば返してくれる人が多いですけど。延滞料がかかりますから。

　延滞料は一日三十円か四十円だから二、三日延滞したところで大した金額にはならないが、放っておくと一年経っても二年経っても返ってこないこともあるという。身に覚えのある人はすぐに返すように！

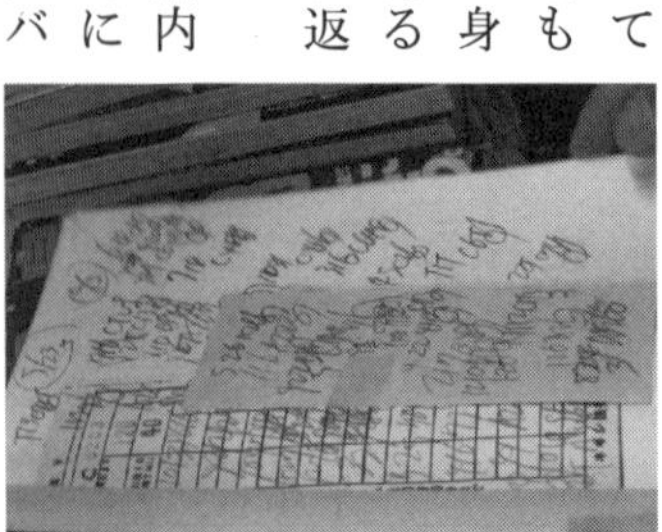
暗号じゃなくて貸出リストだ

　以前は店内の本すべてにビニールカバ

ここにお宝が!?

ーをかけていたそうだが、最近は「体力的な余裕もなくなって」カバーかけは断念。貸出し中、汚れないようにカバーを外しているという。外したカバーはカウンターの奥に置いてあるので、貸出し中であることがひと目でわかり、一挙両得なのである。

　ただいまの貸出し人気ランキングは『キングダム』がダントツ。ほかは『進撃の巨人』や『自殺島』などで、ベストセラーのランクと概ね連動するとのこと。貸出しの都度、本の最終ページに鉛筆で貸出し日と会員番号が記載される仕組みなので、どの本がどれくらいの頻度で借りられているかが一目瞭然というが、素人には暗号が並んでいるようにしか見えません。

　逆に置いていても全然借りられない本は店頭で一冊五十円で販売しているというので、あわてて見に行くと、なんと、あの作家のあんな本（コミックじゃないよ）がごろごろ！　おお、もしかしたら、そのうち、お宝本が店頭に並ぶ日が来るのかもしれない。ネギシ読書会の店頭はまめにチェックしたほうがいいぞ！　という教訓を胸におじさん三人は阿佐ヶ谷をあとにしたのであった。

（二〇一五年八月号）

リブロ池袋本店に行く

二〇一五年七月二十日月曜日、リブロ池袋本店が閉店した。閉店までの事情ならびにリブロ池袋本店が書店界、出版界に残した足跡については、八月号と九月号と二カ月連続で書いてもらった田口久美子さんの「書店にとって美とはなにか」を読んでいただくとして、しかし、あのリブロが閉店するというのに田口さんにまかせっきりでいいのか！

なにを隠そう、本誌とリブロの関係はものすごく長く、創刊年の七六年十一月には早くも西武百貨店ロアジール館ブックセンター（リブロの前身）と「ホンネのある書評」というイベントを共催しているほど。その後も中村文孝氏や田口さんに連載をしてもらったり、今泉棚の哲学を今泉正光氏に聞いたり、「いまどんな雑誌が売れているか」の調査データを提供してもらったりと密接にお世話になり続けてきたのである。きわめつけは八九年にリブロが西武百貨店の十、十一階から地下に移転した際で、三日間でなんと六十万冊の本と二百七十棹の本棚の引っ越しを独占取材。密着ルポを本誌に掲載したのである。

実はこの独占取材をしたのが本誌おじさん三人組の一人、浜本で、つまり、おじさん一号はリブロの引っ越しを目撃した唯一のジャーナリスト（？）なのである。おお、そのジャーナリストが四十年間、出版界でスクラムを組んできたリブロ池袋本店の閉店を黙って見過ごしていいのか。いや、よくない！

というわけで、七月二十日午前八時五十分。宮里潤、杉江由次、浜本茂（若い順）の本誌おじさん三人組は池袋西武百貨店の駐車場入口に集合した。リブロ池袋本店最後の一日を、開店から閉店まで、地下一階マネージャーの矢部潤子さんに密着しながらルポすることにしたのである。

ちなみにリブロ池袋本店は西武池袋本店の南端、別館の地下一階と書籍館の地下一階から四階まで、合わせて千五十坪の売場を擁する大型店。リブログループの旗艦店である。営業時間は六月までは午前十時から午後十時までの十二時間だったが、七月から諸般の事情で午後九時までに変更となっている。

つまり開店まではまだ一時間以上あるのだが、なにせ一日密着取材だから、矢部さんと同時に入店しなければならない。「おはよう」と迎えに来てくれた矢部さんの案

ハイタッチで開店

内で従業員入口に回り入館証をもらい、迷路のようなバックヤードを矢部さんに先導されるまま右に行ったり左に行ったりして、リブロ池袋本店仕入れに到着。

なんと直納に来たのである！　売れ行き絶好調で十七日金曜日に八十冊追加したばかりの本誌八月号が足りなくなりそうだと昨日、矢部さんから杉江の携帯に連絡があり、杉江があわてて会社に寄って二十八冊（しかなかった）をかき集めてきたのだ。

杉　納品はいつまでだったんですか。

矢　新刊は十七日着まで。最終の便は十八日の午後便で、それは補充品がちょこちょこと。

浜　ということは今日はもう入らない。

矢　そう。それが最後。最終営業日の最終納品が本の雑誌。

杉　すごい。歴史的納品だ。

　歴史的な納品を終え、再び迷路を通って、書籍館二階の事務所で荷物を預け、菊池壮一執行役員、西田芳樹店長にご挨拶。別館地下一階のAゾーン（文芸、文庫、新書、ビジネス書などが並ぶいちばん来客数の多い売場）に降りると、矢部さんがすぐに棚の整理を始めた。「明日、世界が滅びるとしても、今日、あなたはリンゴの木を植えるって心境」なのだという。

　九時二十四分にスタッフ一同が正面入口前に集合。「最後ですが、最高の笑顔でお客さまをお迎えできるように」と全員で輪になり、笑顔のハイタッチをしたあと、最後の朝礼がスタート。経営理念の唱和に続いて、最後の日ならではの注意事項の伝達。西田店長が「いい意味で緊張してもらって楽しい一日にしましょう。いい思い出になりますように」、菊池執行役員が「ここ数日間、お客さまのほうが我々に寛容になっているところがあると思いますが、それに甘えず、最後までありがとうの気持ちを伝えましょう」と、それぞれ最後の挨拶を終えると、締めは接客日本一宣言の唱和。「いらっしゃいませ」「ありがとうございました」三つ目の「またどうぞお越しくださいませ」を今日は言うべきなのかと質問があがるが、菊池執行役員の「言いましょう」のひと声で、揃って「またお越しくださいませ」と声をあげる。前に立って復唱する遠藤慎子さんは涙声だ。おじさん三人組もじーんとしてしまうのである。

ひたすら棚を整理する矢部さん

　開店まで十五分。わずかな時間を惜しんで各自持ち場の棚整理に勤しんでいる。矢部さんは「アメトーーク！」で読書芸人が紹介した本の面陳コーナーから西加奈子『サラバ！』の上巻が売り切れているのを見つけ、スタッフに格好悪いから外すようにと指示。代わりに西加奈子の別の著作と村上龍『コインロッカー・ベイビーズ』を並べている。

午前十時、いよいよ開店。売場ごとに分かれて「おはようございます」「いらっしゃいませ」と、スタッフが笑顔で客を迎えている。リブロ池袋本店、最後の一日が始まった。

開店と同時に続々と客が入店してくる。すぐにサインボードに人だかりができ、スマホやカメラで撮影している。父親と一緒に来店した坊主頭の息子（小学校三年生くらい）が新刊平台から『流』をさっととり、なぜか半泣きで父親に見せている。本日Aゾーンの最初のお買い上げだ。しかし『流』は平台に四面積みになっているが、在庫は僅少。平台に十二冊、文芸書週間ベストの棚（一位だ！）二カ所に各二冊の十六冊しかないので、矢部さんはちょっと浮かぬ表情。

大混雑の店内

杉　そうか。今日は品出しがないんですね。

矢　荷物が入らないから。

浜　本の雑誌の直納二十八冊だけ（笑）。

ところで、入口前のサインボードはそもそも円柱形のリブロの看板だが、そこに作家にサインをしてもらおう、と思いついたのは西田店長とのこと。

西　小学館ビルの取り壊しの際に漫画家さんたちがサインをしたのを思い出して、六月十二日にひらめいたんですけど、前日に林真理子さんのサイン会をやっていて、一日遅かった。又吉直樹さんも『火花』が出てから二度来店されてるんですけど、まだサインボードにする前で、残念でした。

最初にサインを入れたのは細川貂々で、江口寿史、吾妻ひでお、原武史、高橋源一郎、大沢在昌、堂場瞬一、長友佑都、谷川俊太郎など、錚々たる面々がトークイベントやサイン会の帰りに書いてくれたとのこと。朝井まかてはわざわざこれを書くために来店したらしい。現在、サイン済みは四十九人とのことで、おじさん三人組が切りのいい五十番目のサインをしていけば、と矢部さんはそそのかすが、そんなあつかましいことできませんって。

そうこうしているうちに中年の女性客が西田店長に「いつまででしたっけ」と尋ね、「今日までです」と答えられて「ええええええええ！」とびっくりしている。それを耳にした家族連れも「えっ！」と絶句。新聞やネットで取り上げられているし、スタッフのネームプレートには「40年間ありがとう」という札が下げられ、「リブロ池袋本店イベント一覧」や「本棚から見る、リブロ池袋本店の40年」など、四十年の歴史を伝える年譜が店内に用意されているから、閉店の事実を知っている人のほうが多いに違いない。矢部さんのもとには昨日も知らない人から差し入れが届いたというし、閉店が発表になったときにも「学生のころに利用していました。芸術書の売場が好きでした」と菓子折りを持ってきた女性がいたというくらいなのに、一方で、今日まで閉店を知らない人がいるのは七月二十日閉店という告知が店内数カ所の小さなポスターでしかなされていないからか。

　ところで、芸術書売場といえば、現在同売場のレジに立つ田畑あや子さんは、リブロ池袋本店の開店時と閉店時のどちらにも居合わせた世界で唯一の人だ。

田　奇しくも、居合わせることになりました（笑）。

　田畑さんは二十六歳で紀伊國屋書店から西武百貨店書籍部に転職、その後、六本木のアール・ヴィヴァン、代官山文鳥堂と渡り歩いて、八年ほど前にリブロに戻ってきた。まさに奇しくもなのである。

田　いまだにぽえむ・ぱろうるはどこですかとかアール・ヴィヴァンはどこだとか、とっくに閉店した店のありかを普通に訊かれますからね。何年も来られなくても思い入れのあるお客さんが多いのかもしれませんね。

　Aゾーン地下一階に戻ると矢部さんがカバーの束を持って足早に歩いている。矢部さんはあっちに行ったりこっちに来たりと動き回っているのだが、宮里潤の三倍くらいのスピードで移動しているので、しょっちゅう姿を見失ってしまう。密着できないのである。十一時十八分にようやく捕まえたところで、平台の『流』が一冊になっていることを報告。

矢　ちょっと恥ずかしい感じになってるね。棚に一冊差して終わりだな。

杉　棚にはないといけないんですよね。

矢　そうそう。検索するお客さまがいるから、最後は棚にないと。

　『流』は直木賞受賞後、講談社に頼んで百冊を直送してもらったそうだが、それが残り一冊なのである！　いやあ、すごいねえ、と言っていたら、なんと本の雑誌をカゴに入れたままレジに向かう中年男性を発見！　おお、エライ人だ。

矢　本の雑誌もずいぶん売れてるよ。足りなくなるんじゃないかな。

　驚いて、本誌を積んでもらっているワゴンを見ると、たしかに低くなっているような。実は本誌には田口さんの手書きポップが付いているのである。

「リブロ池袋店は、数ある大型書店の中でも『際立つ物語』を持つ書店でした。無念の撤退にあたって、その40年を（2回に分

レジも大行列に…

けて）まとめました。どうぞ、この店でお買上げ下さい。7月20日が閉店です。ジュンク堂池袋店副店長田口久美子」

ジュンク堂の人がリブロで買ってくれと頼んでいるのだ。前代未聞ではないか。しかし、だからこそ効果は抜群。

田口 西田店長は最初嫌がったんですよ。よその店の人間が書いたものを置くのはおかしいって言って。だからいいんでしょって強請《ゆす》ってみたら（笑）、しょうがないねって、大きいポップにしてくれたんです。

浜 おかげさまで売れてます。

田口 うちもリブロのおこぼれでお客さんが多いんですよ。売上げもいいし、相乗効果ですね。

意外な効果があったのだ。Aゾーンの客の数はさらに増し、サインボードを撮影している人も倍増。文芸書担当の舟山さんが『流』の跡地に『幽霊塔』（江戸川乱歩著・宮崎駿画）を積んでいる。ちょうどお昼になったので、矢部さんの引率で七階にある社員食堂へ。ここまで姿の見えなかった宮里は書籍館でひたすら写真を撮っていたと抗弁するが、二階でリブロ古書市が開催中なので鵜呑みにはできないような。しかし昼飯時になると姿を現すからすごいな、潤は。

数百人は優に座れる広大な食堂はアパレルや化粧品などの販売をしているだろうビシッときめた女性から、新橋のサラリーマン的おじさんまで、さまざまな人たちでごった返している。矢部、杉江、宮里はカットステーキ（ランチA）、浜本はサバ塩焼き定食（ランチB）を注文。Aは四百九十六円（税込）、Bはなんと三百二十四円（税込）だ。びっくりするほど安い。

浜 ご飯が多いな。潤のは大盛り？

宮 中盛りです。

杉 潤は大盛りって言ったんだけど、二十一円増しですって言われて、びびって中盛りに変えてた（笑）。

食後は喫茶室へ。セゾン文化とリブロについて話していると、矢部さんに電話がかかってくる。テレビ局が三社取材に来ているのでその対応をとのこと。急ぎ、売場に戻ると、西田店長が「どこも聞きたい質問がセゾン文化のことだもんな」と苦笑いしている。

矢部さんは舟山さんに指示しながら黙々と棚の整理。ストックから本を出し、がたがたになった棚をきっちり揃えていく。ふとレジを覗くと、『新編 バベルの図書館』を三冊抱えた女性が並んでいる。矢部さんと目が合うと、外国文学の棚を見やってにんまり。

十四時になると、文庫売場はすれ違うのがやっとの混雑。しかも一冊二冊じゃなく、十冊近く本を抱えている人も少なくない。カゴにたんまり入れて棚を徘徊している人も珍しくないのだ。西田店長が「入口付近に立ち止まらないようにお願いします」と声をかけている。矢部さんは棚下のストックから補充を繰り返している。棚に『満州国演義』の八巻目がないことに気づき、面陳から八巻をとって棚差しへ。圧倒的に本にさわっている数と時間が違うのだ。

十五時を過ぎると店内はまるでお祭りのような人出。あまりの人の多さに、あ、サイン会やってるんだね、誰だろうと、きょろきょろしている人がいるくらい。レジは七人待ち。じわじわと行列が延びている。そして本日追加納品した本の雑誌は残り十三冊になっている！

出版ニュースの清田義昭社長、石神井書林の内堀弘氏、ライターの石橋毅史氏、古幡瑞穂さん一家、林カケコさん一家などがやってきて、すごい人ですねえと店内を覗いていく。新入社員研修以来、お世話になりっぱなしという河出書房新社の小野寺優社長は「必ずまたどこかでリブロ池袋本店のDNAを受け継いだ店ができると信じて、楽しみにしています」と熱く語って矢部さんに差し入れを渡していた。各社の営業マンもぱらぱらと来店して、矢部さんたちと挨拶を交わしている。

十六時半を回ると、レジは三十人以上の行列。最後尾のプラカードが掲げられる。その脇を矢部さんがすり抜けて書籍館へ。さきほどから書籍館とAゾーンを何往復もしているのだ。書籍館から本を持ってきてAゾーンに補充しているのである。そんな矢部さんを目で追っているうちに本の雑誌も残りが四冊、三冊、二冊とあっという間に減り、矢部さんが雑誌売場に残っていた最後の一冊を補充するも、すぐに売れてついに残一冊に。

浜　あ、手に取った！

杉　すごい、十七時九分、なくなっちゃいましたよ。

スペースがなくなってきたので、ここから駆け足。十九時になっても二十時になってもお客さんの数は減るどころか増える一方で、レジ待ちの行列も長くなるばかり。矢部さんはその間も人の山の隙間をぬって書籍館からAゾーンへと本を抱えては補充を繰り返す。気がついたら、文芸の新刊平台は大きく変わっている！『流』の代わりに積まれてた『幽霊塔』も隣の台に移動し、畠中恵が占拠。辻仁成と真山仁の仁コンビが新規参入しているのだ。

浜　すごいなあ。平台って一日でこんなに変わるんだ。

矢　だってなくなっちゃうんだもん(笑)。

杉　矢部さん密着しても、朝からずっと売れた分の補充と棚整理してる。普段とまったく変わらない。基本中の基本に徹してるって、よくわかりました。でも、ほかの人も同じことをしてる(笑)。これがリブロだったんですね。リブロDNA。

二十一時、閉店時間を迎えたが、遠藤さんが幻冬舎新書の『家族という病』を二十冊近く抱えて新書売場に向かっている。まだ補充

三浦正一社長の最後の挨拶

しているのか。恐るべしリブロＤＮＡ。一方、レジを待つ列は今日いちばんの長さになっている。最後尾のビジネスマンふうのおじさんが持っている本は武田砂鉄『紋切型社会』。つまりこれがリブロ池袋本店で最後に売れる一冊だ。

二十一時二十分。最後の一冊が売れたところで、レジが閉まり、ありがとうございましたの大合唱。西田店長の紹介で三浦社長が挨拶。五百人はいるだろう、通路を埋め尽くした人の前で、「いつの日かふたたび創業の地の池袋で再度出店をしたい」と力強く宣言すると、盛大な拍手とともに、おつかれさま、ありがとうの声があちこちからあがる。

ちなみに本日いちばん売れた本は、なんと本の雑誌八月号！　長く熱い一日はこうして終わったのである。おつかれさまでした、リブロのみなさん。

（二〇一五年九月号）

第4章 心願成就

角川春樹事務所に行く

今月の特集は「角川春樹伝説！」で、角川春樹氏の伝説があれもこれもの乱れ撃ちで、もうお腹いっぱいだが、では、レジェンド率いる角川春樹事務所の実態はどうなっているのか!?

というわけで、おじさん三人組が株式会社角川春樹事務所に乗り込んだのである。

角川春樹事務所は神保町の隣駅九段下から坂を上り、靖国神社を背にして半蔵門方面に向かうこと百メートルの左手、イタリア文化会館という格調高い名称のビルにあった。一階のフロア案内板によると、三階と四階の一部と五階の全部が角川春樹事務所である。

本日、おじさん三人組を案内してくれるのは書籍編集部次長の根本篤氏。角川書店野性時代編集部を皮切りに業界を渡り歩いて二十数年、四年前に角川春樹事務所に入社した際も履歴書のみの面接なしで採用が決まったというベテラン編集者である。そのベテランも入社早々伝説の一端に触れたという。

根　入社前にお世話になりますって社長に挨拶に行ったのは旧社屋だったんですよ。

杉　けっこう古いビルでしたよね。川の近くの。こんな近代的な新しいビルじゃなくて。

根　そうです。ザ・雑居ビルって感じの。そのすぐ後に入社したんですが、そのときはこのビルに移っていた。引っ越したのが東日本大震災の直前なんですね。

浜　ああ、前のビルだと危なかったかもしれませんね。やっぱり持ってるんだなあ。

さすが地震を止めたという伝説の持主。現在のビルに移転してからは五階が書籍編集部、第二書籍編集部、「ポップティーン」編集部、広告宣伝部、営業部、総務、経理部、社長室、会議室、四階が「美人百花」編集部という布陣。三階はコネクティングルームといって雑誌が使っているそうだが、根本次長は行ったことがないそうで、その全貌は不明。「今度見ておきます」とのことだ。

社員数は約六十人。根本次長が籍を置く書籍編集部は、編集局長に復帰した春樹社長も含め十人で文芸書と文庫、PR誌の「ランティエ」を刊行しているそうだ。ところで「ポップティーン」編集部は何人ですかと尋ねると、「わかりません」と言われたから、えっと驚いた。なんでもアイドル本などを作っている第二書籍編集部が何人なのかも知らないという。

日本刀の春樹氏写真がお出迎え

根　異動がないからですかね。経理とか営業、広告など仕事上やりとりのある部署の人以外はほとんど知らないんです。

浜　六十人の会社で知らない人がいるんですか。

根　「ポップティーン」と「美人百花」の編集部の人だと編集長くらいしか話したことがないです。名前と顔が一致しない人がほとんどで、社内で会えばおつかれさまですって言うくらい。

杉　へえー。社員旅行とかはないんですか。

根　昔はあったらしいですけど、今はありません。

浜　忘年会とかは？

根　年末におつかれさん会があります。社長室の横に役員会議室という広い会議室があるんですが、最終日の昼間、そこに全員集まって、ピザだの寿司だのをつまみながら一時間ほどビールを飲んだり。ほぼ全員が集まるのはそのときくらいですね。

浜　六十人入れる会議室があるんだ。

　ちなみに五階には大小合わせて八室ほどの会議室が集中したスペースがあるが、いちばん広い十畳強の部屋には正面に、なんと春樹社長が高層ビルを背景に日本刀を振るっている写真が飾ってある！　さらに（たぶん有名な）書家が書いたのだろう「年ゆくや　天につながる　いのちの緒」という俳句が額装されているのだ。もちろん春樹社長の手になる句である。おお、これが魂の一行詩か！

　しかし、これくらいで驚いていてはいけない。隣の部屋には同じ句が「春樹」という署名入りで額装されているのだ。しかもしかも、本人直筆の同じ句が社内の各部署それぞれに飾られているという。

宮　本人の手書きですか。

浜　かわいらしい字だよね。中場利一みたいだ（笑）。

杉　似てる（笑）。

　レジェンドの書き文字を確認したところで、編集部へ。入口を入ると右手が第二書籍編集部。ＨＫＴ48の本を出したばかりらしくポスターが貼ってあるが誰もいないので素通り。自動販売機二台が並ぶ通路を抜けると、どーんと広い空間に出て、なんだか眩しいのお、と思ったら、「ここがポップティーン編集部です」とのこと。なるほど。

宮　キラキラしてる（笑）。若い女性が多いですねえ。

根　そうですね。編集長は男性ですけど。

杉　あの横断幕すごいね。ポップティーンメガ盛りだって。

浜　部署ごとに仕切られてるんだ。隣が書籍編集部ですか。

根　いや、書籍はいちばん奥になります。ここは広告宣伝部。

宮　ここも女子率が高いですね！

浜　ここにも「年ゆくや」の句が額装されてる。社訓みたい。

根　こちら

本人直筆の〝魂の一行詩〟があちこちに

が営業部です。

杉　角川書店宛ての注文が間違えてきたりしないんですか。

根　電話はすごくかかってきますね。

宮　そういうときはどうするんですか。

根　当然、違いますと。

浜　はいはいって受けちゃうのかと思った。

とかなんとか話しているうちにやっと終点の書籍編集部に到着。外から見るよりずいぶんワンフロアが広いのだ。書籍編集部の横には書庫があり、刊行書籍の原本が保存されている。増刷の都度、重版番号が振られて並べられるので、増刷回数が一目瞭然。作家はむやみに入らないほうが身のためかも。入口横に机が一つ置いてあって、自分の机でゲラ読みができない（広げられないから）根本次長のような編集者がゲラと格闘していたりするそうだ。書庫の隣には応接室があり、打ち合わせをしたり社長に呼び出されたりするらしい。もちろんここにも書籍編集部の電子レンジの上にも「年ゆくや」が飾ってある。

書籍編集部は窓側に行くほど机の上が汚くなっていくのが遠目にわかるくらいで、奥から二つ目の二番目に山が高いのが根本次長の机らしい。ちなみに最奥の最も汚い机は撮影禁止。

根　そこは写されてしまうと怒られるので。

浜　えらい人ですね？（笑）

出前のメニューを確認したところで来た道を戻るが、根本次長は「ポップティーン」の前まで来ると早足になるのである。

杉　根本さん、ポップティーンに来ると居心地が悪そうになりますね。

根　僕、営業や広告との打ち合わせ以外は、トイレに行くときくらいしか編集部から出ないんです。ここを通るときもスーッと（笑）。だから本当に接点がないんですよ。

杉　社長も「ポップティーン」には顔を出さないんですか。

根　いえ、雑誌の会議にも必ず出てますよ。「美人百花」の会議にも出ているらしい。もちろん現在は編集局長なので、毎週月曜日の書籍編集部の進行会議にも出席してリーダーシップをとっているのは言うまでもない。刊行予定の作家にはかなりの割合で会い、自身が書いてほしいモチーフを提案したりもしているという。精力的に本作りに携わっているのである。

根　とにかく出版と本がめちゃくちゃ好きなんですよ。暇がなくても本を読んでいる。たぶん文芸出版社の社長としてはトップじゃないですかね。年に三百数十冊は読んでますから。

浜　自社刊行物も全部読んでるくらい？

根　かなり読んでます。だから気は抜けない。僕が入社早々に作った文庫を社長が読んで「おう、読んだよ。面白かった。ただ、モチーフがな」と言われたんですけど（苦笑）、でもそういうのは嬉しいですね。

杉　なるほど。出版社の社長はもっと本を読まないと春樹さんに負けちゃうぞと（笑）。

（二〇一五年十月号）

SF大会に行く

突然ではあるが、なんと当社刊『サンリオSF文庫総解説』（大森望・牧眞司編）が本年度の星雲賞「ノンフィクション」部門に輝いた！

星雲賞というのは日本SF大会の登録・参加者の投票で決定する、ファンが選ぶ賞で、今回が四十六回目という歴史ある賞である。授与式は日本SF大会で行われるという。おお、なにはともあれ受賞版元として授与式に立ち会わないわけにはいくまい。

というわけで、杉江、浜本の本の雑誌おじさん二人組（宮里は諸般の事情により欠席）はびゅーんと鳥取県米子市に飛んだのである。米子に飛んだのは言うまでもない、本年度の日本SF大会が米子で開催されるからだ。なんでもSF大会は毎年開催地が変わるそうで、昨年はつくば、一昨年は広島で開催されているのである。それも毎回開催地にあやかった略称がつけられ、今年は米子だから「米魂《こめこん》」というらしい。「コン」は「コンベンション」の略で、そもそもニューヨークで開催された第一回の世界SF大会が「NY《ナイ》コン」と略されて以来、世界各地のSF大会はそれに倣って「○▲コン」と称することになっているのである。

第五十四回日本SF大会「米魂」は二〇一五年八月二十九日（土）と三十日（日）の二日間にわたりJR米子駅前に隣り合って建つ米子コンベンションセンターと米子市文化ホールの両会場で行われる。羽田から飛行機で一時間二十分、米子鬼太郎空港（！）からバスに乗って三十分弱のところだ。

ありがたいことに受賞者の牧眞司氏と同じ便だったので、これ幸いと一緒にバスに乗ることにする。いやあ、よかった。おじさん二人組は門外漢だから、間違った振舞いやら粗相をして、SFの人たちに冷たい目で見られたりするのではないかとドキドキしていたのだが、これで安心。なんといっても牧さんは、大学に入学した年から六年間ほど日本SFファングループ連合会議の事務局長を務め、七七年のHINCON（横浜）で初めて実行委員会に参加したという古強SF者にして本年度星雲賞受賞者なのだ。一緒にいてこれほど心強い存在はないといっていいだろう。

すっかり大船に乗ったつもりで、SF大会の歴史などについて牧先生の講義を聴いているうちに米子駅前に到着。受付を済ませ、二千円のプログラムを購入。
　さっそく牧さんのアテンドで場内を見学しようとすると、エントランスホールで鳥取の物産品をチェックしている女性とぶつかりそうになり、ごめんなさい、と謝ると、なんと新井素子さん！　多目的ホールに入ると、やはり受賞者である大森望さんが「梶尾さんがいるよ」と手を振っている。なんとなんと梶尾真治さんだ。ほかにも翻訳家の鍛治靖子さん、大野典宏さん、京大iPS細胞研究所（！）の八代嘉美さんなど、いろいろな人を紹介されて、しかもみなさん、ものすごくフレンドリー。なんだい、SFも怖くないじゃん（笑）。

手作りプラネタリウム

　ホールの右手ではパワードスーツでおなじみのイラストレーター加藤直之氏がライブ・ペインティングの真っ最中。つまり生で絵を描いているのである。さらにその隣では、あの藤井太洋氏がライブ・ライティング中。立ったままパソコンに向かって原稿を書いているのだ。ライブ感もさることながら、あの加藤直之、あの藤井太洋がそこにいて、実作している姿が間近に見られるんだから、すごいではないの。

杉　みんながすごく楽しんでる感じがしますね。

浜　ホールには若い子もそこそこいるしね。小さい子が走り回ってるし（笑）。

牧　SFファンの親が子どもを連れてくるんですよ。夏祭りみたいなもんですからね。

　なるほど。日本SF大会はSFの夏祭りなのだ。そうか、お祭りだからコスプレなのか（違う!?）と思って、あたりを見まわすが、コスプレの人はほぼゼロ。一階には更衣室も用意されているんだから、絶対にラムちゃん(古いって)がいるに違いない！
ちょうど十二時半から、牧、大森両氏がパネリストを務める（水鏡子氏、大野万紀氏も参加）「海外SF研究会（KSFA）とは何だったのか？　あるいはサンリオSF文庫のあとさき」という企画があるので、この間におじさん二人はあちこちうろついてラムちゃんを探すことに。
　企画というのはようするに分科会で、コンベンションセンターのあちこちで同時にいろんな企画が行われているのである。たとえば「海外SF研究会〜」は五階第四会議室Bで十二時半から十四時まで行われるのだが、同じ時間帯に隣の第五会議室では「くそゲーライブ　映画がゲームで!?ゲームが映画!?」、そのまた隣の第六会議室では「おぼろげ絵画教室」が行われているといった次第。ラムちゃんがいそうなのはやっぱり六階第七会議室Bの「ファンタジー茶話」かねえ、などと言いながら、六階に上がると、おっと、どこも入口の扉が閉まっている！　ありゃりゃ、いくらSFの人たちがフレンドリーだとわかったといっても、どこでもドア（を開けられる）宮里潤がいない本日、杉江、浜本のスタバで注文できないコンビには扉を開けるのは無理な相談だ。扉が開いていた第七会議室Cの「今年のイグノーベルを予想しよう」を覗いてお茶を濁すのが精いっぱい。

浜　すごく受けてる。人がいっぱいだねえ。

杉　だって大会にはゲストも含めて八百人以上も来てるらしいですよ。

　米子にSF者が九百人近くいると聞くと、またまた気おくれしてしまいそうになるが、このままではラムちゃんはおろか、SF大会に参加したと言えないまま帰ることになりそうなので、十四時半からの企画は、勇気を出して単独行動に方針変更。

杉　僕は本屋パネルに行きます！

浜　じゃあ、俺はピアニート公爵トーク＆コンサートとみんなでSFな曲を踊ろう、あと手作りプラネタリウム（笑）。

　というわけで、星雲賞の授与式までの二時間を、書店について考えたり「クックロビン音頭」の踊りを見たり（コスプレ女子が二人いた！）、手作りプラネタリウムで3D影絵に驚嘆したりして（面白かった！）SF大会を堪能したのである。

　そしていよいよ授与式！　星雲賞の四番目として「ノンフィクション」部門が読み上げられると牧眞司氏と大森望氏が壇上へ。牧さんが挨拶中に「SFマガジンが隔月刊になってしまったので、日本で唯一の月刊SF雑誌が本の雑誌ということになります」と述べたもので、場内は大きな笑いとともに万雷の拍手。おいおい、プレッシャーがかかっちゃうよお（笑）。

　しかし、これだけでは終わらない。大森望という人は、昨年自由部門を受賞した『NOVA』のときも自分では何もしない、労せずして星雲賞を手に入れるという偉業をなしとげたわけですが、今年も自分ではほとんど何も書かないで、客席にいる先輩後輩方に大変安い原稿料で書いてもらった。こんなに楽をして星雲賞をもらった人間もいないだろうと言って、場内を爆笑の渦に巻き込むのである。

　この後二十時から「星雲賞メッタ斬り！２０１５」という企画があって、受賞者たちが好き勝手に話をしていたのだが、ここでの牧眞司氏とメディア部門受賞の『宇宙戦艦ヤマト2199　星巡る方舟』の出渕裕監督のやりとりはまるで漫才！　最高に面白かったことをつけ加えて米子からの報告はお終い！

（二〇一五年十一月号）

星雲賞受賞のみなさん

本の学校に行く

ところで読者諸兄姉は「本の学校」をご存じだろうか。「市民の読書推進や図書館づくりなどの運動と、今井書店・三代、今井兼文の『ドイツの書籍業学校に学ぶべき』という遺志を継承」すべく山陰の今井書店グループが一九九二年に創業百二十周年記念として構想を発表した事業である。その三年後の九五年に「本の学校今井ブックセンター」の名で鳥取県米子市に実習店舗を設立。ブックセンターの二階を本の学校の拠点とし、以来、「生涯読書活動」推進事業、「出版の未来像」創造事業、「出版業界人」育成事業、「学びの場」拡充事業の四事業に取り組み、二〇一二年三月にNPO法人化、さらに二〇一五年七月には認定NPO法人として新たなスタートを切ったところなのである。

と、書いたところで、具体的に何をやっているのか、よくわからんよ、と首を捻る人もいるだろう。まあ、実をいうと、書いているほうもよくわかっていないので許されたい。

などと言っていいのか！　だいたい九二年に百二十周年ということは一八七二年創業。一八七二年といえば明治五年、ざんぎり頭を叩いてみれば文明開化の音がしていたころで、今年は創業百四十三年になるのである！　なんと本誌の三・五倍だ。四十周年くらいでいばっていたら笑われちゃうのだ（いばってないけど）。

おお、そうだ。なにを隠そう、杉江、浜本の本誌おじさん二人組がSF大会見学のため、たまたま米子に来ているところではないか。この偶然をいかさない手はないだろう。

というわけで、星雲賞授与式の翌朝、二人組は米子市新開の本の学校今井ブックセンターに向かったのである。

米子駅から車で十五分。ホームセンターや家電量販店などが立ち並ぶ幹線道路沿い、ユニクロの隣に本の学校はあった。赤い三角屋根の時計塔が青空に映えるシックな二階建ての建物である。開店の十時まで、まだ十分ほどあるが、駐車場にはすでに何台か車が止まっている。店の周りを一周してみるとロードサイド店だけあって、裏手が驚くほど広大な駐車場になっている。なんと第四駐車場まであって、五百台収容可能だという。それでも土日になると満車で止められない！というクレームがあることもあるらしい。

「車社会ですから。公共交通機関がないんですわ。この通りのバスは一日に二本しかないですし」
と、米子の交通事情を説明してくれたのは井澤尚之さん。開店と同時に本の学校の扉を叩いた二人組をにこやかに招き入れてくれた「本の学校・郁文塾」の事務局長である。ちなみに明治五年に初代今井兼文がオープンした書店こそ「書肆郁文堂」という。つまり本の学校には初代から百四十三年続く今井書店の『本』との出会いを創り、育む」という理念が込められているのだ。

本の学校の拠点となっているブックセンター二階には、談話室、研修室、子ども図書室、本の博物室がある。さらに多目的ホールには和装本の見本、印刷の歴史（百万塔陀羅尼のレプリカが飾ってある）や紙の知識などの展示があり、一階のブックセンターが望める吹き抜けに沿って置かれたガラスケースには太宰治『人間失格』や小林多喜二『蟹工船』の生原稿の複製が飾られている。内階段を上ったところに引き出しがたくさんついた木製のタンス状のものが置いてあり、ふと見ると、中からこぼれ出ているのは金属活字！　踊り場にも木箱があって活字がごろごろ入っているのである。今井書店は書店業だけじゃなく、明治十七年からは印刷業もやっているそうで、つまり活字箱からあふれている活字は明治時代から実際の活版印刷で使用されていたものなのだ。

太宰の生原稿の複製も

活版の活字がぎっしり

井　学校で見学などに来られた時に、もうどんどん皆さんに差し上げてまして。今、ブームらしいですね。活字が。

浜　名刺を作ったり年賀状を印刷したり、流行ってますよね。「浜」と「本」はどこかな？（笑）

杉　探さない！（笑）でも今井印刷さんの活字なら自慢できるかも。

いや、そういう話ではない。事務局長によると、本の学校は前述のとおり、今井書店三代目がドイツの職能学校としての書籍業学校、書店の専門学校のようなものを作るべきだという発想がベースとなっているそうで、文字どおりの本の学校創設を目指していたが、学校制度上の専門学校開校はカリキュラムや講師の人数などハードルが高く、断念。代わって書店人教育講座というのを四十日間、開講したのがスタートだという。座学と現場研修があり、今井書店の新入社員は原則強制受講。今井書店以外の書店員も北は北海道から南は九州まで全国から受講に来たらしい。

井　九五年のころは一カ月間、出張扱いで勉強できたんですね。今も特命を受けて来られる書店の方もおられますけど、厳しい状況ですので、なかなか休みも取れない。ですから今は二泊三日です。

　現在も書店人教育講座の名で続いているが、三日間の集中講座に変わったのである。九五年から五年間続いた出版の未来を考える『本の学校』大山緑陰シンポジウム」は「本の学校・出版産業シンポジウムｉｎ東京」として引き継がれ、毎年七月に開催される東京国際ブックフェアの一環として行われている。神保町でも分科会のような連続講座が開かれていて、おじさん二号・杉江が講師を務めたこともあるのだ。

　というのが本の学校の現在の基本的な活動なのだが、その実習店舗として開店した今井ブックセンターを忘れてはいけない。さっそく階段を下りて一階の店舗へ。二〇一二年の十月に増床リニューアルし、現在はワンフロア六百坪というスペースを誇る大型店だ。店内中央にはこの七月の再リニューアルで登場した円形の大きな棚がどーんと立っている。五丁泰次郎店長によると、「本の泉」と名付けられたこの白木の背の高い棚には新刊や話題の本、担当者のおすすめ本が並ぶとのことで、ただいまは発表からひと月の芥川・直木賞受賞作『火花』と

今井ブックセンターへ

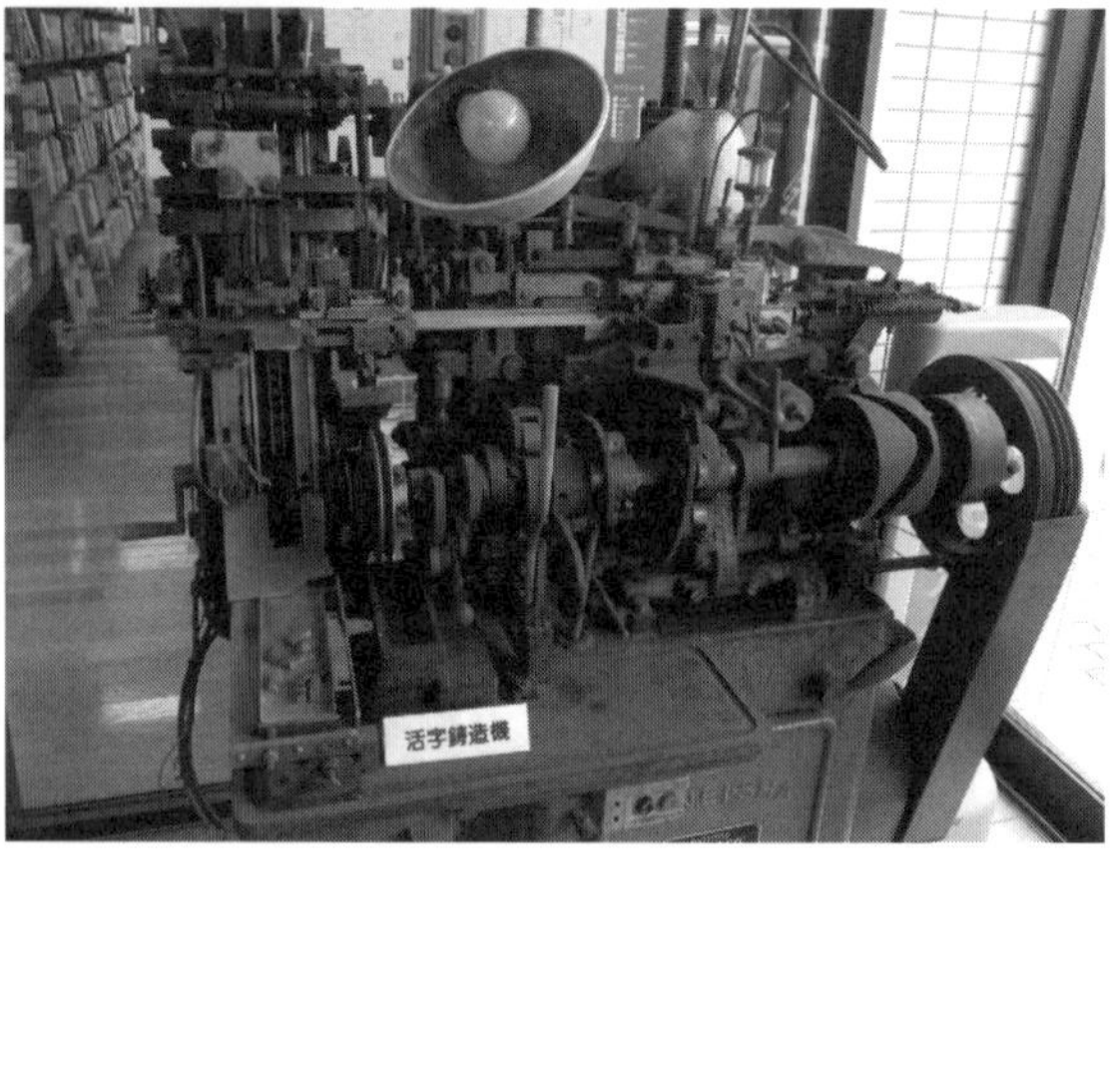

あちこちに印刷機械が！

『流』ががんがん面陳中。その手前は「本の庭」と呼ばれるフェアコーナーで、地元の中高生が選んでＰＯＰを書いた本が数十点、平積みになっている。さらにその平台の横が「本の森」。毎回ひとつのテーマについて客からおすすめ本を募集し、集まった本でできる森として見せるコーナーだ。こちらも夏だったので「アツイ本」を募集中。といった次第で地元の客と密着した店づくりがされているのである。

家族連れが入りやすいように正面入口から絵本、児童書、雑誌を並べ、本の泉から奥は文芸、文庫、専門書と、入口から奥に向かうに従い、自分が本読みとして成長していくような気になる動線もさることながら、正面入口を入って右手に併設された直営のカフェ「Ａｒｅａ」からはコーヒーのいい香りがぷーんとしてきてたまらない。一方、店内中ほどの左右にも出入口があり、右手の入口横には、基本三百円均一の雑貨売場も設置。そしてその向かい側では、なんと本の雑誌創刊40周年フェアをどーんと展開してくれているのである！　おお、ありがとうございます。迷惑にならないように売れてくれますように。

さらに文芸書コーナーの奥には「文藝広場」と命名された棚があり、全集類まで並んでいるかと思えば、澤穂希の直筆サイン入りユニフォームが展示されていて、その前で『夢をかなえる』がワゴンに八面積みされていたりするのだ。硬軟取り混ぜたいろんなアプローチをしているのである。

それにしても気になるのは店内のあちこちに置かれた印刷機械（本物！）で、本の雑誌フェアが開催中の入口付近には「活字鋳造機」と書かれた活字を作る機械が置かれているかと思えば、向かい側の入口付近には「コミ選別機（日本製）」と書かれた詰め物を作る機械があり、正面入口にはドイツ製の「活版自動印刷機」が堂々と鎮座しているのである。何気なく鋳造前の延べ棒があったり活字が置いてあったりするものだから、見ていたらキリがない。おいおい、このままだと、飛行機に乗り遅れちゃうぞ。

と、ここまで書いて改めて本の学校のパンフレットを見たら、なんとなんと二〇〇九年に第五十七回の菊池寛賞を受賞しているではないか。菊池寛賞といえば本年度の受賞者に当「本の雑誌」が決まったばかり。そうか、今井書店グループと本の学校も受賞していたのか。よおし、これからは受賞の後輩として恥ずかしくないように頑張るぞ、と米子方面に向かって誓ったのである！

（二〇一五年十二月号）

ブックカフェのコーヒーを飲み比べる

一年の計は元旦にあり！

　という一行を見て、おいおい、去年の一月号と同じ書き出しじゃないの、と思ったあなたはスルドイ。しかし今月も一月号で、一月といえばやっぱり心機一転。初心に立ち返って、ブックカフェ開業という所期の目的に向かうときなのである！

　というわけで、宮里、杉江、浜本（若い順）の本誌おじさん三人組は神楽坂にやってきた。おお、これまた一年前とまったくおんなじだが、実は一年前の取材時には工事中だった「かもめブックス」が、オープンして一年弱ながら街のブックカフェとして着々と地歩を固めている真っ最中。さらに九月には本のにほひのしない本屋「神楽坂モノガタリ」もオープンしたばかり。つまり神楽坂はおじさん三人組が目指すブックカフェのメッカなのである。一年前と一緒になるのも許されたい。

杉　おじさん三人組がスタートしてから四年が過ぎましたが、この間、ブックカフェは大きく変わったんですよ。あっという間にコーヒーの質が高まったんです。バリスタとか焙煎とかサードなんたらとか……。

宮　サードウェーブですね。

浜　なにそれ、第三のビールみたいなものか。

宮　違います！　小規模焙煎で一杯一杯ドリップするコーヒーです。スペシャルなんです。

杉　つまり我々が考えていたブックカフェはいつの間にか時代遅れになっていたんです。

　杉江によると、最近のブックカフェは本の品揃えよりもコーヒーの味に重点が置かれているとのこと。ならば美味しいコーヒーとはどんなものなのかを知らねばなるまい。そこでまず、美味いと評判のかもめブックスのコーヒーを飲んでみることにしたのである。評判の店だけあって、まだ午前十一時なのに客がいっぱい。子連れのお母さんや熟年カップルがコーヒーを飲んでいる。テーブル席は空いていないので、おじさん三人組はカウンターに陣取ることに。

杉　浜本さん、先に注文するんですよ！

　座ったところに注文を取りに来てくれるのではなく、先にレジで注文してから席

かもめブックスからスタート！

に落ち着くシステムらしい。「ハンドドリップコーヒー三つ」と頼むと、豆を選ぶように言われる。ブレンドと四種類のストレートコーヒーがあるのだ。まあ、スタバのメニューよりはるかに選択肢も少ないので、おじさん三人もひるむことなく杉江がブレンド、宮里がコスタリカ、浜本がケニア・カリンガと順番に注文。M、Lと二サイズあるが、このあと二軒行くので全員Mに。一杯四百五十円（税別）とリーズナブルだ。

浜　ほお、手で淹れるんだ。

杉　だってハンドドリップだから（笑）。

かもめブックスのシンプルなマグカップ

浜　そうか（笑）。あれは生ビールサーバー？

杉　エスプレッソマシーン。浜本さんはぶきっちょだから使えないでしょうね。

浜　でも俺、皿洗いは上手いよ。毎日家でやってるから。

杉　僕も（笑）。

　などと観察しているうちに宮里のコスタリカから到着。

浜　俺のはブラウンシュガーの香りって書いてあったけど。

宮　僕のはトロピカルフルーツのような柔らかな口当たりって書いてありました。ちょっと深い酸味があるかな。

杉　いやいや、やっぱりその店ならではの味を味わうならブレンドですよ。男はブレンド。

浜　でもブレンド頼むと知らないやつだと思われそうな気がしない？　俺はどこに行ってもマンデリンって言うんだけど。

杉　僕も（笑）。困ったときのマンデリン。

浜　キリマンとかブラジルだと通っぽくないじゃん。メニューでもマンデリンは真ん中あたりで上のほうにはない。そこがポイント。

杉　僕もそう思っていつも頼んでた！『コーヒーショップはマンデリンが一番売れる』って新書出さない？（笑）

宮　ビールがあるんですね。

浜　ハートランドね。うちはビールの代わりにソフトクリームの機械を置きたいな。

杉　いいね。おじさんはソフトクリームが好きだからね。僕が作ったシフォンケーキにソフトクリームがあれば完璧ですよ。

とてもおしゃれな「神楽坂モノガタリ」で一服

マンデリン、シフォンケーキ、ソフトクリームとおじさんカフェの三本柱が決定したところで、二軒目の「神樂坂モノガタリ」へ。神楽坂に面したガラス張りのこじゃれたビルの二階にあって、おじさんには完全アウェー。勇気を振り絞り入店するも、背の高い重厚な棚に人文系を中心に本がびっしり。棚の本はコーヒーを飲みながら読むことも購入することも可能らしいが、その雰囲気に圧倒されて腰が引けちゃうのである。

杉　棚が完成されすぎてて、本が抜きづらいかも。

浜　もう少しゆるい棚にしてほしいね。一度抜いたら、どこにあったかわからなくなりそう。

宮　そういう人のために「Ｂｏｏｋ　Ｒｅｔｕｒｎ」というスペースがある。読んだ本はここに返せばいいんじゃないですか。

店内をぐるりと回ってからテラスのテーブルに着席。神楽坂駅の出口を見下ろす絶好のロケーションだが、見渡すと三人組以外に客はいない。ここは座っていると注文を取りに来てくれるようだ。メニューを見ると、なんとコーヒーはブレンドとクールの二種類しかない！

杉　ブレンド三つください。

浜　潔いメニューだな。コーヒーのほかもジンジャーエール、ビール（白穂乃香）、グレンドロナック十五年とザ・マッカランの十八年しかない。

杉　コーヒーは税別で七百円。かもめより二百五十円高い。

浜　その差が我々にわかるかどうか。

宮　ビールよりコーヒーのほうが高い。ビール六百円ですよ。

杉　酒を飲ませる。酒を飲んで気のでっかくなったやつが高そうな人文書を買うのを待っている（笑）。

浜　参考になるな。うちもやっぱりビール出そう（笑）。

杉　あ、きたきた。

宮　最高品質のスペシャルティコーヒーをお楽しみくださいって書いてありますよ。あ、けっこう酸っぱい。

浜　クセがあるね。

杉　でも一種類だから、おじさんもマンデリンを選ばなくて大丈夫（笑）。

昼飯に背脂たっぷりのワンタンメンを食べ、胃もたれ気味のまま三人組は一路表参道へ。本日最後の目的地は十月にオープンしたばかりの「旅と本と珈琲と」。旅行会社のＨ．Ｉ．Ｓ．が始めたブックカフェで、一階が猿田彦珈琲、半地下がブックショップ、地下一階がＨ．Ｉ．Ｓ．の支店という複層構造になっている。

宮　この猿田彦珈琲というのがサードウェーブの旗手なんですよ。

浜　ブックショップの選書は幅允孝だって。千五百冊とあるから冊数はそんなにないね。俺たち本を見てるから、潤ちゃん、コーヒー買ってきて。

宮　何にします？

杉　まかせるよ。潤のセレクト力を試そう(笑)。

ブックショップではパリ特集が正面平台で展開中。棚はハワイ、台湾、オセアニアなど地域ごとに関連書が並んでいる。中央の大テーブルでは女性同士の二人組やカップルが写真集などを広げて、コーヒーを飲みながら楽しげに会話中だ。ふーん。半地下のカウンターから猿田彦珈琲のスタンドを見上げると、宮里はまだ順番待ち状態。コーヒー三杯買うのにずいぶん時間がかかるようだ。

「旅と本と珈琲と」一階の猿田彦珈琲

杉　あ、やっときた。

宮　淹れるのに時間がかかるんです。これがインドネシア、スパイシーで重厚。これは旅の扉ブレンド、クリーミー。もう一つはパリ・クラシカル深煎りブレンド。ネルドリップです。どれもSで四百六十円(税別)。

浜　紙コップだ。俺はパリにしよう。お、これは苦いや。

杉　僕は旅の扉。

宮　説明書きにはクリーミーって書いてありますね。深煎りは豊かなボディ。

浜　うーん。スタバのコーヒーとあんまり変わらないような。

宮　ようするに一杯ずつ淹れてるんですよ。そこがスタバとかドトールとは違いますよと。

浜　でも普通、喫茶店ってそうだよね。

杉　神保町の伯剌西爾だって古瀬戸だって一杯ずつ淹れてますよね。

浜　わかった。サードウェーブというのは時間がかかりますよっていうことだ。

杉　うちも今度から重版中のときは「サードウェーブですから」って言おう。ちょっと時間がかかるんです(笑)。

宮　サードウェーブ・パブリッシング。

杉　我々のカフェの名前は神保町サードウェーブにしよう。

浜　三人だし。

杉　で、コーヒーは「あっさり」「こってり」の二種類(笑)。

浜　ラテは牛乳マシマシ。

宮　コーヒー二郎ですね。

杉　行列ができる(笑)。

(二〇一六年一月号)

菊池寛賞贈呈式に行く

伝記といえば偉人、傑物。では、出版界の偉人といえば？　ジャーン。菊池寛をおいていないだろう。

なんといっても、流行作家として名を成したうえ、私財を投じて「文藝春秋」を創刊。芥川・直木賞を創設し、大映の社長も務め、故郷高松には銅像が立ち、菊池寛通りという名の目抜き通りまである立志伝中の人物である。永井龍男『菊池寛』（時事通信社）をはじめ、杉森久英『小説 菊池寛』（中央公論社）、松本清張『形影 菊池寛と佐佐木茂索』（文春文庫）、など、評伝、伝記小説の類がいっぱい出ているのもさもありなん。

菊池寛の偉大なのはそれだけではない。没後、菊池寛賞というその名を冠した賞が制定されているのだ。「故菊池寛が日本文化の各方面に遺した功績を記念するための賞」で、「菊池寛が生前、特に関係の深かった文学、演劇、映画、新聞、放送、雑誌・出版、及び広く文化活動一般の分野において、その年度に最も清新かつ創造的な業績をあげた人、或いは団体を対象」としている。一九五二年創設だから二〇一五年が第六十三回という大変歴史のあるエライ賞なのである。

で、ここからが本題なのだが、なんと、その第六十三回菊池寛賞を「本の雑誌」が受賞したのである！　いや、新聞にも載っていたし、知ってまんがな、という人も多いだろう。それはそうなのだが、本当に本当なのか、実際にもらってみるまではわからないではないか。いまさら嘘だよんとか言われないだろうなあ。

とかなんとか半信半疑で、二〇一五年十二月四日金曜日、本の雑誌社は菊池寛賞贈呈式の朝を迎えたのである。

もちろん社員一同舞い上がりっぱなしで、仕事などどこ吹く風。おじさん一号浜本と二号杉江はこの日のために、内澤旬子先生ご指導のもと、バーニーズニューヨークで新調したスーツに身を包んで出社（どこが半信半疑なんだ）。おお、かっこいいじゃんとか互いに誉め合っているのだ。

そうこうしているうちに夕方になり、目黒考二前発行人がツィードの三つ揃えで来社。受賞者ともなるとハイヤーが迎えに来るので、同乗していくことになっているのだ。さっそくおじさん三人組とともに黒い車に乗り込み、会場のホテル・ニューオータニへ。車寄せに着くと、ドアマンがいらっしゃいませとドアを開けてくれるもんで、すっかり偉くなった気分。まあ、一生に何度もあることじゃないから赦されたい。

宴会場階でうろうろしていると、文藝春秋の篠原一朗くんが「おめでとうございます」とやってきた。彼は学生時代に当社でアルバイトをしていた元助っ人で現在は文藝春秋で文芸書を作っているのだが、本日は自ら本誌のアテンドを志願。こういうハレの場に不慣れなおじさん三人組が恥をかかないよう、助けてくれるとのこと。

篠原くんの案内で受賞者控室に。目黒＋おじさん三人組に遅れて、小林、浜田、松村のおばさん三人組も入室。なにせ社員全員合わせても六人だから、一同で控室に入っても迷惑にならないのである。お茶をいただいていると椎名前編集長が登場。いつものジーンズにジャケットで、とても受賞者とは思えないが、椎名誠というだけでこの場にふさわしい格好に見えてくるから不思議。

本の雑誌の展示ブース

浜　俺たちわざわざバーニーズまで行ってスーツ買ったのに。

杉　ずるいですよね。でも、あれを真似したら失敗するから。

宮　普通の人間はあの格好はできません。

会場前のロビーでは受賞者を紹介する展示ブースが設けられていて、半藤一利、吉永小百合、ＮＨＫスペシャル、国枝慎吾各氏と並び、おお、本誌の展示もちゃんとある！　我々は間違いなく受賞しているぞ。感慨もひとしお、浜本、椎名、目黒の順で入場。贈呈式では浜本が目録をもらい、三人がリレー方式でスピーチをする段取りになっているのだ。三人は舞台脇に用意された椅子に着席するが、残されたおじさん二人とおばさん三人はどこに行けばいいのかわからずに、うろうろ。前のほうに椅子が並んでいるが、紐が張ってあって入りづらいので、遠巻きに眺めることに。

半藤、吉永、ＮＨＫスペシャルに続き、おじさん一号が舞台に案内されて、正賞副賞の目録授与。緊張のせいか足取りがおぼつかないが、なんとか転ばずに降りてきて、一同ほっと安堵。椎名前編集長の「石の上にも三年、本とともに四十年」という名言でリレースピーチも見事な締めくくり……と思ったら、受賞者全員の写真撮影で浜本が突然、ＮＨＫの人と所を変えて吉永小百合さんの隣に立ったから唖然。

杉　関係者全員が驚いてましたよ。なんだ、あれ？って。

浜　あれは吉永さんがお隣にって(笑)。一生の記念になった。

かくして、贈呈式は無事に終了。宮里潤が美味い美味いと寿司と蟹グラタンとローストビーフを食いまくって、パーティもお終い。場所を新宿浪曼房に移しての二次会は五千円の会費制にもかかわらず、なんと百二十名もの関係者がお祝いに来てくれての大盛況。いやあ、ビールが美味い！　みなさん、ありがとうございました。これを励みに、まずは四百号目指して頑張るぞ！

（二〇一六年二月号）

「ヤクザと憲法」を観る

おじさんはやっぱりアウトローよりインハイだなあ。てなこと言ってると、だからおじさんなのっ！ と叱られそうだが、どっこい、おじさんだってアウトローになりたい！

というわけで、宮里、杉江、浜本（若い順）の本誌おじさん三人組は東京・東中野の「ポレポレ東中野」にやってきた。ただいまこのミニシアターでは「ヤクザと憲法」が上映中なのだ。ヤクザと憲法と聞いて、豚に真珠を思い浮かべた人がいるかもしれないが、ええい、下がりおろう、この映画は「実録じゃなくて、これは本物 ヤクザの世界でキャメラが回る」というのが謳い文句。なんと本物のヤクザ事務所に密着したドキュメンタリーなのである。つまりアウトローの実像を研究するためにおじさん三人組は暗い映画館で三人並んでスクリーンに臨むことになったのだ。

平日の一回目、午前十一時からの上映にもかかわらず、入口の前は長蛇の列。いったいどんな人が観に来ているのかと周りを見回すと、前に並んでいた人が宮里に気づいて目線を落とすではないか。あはは、坊主頭はその筋の人と勘違いされるみたい（笑）。

五分ほど待って入場開始。カウンターでチケットとパンフレットを買って、場内に入ろうとすると、宮里入道が先に入っていてください、と言うので、今度は出入りかい、と思ったら、入道はカウンターのお姉さんに「メガビールください」と言うのであった（笑）。たしかにカウンターの向こうに「メガビール七百円」と書いてあるが、朝から飲む奴はさすがにいないのだろう、販売前ですと言われている。

意気消沈した宮里を励ましつつ場内へ。座席数は百四席だが、すでに三十四人もの客が入っていて、おお、すごい人気ではないか。三人組の前には学生ふうのカップルが座っているが、女の子は「ヤクザと憲法」と表紙に書いたノートまで持っているのである。大学で研究でもしているのでしょうか。ノートを開いては熱心に男の子に解説しているのだ。うーむ。女学生はヤクザがお好きなのか。館内にはフリージャズが流れていて、いやがうえにもアウトローへの期待が高まるのであった。

さあ、いよいよ上映開始！

宮 ふう……。

浜 どうした？ 肩で風切って歩かないの？

宮 いや、指があるかどうか、ついチェックしちゃって……。

杉 恐かった？ いちばん恐かったのは警察だよね。

浜 うん。警察のほうがどうみてもヤクザだよな。

杉　そういう編集なんだろうけど、やっぱり権力持ってる奴のほうが悪いわ。

浜　ヤクザのおっさんはみんな中場利一みたいだった（笑）。体型もそうだし。

杉　服装も（笑）。

浜　そうそう。スエットの着こなし方とか。

杉　歩き方とかも。やっぱりアウトローなんですね。

浜　電話の出方も一緒なんですよ。

宮　自然と身につくんですかね。

杉　電話に出るときだけ偉そうなんだよね。今度ああやって電話に出てみようか、俺たちも。

浜　ほんのざっしぃ！

杉　本の雑誌も部屋住みがいたし（笑）。

土方宏史監督

浜　えっ、俺？（笑）

「ヤクザと憲法」は大阪の指定暴力団「二代目東組二代目清勇会」事務所の内部を撮影したドキュメンタリーだが、取材の取り決めは、

1、取材謝礼金は支払わない
2、収録テープ等を事前に見せない
3、モザイクは原則かけない

の三つだけ。恐いおじさんが若いもんをお仕置きするシーンこそ、「撮るんじゃねえよ」と凄まれたりするが、基本的にはヤクザの日常が淡々とスクリーンに映し出される。いちばん下っ端は部屋住みと呼ばれ、事務所の三階に寝泊まりし、食事を作ったり掃除をしたりコーヒーを淹れたりするのだが、窓は拭くわ壁は拭くわ前面道路は掃くわ、毎日ものすごく丁寧に掃除をするのである。ちなみに部屋住みは給料なしだが、月に二万円の小遣いがもらえるらしい。しかも驚いたことに寝泊まりしている部屋には九十センチ幅の本棚が二棹あって、本がびっしり並んでいるのだ！

杉　部屋住みの人の本棚、めちゃくちゃきれいにしてたよね。シーツかけてたもん、本棚に。

浜　日焼け防止？（笑）埃よけかね。あれは見習いたい。

杉　宮崎学『突破者』が愛読書ですよ。

浜　宮崎学はすごいね。

杉　読まれてますね。梁石白、浅田次郎、綾辻行人もけっこうあった。『最後の博徒』は同じ本が何冊も並んでたね。

宮　書名はわからなかったけど、クレスト・ブックスもありましたよ。白川静の本もあった。インテリな感じが。

浜　読書家なんだね。『岸和田少年愚連隊』は見つからなかったけど（笑）。

杉　うちも助っ人、月決め二万円にしてみようか（笑）。

浜　昔はそういうシステムだったんだよ。週に五日来て月に三万円だった。

杉　部屋住みもいたし（笑）。なんだ、本の雑誌がアウトローだったんだ。

（二〇一六年三月号）

与那国島の出版社に行く

今月の特集は「出版社を作ろう！」だが、では、人はどうして出版社を作るのか。

この本質的な疑問を解明すべく宮里潤、杉江由次、浜本茂の本誌おじさん三人組は沖縄県は与那国島に飛ぶことになった。東京から千九百キロ、那覇から五百九キロ、石垣島より台湾のほうが近いという日本最西端の島、与那国島には、なんと出版社があるのだ！　その名もカディブックス。与那国馬に魅入られ、与那国馬と一緒に暮らすために二〇〇九年に東京から移住した河田桟さんが、二〇一二年に仲間と作った日本最西端の出版社である。四年間に『馬語手帖　ウマと話そう』と『はしっこに、馬といる　ウマと話そうⅡ』の二冊しか出していないが、じわじわと取り扱い書店も増え、この一月には朝日新聞で池澤夏樹氏に紹介されて注文が殺到。なんでもオンデマンド出版ということもあり、増刷が間に合わないほどの人気らしい。

それにしても東京で編集者・ライターをしていたという河田さんは、なぜ与那国島で出版社を始めたのか。

というわけで、那覇から小型のプロペラ機に揺られること一時間半、定刻通り九時五分におじさん三人組は与那国空港に降り立った。河田さんとはアイランドホテルのロビーで十時に待ち合わせているので、まだ一時間近くある。空港には食堂が一カ所、土産物店が四軒、ほかにレンタカー屋があるが、シャッターが閉まっている。案内所のおばさんは熱心に文庫を読んでいて、読書の邪魔はしない！が本誌のモットーなので、おばさんの脇に置いてあった島内マップでホテルの位置を確認。五、六百メートルしか離れていないように見える。

浜　レンタカー借りる？

杉　やってないですよね（笑）。歩いていきましょう。河田さんが車で案内してくれるかもしれないし。

宮　えっ、歩くんですか。

杉　たいしたことないって。見えてるんだから。

宮　飯を食う時間がなくなりそうですね……。

なにを隠そう、前日に那覇入りし、那覇空港七時二十五分発の飛行機に乗ったので、三人とも朝から飲まず食わず。宮里の腹はさきほどから鳴りっぱなしなのだ。

宮　あ、トンカツ！

浜　ははは。トンカツじゃないよ。トシカツ。なんだろう、選挙用の幟かな。「砂川トシカツ」って名前が書いてある。

杉　そんなに腹が減ってるのか(笑)。やっぱり車借りたほうがいいかも。戻りますか。

浜　戻ろう。

いざ与那国島へ！

というわけでUターンして再び空港へ。レンタカー屋を覗くと、よかった、開いている！　さっそく車に乗り込みびゅーんと出発すると、おお、もうホテルに着いてしまった。やっぱり近かったのである。本日宿泊するアイランドホテルは島で唯一のリゾートホテルらしく、ロビー右手にはレストランもあるが、ただいま営業時間外。ほかに飲食できるところはないようで、自販機も見当たらないので、ソファにかけて河田さんを待つことに。なんだかんだともう九時四十五分を回ったので、いまさら食事に行く余裕もないのであった。

手書きの島内案内図をもらったり居酒屋への送迎バスの時間を確認したり、地元の新聞を読んだりしているうちに十時になり、河田さんともう一人の女性がロビーに到着。挨拶もそこそこに、まずは与那国馬を見に行こうということになり、杉江と浜本が河田さんに目的地を尋ねると、宮里が「もう一人の女性」にお久しぶりですと、話しかけるではないか。おいおい、お久しぶりって？

なんと、もう一人の女性、賀内麻由子さんは河田さんの十年来の友人で、カディブックスの既刊二冊の編集者であるのだが、実は東京に在住。最近まで西荻窪に住んでいて、西荻在住者の宮里とは、近所でちょくちょくすれちがっていたらしい。

賀　共通の友人もいますよね。

浜　どうして来る前に言わないんだよ！

だったら東京で賀内さんに事前取材して情報を仕入れてから来島することも可能だったわけだが、宮里はそういう大事なことを一切言わないのでただただ驚くばかり。『はしっこに、馬といる』の奥付には「編集とデザイン　賀内麻由子」とクレジットが入っているのだが、この賀内さんが知り合いの賀内さんだとは思わなかったというのだ。つまり、今の今まで気がつかなかったのである。すみません、賀内さん。

河田さんの車に先導されて、島の東端、東崎に向かう。与那国島には野生の与那国馬が自然のままに生活している牧場が何か所かあるそうで、そのひとつ東崎の東牧場には十数頭の馬がいるらしい。

与那国一の集落「祖納《そない》」を抜け、浦野墓地群のお墓を見ながら、東に進むこと五キロほど。道路の向こうに風力発電の風車が見えた、と思ったら、一気に眼前が広がっ

トンカツではない

海だ！

野生の与那国馬がいっぱい

た。

杉　うぉー。海だあ。めっちゃすごい。雄大だあ！

浜　岬だから。

杉　やばい。埼玉県民にはたまりません。なにこれ！

浜　海だね。

杉　なんでそんなにみんな落ち着いて……海ですよ、海！　俺、何時間でもここにいられるよ。

浜　あ、馬が歩いてる。

駐車場に車を止めると、あちこちに落ちている馬糞が目に飛び込んでくる。灯台がそびえる東崎の一帯が東牧場で、野生の馬が群れをなして黙々と草を食んでいるのだ。

浜　すごい景色だ。浮世離れしている。

杉　海もすごいけど、馬が普通にいるなんて、びっくりだよね。虹も出てるし。

浜　本当だ。時間が止まるな、ここは。

与那国にはほかに北牧場と南牧場がある。南牧場にいるのは洋種の入った大型の馬だが、北牧場と東牧場には、合わせて百二、三十頭の与那国馬（日本在来馬八種のうちの一つ）が自由に生きているとのこと。東牧場は観光客が多く、馬も比較的人間に慣れているからか、五人で周辺をうろうろしていても、ほとんど無反応。この日のために『馬語手帖』も読んできたのである。もう少し近くに寄ってみたいし、あわよくば触れてみたい。

杉　人間が来ても全然、興味を示さないんですね。

河　ここの馬はよっぽど近づいたり、何かひどいことをしない限り大丈夫です。

浜　後ろから近寄っちゃいけないんですよね。

河　そうです。仔馬がいるとお母さん馬が神経質になりますので、そこは気をつけて。

浜　可愛いなあ。

河　まず、この風景を見てもらったほうが私の話をわかっていただきやすいんじゃないかと思いまして。

いつまでも馬を眺めていたいが、急に空が暗くなって、雨が落ちてきた。あっという間に土砂降りになってきたので、馬にさよならを告げて、再び車に分乗。とりあえず全員が雨宿りできそうなところを目指す。

浜　ハードな旅になってきたな（笑）。

宮　相当ハードですよ。まだ朝から何も食べてないんですから（笑）。

浜　あ、止まるみたいだよ。

杉　共同売店？

車が止まったところは比川地域共同売店

という商店の駐車場。島の南側、比川という集落で唯一の総合商店にして憩いの場らしく、十坪程度の店内には生鮮食品から日用品、土産物までなんでもありの品揃え。突き当たりには本のラックもある！　と思ったら、その横には「ひない文庫」という本棚があって、なんとこちらは無料貸出し用。県立図書館の蔵書というから、つまりこの売店は県立図書館の出張貸出し所でもあるのだ。

河田さんによると、島内には書店も図書館もないとのことだから、この売店は島の人たちが本に触れる貴重な場所ということになる。

販売用のラックには『与那国島の自然と動植物』『与那国島の植物』『与那国島異聞』などに混じってカディブックスの『馬語手帖』『はしっこに、馬といる』の二冊もしっかり面陳されている。「ひない文庫」も沖縄関係本が多いが、佐藤正午『身の上話』、三浦しをん『風が強く吹いている』、佐々木譲『北帰行』など、エンタメ系の小説もどっさり。絵本もあれば実用書もあり、新刊にこだわらなければ、一年は楽しめそうな量の本が並んでいるのだ。貸出し期間は二週間で一度に五冊まで貸出しOK。しかも用意された大学ノートに自分で名前と連絡先を書くだけ。手間いらずのシステムなのである。

さすがに本の雑誌の本はないねえ、などと言いながら棚を見ていたら、河田さんが、ここでコーヒーを飲めますよ、と本棚の裏から手招きするではないか。

覗いてみると、三畳ほどの畳敷きの団欒スペースがあって、パックのコーヒーを買えば、ポットのお湯を使って、自由に淹れていいとのこと。

おお、そういえば朝から水の一杯も飲んでいないので、あった。せっかくだから、雨宿りがてらコーヒーを飲みながら、しばし歓談。近くに美味しい与那国のそばの店があるそうで、早めの昼食をとりに行くことが決定。宮里の破顔に合わせたかのように雨もあがったので、おすすめの「わかなそば」へ。

沖縄そばともひと味違う、絶妙に美味いそばを、わしわしと食い終わって、はたと気がついた。

ここまで、カディブックスについて、なんの取材もしていないではないか！　日本最西端の島まで来たというのに、このまま帰ったら東京で待っているおばさん三人組に袋叩きの刑に処されてしまう。

お腹もいっぱいになったところで、まずはカディブックスならではのこだわりから聞いてみることにした。

河田さんと与那国馬

浜　オンデマンド出版で数百部単位で本を作っているということですが、これはどうしてですか。

河　コストの問題がまずあります。百部単位で作れば一度にたくさんのお金を必要としませんから。ですから印刷も本文とカバーとか、パーツごとに東京だったり京都だったり、最適なところを探して刷っています。それにカバーを自分で手で折ってかけてますので、一度にたくさんの部数は作れないんですね。

杉 『馬語手帖』はカバーですけど、『はしっこに、馬といる』は函入りですよね。

河 函も自分で折って糊で貼っています。だから一日二十冊くらいがちょうどいい(笑)。在庫の面でも、たくさん置いておけないんです。与那国って高温で湿気が多くて、ヤモリや虫が常に家の中に入ってくるんです。

杉 湿気で歪んじゃったり、虫の糞がついたりしちゃう。

河 そう。ですから、小部数ずつ新鮮なうちに作っては発送しています。

カディブックスの本は透明のビニールでパックされた状態で書店に並んでいるが、それも虫が入ったり劣化したりしないためにどうしたらいいだろうと考えているうちに、ビニールもかけようということになったそうだ。

比川地域共同売店のひない文庫

杉 えっ、書店さんが気を遣ってやってるのかと思ってた。

河 じゃなくて、この与那国で(笑)。

初めに作った『馬語手帖』は二〇一二年一月に刊行されたが、初版は五十部だったという。

河 試しに五十部作ってみたんですが、これは幻の第一版になりました。

賀 実際に手にしてみたら、ちょっとできあがりの質感がちがうのかな? と。

河 紙が硬かったり傷みやすいなと気づいたり。

第二版から用紙、デザインを変更して再スタートしたとのこと。情報も、刷りによってそのときの最新のものに更新されていることもあるそうだ。

杉 第一版が幻になったのはもっと売れる作りにしようとしたからですか。

河 そうじゃないんです。ここがカディブックスの一番の特徴だと思うんですけど、たくさん売れなくても大丈夫なように作っている。そんなにお金も使わずに作って、それで、買ってくださる方がいて、在庫がなくなってきたら、また次を作ればいいと。とりあえずは本ができることが第一だったということです。

賀 万一、百冊しか売れなくても、それはそういうことなんだという気持ちでしたよね。

河 届く人に届けばいいかなと思って作っ

た本なんです。
カディブックスの本は力の抜けたおしゃれ感があるというか、ウマと話そうをテーマにした『馬語手帖』にしてもニッチなサブカル系を狙っているように勝手に思っていたのだが、実際は馬の気持ちがわかる実用書として馬関係の人に向けて作ったのだという。

河　馬関係の本ってジャンルとしてはあるんですけど、乗馬の技術とか育成関係とか専門書はあっても、馬の気持ちがどういうものかという本は一冊もなかった。でも私は、それが知りたかったんですよね。他にもそういう本があったら喜ぶ人がいるだろうなと感じてました。

販路は通常の書店での販売は当初考えておらず、インターネットで買えるという経路が最低限一つあれば始められると考えていたそうだ。
ところが出してみたら、一カ月も経たないうちに、馬のプロというよりも、素人の馬が好きな人たちに口コミで拡散され、びっくりするほどの注文があった。直取引の個性派書店からも、次第に声がかかるようになった。
現在は百部ではなく二百から四百部ぐらいの単位で増刷しているそうだが、池澤夏樹氏の例のようにメディアで紹介されると、注文が集中して、カバーと函の製作が間に合わなくなる。そういうときは与那国の馬仲間に手伝ってもらったりして、少しずつ対応していくそうだ。
カバーかけが終わると与那国の郵便局から全国に発送する。手間はかかるが、馬の気持ちを伝えたいという一念で河田さんはカバーかけを続けているのである。
昼食のあとは河田さんの愛馬カディ（風という意味）がいる牧場に移動。河田さんは毎日、夜明け前から朝までこの牧場でカディと過ごし、日中はカディブックスの仕事をして、夕方にまた牧場にやってくる。
カディを見守る河田さんの姿を見ていると、この人は本当に馬が好きなんだなあ、と実感するのであった。

杉　馬の言葉を届けたい！　本作りの発想の原点を見たね。

浜　馬愛ですよ。潤はこれを作りたい！という情熱はあるか。

杉　そのために一人出版社を興すとか。

宮　作ってみたいですね。宮崎シーガイアプレス（笑）。

浜　実家の宮崎でね。わかった。おじさん二人で取材に行ってあげるよ。

杉　うん。俺たちは神保町の真ん中で本を作り続けるから。

（二〇一六年四月号）

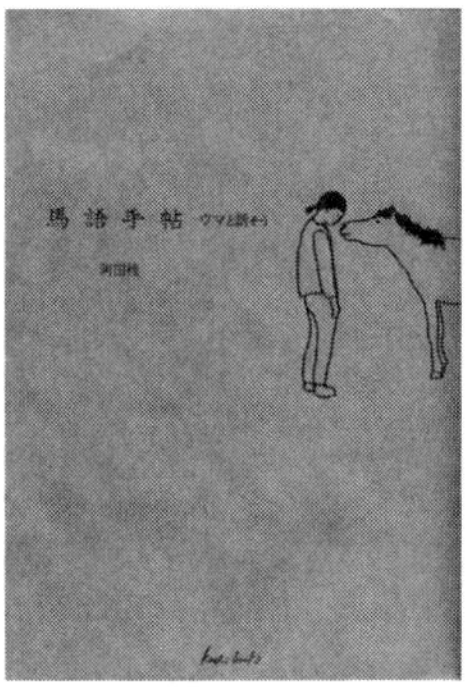

カバーは手でかけている

沖縄の古本屋に行く

というわけで那覇である。前回、日本最西端の出版社を訪ねて、沖縄県は八重山列島の端っこ与那国島で六十度の泡盛に酔いつぶれたおじさん三人組だが、どっこい、世の中、もとい、本誌おばさん三人衆はそんなに甘くない。沖縄まで行って一カ所取材して終わりってことはないよねえ、と目を吊り上げて脅すのである。そこまで言われて、このまま帰るわけにはいくまい。そうだ、沖縄には「市場の古本屋ウララ」があるではないか！

かくして、二〇一六年二月某土曜日の午後六時半、宮里潤、杉江由次、浜本茂（若い順）の本の雑誌おじさん三人組は沖縄県那覇市の市場本通りを市場中央通りに向かって急いでいた。早くしないと閉まっちゃう！　ウララは七時閉店なのである。両側に並ぶかりゆしショップやら沖縄そば屋やら泡盛屋やらを尻目に、せっせと歩くこと数分。どこからか三線の音色が響いてきた。おや、と思い、音が聴こえるほうを見やると、なんとそこには「市場の古本屋ウララ」という青い看板がどーんとかかっている。閉まったシャッターの前に三段の本棚と青果店の陳列台のような平台があって、シャッターと平台の間に座った青年が三線を弾いているのだ。

ありゃ、とよく見ると、看板の下に女性が座っていて、その女性こそ、店主の宇田智子さんであった。

浜　こちらの方は？

宇　山城さん。友達です。

杉　いつもここで三線弾いてるんですか。

山　月に一回くらいですね。店番の手伝いをしつつ。

浜　すごいなあ。三線鳴らしてても誰も文句を言わないんだ。すばらしい街ですね。

閉店間際なので挨拶もそこそこに店内を物色。狭いと聞いていたが、想像以上にゆったりとしている。おじさん三人組がいっぺんに入っても、まだ余裕があるくらい（笑）。山之口貘コーナーや沖縄関連の写真集の面陳コーナーをはじめ、沖縄本が中心だが、文庫の棚には文芸文庫や一般的な小説も並んでいる。古本だけではなく、沖縄の出版社が出している新刊や雑誌なども相当数置かれている。三線弾きの山城青年が座っていたところは実は隣の漬物屋さんのスペースで、本日はお休みのため、漬物屋さんの平台を借りて、雑誌を並べ、その前に本棚を置いているらしい。持ちつ持たれつなのである。

杉 見たことのない本がいっぱいあるなあ。あ、これ買っていこう!

宮 いっぱい買ってる。四千九百円だって。

浜 (笑)じゃあ、僕も『八重山戦日記』と『与那国の歴史』を。

一同、買い物を済ませたところで、閉店の時間に。店主と山城青年が立ち上がって、シャッターの前の本棚を移動しはじめる。すべての棚と備品を店の中にしまうようだ。パズルのように大きい本棚から順に運んでいき、最後に宇田さんが座っていた椅子と机をしまったら終了。

三線を弾く山城さんと店主の宇田さん

杉 順番が決まってるんだ。

浜 すごいね、あのスペースに全部入っちゃうんだもん。魔法みたいだ。

この魔法のおかげで路上に本棚が置けたり、隣の店のスペースを借りられたり、フレキシブルに売場が広げられるのである。

宇 そもそも路上は自分のスペースでもないのに、周りがみんな出してるからいいかと出してるんです(笑)。日によって自由に形を変えられるのはいいですね。

ちなみに宇田さんが営業時間中に机と椅子をかまえて座っている場所も本来は路上。顔を上げると、目の前を人がぼんぼんと行き過ぎていく。

宮 七時過ぎても人通りが多いですね。

宇 土曜日が一番多いんです。

浜 日曜日は人が少ないんですか。お休みですよね?

宇 最初は開けてたんですけど、日曜日は国際通りが歩行者天国になって車で来づらくなるので、地元の人があまり来ないんですよ。

浜 地元の人のほうが多いんですか。

宇 半々くらいです。観光客は日曜の昼は遠出することが多いので、月曜の朝とか帰る前に買い物をする人が多いですね。

杉 でも地方のアーケードの商店街でこんなに人が歩いてるところって、今ないですよね。

宇 沖縄でもこんなに人が歩いてる場所は他にないですね。

浜 しかし、ここに一日座って売ってるってすごいなあ。

宇 あんまり前を見ないようにしていますから(笑)。

週五日、一日七時間、観光スポットの通りに向かって店番をしてきて、精神的に鍛えられたのか、店を始めてからは風邪をひくこともなくなったという。日曜は店は休みだが、市があったり買い取りに行ったりするので仕事は休みではない。

宮　指名の買い取りも多いんですか。うちの本、引き取りに来て、みたいな。

宇　通りかかったときに声かけられることのほうが多いです。持ってきてくれる人も意外に多いですし。

杉　値付けは難しいですよね。俺たちにはできない。気をつかっちゃって、いくらにしていいかわからないから。

宇　私もいまだにわからないですよ。やっぱり人間関係もあるし、でも妥協はできないし。

浜　観光客に沖縄本が売れるもんなんですか。

宇　意外とみなさん、沖縄の本ってジャンルがあるんだってことにまず気づいてくれて。そもそも沖縄がこんなに本に書かれていることも知らないから、それにまずびっくりして、じゃあお土産に買おうかという人もいますし、飛行機の中で読もうかと、軽い文庫本を買っていく人も多いです。店頭の本を見て、店の中まで入ってくれたら、三線が好きだとか織物に興味があるとかで細分化された沖縄本を買っていってくれますし。

　沖縄に移り住んで七年、ウララを始めて五年目だが、いまだに知らない沖縄本はいっぱいある。買い取りに行くと、思わぬ本がざくざく出てくることも少なくない。

杉　店番していて「この本探してるんだけど、ない?」とか聞かれたりするんですか。

宇　しょっちゅうあります。

杉　そういうのは新刊書店の客注台帳みたいに書いて、見つけたら連絡します、と返事をするんですか。

宇　自分しか見ないので汚いメモ用紙ですけど(笑)、県内の他の書店にあたったり、「日本の古本屋」を使って送ってもらうこともあります。そういう方はアマゾンとかネットを使わない人が多いので。これはジュンク堂にいたときからやりたいと思ってたんですよ。

　そもそも宇田さんは、これをお薦めしたいという書店員ではなく、客が求めているものを届けたい書店員だったという。ジュンク堂書店を辞めてウララを始めたのも、絶版になっていたり流通に乗らない沖縄本を必要としている人に届けたかったからなのだ。

杉　でも、すごいよね。一日ずっとあのポジションに座ってるのは。哲学者みたい。あの目線の高さで街の音を聴いて座ってて る。潤も神保町のすずらん通りに椅子を出して座ってみたほうがいいんじゃない。

浜　そうそう。自分を振り返るきっかけになる。

（二〇一六年五月号）

本のにおいを調査する

煙がモクモクする店で焼肉を食べまくった夜、着ていた上着やシャツがものすごく臭くなっていた、という経験はないだろうか。服なら洗濯すればいい。しかしそれが本だったら？ 一度ついてしまったにおいは簡単に取れるのか！

というわけで、宮里潤、杉江由次、浜本茂の本誌おじさん三人組が神保町の飲食店三軒で緊急調査を実施。店内に丸一日本を置かせてもらい、においの移り具合を検証することにした。

杉　いいですか。人から借りた本に臭気をつけちゃうのは汚すのと一緒なわけですよ。

宮　でも、僕だったら、においがついたまま返されても気がつかないかもしれない。

浜　普通、気づくだろ？

宮　あれっと思っても、まあいいかって（笑）。

杉　おまけでにおいをつけて返してくれたと感謝する（笑）。

浜　できればうなぎ屋に行ってほしかったとか。

宮　いいですね。うなぎ……。

しかしうなぎは高いから却下！ 置いてもらうにしてもせいぜい一日が限度だろうから、より強烈なにおいが望まれる。とはいえ杉江、浜本のシャイなおじさん二人がいきなりお店に行って「本を置かせて」と頼めるわけもなく、店との交渉はお腹と同様面の皮の厚い宮里キャンドル潤に全面的におまかせ。神保町のランチマイスターならではの知識を総動員して、まずはすずらん通りの人気洋食店に向かったが「うちになんの得があるの」と言われて撃沈。さらに白山通りの行列ができる食べ放題焼肉店に三十分並んで依頼したものの「そんなことに協力してる暇はないよ！」と怒られてすごすご退場するはめに。結局、依頼を快諾してくれたのは次の三軒だった。

◎喫茶店

本と飲食店といえば、まず思い浮かぶの

が喫茶店だろう。本とコーヒーとタバコ、鉄板の組み合わせである。協力してくれたのは「神田伯剌西爾」。神保町読書人の憩いの場だ。いまどきのカフェと違い、喫煙スペースが広く、大人たちがのびのびと紫煙をくゆらしている。

　変な依頼で怒られないか、ドキドキしながら店長さんにお願いしたところ、「どうぞどうぞ」とあっさりOKの返事。ありがとうございます。

◎カレー屋

神保町で「何か食べよう」というとき、まっさきに思いつくメニューといえば……そう、カレーである。ただ、あのスパイス臭はかなり紙に移りそう。

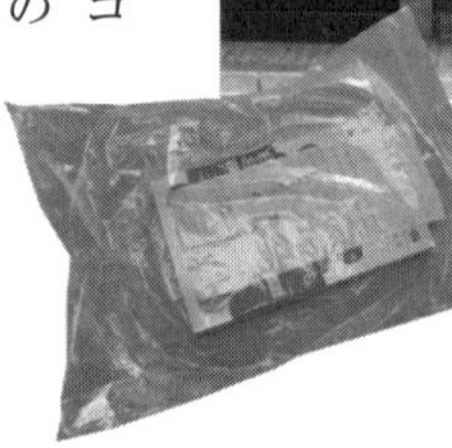

本をビニールパックし、においを保存

　そこでカレーの名店「エチオピア」へお願いして、二階の入口そばに本を置かせてもらうことに。「僕はもうにおいを感じなくなってますが」と笑って対応してくれた店長さん。神保町はいい人が多いなあ。

◎焼肉屋

　最後にこの企画の本丸、焼肉屋。調べるまでもなく臭くなるに決まっている。それだけに頼みづらい。しかも行列店に断られ、途方にくれかけたそのとき、靖国通りに食べ放題ランチで賑わっている店があったのを思い出した。「カルビ空」である。恐る恐るお願いしてみたところ、優しそうな店長さんが「いいですよ」と快諾してくれた。ああよかった。肉の焼けるにおいでいっぱいの店の隅に、無事本を置いてもらえたのだった。

　そして翌日、各店から本を回収。その結果は？ においがキツかった順に発表しよう。

①焼肉屋

　一位はやはり焼肉屋。受け取りに行ったとき、本がレジ下の棚に入れてあったのを見てにおいが消えてないか心配したが、そんな心配がバカバカしくなるほどの強烈な焼肉臭である。いぶされたようなにおいが鼻にガツンとくる。本の燻製だ。このにおいをつまみにして一杯飲めそう。読めるうえに飲める。考えようによっては一石二鳥かも。

②カレー屋

　本を受け取ったときは店内のカレー臭にまぎれてさほどでもない気がしたのだが、ビニールパックして会社へ持ち帰り、あら

ためて嗅ぐと、ページの間からスパイシーな香りがプーンと漂う。一瞬でカレーとわかるにおい。鞄に入れて持ち歩き、疲れたときに取り出してくんくんすると元気が出そうだ。

③喫茶店

　喫煙席のカウンター脇に置いてもらったわりに、においはさほどついていなかった。

　とはいえよく嗅ぐと、タバコ臭がほんのり。その奥からコーヒーの香りもする。十年前にタバコをやめて以来、苦手なにおいなのだが、これぐらいなら全然平気。むしろ大人っぽくていい香りだ。このにおいを嗅ぎながら古いミステリーなんか読むと、リラックスして安眠できそうな気がする。

宮　思った以上に本はにおいを吸いますね。でも、意外だったのはにおいがついてもそんなに嫌な気がしなかったこと。だから、よほど神経質な人じゃなければ飲食店で長時間読書しても問題はありません。

杉　というか、潤が回収してきた日はどれもすごいにおいがしてたけど、十日経った今はほとんど消えてるじゃん。

浜　そういえば、タバコ臭が少し残ってるくらいで焼肉もカレーもにおわなくなってるな。

杉　つまり借りた本ににおいがついちゃったら、十日寝かせてから返せばいい。

宮　そうすれば大丈夫ですね。

杉　うん。においはほぼ消えます。だから、この三店舗には安心して行ってもらいたいよね。

宮　なるほど。きれいにまとまりましたね（笑）。

（二〇一六年六月号）

暮しの手帖社に行く

日本最西端の出版社を訪ねて与那国島まで飛んだおじさん三人組だが、与那国で「花酒」をさんざん飲んできたんだから、その分、もうひと働きしてくださいねっ！　と浜田に命じられ、再び出動。「花酒」というのは与那国名物のアルコール濃度六十度を誇る泡盛で、宮里潤がうまいっすねえ、とぱかぱか飲んでいたのである。

　というわけで（どういうわけだ?・）、泡盛分を働きに宮里潤、杉江由次、浜本茂の本誌おじさん三人組は、あの「暮しの手帖社」にやってきた。「あの」というのはほかでもない。花森安治と「暮しの手帖」は一九五六年に第四回の菊池寛賞を受賞しているのだ。つまり本誌の五十九年前に菊池寛賞を受賞した大先輩にあたるわけである。しかも現編集長の澤田康彦氏は本の雑誌の助っ人OB。おお、なんだか共通点がいっぱい（?・）。四月からは初代社長・大橋鎮子をモチーフにしたNHKの朝ドラ「とと姉ちゃん」もスタートすることだし、暮しの手帖社を訪ねるには絶好のタイミングではないか。

　暮しの手帖社は東京メトロ丸ノ内線西新宿駅から徒歩五分、新宿区北新宿の住宅街にある。「KURASHI　NO　TECHO」と外壁に書かれた三階建てのビルはコンクリート打ちっぱなしで、シックでおしゃれ。インターホンを鳴らすと、編集長自らが階段を降りてきて、「いらっしゃい」と明るく案内してくれた。

　編集長に続いて階段を上り三階の編集部へ。編集部はアルバイトをいれて二十人程度で、本誌のほかに別冊と書籍を作っているとのこと。編集長が奥の部屋と呼ぶ八畳ほどの部屋では女性がテーブルの上に色校正の山を広げ、付箋をいっぱい用意して格闘中。

澤　ここには貴重な資料が山とあるんですよ。たとえば「とと姉ちゃん」の大橋鎮子の資料などはうちにしかない。

浜　「貴資」って書いてある。

杉　貴重な資料の略ですね。

浜　ええと、「米国国務省の招待旅行で渡米した大橋鎮子さんが日本へ送った手紙と渡米・帰国の羽田空港風景などの密着」。フィルムからの原寸ベタ焼きが残ってるんだ。

宮　「大橋鎮子さん原稿・インタビュー・新聞記事など」。

浜　貴資が山ほど。しかもきちんと整理されている。

杉　すごいな。雑誌どおりの会社なんです

ね。貴資保管部みたいな部署があるんですか。

澤　ありますあります。担当者がいるんだけど、ものすごくあるので、中野の倉庫に移動している。とにかく書く人たちだったから膨大な量が残ってるんですよね。

杉　うちなんか創刊号さえ見つからないのに（笑）。

「暮しの手帖」編集部と創刊号

澤　創刊号から五十号までここに順番に揃ってますよ。

浜　おお、すごい。「貴重」って書いてある！

宮　ものすごい美本ですね。

しかも、一九四六年に刊行された暮しの手帖の前身「スタイルブック」も六冊揃っていて、比較的自由に見ることができるという。

澤　とても戦後すぐに出たとは思えない。すごくおしゃれだから。これ、全部花森が絵を描いてコピーも書いてる。「風は自由の歌を歌ってゐる」。

杉　かっこいい。しかも四色だもん。いまの雑誌の基本がここにあるような気がしますね。

澤　これを復刻して雑誌の付録にしようかなと思ってて。

すごいセンスだし、モダンだし、ある種雑誌の原点だと思うと言う澤田編集長の言葉の端々からは創刊者へのリスペクトがうかがえるのである。編集長だけではない。編集部の壁のあちこちに花森安治の写真が飾ってあったり、彼が書いた広告が貼ってあったりするのだ。社内全体が花森安治と大橋鎮子に敬意を表しているのが空気としてひしひしと伝わってくるのである。

杉　えらい違いだなあ。

浜　うちも目黒さんの写真とか飾ってみる？　それとも俺の写真にする？（笑）

杉　二人とも痩せてみえる写真にしろってうるさいから、いや（笑）。

　そろそろ試作を見に行きましょうか、とのお誘いに、宮里が元気に「はーい」とお返事。試作というのは料理の試作で、「暮しの手帖」では、料理研究家や料理人の先生のレシピがちゃんと作れて美味しいかというのを編集部の担当者が実際に作って、社内の人間で試食して検証するのである。本日はおじさん三人組もこの大役を担うことになっているのだ。

宮　重大な任務ですね。

浜　立派なキッチンだなあ。

　二階のキッチンでは編集部の田島さんが玉ねぎをみじん切りにしている真っ最中。ちなみに料理の企画によるが、編集部員はほとんどが料理を担当するので、男女問わず、ほぼ全員が持ち回りで試作をするとのこと。料理だけではなく、縫い物、編み物も持ち回りでやるらしい。

杉　じゃあ、ひと月に何回料理の試作をするかは雑誌の内容で変わってくるんですね。

田　多いときは一日四回試食があったりとか。

澤　それも一回一品じゃないですからね。

杉　この会社に入ると太るとか、そういう実例はないんですか。

澤　試食は一人一皿食べるわけじゃなくて、ちょっとずつ食べるから。

　本日の試作はチャーハン。今号は「チャーハンの極意」と題して、九種類のチャーハンを作るらしい。ただいま試作しているのはそのうちの三種類だ。田島さんの目の前にはレシピが貼ってあるが、見ると「玉ねぎ　二分の一個」のところに丸印がついている。

浜　これは分量として適量かどうかみたいな疑問があるということですか。

田　いえ。こっちのレシピは「二分の一個」なのに、こっちは「グラム」で書いてあるので、同じ企画内でばらつきがあるのはどうかな、と思ったんです。

　なるほど。味だけではなく、読者が混乱しないように文章のチェックもしていくのだ。レシピの不備で作りにくいところや味が足りなかったり濃かったりした場合は、先生に再度試作してもらったり、編集部でもまた試作したりと、繰り返し試作を重ねていくこともあるという。

杉　暮しの手帖で働いてると丁寧な暮らしをしないとっていうプレッシャーを感じたりしませんか。

浜　我々の場合、本の雑誌だから本を読んでなきゃって。

田　もともと生活全般いろんなことに興味があったので、無理をしてる感覚はないで

キッチンで試作開始！

すね。自然とよくなってるというか。料理はちゃんとやらなきゃなっていう意識はありますけど。

杉　じゃあ手作り弁当を持ってきてる人が多いんですか。

澤　そうですね、すごく多い。

いつまでも油を売っていると田島さんの試作が進まないので、三階に移動し、「買物案内」の記事で取り上げるコーヒーミルを比較したり、極秘裏に進行中の書籍の校正を見せてもらったり、花森安治の広告集に驚いたりして、暮しの手帖の秘密にぐいぐい迫っていると間もなく試食タイム!のお知らせが。

特集のスクラップブックが並ぶ

社員が弁当を食べる場でもある試食室にはすでに三種のチャーハンと温野菜が並んで、いい匂いをさせている。カレーチャーハンとキムチチャーハンとナシゴレン風とのことで、どれも美味しそう。早くも十人以上の社員が食べ始めていて、見ると、勝手に小皿にとって好きなものから好きな量だけ試食していっていい仕組みらしい。

宮　あ、キムチチャーハン美味しい!

浜　ナシゴレン風もむちゃくちゃ美味しいよ。体によさそうな味がする。

杉　カレーも美味しいや。

宮　全部うまいっすね。

杉　これが一日に何度もある日があるんですね。

澤　そうそう。

杉　それでさらにお弁当食べるんだ(笑)。

浜　誌面に載る料理の写真は先生が作ったものなんですよね。

澤　そうです。

浜　じゃあ、これは本当に試食をするために作るんだ。

澤　うん。このレシピがちゃんと作れるかどうかを実証する。ある意味、校閲ですね。

杉　すごいよね、スタッフが作ってスタッフが食べるって。

宮　会社の中で美味しいものを食べるって不思議な感じ。いい会社だなあ。

浜　潤のはちょっと意味が違うような(笑)。

(二〇一六年四月号)

福音館書店に行く

読書の原点といえば、ルパンとホームズ、明智小五郎に少年探偵団、いやいや、なんといっても「ぐりとぐら」だろう！

　というわけで、宮里潤、杉江由次、浜本茂（若い順）の本誌おじさん三人組は読書の原点を求めて福音館書店にやってきた。

　福音館書店は巣鴨駅から徒歩五分の白山通り沿いにビルをかまえている。神保町から都営三田線に乗ると、たったの九分で巣鴨に到着。地上に出ると、おお、年配の女性が多いのお。さすがおばあちゃんの原宿。あれがとげぬき地蔵で有名な地蔵通り商店街か。楽しそうだねえ。いやしかし、福音館書店はとげぬき地蔵とは正反対の山手線の内側にあるのであった。

　商店街入口の「すがもんのおしり」に尻を向け、白山通りを戻ること約五分。信号の向こうにぐりとぐらが見えてきた！

　なんと福音館書店のビルにはぐりとぐらの時計がかけられているのである。ビルには福音館書店と明記された看板と大小の手のひらを組み合わせたシンボルマークも掲げられているのだが、社名がなくても、福音館書店だとわかってしまうのだ。さすが「ぐりとぐら」。

「時計とショーケースは創立六十周年の際に設置したんです」

　と説明してくれるのは書籍編集部長の古川信夫さんである。古川部長は七五年入社の超ベテランで取締役を務めるエライ人なのだが、本日はおじさん三人組の案内役を買って出てしまったのである。それにしても六十周年が二〇一二年と言われて、えっと驚いた。二〇一二年に六十周年を迎えたということは、創立は一九五二年。てっきり戦前からの歴史ある出版社だと思っていたら、意外にも新しい（というほどでもないけど）出版社だったのである。

　今月の新刊と月刊絵本の最新号が展示されているショーケースの端っこには「出版物は駐車場奥の店売で購入できます」という一文があり、九時十五分から十七時まで開いているらしい。それも書店向けの店売ではなく、一般向けで、近所のお母さんなどが買いにくるそうだ。しかも現在稼働している全点が店売には並んでいるという。なんとその数、月刊誌を別にして二千点！　おお、それは大変だ。

　まずは二千点を確認、と店売から見学スタート。駐車場の奥に進むと、出版課に向かう通路に沿って木製の本棚が並んでいて、上段に福音館文庫が棚差しされている。その下に面展示されているのは直近三

カ月の新刊だ。「こどものとも」をはじめとする月刊誌八誌のほか、平均して月に六、七点の新刊を刊行しているのである。ブルーナ『ろってちゃん』の隣には西加奈子の『まく子』も面展示されている。
杉　夜光るんですよね。
古　よくご存じですね。これは特別な印刷をしてまして。
浜　こういう本は珍しいですよね。いわゆる一般書に近い。
古　これは小学五年生の男の子が主人公ですから、子どもたちに読んでほしいということで。もちろん大人の読者を拒むわけではありませんが。意識としては児童書として作っています。

ぐりとぐらの時計が目印だ！

　新刊コーナーの裏側はスチールの本棚がぐるりと囲んだ一画となっていて、つまり、こちらが二千点の棚。おなじみの絵本や書籍が並んでいる。中央の大きなテーブルの上に載っている巨大な『おおきなかぶ』は紙芝居？　と思ったら、大型絵本とのこと。左右五十センチ、天地三十六センチというサイズだからかぶも迫力満点。幼稚園や保育園など多人数への読み聞かせ用に作られたもので、本体八千六百円だが、見ていると欲しくなってくるのである。

　ちなみに月刊絵本「こどものとも」で『おおきなかぶ』が刊行されたのは一九六二年で、ハードカバーの絵本として刊行されたのは六六年。つまり五十年も前の本だから、おじさん三人組が「うんとこしょ　どっこいしょ」を知っているのも当然といえば当然だが、それがいまだに版を重ねているのだから、まさに驚異的。それだけではない。同様に大型絵本が置いてある『かばくん』も「こどものとも」が六二年で絵本が六六年だし、あの『ぐりとぐら』も「こどものとも」が六三年で絵本は六七年の刊行なのである。

浜　すごい財産ですよね。五十年も前の本がいまだに売れてるなんて。
古　一九五六年に「こどものとも」を創刊した松居直は今年九十歳で健在ですしね。そういえば「だるまちゃん」の加古里子さんも同い年ですね。
杉　加古さんの『かわ』は最近買いました。川好きで（笑）。
古　『かわ』が「こどものとも」で出たのは六二年ですね。加古さんのデビューは「だむのおじさんたち」という「こどものとも」五九年一月号の作品なんですが、それはハードカバーの絵本にはなってないんです。
宮　ハードカバーにならないケースもあるんですね。

大型絵本『おおきなかぶ』

古　毎月出ますからね。「こどものとも」は幼稚園や保育園で読んでいただいてますから、先生やお母さん、あるいは図書館員の方などから、いろんなお便りも寄せられますし、だいたい三年くらい時間が経って、その本の評価が定まります。

なんと三年経って評価が定まらないとハードカバー化されないのである。文庫化よりスパンが長いのだ。さらにびっくりすることに、三年どころか二十年、三十年経って初めてハードカバーになり、それが読み継がれている本もあるという。たとえば台湾の作家方軼羣の『しんせつなともだち』は「こどものとも」六五年四月号として刊行されたが、ハードカバーになったのは八七年。二十二年後なのである。しかも驚くなかれ、ハードカバー化された『しんせつなともだち』は六十八刷に達しているのである！　超ロングセラーなのだ。

古　流行り廃りじゃなく、その時代の編集者が二十年以上前の作品だけど、いまの子どもたちが読んでくれれば面白いと思ってくれるんじゃないかと。そうやって角度を変えてみると生き返ることがある。そういうところも子どもの本のよさだと思います。

浜　「こどものとも」でデビューという作家さんが多いんですか。

古　そうですね。もちろん他社でデビューされてという方もいらっしゃいますが、福音館としては福音館で引き続き仕事をしていただける方を見つけて、ご一緒に仕事をさせていただくということを心がけています。

杉　絵本作家志望の人にとって「こどものとも」は憧れだと思うんですが、最初のきっかけは持ち込みが多いんですか。

古　いえ、こちらからお願いすることのほうが多いです。松居がやっていたときからそうですけど、『おおきなかぶ』の佐藤忠良さんは彫刻家ですよね。そういう全然畑の違う方にお願いしたり。

浜　『ぐるんぱのようちえん』の堀内誠一さんはデザイナーですしね。

古　『かばくん』の岸田衿子さんは詩人ですし。そういう必ずしも子どもの分野、本の分野でもない人たちにもお願いしてきています。

宮　そういう人たちはどうやって見つけるんですか。

古　それはもう編集者が足で探します。そういう方をいかにたくさん見つけられるか。そういう方がいい仕事をしてくださればうれしいですし、それこそ編集者の醍醐味ですよね。

古川部長の話を聞きながら、店売を一周したところで、社内見学にゴー！ 福音館書店のビルは五階建てで、五階には会議室、男女別の休憩室、資料室があり、資料室には自社本のほか、日本の昔話が何バージョンもあって、比較検討できるようになっている。海外ものは翻訳ものと原書が地域ごと国ごとに並べられ、自由に手にとることができるという。古いものはたとえば「戦前さしえ画家作品目録」のようにカード化されていて検索もできるのだ。

古 狭いですけど、充実した資料室だと思います。編集部の者が折に触れて勉強にくる場所ですね。

四階は書籍編集部。古川部長が統括する部署で、科学書セクション、絵本セクション、編集総務室、童話第一、第二セクションなどにわかれ、三十人弱が所属している。九時十五分から十七時までが定時とのことだが、フレックス制で十時半から三時半がコアタイムでその時間に出社しておけば前後どっちにはみ出してもいいらしい。

浜 大きいカッターマットがあちこちにありますね。

古 校正刷りを切ったりするのに使いません？

杉 最近はほとんど使いませんよね。カバーを切るくらい。

宮 あの大きい金庫には何が入ってるんですか。

古 あれは原画です。

杉 お宝ですね！

古 三階に行きましょう。

とんとんと階段を下りると、廊下の壁面にカラーコピーとおぼしき表紙がずらーっと貼られているのが目に飛び込んでくる。「母の友」と「こどものとも」の創刊号からの全表紙が貼ってあるのだ。ここを通る人間が表紙を覚えるためである。三階は月刊誌の編集部だが、それぞれのセクションの人間は所属している雑誌のバックナンバーを全部読むのが必須なのだ。「こどものとも」編集部だと七百二十数冊を読破しなければならないのである。なんとも大変だが、おかげで読者からの「これこれこういうお話はありますか」といった曖昧な問い合わせにも的確な対応ができるという。古川部長も若いときに読んだそうだが、いまでも頭に残っていると胸を張るのである。

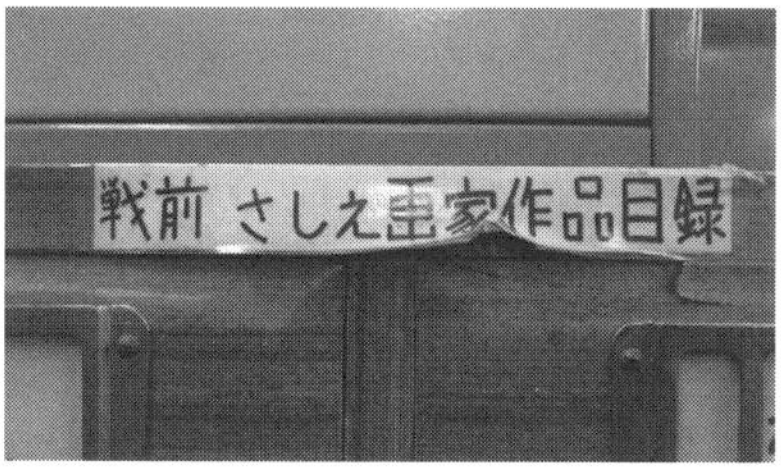

福音館書店の編集方針は子どもたちの感覚に寄り添って本を作ること。だから子どものいない編集者は幼稚園や保育園で読み聞かせの場に立ち会わせてもらって、子どもたちの反応を見たりもするらしい。キャラクター・グッズを作らないのも物語の中でこそのキャラクターであり、物語と無縁にキャラクターが独り歩

きするのは子どもにとって不幸なことだと考えているからだという。

浜　それにしても三階は人がいますね。雑誌のほうが社内にいる人が多いのかな。

杉　このフロアもカッターマットが各所にたくさんあるね。

古　必需品ですから。

杉　日本一カッターマットが多い出版社ですね（笑）。

さらに階段を下りて、二階の営業部を見学。販売一課・二課、販売促進一課・二課、広報宣伝課、電算課の部署がある。電算課と聞いて、電子書籍の部署があるのかと驚いたら、そうではなく伝票の集計をしたりする部署とのこと。福音館書店ではいまだ一冊も電子書籍は作っていないという。

浜　社員募集は毎年してるんですか。

古　欠員が出たらということになっていますけど、ここ七、八年くらいは毎年入ってますね。

浜　最近の人はほとんど福音館の本を読んで育ってるでしょうから、入社前にその会社の本を読んでる率が最も高い出版社かもしれませんね。

杉　「ぐりとぐら」で育ったんです、ってね。

古　そこは難しいところで、小さいときに絵本をたくさん読んだからといって、いい児童書編集者になるとは限らないんですよね。自分の体験はもちろん大事ですけど、それに固執するのはよくない。こどもの本が客観的にどういうものかを勉強して、自分の体験と両方を照らし合わせて初めてできる仕事だと思います。

杉　なるほど。ありがとうございます。あれ、なにメモしてるの？

浜　いや、中途採用あるみたいだから（笑）。

宮　転職しようとしてる（笑）。

（二〇一六年七月号）

ワイズ出版に行く

今月は映画と本の特集だが、映画本といえばワイズ出版！ なんといってもあの坪内祐三が断言したのだから、そうなのだ！

　というわけで、宮里潤、杉江由次、浜本茂（若い順）の本誌おじさん三人組は坪内祐三氏をオブザーバーに迎え、四人組で西新宿の外れにある雑居ビルにやってきた。このビルの七階にワイズ出版があるのである。

　エレベーターを七階で降りると、おお、映画「なりゆきな魂、」のポスターが！ 実はワイズ出版は出版だけじゃなく映画の制作もしているのである。これまでに「美代子阿佐ケ谷気分」など、十本に近い映画を制作、配給してきているのだ。「なりゆきな魂、」はつげ忠男『成り行き』『つげ忠男のシュールレアリズム』（ともにワイズ出版刊）を原作にした来春公開予定の最新作である。

　へえー、すごいねえと一同うなずきながらドアを開け、こんにちは、と名乗ると、出迎えてくれたのは、なんと若い女性。おお、東映ヤクザ映画の専門出版社（イメージです）にうら若き女性がいたのか、などと驚いてはいけない。奥のテーブルに着いた四人にお茶を持ってきてくれたのも若い女性なのだ。ワイズ出版は岡田博社長以下三名だが、編集部二名が女性、営業部一名が男性という布陣。女性比率五十％なのである。もちろん最初から四人だったわけではない。ワイズ出版は一九八九年に岡田社長が「石井輝男監督の本を作りたくて」ひとりで創業した出版社なのである。

浜　とすると、創業第一弾が『石井輝男映画魂』ですか。

岡　いえ、最初に出したのは『前売券シネマグラフィティ』という大判の本です。監督本の最初が『石井輝男映画魂』で九二年の一月一日刊行。うちの本ではいまだに一番売れてます。三版までいったのかな。映画監督の本をこういうきちっとした形で出した本は初めてだったので、いろいろなところで取り上げてもらいましたし。

ワイズ出版の映画本

坪　なかったですよね。ワイズ出版が切り開いた。インタビューの内容もすごいけど、キャストとかスタッフとか、全作品のデータがものすごく充実してるわけ。ワイズ出版以前以後で映画本はぜんぜん違うよ。

岡　いや、そんなに褒められても（笑）。

坪　邦画でこんなに突っ込んだ本なんかなかったでしょう。僕も映画はよく観てたけど、圧倒的に洋画だったんですよ。邦画といえば黒澤明とか鈴木清順とかで、東映というと「仁義なき戦い」くらいしか知らなかった。そこにワイズ出版の本が出て、読んでみたら面白くてね。これは観なくちゃと。

浜　ああ、映画を。

坪　そう。本を読んで予習して映画を観て、さらに復習する。そうするとものすごく面白いんだよね。俺が中学か高校のときにこういう本があったら、もう大学には行けなかったかもしれない（笑）。

　坪内オブザーバーのワイズ出版愛はまだまだ語り続けられるのだが、ここでいったん話を戻すと、岡田社長は北九州は小倉生まれ、京都の立命館大学を卒業後、上京して吉祥寺の弘栄堂書店に十年勤務。自然化粧品の通販会社を興し、その仕事で貯えた資金でワイズ出版を設立した。不惑直前のことである。

岡　いま、六十七歳だから。

杉　若いですね。びっくりしました。

浜　八九年というと平成元年ですよね。創業二十八年。

杉　二十八年で何点くらい出したんですか。

岡　四百点くらいですかね。

宮　年に十五、六点ペース。

岡　石井輝男のファンで石井輝男の本を作るために出版社を作ったわけですから、こんなに出すとは思ってもいなかったんですけど。

坪　石井輝男の映画も作ってますよね。「無頼平野」。杉作J太郎さんが出てる。

岡　そうそう。J太郎さんの代表作ですよ。

　二十坪以上ありそうな社内は床のいたるところに本が横積みになっていて、気をつけて歩かないと倒してしまいそう。壁面の

本と資料が山積みに

書棚にも自社出版物が並んでいるが、天地を向けて横積みになっている本のほうが多く、書名がわからない。岡田社長は使っていた机が物置と化して使えなくなってきたため、現在は三つの机を使って仕事をしているらしい（笑）。

ちなみにワイズ出版という社名は「ロバート・ワイズが好きだから」命名したということに公式にはなっているそうだが、実は知り合いが持っていた休眠口座を買い取ったとのこと。つまり取次と取引がある出版社の社名と権利を受け継いだのである。八九年当時は取次と口座を開くのはいまよりもはるかに大変な時代だったのだ。

杉　これからの刊行予定で決まってるのはありますか、

岡　年内に平山秀幸監督と柳町光男監督の本を出します。伊藤俊也監督とか佐藤純彌監督の本も作りたいんだけど、監督本は一冊作るのに相当な時間と体力が必要で……。

宮　でも今後も映画の本を出し続けていくんですよね。

岡　うーん。もうあまりネタもないからなあ。

坪　だけど自分が読みたいっていう本を作ったわけじゃないですか。それはワイズ出版も本の雑誌も共通してますよね。

岡　ああ、根は一緒ですね。

坪　だったら、弱音は吐かないで続けましょう。四十年経ったら菊池寛賞がもらえるかもしれないから（笑）。

（二〇一六年九月号）

表彰に行く

今号は二〇一六年十月号で、なんと四百号である！　四百号というと週刊誌なら八年弱で到達してしまうが、月刊誌だと三十三年と三カ月……あれ、本の雑誌って去年、創刊四十年じゃなかったっけ、と疑問を持ったあなたはスルドイ。実は本誌が月刊になったのは八八年五月号、通巻五十九号からで、それ以前は隔月刊だったり季刊だったりしたので、四百号にたどり着くまでには、四十一年の歳月が必要だったのである。まさに血と涙と脂汗の結晶といっていいだろう。

などと、自分たちの手柄のように言ってしまっていいのか！　社員、助っ人だけではなく、書いてくれた人、売ってくれた人、広告を出してくれた人、読んでくれた人などなど、多くの人の助けがあってこその四百号。おお、そうだ、四百号到達までの間、お世話になった人たちにお礼を言わなくては！

というわけで、宮里潤、杉江由次、浜本茂（若い順）の本誌おじさん三人組が四百号までの間、特にお世話になったエライ人たちを表彰することにしたのである。

まずは作家・高野秀行氏。高野氏はご存じのとおり、二〇一三年二月に『謎の独立国家ソマリランド』を当社から刊行。増刷に増刷を重ね、講談社ノンフィクション賞を受賞。累計三万部を突破し、リーマンショックからこっち、糊口をしのいでいた本の雑誌社の経営にひと息つかせてくれ、かつ前進する勇気を与えてくれたのである。いわば『ソマリランド』と高野秀行は本の雑誌社の中興の祖。トップバッターにふさわしいといえるだろう。

さっそく授賞（?）の一報を入れると、「神保町に行くのでついでに寄りますよ」と中興の祖はあっさりと友田三和ビル5階（当社所在地）に登場。記念すべき四百号記念表彰式第一弾は八月一日の夕暮れに本の雑誌社にて開催されたのである。といっても表彰状の授与だけで副賞等はなんにもなし！だ。

浜　表彰状。本の雑誌社中興の祖賞。高野秀行殿。あなたは『謎の独立国家ソマリランド』の爆発的な売上げによって、本の雑誌社に勇気と力を与え、今日の活況へと導いてくれました。その起爆剤としての活躍を称え、本の雑誌社中興の祖として子々孫々まで語りつがれるべく、４００号を記

中興の祖賞・高野さん

念し、ここに表します。
高　うれしいなあ。よく頑張ったで賞みたいな賞？
杉　中興の祖賞ですよ！
高　チャンピオンベルト持ってくればよかった（笑）。
　ものの三分で表彰式は終了したが、これで帰ってもらっては中興の祖に申し訳ないので、祝杯をあげてもらうべく新宿池林房へGO！　生ビールを愛する男・宮里は単行本の校了とのことで、向かったのは高野、杉江、浜本のおじさん三人組だ。
高　これからも末永く活躍していただかないと。中興して五年でつぶれちゃったら中興の祖とは言われないでしょう（笑）。
浜　そうか。中興の祖の顔をつぶさないようにしなきゃいけないんだ。
高　少なくともあと同じくらいはやってもらわないと。
浜　同じくらい！『ソマリランド』は三十六年目の刊行だから、あと三十一年（笑）。
杉　僕はいま四十五歳だから七十七歳か。
浜　七十七歳なら、まだ現役でやってられるんじゃない（笑）。
杉　働くの？　七十七歳でも。
高　少なくともまだ埼スタには行ってる（笑）。
　美味いビールで気持ちよく酔ってから一週間後、二人目の表彰者の自宅をおじさん一号が中村カメラマンと訪ねた。ピンポンとインターホンを鳴らすと、玄関から顔を出したのは長身のダンディなおじさん。そう二人目の表彰者は作家・評論家の鏡明氏だ。鏡さんは本の雑誌に「連続的SF話」を七九年七月発行の十三号から三十七年間連載中。もちろん本の雑誌の最長連載であり、これを表彰しないわけにはいかない！
　しかも四百号記念だからぜひ！とお願いして、今月は「本棚が見たい！」の撮影もお願いしているのだ。毎月世界を飛び回っている鏡さんに何度も時間を割いてもらうのは申し訳ないので、ついでといってはなんだが、撮影が終わってから表彰させてもらうことにして、おじさん一号浜本が代表で来訪したのである。ちなみに何を隠そう、鏡さんは実は連載百回の際にも記念に表彰させてもらっているのである。
鏡　ダブル受賞（笑）。
浜　百回のときは東京會舘でパーティもやったんですけど。
鏡　そうだったね。ありがたいことです。
　今回は表彰状だけでと恐縮しつつ浜本が朗読。
「表彰状。最長連載賞。鏡明殿。あなたは1979年7月発行の本の雑誌13号から今日まで、37年の長きにわたって『連続的S

F話』の連載を続け、編集部が回数を間違えた際も笑って許してくれました。400号を記念し、その功を称えるとともに500回、600回と連載が続くことを祈念して、ここに表します」

　編集部が回数を間違えたのも鏡さんが笑って許してくれたというのも事実なのである。四百号も続くと信じられないようなミスがあるのだ。

鏡　七九年か。すごいな。三十一歳からだ。

浜　百回記念の賞状は？

鏡　どこかに入ってます（笑）。

　さらに二日後の八月九日火曜日、おじさん三人組は池袋にやってきた。最長連載賞に続いて最長販売者賞をジュンク堂書店池袋本店の田口久美子副店長に授与しに来たのである。

　田口さんは七六年にリブロの前身である西武百貨店書籍部に入社。以来四十年間本の雑誌を売り続けてくれている。まさに本誌四十年の生き証人だ。事務所をとってありますからと、田口さんに案内されて売場から移動。さっそく表彰状を広げる。

浜　表彰状。最長販売者賞。田口久美子殿。あなたは1976年のリブロ入社以来、今日まで40年の長きにわたり、時に原稿を寄せ、時に歴代の営業担当者を叱咤激励し、大きな度量で本の雑誌を売り続けてくれました。その功を称え、ここに表彰するとともに、本の雑誌がある限り売り続けて下さるようお願いします。

田　ありがとうございます。謹んでいただきます。

浜　こちらこそありがとうございます。

杉　会社がやばくなったときはフェアをやっていただいて。

最長連載賞・鏡さん（撮影：中村 規）

　そこから田口さんとリブロの歴史を再びたどる昔話に花が咲いたのだが、そのあたりの詳細は田口久美子『書店風雲録』（名著です）を読んでいただくとして、船橋店に勤務していたころ、毎月北上次郎がミステリーについて語るイベントをやっていたとは知らなかった。実は書店イベントの嚆矢だったらしく「パーカーの『初秋』について熱く語っていたのは忘れられない」と田口さんも熱く語るのである。話はさらに昨年の菊池寛賞の贈呈式から浦和レッズの初優勝まで時空を超えたが、最後に四百号まで続くなんて、ほんとにすごいですよ、というおほめの言葉をもらって、おじさん三人組も感涙。表彰に来てよかった、と悦びも新たに次の目的地に向かうのであった。

　本日、二人目の表彰者は池林房をはじめ新宿に四店の居酒屋をチェーン展開する新宿の酒場王こと太田篤哉氏だ。トクヤさんは本の雑誌に八四年から房チェーンの広告を出稿してくれている最長スポンサーとしての表彰になる。

　田口さんと話が弾みすぎて、あやうく遅

最長販売者賞・田口さん

刻しそうになったため、新宿駅から池林房まで一同猛ダッシュ。なんとか約束の十六時に間に合ったおじさん三人組を待ち受けていたのは池林房店長の「トクヤさんは演劇観てるよ」のひと言だった。なんと自分の経営する芝居小屋で観劇中らしい。

杉　忘れられていた（笑）。

浜　まさかの展開。

宮　ハアハアハア。

池林房の入口を入るとレジの上に一枚の表彰状が額装されている。一九八五年十二月吉日と記載された本の雑誌社からの表彰状だ。

「太田トクヤ殿。

あなたはよくわからない人だが、新宿の街のためによく頑張ったようだ。よってここに表彰し、長く拍手してやみません」

という文面が椎名の手書きで書かれている。そういえば、太田篤哉氏も鏡さん同様、二度目の表彰だったのだ！

とりあえず出直します、と階段を上ると、先に外に出ていた宮里の肩ががっくりと落ちている。どうやら表彰式後は生ビール！と期待していたらしい。

杉　あてが外れた（笑）。

宮　せっかく走ったのに。

一週間後の八月十六日火曜日十六時。再び池林房へ。ただし今回は宮里が別用のため、杉江、浜本のおじさん二人組だ。終わったら生ビール飲んでいこうぜと軽やかに新宿三丁目の駅を出ると、突然のざーざー降り。台風が来ていたのである。大雨の中、池林房の階段を下りる。

杉　今日こそは。

浜　あれ、トクヤさんは？

池林房　いまこっちに向かってるって。覚えてたみたいです。

三分四十五秒待って、太田篤哉氏が登場！

太　賞金くれるんだって？

浜　紙だけです（笑）。

いよいよ表彰状を授与。

「表彰状。最長スポンサー賞。太田篤哉殿。

あなたは1984年6月発行の本の雑誌36号から今日まで、32年の長きにわたって房チェーンの広告を出稿し続け、本の雑誌社に安定した収益をもたらしてくれました。400号を記念し、その功を称え、ここに表するとともに本の雑誌がある限り出稿を

1985年の賞状と愕然とする宮里潤

最長スポンサー賞・太田さん

続けて下さるようお願いします」

太　三十二年っていくら出したの？　七千万以上払ってるんじゃない？（笑）

杉　我々の生活はトクヤさんのおかげで（笑）。

太　貯金しとけばよかったなあ（笑）。

　表彰しに来たばかりに商売人によけいな計算をさせてしまったようだ。藪ヘビである。

太　本の雑誌はどうなの、今？

浜　どうにかやっています。七千万積み立ててますから（笑）。いざというときはそれを退職金にして社員に配ろうと。

太　あ、いい考えだな。聞いたか、杉江。

杉　トクヤ基金と呼ばれているらしいです（笑）。

　これで四人。ここまでは都内での表彰だったが、最後のひとりは東京からおよそ百七十キロ離れた諏訪在住者だ。その名もキッチン野口。本名を野口道也といい、本の雑誌社に八八年から四年半営業担当として勤務した元社員である。元社員がなにゆえ表彰されるのかというと、彼は本の雑誌社を辞めたあと、生まれ育った諏訪に帰り、地元の建設会社に就職。結婚し三人の子どもがいるという。幸せな人生を送っているのだ。

杉　本の雑誌社を辞めて一般企業でまともに働いている人なんて野口さんくらいじゃないですか。社員の鏡ですよ。

浜　だから名誉社員賞を贈ろうというわけですよ。

　野口の社員時代の逸話などを話しているうちに車は一路中央道へ。池林房で太田篤哉氏を表彰した翌日の八月十七日水曜日、おじさん三人組は車で諏訪を目指しているのである。十二時半に諏訪インターに到着。事前に調べた宮里がどうしても！と希望するうなぎの小林に昼飯をとりに向かう。

宮　うなぎ、何年ぶりかなあ。

杉　泣いてるし（笑）。あれ、どこを曲がるの？

　細い路地を右に行ったり左に曲がったり、通り過ぎたと戻ったりして、ようやく発見。

宮　あのお屋敷みたいなところですね。

杉　すげえ美味そう！　駐車場はどこかな。

浜　ここじゃない。あれ、一台も止まってない……定休日って書いてあるぞ、おい！

宮　え？　月曜・火曜休みって書いてありま

衝撃を受けるおじさんたち

したけど。
　車を降りて店の入口を覗くとたしかに定休日は月曜日と第一・第三火曜日と書いてある。今日は水曜だから本来は営業しているはずなのだが、店頭に「定休日」と出ている。お盆だから特別に休みなのだろうか。
浜　どうりで車が一台も止まってないはずだよ。
宮　この看板、老舗っぽくて格好いいですよね。美味いんだろうなあ……。
　いくら待っても休みは休みなので、うなぎはあきらめ、宮里二推しのそばの山猫亭へ。諏訪大社下社の門前に店を構える有名店だ。店内は満席で待つことしばし。三人が三人とも大盛りなのはおじさんとしてどうかと思うが、大盛りの町神保町歴も四年ともなると致し方ない。
宮　天ぷらがさくさくのほくほく。あごがジーンとしてきた。
浜　素晴らしいコメントだ。
宮　油がじゅわーっと沁みてきました。このおそばは上品な味ですね。細いですね。
　腹もいっぱいになったところで、再び車へ。待ちあわせ場所は野口が指定してきた「木落し坂」だ。諏訪大社の御柱祭で大木がゴーカートのように滑り降りてくる急坂である。
浜　御柱じゃなくて人柱っていうのやってほしいよな。
杉　宮里の人柱。今回の目的はそれだった。
浜　(笑)あ、野口だ!
　なんと坂の入口で法被に股引、腹掛けに地下足袋を身にまとい、細長い板のようなものを持った男が仁王立ちしている!
野　僕のあと、ついてきてください!
杉　ここが柱を落とすところですね。すげえ、怖い。
野　さあ、車から降りて、あの柱の先っぽに乗ってください。ぞっとしますから(笑)。
　危険だから乗るな、という看板が目の前にあるのに、モニュメントとして横たわっている柱に乗れというのだ。地元の人間は乗ってはいけないが、観光客はいいのだという。
野　浜本さん、乗ってみてくださいよ。僕、木遣歌を詠みますから。
浜　木遣歌?
　御柱祭で柱を動かす際に、さあ、行けと声をかける係を木遣係というそうだ。野口は木遣係ではないが、御柱音頭などのＣＤを聴き、今日のために練習したらしい。「山

キッチン野口あらわる!

名誉社員賞の表彰

ノォオ、神さまァア」いきなり高い声を張り上げたから、写真を撮っていたほかの観光客もこちらを向いて、おお、恥ずかしい。「お願ァアァァア、いだァアァア」

杉　……表彰しましょう。

浜　表彰状。名誉社員賞。野口道也殿。あなたは1988年4月から4年半の在勤時に自費で購入した『キッチン』を大勢の女性に配布することで、吉本ばななの布教に努めると共に、出版社の売上げに貢献し、本の雑誌にキッチン野口あり、と世間に知らしめました。400号を記念し、その功を称え、名誉社員としてここに表します。

杉　名誉社員賞を受賞したのは野口さんだけ。唯一ですよ。

野　やった。いやァアアア。じゃあ、諏訪大社に行きますか。祝詞を奏上しますので。

名誉社員は本の雑誌社の繁栄を祈って祝詞をつくってきたという。塩を撒くから頭を下げろとまで言うのである。区（町内会のようなもの）で神主役を務めているから、慣れたものらしい。

杉　諏訪大社で関係のない人がやっては、いくらなんでもまずいんじゃないんですか。

野　いやいや、お賽銭をあげれば、誰もが友達ですから、いいじゃないかと神様も言ってくれます（笑）。ちゃんとした諏訪明神をたたえる文書なので大丈夫です。

せっかくだから正面から入りましょうと、参道を通って本殿の前に。一同、賽銭箱に小銭を投げ入れ、野口の指示にしたがい二礼二拍手一礼。

野　かけまくも　かしこき　諏訪明神のおおまえに／かしこみかしこみ　もまをさく／けふのいくひのたるひを　よき日と祝い定めて／願わくば　東京都千代田区神保町　本の雑誌社の安全を　こひねぎまをす　まにまに／おほかみたちの　高き尊き　みたまのふゆをかがふらしめたまひて／願い主が社内には　やそまがごとあらしめず／おのがつとめを　ゆるむことなく怠ることなく　いそしみ勤めはげましたまひて／うつしよに心やすく楽しくあらしめたまへと／かしこみかしこみも　こひねぎまつらくと　もうす／以上です。

浜　すごい。上手いじゃん。

杉　声が本物らしかった。

野　祝詞は文面の、言霊を信じていただけたら。

浜　おお、いいこと言うなあ。

杉　さすが名誉社員！

というわけで、おじさん三人組の表彰旅は終了。野口くん、祝詞をありがとう。五百号、千号目指して、本の雑誌社一同も頑張るぞ！

（二〇一六年十月号）

山形に行く

　今月の特集は「めざせ新人賞！」。しかし「めざせ」と言われたところで、どうやってめざせというのか。他人事みたいに言っているんじゃないよ！　とお怒りモードの作家志望者もいるかもしれない。そうなのである。新人賞を受賞するには、ただ応募すればいいわけではない。さまざまなノウハウがあるが、なにはさておき、新人賞をめざすのに欠かせないのは受賞に値する作品を書くことに尽きるだろう。では、どうしたら、そんな小説が書けるのか。そうだ、小説講座に行ってみればいいのではないか！

　というわけで、二〇一六年八月二十八日日曜日、宮里潤、杉江由次、浜本茂（若い順）の本誌おじさん三人組は山形に向かった。山形には山形小説家（ライター）講座という二十年近い歴史を誇る作家養成講座があり、講師兼世話役を本誌でもおなじみ評論家の池上冬樹氏が務めているのである。しかも出身者がすごい。吉村龍一（小説現代長編新人賞）、深町秋生、柚月裕子（ともに『このミステリーがすごい！』大賞）など、錚々たるエンタメ系新人賞の受賞者が目白押し。ほかにも壇上志保、黒木あるじなどユニークな作家を輩出しているのだ。おじさん三人組の作家デビューもますます期待大なのである。

　それにしても山形は近い！　八時八分発の新幹線に乗ると山形着は十一時ちょい過ぎで、小説講座開始の午後二時まで三時間近くもあるのだ。「遊学館」は山形駅からタクシーで五分とのことだが、昼飯前だし腹べらしに歩いていこう。実は本日の潜入取材を依頼した段階で、講師兼世話人の池上さんから、なぜか「山形のおいしいところ」リストがメールで届いていて、遊学館近くに「冷たい肉そば」の名店「山形一寸亭」と日本でもっとも古いお好み焼き「どんどん焼き」の店「どんべい」があるとのこと。「一寸亭→どんべい→遊学館というコースがいいかも」とお勧めランチコースまで設定してくれたのである。

杉　お、八文字屋さんだ。

浜　ちょっと寄っていこう。

　八文字屋というのは山形、宮城両県に十一店をチェーン展開している創業三百年以上の超老舗書店で、市内の繁華街を歩いていたおじさん三人組は本店の前に到達していたのである。歴史を感じさせる佇まいの本店は中央に店名のロゴが入った巨大な提灯が吊るされ、その下になぜか電話ボックスがある。二階には読書室（かつてパーラーだったらしい）のようなスペースがあって制服姿の女子高校生が熱心に本を読んでいる。まるで映画の一場面みたい。しかも再び外に出ると、どこからか電子ピアノの音が……。

浜　「とっておきの音楽祭」だって。野外音楽祭だね。

杉　第十一回ですよ。すごいねえ、山形は映画祭もあるし芸術の街なんだ。

浜　おお、向こうから聴こえるのは「遠い世界に」じゃん！

杉　入り込んでる（笑）。

宮　あそこに冷やしラーメンって看板が出てますよ！

浜　正面にシックな時計台が。

杉　文翔館って書いてありますね。県の郷土館みたい。

繁華街のメインストリート沿いに野外ステージが設けられ、あちこちで歌声が響いているが、メイン会場は文翔館前らしくものすごい賑わい。ゆっくり聴いていたいが、昼飯を食べる時間がなくなります、という声にうながされ、泣く泣く移動。

杉　そういえばこの辺りの高校の前にどんどん焼きの店があるんでしょ。

浜　ここだよ、どんべい。三百五十円だって。並んでるぞ。

宮　混んでますねえ。肉そばの帰り道で入れるかなあ。

いらぬ心配をしつつ黙々と歩いて、山形一寸亭に到着！

宮　やった！　営業中。

杉　三人です。

八文字屋の前でパチリ

浜　水が美味いねえ。井戸水だって。決まったか、潤？

杉江と宮里が肉そばと天丼のセット、浜本が肉そばと天ぷらのセットを頼み、井戸水で一服。その間も食い入るようにメニューを見つめる宮里。

宮　このおつまみ煮というのがすごく気になって（笑）。

杉　あ、きましたよ。

浜　肉そばって鶏肉なんだ。

宮　あっさりしてて美味いっすねえ。来てよかった。

浜　泣くな（笑）。

杉　あれ、向こうの奥に座ってるの、『コンビニ人間』じゃないですか。

浜　え？　本当だ！

いや、正確には『コンビニ人間』ではなく、座っていたのは著者の村田沙耶香さんで、実は山形小説講座は池上冬樹氏のほかに作家や評論家が講師として登壇、受講生が提出する作品をテキストに講評するというのがミソ。芥川賞を受賞したての村田沙耶香さんは本日のゲスト講師なのだ。へー、タイムリーだねえ、と驚いてはいけない。山形小説講座にはこれまでに角田光代、北村薫、熊谷達也、中島京子などの直木賞作家から、阿部和重、奥泉光、花村萬月などの芥川賞作家、大沢在昌、逢坂剛、志水辰夫などの大御所まで、まさに錚々たる作家が講師として来訪しているのだ。日本一豪華な講師陣を誇る小説講座なのである。

池上世話役からランチコースを指南されたのか、ゲスト講師も女性二人と談笑しながら肉そばをすすっている最中。なんという偶然！と挨拶に出向くかと思ったら、おじさん三人組はそそくさとお勘定を済ませるのであった。講師がまだ昼食中だったら、どんどん焼きを食べる時間があるのではないか、と考えたのである（笑）。

急ぎどんべいに向かうが、十三時を過ぎているというのに、さきほどより列が伸びている。

浜　諦めなさい、潤。

杉　肉そば美味かっただろ。

宮　大盛りにしておけばよかった……。

というわけで三十分前に会場に到着。作家講座は三階第一研修所と案内が出ているのでエレベーターで三階へ。事務局長の鈴木秀明氏、池上冬樹氏にご挨拶。鈴木事務局長によると本日の参加者は八十人を超えるとのことで、普段より多めらしい。半分が県外からで名古屋や福岡から来ている人もいるそうだ。おじさん三人組のためにキープしていただいていた席にかけ、周りを見渡すと、六対四で女性が多いみたい。

ここで、いまさらながら山形小説家（ライター）講座の概要を簡単に説明すると、そもそもは九七年四月に、山形在住の直木賞作家・高橋義夫氏の企画としてスタートしたが、二〇〇〇年から池上冬樹氏が講師兼世話役を担当。作家、評論家、編集者を講師に招き、講評とトークショーをそれぞれ一時間程度行うのがメイン。講評されるのは受講生の作品だが、作品提出は必須ではなく、会費を払えば誰でも参加可能。講座は毎月第四日曜日に行われ、受講料は一回につき二千円（学生千円、高校生以下無料）と破格で、年間受講の場合は二万円（学生一万円）とさらに割安。講座終了後は懇親会があり、四千円の会費で講師と飲んだり話したりもできるのだ。年間と単発受講はだいたい半々だが、中には二十年近く通っている人もいるらしい。講座の模様はさくらんぼテレビのホームページにアップされるが、なんとそのテープ起こしをかつて柚月裕子がやっていたという。「山形のタウン誌のライターとかやっていて得意だというんで、じゃあ頼むって」と鈴木事務局長はこともなげに言うが、いまを時めく大藪

山形一寸亭の肉そばで昼ごはん

いざ遊学館の「小説家（ライター）講座」へ！

賞作家がテープ起こしとは！

　驚いているうちに池上冬樹、村田沙耶香両氏が入場。両氏に続いて一寸亭で村田さんと席を共にしていた二人の女性も講師席の横に着席。二人は文藝春秋と朝日新聞出版の村田沙耶香担当者で同行ゲストとして講評に参加するのである。こういう形で参加した編集者は現在まで百二十人以上を数えるそうだが、現役の文芸編集者に作品を読んでもらい、かつ講評してもらえる機会はそうそうないだろう。二千円で作家と評論家、編集者に講評してもらえたら安いもの。これも人気の秘訣に違いない。

　いよいよ講座スタート。まず池上氏が新芥川賞作家を紹介し、本日の段取りを説明。受講者の感想、作者の弁明、編集者と池上氏の感想、村田さんの感想と一作ずつ順番に講評していくとのこと。その後、休憩を挟んで池上、村田のトークショー、質疑応答、サイン会で終了だ。

　テキストは事前にメール配信されており、受講者はプリントアウトして読んでくる仕組み。実はおじさん三人組も読んできているのである。原稿用紙換算で十一枚の小品から四十八枚の短編まで四作だが、いずれも女性の作品で、講師の作家との相性を考慮して池上氏が選ぶそうだ。逆に年内の講師一覧が発表されているので、受講者がこの作家に講評してほしいという月を指定することも可能。たとえば十月は志水辰夫だから、ハードボイルド（あるいは時代小説）を書いていてシミタツに読んでもらいたい！という人は十月を指定すればチャンスがあるのだ。もちろん講評だから、必ずしも褒められるというわけではなく、ぼろくそにこき下ろされることもあるらしい。

　たとえば本日のトップバッター『友人代表』は不登校気味の女子高校生が友人に誘われ、山奥のレストランで開かれる結婚式に参加すると、ナポリタンのソースは飛ぶわ生クリームが宙を舞うわ白いハンカチは鳩になるわというシュールな作品。これを池上、村田両講師はもっとハチャメチャ、ヘンテコでいいとアドバイスするのである。

池　短い作品できれいにまとめてしまうと力がなくなっちゃうんですよね。突き放してぱっと終わったほうがいい。

村　ちょっと深刻すぎる感じがあるかもしれないですね。

　もちろん「結婚式がチャーミングで魅力的」といったお褒めの言葉もあるし、ぼろくそからはほど遠いが、受講者、編集者の感想も含め、全体にけっこうキビシイじゃん、という印象。う～むと思っていたら、池上氏から「忘れてました。今日は本の雑誌のおじさん三人組という有名なおじさんが来ています。浜本さん、ひと言講評しますか？」と振られたから驚いた。いやいや、遠慮します。

宮　文芸編集者の人たちは丁寧にコメントしてさすがでしたね。
浜　俺たちなんかひと言だもんな。「よくわかりませんでした」（笑）。
杉　あなたたちも編集者でしょっ！

　といった次第で、このあと三作の講評が同様に行われたのだが、二作目の『錆びる女』ではイチジクが象徴するのは夏なのか秋なのか、昼間見えた月が夜にも見えるのはおかしいんじゃないかという指摘が、三作目の『散瞳逍遥』ではタクシー運転手がなぜ泣いたのかがわからないという疑問が、そして四作目の『母たちへ』では主人公に突っ込みどころが満載だとかインドに執着する理由がわからないなどの意見が、いずれも受講生からあがって、ドキドキ。念のため言っておくが、三作目を書いた松井綺香さんは昨年、日経小説大賞の最終候補に残ったそうで、ものすごく上手いのである。また、四作目の『母たちへ』は姉妹講座であるせんだい文学塾に別タイトルで提出したものの改稿版とのこと。仙台での講評を参考に書き直したそうだが、池上氏は「書き直して若干いびつな構成になってしまったし、キャラクターの一貫性もなくなってしまった」と指摘する。難しいものである。

熱気あふれる会場と、講師の村田沙耶香氏

　それにしても小説家講座というから、原稿用紙の使い方から始まって、人称がどうとかプロットの立て方とか、そういう手取り足取りの講義があるのかと思っていたので、講評システムは意外といえば意外。一見、上級者向けかもしれないが、作家志望者だけではなく、本を読むのが好きな人をむしろ歓迎する、という門戸の広い講座にふさわしくもあるだろう。講評するのも講評を聞くのも読む力を鍛えるからだ。

　前述したとおり、この講座とトークショーの模様はさくらんぼテレビのホームページにアップされるので、詳しくはそちらを見ていただきたいが、「小説を好きだから小説家になろうとしたのではなく、小説家になるために小説を書こうとした」「自分自身が物語に引きずられたい。自分をひきつけられる人間関係とか設定がないと最後まで書き切れない」といった村田沙耶香さんの言葉が印象的であったことは書いておきたい。

山寺の石段をよろめき歩く宮里潤

　鈴木事務局長の「じゃあ、ひと足先に行きますか」というお誘いをありがたく受けて、おじさん三人組はサイン会の続く会場から懇親会の会場へと移動。さっそくビールで乾杯して、茶豆と芋煮、なすのみそ和えなどをいただきつつ歓談。ほどなく講師のお二人と受講者たちも入ってきたので、池上さんの乾杯の音頭のあと、生徒のみなさんに話を聞いてみることに。

　東京から来た湊ナオさんは東京でも同じ

ような講座を受講しているそうだが、山形のほうがレベルが高いと感じたという。時代小説が好きな後藤瑞穂さんは二回めの出席だが、白泉社の招き猫文庫時代小説新人賞をひそかに狙っているとのこと。

米沢から十回以上受講に来ているサクさんは作品を三回提出し、畠中恵と三浦しをんに講評されたそうで、憧れの先生に直接見てもらって緊張したと喜びを隠せない様子。エッセイストとしてデビューしたいと語る新堂麻弥さんは三年間、休まず出席しているが、三浦しをん、あさのあつこ、井上荒野、角田光代、酒井順子に講評されたという。「三浦しをん先生を勝手に心の師だと思っているので、とても贅沢です」と嬉しそう。

ミステリー志望の佐藤裕さんは講座に通い始めて三年。二カ月前に大沢在昌が講師で来た際に七十枚の作品が講評され、小説を書くのは難しいことなんだと実感したという。いろんなアドバイスをいただいたので、それをいかして直したいと前向きだ。小説推理新人賞の最終候補に残ったという石垣綾子さんは元々ファンタジーっぽいものを書いていたが、池上さんに「ハードボイルドだ」と言われ、ミステリーに寄り始めたという。「何次を通ったとか最終まで残ったとかいう話が聞こえてくると、自分もという気になる」というのも講座の効用のようだ。

そして、山形大学生協の書店員である小島憂也さんは本日が初の出席で、読むのが専門だが、池上さんの「読者に余白を与えるように」という言葉が印象に残ったという。

ちなみに池上さんによると山形小説講座の出席者は「三分の一が書きたい人、三分の一がこれから書く人、三分の一が読むのが楽しい人」とのこと。書きたい人ばかりではなく、読みたい人もいなきゃダメなのだ。なるほど。だったらおじさん三人組は「読むのが楽しい人」でいいかなあ。

しかし、それでは山形まで来た甲斐がない。おお、そうだ、山形といえば宝珠山「立石寺」。そう、山寺の通称で知られる天台宗の名刹にして、あの松尾芭蕉が奥の細道の道中「閑さや岩にしみ入る蝉の声」と詠んだ観光名所でもある。せっかくだから、この名刹で新人賞をめざす人の幸運を祈願してこよう。これぞ読むのが楽しいおじさん三人組の使命ではないか！と強い決意で、翌朝、山寺に向かったのだが、参道を前に宮里潤は早くも及び腰。実は山寺は千十五段の石段を登らないとお祈りできないのである。

宮 往復で一時間かかるみたいですよ。

杉 時間はあるから。

浜 新人賞が獲れますように。

宮 タオル出しておこう。

というわけで、おじさん三人組は小雨の中、汗をかきかきふうふう言いながら千十五段を登り降りしてきたのである。日本全国の作家志望者にご利益がありますように！

（二〇一六年十一月号）

討ち入りをする

今月は歴史小説特集で十二月号である。十二月といえば師走、師走といえば忠臣蔵、忠臣蔵といえばおじさんの大好物ではないか。殿、殿中でござる！

というわけで、二〇一六年十月十八日、宮里潤、杉江由次、浜本茂（若い順）の本誌おじさん三人組は両国にやってきた。そう、主君・浅野内匠頭長矩《ながのり》の仇、吉良上野介義央《よしひさ》を討つべく隅田川を渡ったのである。

宮　ちゃんこ霧島、そば大関庵、美味そうな町だなあ。

幟がはためく吉良邸跡を出発

早くも昼飯を気にするランチマイスターをよそに杉江、浜本は「すみだまち歩き」マップをチェック。

杉　吉良邸跡。ここに討ち入りに行くんですね。

浜　勝海舟生誕の地とか芥川龍之介生育の地もある。さすが両国だね。歴史がある。

芥川龍之介文学碑も見ていきたいが、実は本日は、吉良邸に討ち入った後、主君の墓前に仇の首を供えた四十七士の凱旋ルートと同じ道を辿って泉岳寺まで歩く予定なのである。その距離なんと十三キロ！

今朝も六キロ走ってきた、と鼻歌まじりのレッズおじさんはともかく、おじさん一号浜本と三号宮里に踏破はできるのか。

駅から数分、なまこ壁に囲われた吉良邸跡は現在、本所松坂町公園となっているが、公園と呼ぶにはずいぶん手狭。なんでも往時の八十六分の一のスペースしかないらしい。実際の吉良家上屋敷は二千五百五十坪。東西に百三十二メートル、南北六十二メートルもあったという。屋敷の図面を入手して討ち入った四十七士が上野介発見までに二時間近くかかったのもむべなるかな。

もっとも、八十六分の一サイズの現在

は、入ってすぐ正面に吉良上野介（の像）が鎮座しているので、あっという間に仇討ちは成功（笑）。神妙に手を合わせ、おじさん三人義士は吉良邸跡を脱出。いよいよ財団法人中央義士会監修の凱旋・赤穂義士引き上げルートに沿って泉岳寺を目指すのである。

浜　まず、隅田川の脇に「赤穂浪士休息の地」というのがあるから、そこに行こう。
宮　あ、案内板がありました。「赤穂浪士休息の地」。
浜　何もないところだね。じゃあ、次の目的地一之橋に向かいます。時代小説ではおなじみの竪川《たてかわ》に架かる橋で、隅田川から数えて一本目なので一之橋。

一之橋を渡り、一之橋通りを南へ。御船蔵跡の案内板を横目に新大橋通りを渡ると、右手に芭蕉記念館が見えてくる。

杉　生誕の地だ。
浜　我々は芭蕉とは切っても切れない縁があるな。
杉　山形の山寺以来（笑）。
浜　もう三千歩も歩いてる。
宮　三十分歩いてますからね。そろそろ休憩しましょうよ。
杉　潤、「芭蕉そば」っていう店があるぞ。

通りの向かい側に立ち食いそば屋があって、タクシーが数台止まっているのを見て、宮里が飛び出していく。今の今まで疲れたと言っていたのは何だったのか。

宮　美味そうな匂いが。お客さんが三人もいましたよ。
杉　十時半なのに？　駅から遠いのに、すごいね。
宮　一気に腹が減った……。
浜　もうちょっと行くと、永代通りに「ちくま味噌店」というのがあるから。浪士たちはそこで甘酒をふるまわれたらしい。
杉　その店の人は討ち入りのことを知っていたの？
浜　うん。話題になってたんじゃない？　やったらしいぜって。
杉　ツイッターに上がってたんだ。襲撃なう。ハッシュタグ#討ち入り。
浜　はい、萬年橋です。今、渡ったのが小名木川。宮部みゆきの小説によく出てくるだろ。江東区は運河だらけで、清澄公園の先には仙台堀川という川があって、木場公園から東はずっと親水公園になってる。
杉　よく知ってるね、タモリみたいだ（笑）。
浜　向こうに見える橋が清洲橋。隅田川では白髭橋と並ぶ美しい橋として知られてます。あとね、小名木川と横十間川が交わるところに架かるクローバー橋の夕景もきれい。

歩き出して四十五分。清澄公園で走り回っている保育園児の歓声を聞きながら、永代通りに向かって黙々と歩を進める。季節外れの夏日で気温がどんどん上がっていく。

杉　ハモさん。

へばる宮里

浅野内匠頭邸跡

宮里くんが怒ってますよ、甘酒はまだかって。

浜　もう少し、のはず。しかし真冬の早朝だったらうれしいけど、こんなに暑いとなあ。

宮　どうしてこんなに細かいルートがわかってるんですか。

浜　記録が残ってるんだよ。途中で二人が別行動をとって大目付に討ち入りの報告に行ったとか、赤穂浪士にも怪我人がいて、新大橋のあたりで籠を雇ったとか。

杉　ツイッターだよ。佐賀一丁目なう。宮里ダウン（笑）。

浜　永代通りに出ました。ちくま味噌店はどこだろう。あの案内板か。違う、「佐久間象山砲術塾跡」だった。

宮　あれじゃないですか。

浜　あそこは焼きそば屋だよ。違うなあ。見つからないし、暑いから甘酒はいいや。一気に永代橋を渡っちゃおう。

杉　永代橋まで一時間。

宮　足がじんじんする。

浜　まだ六千歩弱だよ。

杉　三分の一くらいだね。

隅田川を渡る永代橋は北にスカイツリー、南に佃島のタワーマンション群を望む絶好のロケーション。夜になると高層マンションの灯りが川面に映えて無茶苦茶きれいなのである。

浜　マンハッタンみたいでしょ。行ったことないけど。

杉　川を渡ったら急に都会になっちゃった。オフィス街。

浜　もう中央区だから。

杉　宮里、無口じゃん。

宮　赤穂浪士ですら休憩したのに……。

浜　浅野内匠頭邸跡が聖路加ガーデンの一画にあるから、ルートから外れるけど、そこを見て築地のほうへ行こう。

宮　やった、築地で昼飯！

聖路加国際病院、聖路加国際大学のある一帯は築地外国人居留地跡で、まるで日本じゃないみたいな趣。慶応義塾発祥の地があり、立教学院発祥の地があり、芥川龍之介生誕の地がある由緒正しい土地柄で、何を隠そう、元浅野内匠頭邸なのである。

浜　石碑がある。「聖路加国際病院と河岸地を含む一帯八千九百坪」。この辺全部が浅野家だったんだね。討ち入りの時点では没収されていた。

宮　もう半分来ました？

浜　六キロ半歩いたから、半分かな。じゃあ、ここからは寄り道して適当に築地場外まで行こう。築地本願寺は見ていく？

杉　初めて見た。

浜松町で肉＆ビール休憩

変わったお寺だね。イスラムっぽい。

本願寺を出て築地場外へ。テレビでよく見るラーメン屋を目指すが、あまりの人混みに一周もできずにあっさり断念。

杉　これは無理だ。

浜　世界中から人が集まってるんじゃない？

通りの向こうに芥川・直木賞の選考会が行われる料亭「新喜楽」を発見し、記念撮影（笑）。昭和通りを南に向かい、再び泉岳寺を目指す。

浜　汐留橋から第一京浜に入ってひたすら歩きます。

宮　赤穂浪士もこの辺で一人くらい力尽きてるんじゃないですか。

浜　汐留のビル群だ。もう港区ですよ。

杉　宮里がすごい顔してるよ。こいつら、いつになったら俺に飯を食わせるのかって（笑）。

いつの間にか浜松町を通過。右手に増上寺が見える。宮里の足元が怪しくなってきたので、いい加減、昼食休憩をとることに。第一京浜から増上寺寄りに一本入った商店街に移動。

浜　ビール飲みたいな。やきとん、中華、ハンバーグ……。

杉　潤は何が食べたいの？　宮里レーダーで見つけてよ。

宮　ロックオンしました！

なんと宮里レーダーが発見したのはステーキハウス！　HP回復のため、生ビールで乾杯し肉を頬張ると、その瞬間、歩くのがイヤになってしまうのであった。

浜　ああ、誰かおんぶして！

宮　飽きましたね、歩くの。

杉　もう田町駅か。しかし十二キロ歩いて書店がぜんぜんなかったね。田町の駅ビルにあるのが初めてじゃない？

宮　古本屋も一軒も見てない。

浜　潤、ほら、東京タワーが見えるよ。

昼食をはさんだため、四時間かかってついに泉岳寺到着！　一万九千歩オーバーだ。参道の店には甘酒、赤穂の塩、四十七士提灯などが並び、中門を入ると右手に大石内蔵助の銅像がそびえたっている。

浜　頭でかいなあ、内蔵助。

杉　お参りしましょう。

泉岳寺には、大石主税が切腹した三田松平隠岐守邸内に植えられていた梅の木「主

大石内蔵助なのだ！

首洗いの井戸

税梅」、浅野内匠頭が田村右京大夫邸の庭先で切腹した際に血がかかったと伝えられる梅と石「血染めの梅、血染めの石」、浅野家の鉄砲洲上屋敷の裏門「義士墓入口の門」などが移設されているほか、吉良上野介の首を洗った「首洗い井戸」、浅野内匠頭の墓、そして義士四十八人（討ち入り前に切腹した一人を含む）の墓がある。

杉　ここまで首を運んで井戸で洗って主君の墓前に捧げたと。

浜　これは当時からの墓石なのかな。三百十四回忌って書いてるよ。つい最近じゃない？

泉岳寺でお参りしてゴール！

杉　全員おなじだもんね。

浜　内蔵助だけ墓がでかいんだ。真新しい花が供えられてる。

杉　歴史がつながってる気がしますね。

浜　子孫の会って書いてある。こっちは木村さん、子孫なんだ。

宮　先祖が赤穂浪士って。

浜　かっこいいよな、義士だぜ。

宮　けっこう人が来てますね。外国の人も多い。

浜　浅野内匠頭も歴史に名を残せてよかったよなあ。

杉　いい部下を持った。本の雑誌社も四十七人必要ですよ。

浜　必要だな。俺のために腹を切る覚悟があるか。

杉　入社面接で聞こう（笑）。

（二〇一六年十二月号）

カストリ書房に行く

一年の計は元旦にあり！　というわけで、宮里潤、杉江由次、浜本茂（若い順）の本誌おじさん三人組がやってきたのは、なんと吉原！　そう、時代小説でおなじみの江戸の遊廓にして現在も日本一のソープランド街として知られるおじさんの夢と魔法の王国である。いや、えーと、同じく夢と魔法の地ではあるのだが、目的地は残念ながら王国ではなく超専門書店。ただいま噂の「カストリ書房」を見学することにしたのである。

浜　おお、吉原大門だ！

宮　どきどきしますね。

浜　交番がある。この先がソープ街なのかな？

杉　シーッ。大きな声でしゃべってると、あの人たちに連れていかれるから……ほら。

浜　ほんとだ、呼ばれてる。喫茶店のおばちゃんも紹介するよって（笑）。ありがとうございます。でも今日は違うんです。

杉　本屋さん、探してるんですよ。

ご存じですかと聞くと、そこを曲がったとこだよ、と即答。さすが喫茶店兼紹介所のおばちゃんだ。言われたとおりに路地に入ると、あった！　白地に黒で「カストリ」と書かれたノレンがまぶしい、一見、立ち飲み屋風な店構え。おまけに引き戸がピシッと閉まっていて中がよくうかがえず、大変入りにくいのである。営業中なの？

杉　潤、中に入って確認してきて。お前が頼りだ。

宮　ええっ。また俺ですか。

宮里が両手を「マル」にしたのを確認して、シャイな二人組も入店。店内は七畳くらいで四畳半程度の畳敷きの小上がりに二十点強の本が平積みになっているほかは、左手に幅六十センチで六段の棚が一棹あるだけ。何を隠そう、カストリ書房は遊廓や赤線に関する書籍を刊行する「カストリ出版」の直営店で、店主の渡辺豪さんはカストリ出版の代表でもあるのだ。小上がりの平積み本は基本的にカストリ出版の刊行書で、戦前の『全国遊廓案内』から店主自身が撮影した十万円の「遊廓」写真集まで、これまでに刊行した十六点がすべて並んでいる。カストリ出版のラインアップは遊廓関係の古い資料の復刻がメインなのだ。

ちなみに渡辺店主はＩＴ企業に勤務していたが、昔から遊廓・赤線に興味があ

り、全国各地の古い資料を収集していたという。好きが高じて出版社を立ち上げたら、最初に復刻した『全国女性街ガイド』が意外に売れて月給をあっという間に超えたので、会社を辞めちゃったそうだ。編集もDTPもデザインも自分でやり、販売も自分でする。平日の客数は十人に満たないそうだが、わざわざ来るくらいだから、必ず買っていく人ばかり。そもそも千部二千部売れるものではないので、百部二百部単位で増刷していくほうがいいと定価もかなり高めに設定している。出版経験ゼロだからか、発想が違うのである。

カストリ出版の直営店カストリ書房

杉 すばらしい。俺たち、本屋というにはある程度、本がなきゃいけないって思ってるけど、関係ないんだね。

浜 うん。「好き」が伝わればマニア相手で成り立つんだ。

杉 潤もやれば？ 「ゴハン書房」。メシの写真集とか。

宮 ははは。そう言われると腹が減るな……あ、あそこの天丼屋さんが有名らしいですよ！

浜 土手の伊勢屋？

杉 並んでるじゃん。

吉原大門の向かい側、宮里が指さす先には文化遺産のような歴史的建造物が「天麩羅」という看板を下げ、油の匂いを漂わせている。油に反応したのか、宮里の頭は赤く染まり出し、こうなると行列の嫌いな杉江と浜本も逆らえない。最後尾につくと、さほど待たずに席に案内され、お茶を飲みながら天丼の到着を待つ。

浜 お前、落ち着かないなあ。

宮 どんなのが来るのかなあって。

杉 ディズニーランドに初めて来た子どもみたいになってる（笑）。

宮 油の匂いがしてくるとたまらないんです。

杉 そんなに好きなら「脂の雑誌」を創ればいいんだよ。

浜 そうそう。カストリ出版みたいに場所に根付いた専門書店も出して。

宮 あ、来ましたよ！ 米が見えない。お祭り感がすごいな。美味しい！ 百点だあ！

杉 天ぷらが好きなら、天ぷらの本を出す。

浜 天ぷら写真集。十万円。

宮 天ぷら書房。いいかも。

美味しかったねえ、と腹をさすりながら三ノ輪方面に歩き出すと、なんとあしたのジョーこと矢吹丈が立っている！ ジョーの目線の先には「いろは会ショップメイト」というアーケードがあって、「よお！ あんたを待ってたぜ」とジョーが右手をあげた

ジョーとツーショット

横断幕がかかっている。この界隈は「あしたのジョーのふるさと」とのことで、そこかしこに丹下段平やらサチやら「あしたのジョー」のキャラクター看板が並んでいるのである。おお、と感動しながら、さらに歩くと泪橋交差点に到達！

浜　ここが泪橋だよ、丹下拳闘クラブがある。

杉　潤も段平に鍛えてもらったら（笑）。

宮　そうですね。「天ぷら書房のために　その1」とか（笑）。

　などと笑っているうちに、宮里ジョーは泪橋（といってもただの交差点だけど）の向こうに消えていったのである。おいおい、どこへ行く？　宮里ジョーの明日はどっちだ？

（二〇一七年一月号）

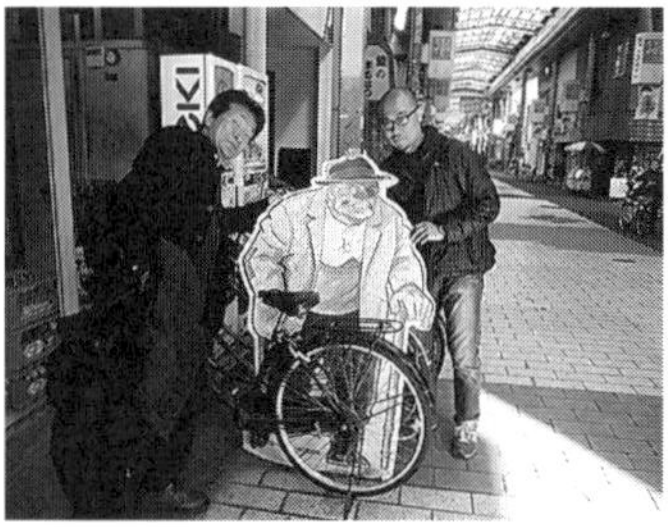

さらば、おじさん三号！

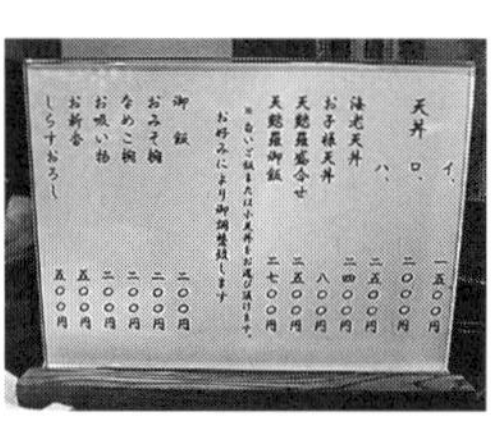

過去を振り返る

前回のラストで、泪橋に消えたおじさん三号こと宮里潤が、なんとおじさん三人組からの脱退を宣言！　普通のおじさんに戻りたい、と自らの引退理由に言及した神保町のランチマイスターはいったい何をする気なのか!?

　というわけで、十二月某日午前十時。おじさん三人組が本の雑誌社に集合。おじさん三号とはなんであったのかを振り返りつつ、ソロに転身する宮里の明日を祝うことにしたのである。

浜　先月、泪橋で別れたあと、一人でどこに行ったわけ？

宮　昼間から飲めるとこはないかなあと。

浜　先月の天丼「ハ」が潤の退職金だったということは言っていいんだろうか(笑)。

杉　俺たち二人は「ロ」で潤だけ五百円高い「ハ」だった本当の理由。でもね、これはＡＫＢと一緒なんですよ。おじさん三人組からの卒業ということです。

浜　解散ではないと。

杉　グループは当面「紳士二人組」で継続するから。潤、聞いてる？

浜　早く飲みたくてしょうがないんだろ。開ければいいじゃん。

宮　いいんですか……おお、いい匂い。

浜　なにこれ、にごり酒？

杉　「五郎八」。浜田さんがわざわざ持ってきてくれたんですよ。

宮　落花生もある。

浜　それは松村さんが滋賀から買ってきてくれた。

宮　殻付きは美味しいんですよねえ。

杉　前田あっちゃんのように、「私のことを嫌いになっても、ＡＫＢは嫌いにならないでください」みたいな名言を考えてきたんだろうな。

浜　長嶋茂雄の「わが巨人軍は永久に不滅です」とかね。

宮　朝から飲む酒は美味いなあ。

杉　おじさん三人組は神保町に引っ越す前からで、六年以上活動してきたんだよね。

浜　潤は一回目は役に立ったんだよ。俺と杉江が開けられない入口を平気で開けてたから。先月のカストリ書房も潤がいなきゃ、Ｕターンしてたかもしれない。

宮　ドアはけっこう開けてきた気がします。

杉　おじさん三号はドアボーイだった(笑)。

宮　あ、新宿のブルックリンパーラーに行ったのを思い出しました。ルートビアを飲んだ。飯食ったとか飲んだとかしか思い出さない。

杉　だってそれ以外は冬眠してるようなもんじゃん。

浜　そうだよな。山形とか諏訪とか、車移動のとき潤は何をしてるの？　後ろの席で、一人で何を考えてるのかなあって。

杉　というか、車の後部座席というのはえらい人が乗るところなんですよ。気づくといつも俺が運転して浜本さんが助手席にいるじゃん。君はなんであそこに自然に座るの？

浜　まるで会長のように(笑)。

宮　そこしかないじゃないですか。道案内する人は助手席だし。

浜　道案内って(笑)。普通は一番若いやつが「次は左です」とかナビするよね。

杉　「ここじゃないですか」とか、一度も言ったことがないじゃん。何してんの？

宮　記憶もおぼろなんで。

杉　仕事として行ってるっていう意識が欠如してるよねえ。おじさん三人組をより面白くしようとか思わないの？　浜本さんですらハモさんという新しいキャラクターを産み出したんだから。

浜　そうだよ！　常に新しくしていかないと飽きられちゃうんだよ。

杉　タイガースだってジュリーだけじゃいけないとみんなが思って、それぞれが切磋琢磨したんじゃないの？　古いけど。

宮　切磋琢磨して飯をいっぱい食べたんですけど。

浜　あれ、努力だったのか！　二人は「ロ」でも自分は「ハ」を食べなきゃいけないと。

杉　一人だけ二千五百円の天丼「ハ」を食べたのに、足りないって顔をしてた。

浜　まあ、退職金だから。

杉　そう。初めて知ったよ。本の雑誌社は給料がカツ丼で退職金が天丼だって(笑)。定年だと鰻重になるのかなあ。

浜　鰻までいった人はまだいない(笑)。

杉　潤としては、おじさん三人組を総括すると、一番悔しかったのは諏訪で鰻を食べられなかったことじゃないのか。

宮　それは鮮明に覚えてます。

杉　つい最近のことだから。

宮　あとは何があったかなあ。何食ったかな。ええと天丼、肉そば。あっ、鶴橋で焼肉食べたの思い出しました！　鶴橋は何をしに行ったんでしたっけ。飯食った記憶しかない。

杉　文学フリマ……。あのね、俺たちは何も用意してないように見えて事前に準備してるんだよ。お前、いいよな。毎月社員旅行に行けたみたいな感じだもんね。

浜　そうだよなあ。与那国まで行ってるんだから。

宮　与那国では馬見て、そば食べた。美味しかったなあっていう記憶はあります。

杉　ウララさんと一緒に食べた沖縄の食べ

物のことは出てこないじゃん。

宮　今、思い出した（笑）。

杉　ジョーと一緒でドランカーになってる（笑）。フード・ドランカー。

宮　いやあ、思い出があふれてくるなあ。

杉　あふれてないじゃん！　俺たちがレクチャーしてるんじゃん！

宮　死ぬときはおじさん三人組のことを思い出すかなあ、と今日、電車の中で思いました。

浜　なんにも覚えてないのに（笑）。

杉　じゃあ、一番美味しかったものとか、もう一度行きたいところとかある？

宮　やっぱ山形の肉そばっすかねえ。あと吉原の天丼。

浜　最近だけじゃん（笑）。今年の夏以降。

杉　古本屋にも行ったけど。

宮　古本屋は行き過ぎてわからなくなっちゃった。

浜　京都でブックオフも行った。

宮　あれって取材でしたっけ。いい本買えたなあって記憶はあります。

杉　京都はラーメンは覚えてるんだろ。

宮　あれが一番かも。第一旭のラーメン。

杉　第一旭を知ったのがおじさん三人組活動の一番の収穫か。俺たち、何のためにこんな苦労してるんだろ（笑）。

宮　人に奨めてますからね。行ったほうがいいよって。

杉　みんな知ってるお店なの！

浜　第一旭が美味いって情報も杉江が仕入れてきたんだよ。

宮　そうか、教えてもらったんでしたね。

杉　自分がそういう食べ役をやらなきゃいけないとは思わなかったの？

宮　美味しく食べるのがいいかなあと。

浜　美味しく食べるのが俺の仕事だと。

宮　それをやりきった。

浜　食べてるときは本当に幸せそうな顔をするんだよなあ。

宮　もう一本、飲んでいいですか。

杉　これは自分でもやってみたいなと思ったこととかあった？　この人にシンパシーを感じたとか、今後のソロ活動の参考として。

宮　シンパシー……うーん。

別冊『本屋の雑誌』京都取材で第一旭ラーメンに

杉　まじかよ。日本最西端まで行って……。

宮　カストリ書房かな。

杉　（笑）それ、前号だから。

宮　そういえば新潮社の社食にも行ったなあ。あれは何で行ったんでしたっけ。

杉・浜　新潮社特集!!

宮　直近しか覚えてない。

浜　ドランカーは大変だねえ。

宮　頑張って食おうと。やりきりました！

杉　頑張って飯食って天丼で〆た。わかったよ、もう。

浜　もう思い残すことはないんだろう。ソロになっても頑張って食ってな。

宮　ま、飯はいくらでも食いますけど（笑）。

（二〇一七年二月号）

あとがき

背水の陣でした。

おじさん三人組が始まったのは二〇一〇年十一月号、その約二年前に「本の雑誌」は休刊の危機であることを宣言していました。本当は宣言ではなく、もう休刊しようとしていたのですが、あきらめきれなかった社員が一致団結し給料を大幅に返納しての存続に当たっているなかで生まれたのがおじさん三人組でした。

その結成には理由がありました。ひとつには雑誌に社内で書く原稿が増えれば制作費が減るという、まあ経費削減策です。安いとはいえ目黒さんの頃からしっかり原稿料は払っていたので、二ページでも四ページでもゼロになるのは経営再建中の雑誌には大きな意味がありました。

それから取材と称して他の出版社や商売を見るのは刺激になるだろうという目論見もありました。V字回復には、硬直しつつあった社内に新たな風を送る必要がありました。ときおり思い出したように語られるカフェ開業の話もあながち冗談ではなく、副業で少しでも利益を出し、雑誌の延命を図ろうとしていたのです。

そして最後に、雑誌の作り手の世代交代です。言わずもがなですが、「本の雑誌」は椎名誠、目黒考二、沢野ひとし、木村晋介という才能豊かな四人が集まり、人気を集めてきた雑誌です。ただしそんな四人にいつまでも頼っているわけにはいかず、それに代わる顔が必要でした。

そこで白羽の矢が立ったのは、会社でお腹を叩き、あくびをしている我らおじさん三人組だったのです。ひとりではとても太刀打ちできる能力がないのは明らかで、毛利元就の教えに従えば、三人揃えば細い矢も頑丈になり、太い矢に対抗できるはず。そうして我らおじさん三人組は、北は山形から南は与那国まで出版業界の気になるところへ向かっていくことになりました。

ところがあとから気づいたのですが、相手はそもそも四人だったのです。三人ではまったく足りず、一人に対して三人必要であれば、四×三で十二人必要でした。おじさん十二人組。愉快そうですが、臭そうです。

さておじさん三人組結成から六年が過ぎました。経費削減のはずが、海外取材に行くよりもたくさん経費が掛かる与那国島まで行ったり、一向にカフェ開業どころか副業も内職もせず、創業メンバーの四人組には追いつくどころか引き離されており、背水の陣はいつぞや背走の陣となっております。

それでもV字回復はしないものの、どうにか今日まで生き延びておりますのは、読者の皆様のおかげです。本当に感謝しております。それと取材させていただいた多くの皆様大変お世話になりました。土足で踏み込むような取材にも関わらず、優しく対応していただき、ありがとうございました。

おじさん二号　杉江由次

装幀・組版設計　真田幸治

初出一覧

「京都のあこがれ書店へ行く」＝『別冊本の雑誌⑰ 本屋の雑誌』

その他＝本の雑誌2010年11月号〜2017年2月号

本書に掲載されている情報は全て発表当時のものです。

別冊本の雑誌⑱

本の雑誌おじさん三人組が行く！

二〇一七年三月二十五日　初版第一刷発行

編　者　本の雑誌編集部
発行人　浜本　茂
印　刷　株式会社シナノパブリッシングプレス
発行所　株式会社　本の雑誌社
〒101－0051
東京都千代田区神田神保町1－37友田三和ビル　5F
電話　03（3295）1071
振替　00150－3－50378

ISBN978-4-86011-298-1 C0095